Glencoe Spanish 2

¡Buen viaje!

Glencoe Spanish 2

¡Buen viaje!

ABOUT THE FRONT COVER
Puerto Vallarta, México   The Church of Guadalupe is one of the most prominent landmarks in the resort town of Puerto Vallarta, located on the Pacific coast. The area in front of the church is the Plaza de Armas. Puerto Vallarta is the second largest resort town in Mexico.

ABOUT THE BACK COVER
(top) El Parque del Retiro, Madrid; *(middle)* Machu Picchu, Perú; *(bottom)* Mijas (Andalucía), España

NATIONAL
GEOGRAPHIC
SOCIETY

The colorful and inviting **Vistas** featured in this textbook were designed and developed by the National Geographic Society's Educational Division. Their purpose is to give greater insight into the people and places found in the Spanish-speaking countries listed below.

VISTAS DE CHILE
pages 118–121

VISTAS DE COSTA RICA
pages 212–215

VISTAS DEL PERÚ
pages 332–335

VISTAS DE GUATEMALA   pages 426–429

Glencoe Spanish 2

¡Buen viaje!

PROTASE E. WOODFORD

CONRAD J. SCHMITT

Glencoe
McGraw-Hill

New York, New York   Columbus, Ohio   Woodland Hills, California   Peoria, Illinois

The National Geographic Society

The **National Geographic Society**, founded in 1888 for the increase and diffusion of geographic knowledge, is the world's largest nonprofit scientific and educational organization. Since its earliest days, the Society has used sophisticated communication technologies and rich historical and archival resources to convey knowledge to a worldwide membership. The Education Division supports the Society's mission by developing innovative educational programs—ranging from traditional print materials to multimedia programs including CD-ROMs, videodiscs, and software.

Meet our Authors

Conrad J. Schmitt

Conrad J. Schmitt received his B.A. degree magna cum laude from Montclair State College, Upper Montclair, NJ. He received his M.A. from Middlebury College, Middlebury VT. He did additional graduate work at Seton Hall University and New York University. Mr. Schmitt has taught Spanish and French at the elementary, junior, and senior high school levels. In addition, he has travelled extensively throughout Spain, Central and South America, and the Caribbean.

Protase E Woodford

Protase "Woody" Woodford has taught Spanish at all levels from elementary through graduate school. At Educational Testing Service in Princeton, NJ, he was Director of Test Development, Director of Language Programs, Director of International Testing Programs and Director of the Puerto Rico Office. He has served as a consultant to the United Nations Secretariat, UNESCO, the Organization of American States, the U.S. Office of Education, and many ministries of education in Asia, Latin America, and the Middle East.

Glencoe/McGraw-Hill

A Division of The McGraw·Hill Companies

Copyright © 2000 by Glencoe/McGraw-Hill. All rights reserved. Except as permitted under the United States Copyright Act, no part of this publication may be reproduced or distributed in any form or by any means, or stored in a database or retrieval system, without prior permission of the publisher.

The **Vistas** featured in this textbook were designed and developed by the National Geographic Society's Education Division. National Geographic **Vistas** ©2000 National Geographic Society. The name "National Geographic Society" and the Yellow Border Rectangle are trademarks of the Society, and their use, without prior written permission, is strictly prohibited.

Send all inquiries to:
Glencoe/McGraw-Hill
21600 Oxnard Street, Suite 500
Woodland Hills, CA 91367

ISBN: 0-02-641517-8 (Student Edition)
ISBN: 0-02-641518-6 (Teacher's Wraparound Edition)

Printed in the United States of America.

5 6 7 8 9 10   003   08 07 06 05 04 03 02 01

Contenido

Repaso

CAPÍTULO *1*
Un viaje en tren

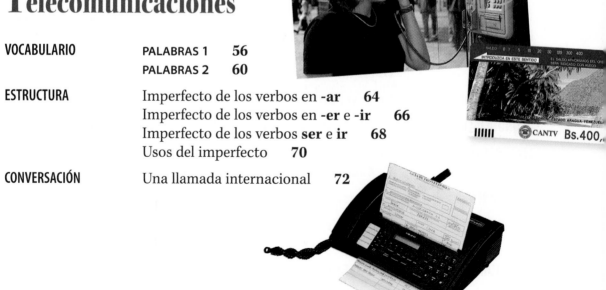

CAPÍTULO *4*
De tiendas

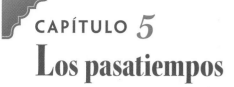

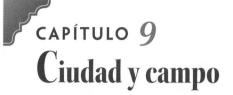

CAPÍTULO *9*
Ciudad y campo

CAPÍTULO *10*
La cocina hispana

CAPÍTULO *11*
El coche y la carretera

CAPÍTULO *12*
Los servicios al público

CAPÍTULO *13*
¡Fiestas!

CAPÍTULO *14*
Profesiones y oficios

Literatura

Apéndices

Las compras para la escuela

Crisol

R 1

Vocabulario

Los alumnos llegan a la escuela a las
    ocho menos cuarto.
Algunos toman el bus escolar.
Otros van a la escuela a pie.

Los alumnos estudian mucho.
Toman apuntes.
Escuchan a la profesora cuando habla.
La profesora enseña.

José está en la papelería.
Necesita materiales escolares.
Compra un cuaderno, un lápiz y
    un bolígrafo.

Teresa está en la tienda de ropa.
Compra una blusa para llevar a la escuela.
Mira la blusa.
Paga en la caja.

⁕Práctica⁕

A HISTORIETA En la escuela

Contesten.

1. ¿Cómo llegan los alumnos a la escuela? ¿Toman el bus, van en carro o van a pie?
2. ¿A qué hora llegan a la escuela?
3. ¿Con quién hablan los alumnos cuando entran en la sala de clase?
4. ¿Quiénes toman exámenes y quién da los exámenes?
5. ¿Sacan los alumnos notas altas?
6. ¿Prestan ellos atención cuando la profesora habla?

B HISTORIETA A la papelería

Escojan.

1. Alicia necesita materiales escolares. ¿Adónde va ella?
   a. a la cafetería   **b.** a la tienda de ropa   **c.** a la papelería
2. ¿Con quién habla Alicia en la papelería?
   a. con el empleado   **b.** con el profesor   **c.** con el mesero
3. ¿Qué compra Alicia en la papelería?
   a. un refresco   **b.** un pantalón corto   **c.** un cuaderno
4. ¿Dónde paga Alicia?
   a. cien pesos   **b.** en la caja   **c.** en el parque
5. ¿En qué lleva ella los materiales escolares?
   a. en una mochila   **b.** en un cuaderno
   c. en una asignatura

C HISTORIETA En la tienda de ropa

Contesten según se indica.

1. ¿Adónde va Roberto? (a la tienda de ropa)
2. ¿Qué necesita? (una camisa de mangas cortas)
3. ¿Busca una camisa verde? (no, roja y azul)
4. ¿Qué talla usa? (38)
5. ¿Compra Roberto una camisa? (sí)
6. ¿Cuánto cuesta? (125 pesos)
7. ¿Dónde paga Roberto? (en la caja)

Calle Florida, Buenos Aires, Argentina

Conversación

PACO: Elena, ¿cómo estás?

ELENA: Muy bien, Paco. ¿Y tú?

PACO: Bien. ¿Adónde vas?

ELENA: Voy a la papelería. Necesito comprar algunas cosas para la apertura de clases.

PACO: Verdad. Septiembre una vez más. ¡Es increíble!

Después de conversar

A. Contesten.

1. ¿Con quién habla Elena?
2. ¿Cómo está Paco?
3. ¿Son amigos Elena y Paco?
4. ¿Adónde va Elena?
5. ¿Qué necesita ella?
6. ¿De qué hablan los dos amigos?

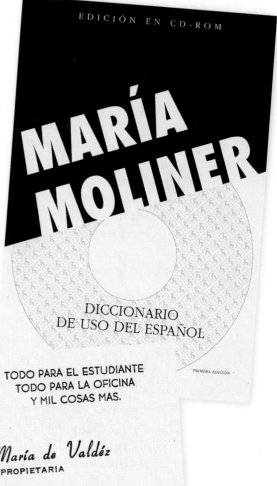

EDICIÓN EN CD-ROM

MARÍA MOLINER

DICCIONARIO DE USO DEL ESPAÑOL

PRIMERA EDICIÓN

PAPELERIA MONOG

TODO PARA EL ESTUDIANTE
TODO PARA LA OFICINA
Y MIL COSAS MAS.

Rosa María de Valdéz
PROPIETARIA

Av. Obregon 721
Tel. y Fax 2-54-55

Nogales, Sonora, Mex.

Estructura

Presente de los verbos en -ar

1. Review the forms of the present tense of regular **-ar** verbs.

MIRAR	miro	miras	mira	miramos	*miráis*	miran
TOMAR	tomo	tomas	toma	tomamos	*tomáis*	toman

2. Remember, to make a sentence negative you put **no** before the verb.

> **No hablamos francés. Hablamos español.**

3. Remember to use **tú** when talking to a friend, family member, or person your own age. Use **Ud.** when speaking to an adult, a person you do not know well, or someone to whom you wish to show respect.

> **¿Tú estudias español, Roberto?**
> **¿Y Ud., señora? ¿Ud. también estudia español?**

⟫Práctica⟪

A **Entrevista** Contesten personalmente.

1. ¿En qué escuela estudias?
2. ¿Cómo llegas a la escuela por la mañana?
3. ¿Cuántos cursos tomas?
4. ¿En qué llevas los materiales escolares?
5. ¿Estudian mucho los alumnos de tu escuela?
6. ¿Sacan Uds. buenas notas?
7. ¿Toman Uds. muchos exámenes?
8. ¿Escuchan Uds. cuando la profesora habla?

Universidad Iberoamericana,
Ciudad de México

B HISTORIETA En la fiesta

Completen.

1. Durante la fiesta todos nosotros _____. (bailar)
2. Felipe _____ el piano. (tocar)
3. Mientras él _____ el piano, Elena y Carlos _____. (tocar, cantar)
4. ¿_____ Uds. refrescos durante la fiesta? (preparar)
5. ¿_____ Uds. fotos durante la fiesta? (tomar)
6. Sí, y todos nosotros _____ las fotografías. (mirar)

Una fiesta en la Ciudad de Guatemala

Los verbos **ir, dar, estar**

1. Note that the verbs **ir, dar,** and **estar** are the same as regular **-ar** verbs in all forms except **yo.**

ESTAR	estoy	estás	está	estamos	*estáis*	están
DAR	doy	das	da	damos	*dais*	dan
IR	voy	vas	va	vamos	*vais*	van

2. The preposition **a** often follows the verb **ir.** Remember that **a** contracts with **el** to form one word—**al.**

Voy al café. No voy a la tienda.

❖Práctica❖

A **HISTORIETA** Voy a la escuela.

Contesten.

1. ¿Vas a la escuela?
2. ¿A qué hora vas a la escuela?
3. ¿Con quién vas a la escuela?
4. ¿Están Uds. en la escuela ahora?
5. ¿Cómo van Uds. a la escuela?

B **HISTORIETA** A la tienda de ropa

Completen.

Yo _____ (ir) a la tienda de ropa.
1

Emilio _____ (ir) también. Él y yo
2

(nosotros) _____ (estar) en la tienda.
3

Yo _____ (comprar) una camiseta
4

y él _____ (comprar) un blue jean.
5

Nosotros no _____ (necesitar)
6

mucha ropa porque _____ (llevar)
7

uniforme a la escuela.

Elena y Tomás _____ (llevar)
8

uniforme a la escuela también. Ellos _____ (ir) a una escuela en las
9

afueras de Lima, en Miraflores.

Estepona, España

❖Actividades comunicativas❖

A **¿Cuándo? ¿En clase, después de las clases o en la fiesta?**
Work with a classmate. He or she will suggest an activity. You will tell
where you and your friends typically take part in the activity.

B **En la tienda de ropa** You are at a clothing store. You need to buy
some things. Your partner will be the sales clerk. Have a conversation
with each other. Then reverse roles.

JUEGO **¿Quién es?** Work in small groups. One person tells what
someone in the class is wearing. The others have to guess who it is. If
several people are wearing the same thing, the person giving the clues
will have to give more details.

Amigos y alumnos

R 9

Vocabulario

Es María Gorostiza.
Ella es mexicana.
Es rubia y bastante alta.
María es de Guadalajara.
Ella es alumna en el Colegio Hidalgo.

Felipe y Teresa son amigos.
Ellos son alumnos en la misma escuela.
Son alumnos buenos. Son inteligentes.
Y ellos son bastante cómicos.

A HISTORIETA María Gorostiza

Contesten.

1. ¿De qué nacionalidad es
   María Gorostiza?
2. ¿De dónde es?
3. ¿Cómo es ella?
4. ¿Es ella alumna?
5. ¿Dónde es alumna María?

B HISTORIETA Felipe y Teresa

Corrijan las oraciones falsas.

1. Felipe y Teresa son hermanos.
2. Ellos son alumnos en escuelas
   diferentes.
3. Ellos son alumnos muy malos.
4. No son inteligentes.
5. Son muy serios y tímidos.

Conversación

¿De dónde son?

JULIO: ¡Hola!

ROSA: ¡Hola! ¿Qué tal?

JULIO: Bien, ¿y tú?

ROSA: Bien. Oye, ¿eres un amigo de Teresa Irizarry, ¿no?

JULIO: Sí, soy Julio Arenal.

ROSA: ¿De dónde eres, Julio?

JULIO: ¿Yo? Soy de San Juan. Y tú eres de Ponce como Teresa, ¿no?

ROSA: Sí, soy ponceña.

Después de conversar

A Contesten.

1. ¿Son puertorriqueños los dos muchachos?
2. ¿De dónde es Julio?
3. ¿Es Julio un amigo de Teresa Irizarry?
4. ¿De dónde son Teresa y Rosa?

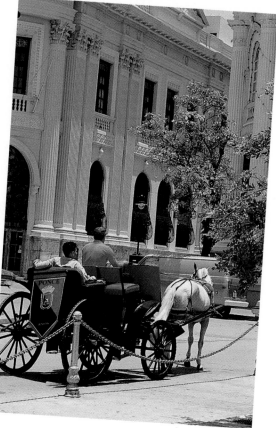

Ponce, Puerto Rico

1692
PONCE

Estructura

Presente del verbo **ser**

Review the forms of the irregular verb **ser.**

| SER | soy eres es somos *sois* son |

Acrílico sobre tela de Tony Capellán. Arma de doble filo

Arte dominicano en Puerto Rico

A **Entrevista** Contesten personalmente.
1. ¿Quién eres?
2. ¿De qué nacionalidad eres?
3. ¿Dónde eres alumno o alumna?
4. ¿Cómo es tu escuela?

B **HISTORIETA** El amigo de Andrés

Completen con **ser.**

Yo ___(1)___ un amigo de Andrés. Andrés ___(2)___ muy simpático. Y él ___(3)___ gracioso. Andrés y yo ___(4)___ dominicanos. ___(5)___ de la República Dominicana.

La capital de la República Dominicana ___(6)___ Santo Domingo. Nosotros ___(7)___ alumnos en un colegio en Santo Domingo. Nosotros ___(8)___ alumnos de inglés. La profesora de inglés ___(9)___ la señorita White. Ella ___(10)___ americana.

Fortaleza de Orzama, Santo Domingo

Sustantivos, artículos y adjetivos

1. Spanish nouns are either masculine or feminine. Most nouns ending in **o** are masculine and most nouns ending in **a** are feminine. The definite articles **el** and **los** accompany masculine nouns; **la** and **las** accompany feminine nouns.

el alumno	**los alumnos**	**la amiga**	**las amigas**
el curso	**los cursos**	**la escuela**	**las escuelas**

2. An adjective must agree with the noun it describes or modifies. Adjectives that end in **o** have four forms.

el amigo sincero	**los amigos sinceros**
la amiga sincera	**las amigas sinceras**

3. Adjectives that end in **e** or a consonant have only two forms.

el curso interesante	**los cursos interesantes**
la asignatura interesante	**las asignaturas interesantes**
el curso difícil	**los cursos difíciles**
la asignatura difícil	**las asignaturas difíciles**

Unas amigas argentinas, Buenos Aires

A **Julia** Describan a la muchacha.

**Una muchacha de San Juan,
Puerto Rico**

B **Los amigos** Describan al grupo de amigos.

**En la colonia de San Ángel,
Ciudad de México**

C **Mi clase favorita** Describan su clase favorita.

Actividades comunicativas

A. **¡Qué clase tan difícil!** Work in groups of three or four. In each group, rate your courses as **fácil, difícil, regular, aburrido, fantástico.** Tally the results and report the information to the class.

B. **En Venezuela** You are spending the summer with a family in Venezuela. Tell your Venezuelan "brother" or "sister" (your partner) all you can about your Spanish class and your Spanish teacher. Answer any questions he or she may have. Then reverse roles.

Salto Ángel, Venezuela

C. **Cursos** You are speaking with an exchange student from Peru (your partner). He or she wants to know about your school, your schedule, and your classes. Tell as much as you can about your school and then ask him or her about school life in Peru.

Una alumna de Lima, Perú

REPASO C

La familia

Vocabulario

Es la familia Ramos.
En la familia Ramos hay cinco personas.
Ellos tienen una casa en San Pedro Sula.
Ellos viven en Honduras.

el comedor
la cocina
el cuarto de baño
la sala
los cuartos, las recámaras

Su casa tiene siete cuartos.

La familia está en la sala.
La señora Ramos lee un libro.
Su esposo lee el periódico.
José ve la televisión.
Una hermana de José escribe una carta.

En el mercado venden frutas y vegetales.
Venden carne también.
La señora compra un kilo de tomates.
Los tomates están a 50 pesos el kilo.

Práctica

A **HISTORIETA** La familia Ramos

Contesten.

1. ¿Cuántas personas hay en la familia Ramos?
2. ¿Tienen ellos una casa o un apartamento?
3. ¿Dónde viven ellos?
4. ¿Cuántos cuartos tiene su casa?
5. ¿Cuáles son los cuartos de la casa?

San Miguel de Allende, México

B **Expresiones** Pareen.

1. leer
2. escribir
3. vivir
4. aprender
5. vender
6. comer
7. ver
8. ser
9. subir
10. beber

a. mucho en la escuela
b. al quinto piso
c. una novela
d. un alumno bueno y serio
e. una carta con bolígrafo
f. una limonada
g. en una casa particular
h. una emisión deportiva
i. discos en una tienda
j. carne, ensalada y papas

JUEGO **¿Cuáles son?** Contesten.

1. ¿Cuáles son algunas cosas que comemos?
2. ¿Cuáles son algunas cosas que bebemos?
3. ¿Cuáles son algunas cosas que leemos?
4. ¿Cuáles son algunas cosas que escribimos?

Conversación

¿Dónde viven?

TOMÁS: Elena, ¿tienes una familia grande?

ELENA: Sí, bastante grande. Somos seis.

TOMÁS: ¿Viven Uds. aquí en la capital?

ELENA: Sí, vivimos en la calle Mayor. Nuestro apartamento está en el edificio Bolívar.

Después de conversar

A Contesten.

1. ¿Con quién habla Tomás?
2. ¿Tiene Elena una familia bastante grande?
3. ¿Cuántas personas hay en su familia?
4. ¿Viven ellos en la capital?
5. ¿En qué calle viven?
6. ¿Dónde tienen un apartamento?

Málaga, España

Estructura

Presente de los verbos en -er e -ir

1. Review the following forms of regular **-er** and **-ir** verbs.

COMER	**como**	**comes**	**come**	**comemos**	*coméis*	**comen**
BEBER	**bebo**	**bebes**	**bebe**	**bebemos**	*bebéis*	**beben**
VIVIR	**vivo**	**vives**	**vive**	**vivimos**	*vivís*	**viven**
SUBIR	**subo**	**subes**	**sube**	**subimos**	*subís*	**suben**

2. Note that the **-er** and **-ir** verbs have the same endings in all forms except **nosotros** (and **vosotros**).

comemos   **vivimos**
coméis   **vivís**

Las Ramblas, Barcelona, España

❖Práctica❖

A **Tú y tus amigos** Contesten.

1. ¿Qué comes cuando vas a un café?
2. ¿Qué bebes cuando estás en un café?
3. ¿Qué aprenden tú y tus amigos en la escuela?
4. ¿Qué leen Uds. en la clase de inglés?
5. ¿Qué escriben Uds.?
6. ¿Comprenden los alumnos cuando la profesora de español habla?
7. ¿Reciben Uds. notas buenas en todas sus asignaturas?

B **HISTORIETA** En un café

Completen.

En el café los clientes _____ (ver) al mesero.
1

Ellos _____ (hablar) con el mesero. Los clientes
2

_____ (leer) el menú y _____ (decidir) lo que van
3 4

a tomar. Los meseros _____ (tomar) la orden
5

y _____ (escribir) la orden en un cuaderno
6

pequeño o un bloc. Los meseros no _____ (leer)
7

el menú. Y los clientes no _____ (escribir)
8

la orden.

Barcelona, España

El verbo **tener**

1. Review the forms of the irregular verb **tener.**

> TENER   **tengo   tienes   tiene   tenemos   *tenéis*   tienen**

2. Note that the expression **tener que** followed by an infinitive means *"to have to."*

> **Tenemos que estudiar y aprender mucho.**

Práctica

A HISTORIETA   Mi familia

Contesten.

1. ¿Tienes una familia grande o pequeña?
2. ¿Cuántos hermanos tienes?
3. ¿Cuántos años tienen ellos?
4. ¿Y cuántos años tienes tú?
5. ¿Tienen Uds. un perro o un gato?
6. ¿Tiene tu padre o tu madre un carro?
7. En la escuela, ¿tienes que estudiar mucho?
8. ¿Y tienen que trabajar mucho tus padres?

Barcelona, España

B HISTORIETA   La familia Bravo

Completen con **tener.**

    La familia Bravo _____ un piso o
              1
apartamento en Madrid. Su piso _____ seis
                      2
cuartos. Está en Salamanca, una zona muy
bonita de la ciudad. Muchas calles en la zona
Salamanca _____ los nombres de artistas
             3
famosos—la calle Goya, la calle Velázquez.

    Hay cuatro personas en la familia Bravo.
Teresa _____ diecisiete años y su hermano
       4
_____ quince años. Ellos _____ un perro
  5   6
adorable.

Adjetivos posesivos

1. Review the forms of the possessive adjectives **mi, tu,** and **su.** These adjectives have only two forms.

> **¿Dan una fiesta tu hermana y tus primos?**
> **Sí, mi hermana y mis primos dan una fiesta.**
> **Todos sus amigos van a recibir una invitación a su fiesta.**

2. The possessive adjective **nuestro** has four forms.

> **Nuestro primo, nuestra tía y nuestros abuelos viven todos en Madrid.**

Práctica

A HISTORIETA **Mi familia y mi casa**

Contesten.

1. ¿Dónde está tu casa o tu apartamento?
2. ¿Cuántos cuartos tiene tu casa o tu apartamento?
3. ¿Cuántas personas hay en tu familia?
4. ¿Dónde viven tus abuelos?
5. Y tus primos, ¿dónde viven?

B HISTORIETA **Nuestra casa**

Completen.

Nosotros vivimos en _____ (name of city or town). _____ (1) casa está en la calle _____ (name of street). _____ (2) padres tienen un carro. _____ (3) carro es bastante nuevo. Yo tengo una bicicleta. _____ (4) bicicleta está en el garaje con el carro de _____ (5) padres. Nosotros tenemos un perro. _____ (6) perro es adorable. _____ (7) perro está en el jardín. Mi hermano y _____ (8) amigos siempre juegan en el jardín alrededor de _____ (9) casa.

Actividades comunicativas

A **Apartamentos** With a classmate, look at this plan of the fourth floor of an apartment building. A different family lives in each of the two apartments. Give each family a name. Then say as much as you can about each family and their activities. Don't forget to describe their apartment. Be as original as possible.

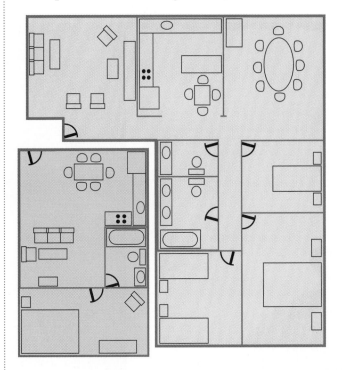

B **En el café** Work in groups of three or four. You're all friends from Chile. After school you go to a café where you talk about lots of things—school, teachers, friends, home, family, etc. One of you will be the waiter or waitress. You have to interrupt the conversation once in a while to take the orders and serve. Take turns.

Viña del Mar, Chile

REPASO C

Los deportes

Vocabulario

Los dos equipos juegan (al) fútbol.
Empieza el segundo tiempo.
Los jugadores vuelven al campo de fútbol.
Los dos equipos quieren ganar.

Elena, ¿te gusta el béisbol?

Sí, me gusta mucho. ¿Y a ti?

Sí, me gusta. Pero me gusta más el fútbol.

A mí, no. Me aburre.

Es un partido de béisbol.
El jugador batea la pelota.
Luego corre de una base a otra.

Práctica

A HISTORIETA El juego de fútbol

Contesten según se indica.

1. ¿Cuántos tiempos hay en un juego de fútbol? (dos)
2. ¿Cuántos jugadores hay en un equipo de fútbol? (once)
3. ¿Dónde juegan fútbol? (en el campo de fútbol)
4. ¿Quién guarda la portería? (el portero)
5. ¿Qué bloquea? (el balón)
6. ¿Quieren perder los dos equipos? (no, ganar)
7. ¿Pierde un equipo si el tanto queda empatado? (no)

B ¿Qué deporte es? Escojan.

1. El jugador lanza el balón con el pie.
2. Hay cinco jugadores en el equipo.
3. Hay nueve partidas en el partido.
4. El jugador corre de una base a otra.
5. El portero para o bloquea el balón.
6. El jugador tira el balón y encesta.

C Gustos Contesten.

1. ¿Cuáles son los deportes que a ti te gustan?
2. ¿Cuáles son los comestibles que te gustan?
3. ¿Cuáles son los cursos que te interesan?
4. ¿Cuáles son algunas cosas que no te gustan, que te aburren?

Conversación

Un partido importante

TADEO: Isabel, ¿quieres ir al café Solís con nosotros?

ISABEL: Gracias, Tadeo, pero no puedo. Quiero ver el partido.

TADEO: ¿De qué partido hablas?

ISABEL: El Real juega contra el Valencia.

TADEO: ¿Cuál es tu equipo favorito? ¿Cuál te gusta más?

ISABEL: El Real.

Después de conversar

A Contesten.

1. ¿Adónde van los amigos de Tadeo?
2. ¿Quiere ir con ellos Isabel?
3. ¿Por qué no puede ir?
4. ¿Qué quiere ver?
5. ¿Qué equipos juegan?
6. ¿Cuál es el equipo favorito de Isabel?

Estructura

Verbos de cambio radical

1. Review the following forms of stem-changing verbs. Remember that the
e changes to **ie** in all forms except **nosotros** (and **vosotros**).

EMPEZAR	empiezo	empiezas	empieza	empezamos	*empezáis*	empiezan
PERDER	pierdo	pierdes	pierde	perdemos	*perdéis*	pierden

2. The following verbs change the **o** to **ue** in all forms except **nosotros**
(and **vosotros**).

VOLVER	vuelvo	vuelves	vuelve	volvemos	*volvéis*	vuelven
PODER	puedo	puedes	puede	podemos	*podéis*	pueden

3. The verb **jugar** also has a stem change.

JUGAR	juego	juegas	juega	jugamos	*jugáis*	juegan

A HISTORIETA Un juego de béisbol

Completen.

El juego de béisbol _____ (empezar) a las tres y media. Habla Teresa:
—Hoy yo _____ (querer) ser
la pícher.

La verdad es que Teresa
_____ (ser) una pícher muy
buena. Ella _____ (jugar) muy
bien. Nosotros _____ (tener)
un equipo bueno. Todos
nosotros _____ (jugar) bien.
Nuestro equipo no _____
(perder) mucho.

Caracas, Venezuela

B HISTORIETA Una fiesta

Contesten.

1. ¿Quieres ir a la fiesta?
2. ¿Quieren Uds. bailar durante la fiesta?
3. ¿A qué hora empieza la fiesta?
4. ¿Puedes llegar a tiempo?
5. ¿Pueden Uds. tomar el bus a la fiesta?
6. ¿A qué hora vuelven Uds. a casa?

JUEGO Puedo, quiero, prefiero

1. **Puedo...** Tell all that you can do.
2. **Quiero...** Tell all that you want to do.
3. **Quiero pero no puedo...** Tell all that you want to do but for some reason you cannot do.
4. **No quiero porque prefiero...** Tell something you don't want to do because you prefer to do something else.

Verbos como aburrir, interesar y gustar

1. The verbs **interesar** and **aburrir** function the same in Spanish and English.

> **¿Te aburre el arte?**
> *Does art bore you?*
> **¿Te aburren los deportes?**
> *Do sports bore you?*
> **No, los deportes me interesan.**
> *No, sports interest me.*

2. The verb **gustar** functions the same as **interesar** and **aburrir. Gustar** conveys the meaning "to like," but it actually means "to be pleasing to."

> **¿Te gusta el béisbol?**
> **Sí, me gusta mucho.**
> **¿Te gustan los deportes?**
> **Sí, me gustan.**

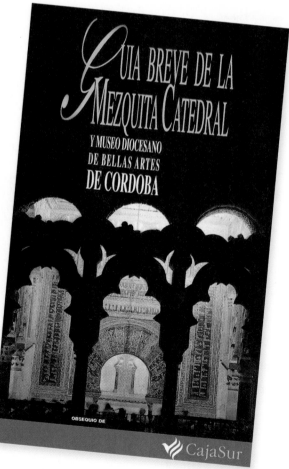

❧Práctica❧

A **Gustos**   Sigan el modelo.

¿A mí? ¿Los tomates?
Me gustan mucho los tomates.

1. ¿A mí? ¿El pescado?   **4.** ¿A mí? ¿El jamón?
2. ¿A mí? ¿Los vegetales?   **5.** ¿A mí? ¿Los mariscos?
3. ¿A mí? ¿La carne?

B **¿Sí o no?**   Contesten.

1. ¿Te interesan o te aburren las matemáticas? ¿Te gustan o no?
2. ¿Te interesa o te aburre la historia? ¿Te gusta o no?
3. ¿Te interesan o te aburren las ciencias? ¿Te gustan o no?
4. ¿Te interesa o te aburre la literatura? ¿Te gusta o no?
5. ¿Te interesa o te aburre la geografía? ¿Te gusta o no?

C **¿Qué te gusta hacer?**   Contesten según los dibujos.

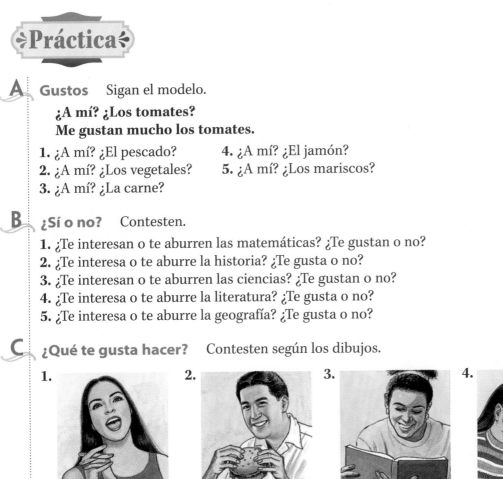

1.   **2.**   **3.**   **4.**

❧Actividades comunicativas❧

A **No soy muy aficionado(a).**   Work with a classmate. Tell him or her what sport you don't want to play because you don't like it. Tell him or her what you prefer to play. Then ask your classmate questions to find out what sports he or she likes.

B **Mi equipo favorito**   Work with a classmate. Tell him or her about your favorite team. Tell all about the sport and tell why you really like this team in particular. Then ask your classmate about his or her favorite team. Do you by chance have the same favorite team?

JUEGO **¿Qué deporte es?**   Work with a classmate. Give him or her some information about a sport. He or she has to guess what sport you're talking about. Take turns.

Un viaje en avión

BIENVENIDOS
A
GUATEMALA

VOLAMOS PARA MANTENER LA PAZ

Vocabulario

Los pasajeros están en el aeropuerto.
La agente de la línea aérea revisa los boletos
    (billetes).
Tiene que mirar los pasaportes también.

Los pasajeros hacen un viaje en avión.
El vuelo 102 con destino a México sale
    de la puerta diez.
El vuelo está saliendo a tiempo.
No sale con una demora.

Los pasajeros traen bastante equipaje de mano.
Ponen su equipaje de mano debajo del asiento.

✦Práctica✦

A HISTORIETA **En el aeropuerto**

Contesten.

1. ¿Están en el aeropuerto los pasajeros?
2. ¿Hacen un viaje en avión?
3. ¿Hablan con la agente de la línea aérea?
4. ¿Qué tiene que revisar la agente?
5. ¿Para dónde sale el vuelo?
6. ¿Está saliendo a tiempo o con una demora?
7. ¿Qué traen los pasajeros?
8. ¿Dónde ponen su equipaje de mano?

B **¿Sí o no?**   Digan que sí o que no.

1. El avión aterriza cuando sale.
2. El avión despega cuando llega a su destino.
3. Un vuelo internacional es un vuelo que va a un país extranjero.
4. Los agentes de la línea aérea que trabajan en el mostrador en el aeropuerto son los asistentes de vuelo.
5. La tripulación consiste en los empleados que trabajan a bordo del avión.

Aerolínea Mexicana

MEXICANA®

Aterrice con nosotros.

Conversación

En el aeropuerto

FELIPE: Están anunciando la salida de nuestro vuelo, ¿no?

ALEJANDRA: Sí, sí. Es nuestro vuelo.

FELIPE: ¿De qué puerta sale?

ALEJANDRA: Sale de la puerta once.

FELIPE: ¿Tenemos que pasar por el control de seguridad?

ALEJANDRA: Sí, tienen que tomar unos rayos equis de nuestro equipaje de mano.

Después de conversar

A Corrijan las oraciones.

1. Están anunciando la llegada del vuelo de Felipe y Alejandra.
2. Su vuelo va a salir de la puerta dos.
3. Ellos tienen que pasar por migración.
4. Tienen que tomar unos rayos equis de sus boletos y pasaportes.

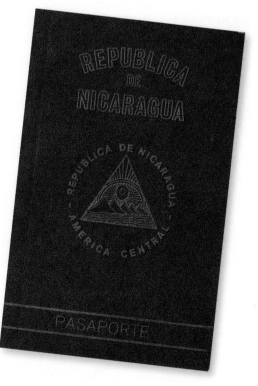

Estructura

Presente de algunos verbos irregulares

1. Many verbs that are irregular in the present tense are irregular only in the **yo** form. All other forms are regular. Study the following verbs that have a **g** in the **yo** form.

hacer	**hago**
poner	**pongo**
traer	**traigo**
salir	**salgo**

2. The verbs **saber** and **conocer** also have an irregular **yo** form.

saber	**sé**
conocer	**conozco**

Saber is used to express knowledge of simple facts. **Conocer** means "to know" in the sense of to be acquainted with someone or something.

> **Yo sé que Madrid está en España. Yo conozco Madrid.**
> **Yo conozco a Eduardo también. Yo sé que él es de Madrid.**

Madrid, España

A HISTORIETA Un viaje imaginario

Contesten.

1. ¿Haces un viaje a España?
2. ¿Haces el viaje en avión?
3. Antes, ¿haces las maletas?
4. ¿Qué pones en las maletas?
5. ¿Cuándo sales?
6. ¿Sales para el aeropuerto en taxi?
7. ¿A qué hora sale tu vuelo?
8. A bordo del avión, ¿dónde ponen los pasajeros su equipaje de mano?
9. ¿Conoces la ciudad de Madrid?
10. ¿Sabes hablar español?

B **La maleta** Completen con **hacer, poner** o **salir.**

1. Juan _____ su maleta. Él _____ una camisa en la maleta. Él _____ para Málaga.
2. Nosotros _____ nuestra maleta. Nosotros _____ blue jeans en la maleta porque _____ para Cancún en México.
3. ¿Tú _____ tu maleta? ¿Qué _____ en la maleta? ¿Para dónde _____?
4. Mis padres _____ su maleta. Ellos _____ muchas cosas en la maleta. Ellos _____ su maleta porque _____ para Miami.

Málaga, España

El presente progresivo

1. The present progressive tense is used to express an action or activity that is presently going on.

2. To form the present progressive, you use the present tense of the verb **estar** and the present participle. Review the forms of the present participle.

hablar	**hablando**
comer	**comiendo**
salir	**saliendo**

¿Qué está haciendo Teresa?
Teresa está esperando el avión porque está saliendo para México.

Práctica

A HISTORIETA En el aeropuerto

Contesten según se indica.

1. ¿Adónde están llegando los pasajeros?
   (al aeropuerto)
2. ¿Cómo están llegando? (en taxi)
3. ¿Adónde están viajando? (a Colombia)
4. ¿Cómo están haciendo el viaje? (en avión)
5. ¿Dónde están facturando su equipaje?
   (en el mostrador de la línea aérea)
6. ¿Qué está mirando la agente? (los boletos y los pasaportes)

Providencia, Colombia

Actividades comunicativas

A **Un boleto para Monterrey** Work with a
classmate. You want to fly from your hometown to
Monterrey, México. Call the airline to get a
reservation. Your partner will be the reservations
agent. Before you call, think about all the information
you will need to give or get from the agent: date of
departure, time, arrival time in Monterrey, flight
number, price, etc. Take turns.

B **Un viaje** You know quite a bit about several
Spanish-speaking countries. Work with a classmate.
Choose a country you would both like to visit. Discuss
how you plan to get there and what you are going to
do and see there.

Monterrey, México

C **El aeropuerto** Work with a
classmate. Look at the illustration
of the many activities taking place
at an airport. Tell all about the
illustration in your own words.

La rutina y la salud

EL NOPAL

Vocabulario

Estefanía está bien.
Ella se levanta cada
mañana a las seis
y media.

Ella se lava la cara.

Se peina.
Estefanía se mira en el espejo
cuando se peina.

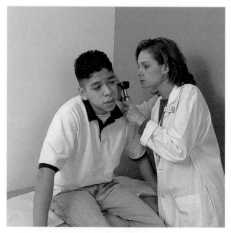

Juan no está bien hoy.
Está enfermo.
Tiene fiebre.
Tiene (una) tos.
Está en cama.

Juan va al consultorio de la médica.
Está en el consultorio.
La médica examina a Juan.

Práctica

A HISTORIETA La rutina diaria

Contesten.

1. ¿A qué hora se levanta Claudia cada mañana?
2. ¿Ella se desayuna en casa?
3. Después de desayunarse, ¿se cepilla los dientes?
4. ¿Se lava la cara?
5. ¿A qué hora se acuesta ella cada noche?

B La salud Digan que sí o que no.

1. Cuando estamos cansados, queremos dormir.
2. Cuando estamos enfermos, vamos a ver al médico.
3. Tenemos que ir al hospital cuando tenemos un catarro.
4. Tenemos fiebre cuando tenemos la gripe.
5. Estamos contentos y nos sentimos bien cuando tenemos la temperatura elevada.
6. Tenemos que guardar cama cuando tenemos dolor de cabeza.

JUEGO El cuerpo ¿Cuáles son los nombres de todas las partes del cuerpo que sabes en español?

COLEGIO DE MEDICOS
DEL ESTADO MIRANDA
TESORERIA

No. Inscripción
395

COMPROBANTE DE PAGO

Dr. SALAZAR DOMINGUEZ LUIS

RECIBO No.	EXPEDICION		VENCIMIENTO	
	DIA	MES	DIA	MES
Nº 001087	01	07	31	12

DR. CARLO **TESORERO** ACHO.

COLEGIO DE MEDICOS
DEL ESTADO MIRANDA
JUNTA DIRECTIVA

Inscripción
No. 395
FECHA

S O L V E N C I A

El Dr. SALAZAR DOMINGUEZ LUIS
no está sometido a sanción disciplinaria por faltas a las normas de Deontología en su actuación profesional.

DR. SAID RAYDAN H.
PRESIDENTE

EXPEDIDA EL:

Conversación

¿Cómo estás?

SANDRA: ¿Cómo estás, Pepe?

PEPE: La verdad es que no me siento muy bien.

SANDRA: ¿Estás enfermo? ¿Qué tienes?

PEPE: Tengo dolor de garganta y estoy cansado.

SANDRA: Pues, sabes donde está la consulta del médico, ¿no?

Después de conversar

A Contesten.

1. ¿Cómo está Pepe?
2. ¿Cómo se siente él?
3. ¿Qué tiene?
4. ¿Tiene mucha energía?
5. ¿Está cansado?
6. ¿Adónde debe ir?

El dolor de cabeza
¿es muy perro?

DISPRINA va a la cabeza en alivio pronto y efectivo.
Y no irrita el estómago.

CONSULTE A SU MEDICO. NO SE USE EN NIÑOS MENORES DE 14 AÑOS.
DISPRINA se deshace por ti.

sanofi

Estructura

Ser y estar

1. The verbs **ser** and **estar** both mean "to be." **Ser** is used to tell where someone or something is from. It is also used to describe an inherent trait or characteristic.

> **Roberto es de Miami.**
> **Él es inteligente y guapo.**

2. **Estar** is used to tell where someone or something is located. It is also used to describe a temporary state or condition.

> **Roberto es de Miami pero ahora está en Madrid.**
> **Madrid está en España.**
> **Roberto está muy contento en Madrid.**

A **HISTORIETA** ¿En qué clase estás?

Contesten.

1. ¿Estás en la escuela ahora?
2. ¿Dónde está la escuela?
3. ¿En qué clase estás?
4. ¿Está la profesora en la clase también?
5. ¿Cómo es la profesora?
6. Y, ¿cómo es la clase de español?
7. ¿De dónde es la profesora?
8. Y tú, ¿de dónde eres?
9. ¿Cómo estás hoy?
10. Y la profesora, ¿cómo está?

Alumnos mexicanos, Ciudad de México

B | HISTORIETA Ángel

Completen con **ser** o **estar**.

Ángel ____ de Caracas. Él ____ muy simpático. ____ gracioso
         1   2   3
también. Ahora Ángel ____ en Nueva York. ____ estudiante en la
                        4   5
universidad. Ángel ____ muy contento en Nueva York.
                      6

Nueva York ____ en el nordeste de los Estados Unidos. La Ciudad
               7
de Nueva York ____ muy grande y ____ muy interesante. A Ángel le
                  8   9
gusta mucho Nueva York.

Caracas, Venezuela

Verbos reflexivos

The subject of a reflexive verb both performs and receives the action of
the verb. Each subject has its corresponding reflexive pronoun. Review
the following forms.

INFINITIVE	LEVANTARSE	ACOSTARSE
yo	me levanto	me acuesto
tú	te levantas	te acuestas
él, ella, Ud.	se levanta	se acuesta
nosotros(as)	nos levantamos	nos acostamos
vosotros(as)	*os levantáis*	*os acostáis*
ellos, ellas, Uds.	se levantan	se acuestan

A **¿Y tú?**   Contesten personalmente.

1. ¿A qué hora te acuestas?
2. ¿Te duermes enseguida?
3. Y, ¿a qué hora te despiertas?
4. Cuando te despiertas, ¿te levantas enseguida?
5. ¿Te lavas en el cuarto de baño?
6. ¿Te desayunas en casa?
7. Después, ¿te cepillas los dientes?

B **Su rutina**   Describan cada dibujo.

1. Ellos
   Nosotros
   Uds.

2. Yo
   Ella
   Tú

Actividades comunicativas

A **Un día típico**   Work with a classmate. Compare a typical day in your life with a typical day in your partner's life. Then tell what activities you have in common.

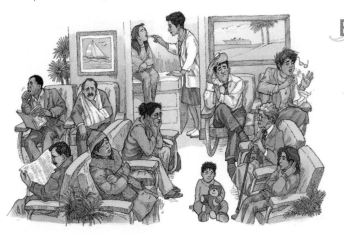

B **En la consulta del médico**
This is really a busy doctor's office. There is a lot going on at the same time. With a classmate, describe all that you see in the illustration.

El verano y el invierno

R 51

Vocabulario

Raúl pasó el verano en la playa.
Nadó en el mar.

Tomó el sol.
Volvió a casa muy bronceado.

Susana pasó una semana en una estación de
    esquí.
Tomó el telesilla para subir la montaña.
Subió en el telesilla.

Ella bajó la pista para expertos.
No bajó la pista para principiantes.

Práctica

A HISTORIETA En la playa

Contesten.

1. ¿Fue José a la playa?
2. ¿Nadó en el mar?
3. ¿Esquió en el agua?
4. ¿Se sentó en la arena?
5. ¿Tomó el sol?
6. ¿Volvió a casa muy bronceado?

Acapulco, México

Los Andes, Chile

B HISTORIETA En la estación de esquí

Contesten.

1. ¿Fueron a una estación de esquí los amigos?
2. ¿Salieron ellos muy temprano por la mañana?
3. ¿Pasaron el día entero en las pistas?
4. ¿Subieron la montaña en el telesilla?
5. ¿Bajaron la pista para expertos o para principiantes?
6. ¿Volvieron a casa el mismo día?

Conversación

¿Qué hicieron los amigos?

JOSÉ: ¿Adónde fuiste ayer, Adriana?

ADRIANA: Fui a casa de Elena.

JOSÉ: ¿Y… ?

ADRIANA: Jugamos tenis.

JOSÉ: ¿Tiene Elena una cancha de tenis?

ADRIANA: No, hay canchas en un parque cerca de su casa. Pero Elena tiene una piscina.

JOSÉ: ¿Sí? ¿Nadaron Uds.?

ADRIANA: Sí, nadamos después de jugar tenis.

Málaga, España

Después de conversar

A Digan que sí o que no.

1. José fue con Adriana a casa de Elena.
2. La casa de Elena tiene una cancha de tenis.
3. Adriana y Elena jugaron tenis.
4. Jugaron en una cancha en un parque.
5. Nadaron también.
6. Nadaron en una piscina en el parque.

Estructura

El pretérito

1. Review the forms of the preterite of regular verbs.

INFINITIVE	NADAR	COMER	SUBIR
yo	nadé	comí	subí
tú	nadaste	comiste	subiste
él, ella, Ud.	nadó	comió	subió
nosotros(as)	nadamos	comimos	subimos
vosotros(as)	*nadasteis*	*comisteis*	*subisteis*
ellos, ellas, Uds.	nadaron	comieron	subieron

2. The forms of the verbs **ir** and **ser** are the same in the preterite. The meaning is made clear by the context of the sentence.

fui   **fuiste**   **fue**   **fuimos**   *fuisteis*   **fueron**

3. The preterite is used to express an event or action that began and ended at a definite time in the past.

> **Ellos pasaron el año pasado en México.**
> **Fueron a Acapulco.**

Práctica

A. HISTORIETA En la escuela

Contesten.

1. ¿Fuiste a la escuela ayer?
2. ¿A qué hora llegaste a la escuela?
3. ¿Hablaste con el/la profesor(a) de español?
4. ¿Tomaste un examen?
5. ¿En qué curso tomaste el examen?
6. ¿Saliste bien en el examen?
7. ¿Comiste en la cafetería de la escuela?
8. ¿A qué hora volviste a casa?

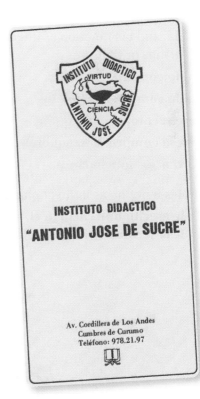

INSTITUTO DIDACTICO
"ANTONIO JOSE DE SUCRE"

Av. Cordillera de Los Andes
Cumbres de Curumo
Teléfono: 978.21.97

B **Muchas actividades** Contesten.

1. ¿Fuiste al cine ayer?
   ¿Viste una película?
   ¿Tomaste un refresco en el cine?

2. ¿Salieron Uds. anoche?
   ¿Fueron a una fiesta?
   ¿Bailaron y cantaron durante la fiesta?

3. ¿Esquió Sandra?
   ¿Subió la montaña en el telesilla?
   ¿Bajó la pista para expertos?

4. ¿Pasaron los amigos el fin de semana en la playa?
   ¿Te escribieron una tarjeta postal?
   ¿Nadaron y esquiaron en el agua?

CANAL SUR

8.00	TELETRASTO (Infantil) «LA FAMILIA BIONICA», «EL INSPECTOR GADGET», «TRAS-TO»
9.00	HOSPITAL
10.00	ANDALUCIA NUESTRA
10.30	VECINOS
11.00	LAS MAÑANAS DE CANAL SUR
12.00	CINE MATINAL «LAS PROTEGIDAS»
13.30	SIEMPRE HAY UNA SUEGRA
14.30	EL DIARIO 1
15.00	EL TIEMPO
15.05	PIGMALION
15.30	IMAGINA

Los pronombres de complemento

1. The object pronouns **me, te,** and **nos** can be either a direct or an indirect object. Note that the object pronoun precedes the conjugated verb.

> **Él me miró.**   **Él me habló por teléfono.**
> **¿Te invitó Carlos?**   **¿Te dio una invitación?**

2. **Lo, los, la,** and **las** function as direct objects only. They can replace either persons or things.

> **Pablo compró el boleto.**   **Pablo lo compró.**
> **Pablo compró los boletos.**   **Pablo los compró.**
> **Teresa compró la raqueta.**   **Teresa la compró.**
> **Teresa compró las raquetas.**   **Teresa las compró.**
> **Yo vi a los muchachos.**   **Yo los vi.**

3. **Le** and **les** function as indirect objects only.

> **Yo le escribí una carta (a él, a ella, a Ud.).**
> **Yo les escribí una carta (a ellos, a ellas, a Uds.).**

Práctica

A HISTORIETA A la consulta del médico

Contesten.

1. ¿Fuiste a la consulta del médico?
2. ¿Te habló el médico?
3. ¿Te examinó?
4. ¿Te dio una diagnosis?
5. ¿Te recetó unos antibióticos?

B Aquí lo tienes. Sigan el modelo.

la toalla
Aquí la tienes.

1. la toalla playera
2. la crema bronceadora
3. el bañador
4. el traje de baño
5. los anteojos para el sol
6. los boletos para el telesilla
7. los esquís
8. las raquetas

C HISTORIETA En el aeropuerto

Completen con **le** o **les.**

La señora Iturria fue al mostrador de la línea aérea. Ella _____ habló
al agente. _____ habló en español; no _____ habló en inglés. Ella _____
dio su boleto y él lo miró. Ella _____ dio su pasaporte también.

A bordo del avión los asistentes de vuelo _____ hablaron a los
pasajeros. _____ dieron la bienvenida a bordo y _____ explicaron las
reglas de seguridad.

Actividades comunicativas

A **Las estaciones** Work with a classmate. Tell whether
you prefer summer or winter. Explain why you prefer one
over the other. Tell what you do during that season.
Take turns.

B **¡A viajar!** Look at these postcards.
Work with a classmate. Tell where you
would prefer to go and why. Take turns.

Costa del Sol

Puerto Marina

CAPÍTULO *1*

Un viaje en tren

Objetivos

In this chapter you will learn to do the following:

- use expressions related to train travel
- purchase a train ticket and request information about arrival, departure, etc.
- talk about more past events or activities
- tell what people say
- discuss an interesting train trip in Spain

Vocabulario

En la estación de ferrocarril

Próximas LLegadas			Próximas Salidas					
Regionales y L. Recorrido			Cercanías		Regionales y L. Recorrido			
H.Prev. Procedencia	Vía	Hora	Destino	Vía	Hora	Destino	Vía	Tren
13:18 BADAJ/CACER	5		FUENLABRADA	9	13:18	BARCELONA	5	TALGO
13:19 JAEN			MOSTOL/SOTO	8	13:33	AVILA	2	REGIO
13:46 TOLEDO	4		PARLA	6	13:50	ALBACETE	5	R EXP
13:49 CARTAGENA		13:05	P PIO/VILLA	7	14:03	SEGOVIA	2	REGIO
14:15 SANTANDER	5	13:10	CHAMARTIN		14:15	ALICANTE	5	TALGO
14:20 ALICANTE	5	13:10	ALCALA	3	14:20	GIJON	5	TALGO
		13:13	TRES CANTOS	2	14:25	TOLEDO	4	REGIO
		13:16	COSLADA	3	15:03	SEGOVIA	2	REGIO
		13:22	GUADALAJARA	2				
		13:23	CHAMAR/P PI	2				

el tablero de llegadas

el tablero de salidas

el quiosco

el horario

MADRID ALMERIA GRANADA

la sala de espera

Un billete para Madrid, por favor.

¿En primera o en segunda?

En segunda—de ida y vuelta.

venta de Billetes
Sin reserva

el billete de ida y vuelta

la ventanilla

el billete sencillo

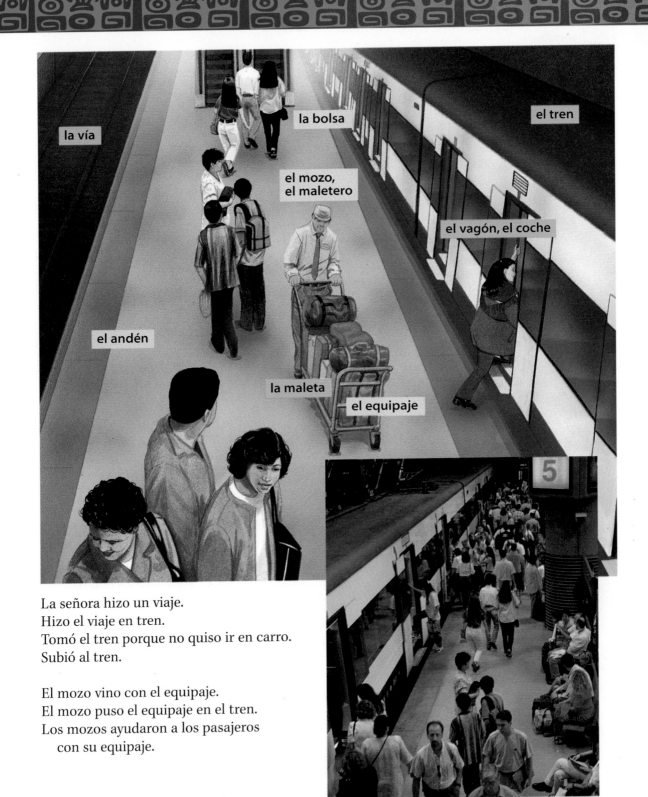

la vía

la bolsa

el tren

el mozo,
el maletero

el vagón, el coche

el andén

la maleta

el equipaje

La señora hizo un viaje.
Hizo el viaje en tren.
Tomó el tren porque no quiso ir en carro.
Subió al tren.

El mozo vino con el equipaje.
El mozo puso el equipaje en el tren.
Los mozos ayudaron a los pasajeros
con su equipaje.

El tren salió del andén número cinco.
Algunos amigos estuvieron en el andén.

⟡Práctica⟡

A HISTORIETA **En la estación de ferrocarril**

Contesten según se indica.

1. ¿Cómo vino la señora a la estación? (en taxi)
2. ¿Dónde puso sus maletas? (en la maletera del taxi)
3. En la estación, ¿adónde fue? (a la ventanilla)
4. ¿Qué compró? (un billete)
5. ¿Qué tipo de billete compró? (de ida y vuelta)
6. ¿En qué clase? (segunda)
7. ¿Dónde puso su billete? (en su bolsa)
8. ¿Qué consultó? (el horario)
9. ¿Adónde fue? (al andén)
10. ¿De qué andén salió el tren? (del número dos)
11. ¿Por qué hizo la señora el viaje en tren? (no quiso ir en coche)

Atocha, una estación de ferrocarril en Madrid

En la estación de Atocha

B HISTORIETA **Antes de abordar el tren**

Escojan.

1. ¿Dónde espera la gente el tren?
   a. en la ventanilla   **b.** en la sala de espera
   c. en el quiosco
2. ¿Dónde venden o despachan los billetes?
   a. en la ventanilla   **b.** en el equipaje
   c. en el quiosco
3. ¿Qué venden en el quiosco?
   a. boletos   **b.** maletas
   c. periódicos y revistas
4. ¿Qué consulta el pasajero para verificar la hora de salida del tren?
   a. la llegada   **b.** la vía   **c.** el horario
5. ¿Quién ayuda a los pasajeros con el equipaje?
   a. el mozo   **b.** el tablero   **c.** el andén
6. ¿De dónde sale el tren?
   a. de la ventanilla   **b.** del andén
   c. del tablero

HISTORIETA El billete del tren

Contesten.

1. ¿De qué estación sale el tren?
2. ¿Adónde va el tren?
3. ¿Cuál es la fecha del billete?
4. ¿A qué hora sale el tren?
5. ¿Está el asiento en la sección de fumar o de no fumar?
6. ¿Qué clase de billete es?
7. ¿Con qué pagó el/la pasajero(a)?

Actividad comunicativa

A **RENFE (Red Nacional de Ferrocarriles Españoles)**

You're in Spain and you want to visit one of the cities on the map. A classmate will be the ticket agent. Get yourself a ticket and ask the agent any questions you have about your train trip.

Vocabulario

En el tren

el revisor

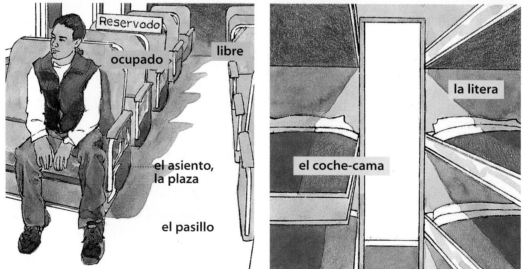

Reservado

ocupado

libre

la litera

el asiento, la plaza

el coche-cama

el pasillo

el coche-comedor, el coche-cafetería

El tren salió a tiempo.
No salió tarde.
No salió con retraso (con una demora).

bajar(se) del tren

transbordar

Los pasajeros van a bajar en la próxima parada (estación).
Van a transbordar en la próxima parada.

Práctica

A HISTORIETA En el tren

Contesten.

1. Cuando llegó el tren a la estación, ¿subieron los pasajeros a bordo?
2. ¿El tren salió tarde?
3. ¿Con cuántos minutos de demora salió?
4. ¿Vino el revisor?
5. ¿Revisó él los boletos?

Santiago de Chile

Madrid, España

B HISTORIETA El tren

Contesten según la foto.

1. ¿Tiene el tren compartimientos?
2. ¿Tiene el coche o vagón un pasillo central o lateral?
3. ¿Cuántos asientos hay a cada lado del pasillo?
4. ¿Hay asientos libres o están todos ocupados?
5. ¿Está completo el tren?
6. ¿Hay pasajeros de pie en el pasillo?

C HISTORIETA Un viaje en tren

Completen.

1. Entre Granada y Málaga el tren local hace muchas _____.
2. No hay un tren directo a Benidorm. Es necesario cambiar de tren. Los pasajeros tienen que _____.
3. Los pasajeros que van a Benidorm tienen que _____ en la próxima _____ o _____.
4. ¿Cómo lo sabes? El _____ nos informó que nuestro tren no es directo.

A **¿Qué tienes que hacer?** Work with a classmate. You are spending a month in Madrid and your Spanish hosts are taking you to San Sebastián. You're trying to pack your bags and their child (your partner) has a lot of questions. Answer his or her questions and try to be patient. The child has never taken a train trip before.

> ¿Dónde nos sentamos en el tren?

> Nos sentamos en un compartimiento.

Madrid

San Sebastián

B **De Santiago a Puerto Montt** You're planning a trip from Santiago de Chile to Puerto Montt. A classmate will be your travel agent. Get as much information as you can about the trip from Santiago to Puerto Montt. It gets rather cold and windy there and it rains a lot. You may want to find out if there are frequent delays. The following are some words and expressions you may want to use with the travel agent.

reservar

el número de paradas

el horario

la tarifa

el boleto de ida y vuelta

la demora

primera (segunda) clase

VOCABULARIO

Estructura

Relating more past actions
Hacer, querer y venir en el pretérito

1. The verbs **hacer, querer,** and **venir** are irregular in the preterite. Note that they all have an **i** in the stem and the endings for the **yo, él, ella,** and **Ud.** forms are different from the endings of regular verbs.

INFINITIVE	hacer	querer	venir
yo	hice	quise	vine
tú	hiciste	quisiste	viniste
él, ella, Ud.	hizo	quiso	vino
nosotros(as)	hicimos	quisimos	vinimos
vosotros(as)	hicisteis	quisisteis	vinisteis
ellos, ellas, Uds.	hicieron	quisieron	vinieron

2. The verb **querer** has several special meanings in the preterite.

Quise ayudar.   *I tried to help.*
No quise ir en carro.   *I refused to go by car.*

 **Práctica**

Lima, Perú

(A) **HISTORIETA** *¿Cómo viniste?*

Contesten.

1. ¿Viniste a la estación en taxi?
2. ¿Viniste en un taxi público o privado?
3. ¿Hiciste el viaje en tren?
4. ¿Hiciste el viaje en el tren local?
5. ¿Lo hiciste en tren porque no quisiste ir en coche?

B **No quisieron.** Completen.

1. —Ellos no ____ (querer) hacer el viaje.
   1

   —¿No lo ____ (querer) hacer?
   2

   —No, de ninguna manera.

   —Pues, ¿qué pasó entonces? ¿Lo ____ (hacer) o no lo
   3

   ____ (hacer)?
   4

   —No lo ____ (hacer).
   5

2. —¿Por qué no ____ (venir) Uds. esta mañana?
   6

   —Nosotros no ____ (venir) porque no ____ (hacer) las
   7   8

   reservaciones.

3. —Carlos no ____ (querer) hacer la cama.
   9

   —Entonces, ¿quién la ____ (hacer)?
   10

   —Pues, la ____ (hacer) yo.
   11

   —¡Qué absurdo! ¿Tú la ____ (hacer) porque él no la ____ (querer)
   12   13

   hacer?

Actividades comunicativas

A **¡Rebelde!** A friend of yours (your classmate) is in trouble with his
or her parents because he or she didn't do as told. Find out what your
friend didn't do and why. Use the model as a guide.

¿Hiciste la cama?

No.

¿Por qué no hiciste la cama?

No hice la cama porque no quise.

hacer la maleta
reservar un taxi
comprar los billetes
llamar a los parientes
hacer las reservaciones
leer el horario

B **¿Qué hiciste durante el fin de semana?**
With a classmate, take turns asking each other what you and other
friends did over the weekend.

ESTRUCTURA

Describing more past actions
Verbos irregulares en el pretérito

1. The verbs **estar**, **andar**, and **tener** are irregular in the preterite. They all have a **u** in the stem. Study the following forms.

INFINITIVE	estar	andar	tener
yo	estuve	anduve	tuve
tú	estuviste	anduviste	tuviste
él, ella Ud.	estuvo	anduvo	tuvo
nosotros(as)	estuvimos	anduvimos	tuvimos
vosotros(as)	estuvisteis	anduvisteis	tuvisteis
ellos, ellas, Uds.	estuvieron	anduvieron	tuvieron

2. The verb **andar** means "to go," but not to a specific place. The verb **ir** is used with a specific place.

Fueron a Toledo.

They went to Toledo.

Anduvieron por las plazas pintorescas de Toledo.

They wandered through (walked around) the picturesque squares of Toledo.

«Vista de Toledo» de El Greco

3. The verbs **poder, poner,** and **saber** are also irregular in the preterite. Like the verbs **estar, andar,** and **tener,** they all have a **u** in the stem. Study the following forms.

INFINITIVE	poder	poner	saber
yo	pude	puse	supe
tú	pudiste	pusiste	supiste
él, ella, Ud.	pudo	puso	supo
nosotros(as)	pudimos	pusimos	supimos
vosotros(as)	*pudisteis*	*pusisteis*	*supisteis*
ellos, ellas, Uds.	pudieron	pusieron	supieron

4. Like **querer,** the verbs **poder** and **saber** have special meanings in the preterite.

Pude parar.	*(After trying hard) I managed to stop.*
No pude parar.	*(I tried but) I couldn't stop.*
Yo lo supe ayer.	*I found it out (learned it) yesterday.*

❧Práctica❧

A. **HISTORIETA** ¿Dónde está mi tarjeta de identidad estudiantil?

Contesten según se indica.

1. ¿Estuviste ayer en la estación de ferrocarril? (sí)
2. ¿Tuviste que tomar el tren a Toledo? (sí)
3. ¿Pudiste comprar un billete de precio reducido? (no)
4. ¿Tuviste que presentar tu tarjeta de identidad estudiantil? (sí)
5. ¿Dónde la pusiste? (no sé)
6. ¿La perdiste? (sí, creo)
7. ¿Cuándo supiste que la perdiste? (cuando llegué a la estación)

Toledo, España

B **HISTORIETA** En el mercado

Completen.

El otro día yo ＿＿＿ (estar) en
el mercado de Chichicastenango,
en Guatemala. Ramón ＿＿＿ (estar)
allí también. Nosotros ＿＿＿ (andar)
por el mercado pero no ＿＿＿ (poder)
comprar nada. No es que no ＿＿＿
(querer) comprar nada, es que no
＿＿＿ (poder) porque ＿＿＿ (ir) al
mercado sin un quetzal.

Chichicastenango, Guatemala

 Telling what people say
Decir en el presente

The verb **decir** *(to say)* is irregular in the present tense. Study the
following forms.

INFINITIVE	decir
yo	digo
tú	dices
él, ella, Ud.	dice
nosotros(as)	decimos
vosotros(as)	*decís*
ellos, ellas, Uds.	dicen

❖Práctica❖

A **¿Qué dices?** Sigan el modelo.

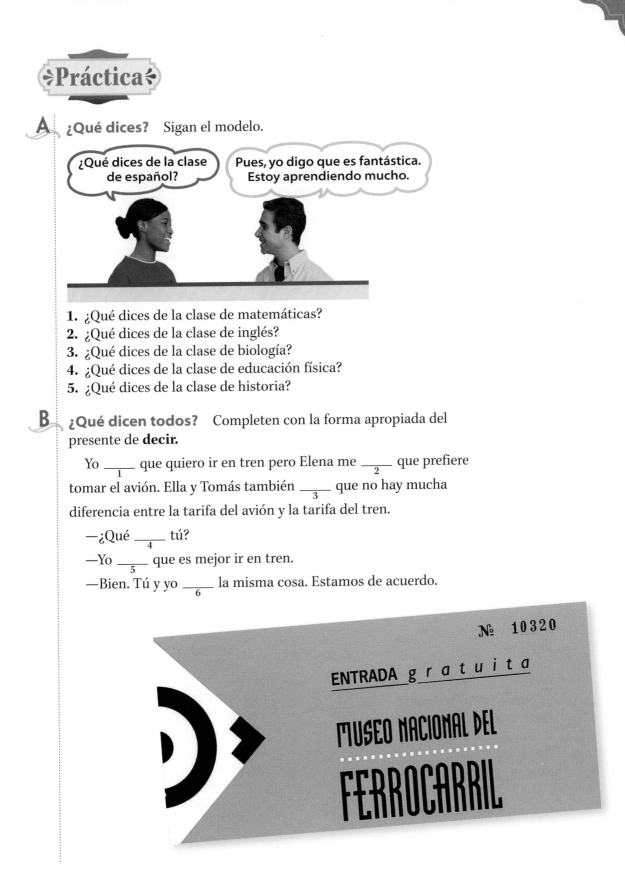

¿Qué dices de la clase de español?

Pues, yo digo que es fantástica. Estoy aprendiendo mucho.

1. ¿Qué dices de la clase de matemáticas?
2. ¿Qué dices de la clase de inglés?
3. ¿Qué dices de la clase de biología?
4. ¿Qué dices de la clase de educación física?
5. ¿Qué dices de la clase de historia?

B **¿Qué dicen todos?** Completen con la forma apropiada del presente de **decir.**

Yo ___1___ que quiero ir en tren pero Elena me ___2___ que prefiere tomar el avión. Ella y Tomás también ___3___ que no hay mucha diferencia entre la tarifa del avión y la tarifa del tren.

—¿Qué ___4___ tú?

—Yo ___5___ que es mejor ir en tren.

—Bien. Tú y yo ___6___ la misma cosa. Estamos de acuerdo.

№ 10320

ENTRADA *g r a t u i t a*

MUSEO NACIONAL DEL

FERROCARRIL

Conversación

En la ventanilla

PASAJERA: Un billete para Madrid, por favor.

AGENTE: ¿Sencillo o de ida y vuelta?

PASAJERA: Sencillo, por favor.

AGENTE: ¿Para cuándo, señorita?

PASAJERA: Para hoy.

AGENTE: ¿En qué clase, primera o segunda?

PASAJERA: En segunda. ¿Tiene Ud. una tarifa reducida para estudiantes?

AGENTE: Sí. ¿Tiene Ud. su tarjeta de identidad estudiantil?

PASAJERA: Sí, aquí la tiene Ud.

AGENTE: Con el descuento son tres mil pesetas.

PASAJERA: ¿A qué hora sale el próximo tren?

AGENTE: Sale a las veinte y diez del andén número ocho.

PASAJERA: Gracias.

Después de conversar

Contesten.

1. ¿Dónde está la señorita?
2. ¿Adónde va?
3. ¿Qué tipo de billete quiere?
4. ¿Para cuándo lo quiere?
5. ¿En qué clase quiere viajar?
6. ¿Es alumna la señorita?
7. ¿Hay una tarifa reducida para estudiantes?
8. ¿Qué tiene la señorita?
9. ¿Cuánto cuesta el billete con el descuento estudiantil?
10. ¿A qué hora sale el tren?
11. ¿De qué andén sale?

A **El horario** Look at the train schedule. With a classmate, ask and answer as many questions as you can about it.

B **Vamos a Barcelona.** You and a classmate are spending a semester in Spain. You will be going to Barcelona for a couple of days. One of you is going to fly and the other is going to take the train. Compare your trips: time, cost, and what you have to do the day of departure.

Madrid
Toledo

Válido desde
el 29 de mayo
24 de septiembre d

TIPO DE TREN	REGIONAL	REGIONAL	REGIONAL	REGIONAL	REGIONAL
PRESTACIONES	2.ª	2.ª	2.ª	2.ª	2.ª
ORIGEN	■	■	■	MADRID CH.	■
				9.25	
MADRID-ATOCHA					
VILLAVERDE BAJO		7.20	6.25	9.39	10.55
LOS ÁNGELES		7.28	8.33		11.03
SAN CRISTOBAL DE LOS ANGELES		7.30	8.35		11.05
GETAFE-INDUSTRIAL		7.33	8.38		11.08
PINTO		7.36	8.41		11.11
VALDEMORO		7.41	8.46		11.16
CIEMPOZUELOS		7.47	8.52		11.22
ARANJUEZ	■	7.52	8.57		11.27
CASTILLEJO-AÑOVER	6.20	8.03	9.08	10.11	11.38
VILLAMEJOR		8.13	9.18		11.53
ALGODOR					
TOLEDO-INDUSTRIAL	6.37	8.22			12.02
TOLEDO		8.29			12.09
	6.50	8.36	9.44	10.40	12.16
DESTINO	■	■	■	■	■
OBSERVACIONES	L M X J V S –	Diario	L M X J V – –	– – – – – S D	Diario
	(1)	(2)	(4)	(3)	

OBSERVACIONES:
(1) No circula 25-VII y 15-VIII.
(2) Efectua parada en Santa Catalina (7.26).
(3) Circula 25-VII y 15-VIII.
(4) No circula 25-VII y 15-VIII. Diario hasta Aranjuez.
(5) Efectua parada en Santa Catalina (14.31).

(L) Lunes   (V) Viernes
(M) Martes   (S) Sábado
(X) Miércoles   (D) Domingo
(J) Jueves

PRONUNCIACIÓN

Las consonantes ñ, ch

The **ñ** is a separate letter of the Spanish alphabet. The mark over it is called a **tilde.** Note that it is pronounced similarly to the *ny* in the English word *canyon.* Repeat the following.

señor	**otoño**	**España**
señora	**pequeño**	**cumpleaños**
año		

Ch is pronounced much like the **ch** in the English word *church.* Repeat the following.

coche	**chaqueta**
chocolate	**muchacho**

Repeat the following sentences.

> **El señor español compra un coche cada año en el otoño.**
> **El muchacho chileno duerme en una cama pequeña en el coche-cama.**
> **El muchacho pequeño lleva una chaqueta color chocolate.**

Lecturas CULTURALES

Reading Strategy

Interpretation of images

Reading passages sometimes use images as a symbol to create an impression. Many times these images are animals. If you are able to identify an image, it is helpful to stop for a moment and think about the qualities and characteristics of the particular symbol the author is using in his or her imagery. Then when you have finished reading, go back and think about how the two images being compared are alike.

EN EL AVE

José Luis y su hermana, Maripaz, pasan dos días en Sevilla. Vinieron a visitar a sus abuelos. El viaje que hicieron de Madrid, donde viven, fue fantástico. Tomaron el tren y llegaron a Sevilla en sólo dos horas y quince minutos. Salieron de Atocha en Madrid a las 17:00 y bajaron del tren en Sevilla a las 19:15. ¿Es posible recorrer el trayecto[1] Madrid–Sevilla en dos horas quince minutos? Es una distancia de 538 kilómetros. ¡Es increíble!

[1]recorrer el trayecto *cover the route*

A bordo del AVE

Sí, es increíble, pero es verdad. El nuevo tren español de alta velocidad es uno de los trenes más rápidos del mundo. Viaja a 250 kilómetros por hora. El tren se llama el AVE. ¿Por qué el AVE? Porque el tren vuela como un ave o pájaro.

José Luis y Maripaz tomaron el AVE. Según ellos, el viaje fue fantástico. ¿Por qué? Primero la velocidad. Pero el tren es también muy cómodo[2]. Lleva ocho coches en tres clases. Los pasajeros pueden escuchar música estereofónica o mirar tres canales de video. El tren también dispone de[3] teléfono por si acaso[4] un pasajero quiere o necesita hacer una llamada telefónica.

[2]cómodo *comfortable*
[3]dispone de *has available*
[4]por si acaso *in case*

Plaza de España, Sevilla

Torre del Oro, Sevilla

Después de leer

A Una visita a los abuelos
Contesten.

1. ¿Quiénes hicieron un viaje de Madrid a Sevilla?
2. ¿Quiénes vinieron a Sevilla, José Luis y su hermana o sus abuelos?
3. ¿Cómo hicieron el viaje?
4. ¿Qué tal fue el viaje?
5. ¿Cuánto tiempo tardó el viaje?
6. ¿A qué hora salieron de Madrid?
7. ¿A qué hora llegaron a Sevilla?

Plaza de España, Sevilla

B Información   Busquen la información.

1. uno de los trenes más rápidos del mundo
2. el nombre del tren
3. el número de coches que lleva el tren
4. el número de clases que tiene
5. algunas comodidades que el tren ofrece a los pasajeros

DE CUZCO A MACHU PICCHU

Un viaje muy interesante en tren es el viaje de Cuzco a Machu Picchu en el Perú. Cada día a las siete de la mañana, un tren de vía estrecha[1] sale de la estación de San Pedro en Cuzco y llega a Machu Picchu a las diez y media. Cuzco está a unos 3.500 metros sobre el nivel del mar. El tren tiene que bajar a 2.300 metros para llegar a Machu Picchu. Tiene que bajar 1.200 metros y en el viaje de regreso tiene que subir 1.200 metros.

Pero, ¿quiénes toman el tren para ir a Machu Picchu? Es un tren que lleva a muchos turistas que quieren ir a ver las famosas ruinas de los incas. Machu Picchu es una ciudad entera, totalmente aislada[2] en un pico andino al borde de[3] un cañón. Un dato histórico increíble es que los españoles no descubrieron a Machu Picchu durante su conquista

[1] de vía estrecha *narrow gauge*
[2] aislada *isolated*
[3] al borde de *on the edge of*

El valle del Urubamba, Perú

La Plaza de Armas, Cuzco

del Perú. Los historiadores creen que Machu Picchu fue el último refugio de los nobles incas al escaparse[4] de los españoles.

Machu Picchu fue descubierto por Hiram Bingham, el explorador y senador de los Estados Unidos, en 1911. ¿Cómo llegó Bingham a Machu Picchu en 1911? ¡A pie! Y aún hoy hay sólo dos maneras de ir a Machu Picchu—a pie o en el tren que sale a las siete y media de Cuzco.

[4]al escaparse *upon escaping*

Machu Picchu

Después de leer

A **¿Sí o no?** Digan que sí o que no.

1. Machu Picchu está a una altura más elevada que Cuzco.
2. El tren que va de Machu Picchu a Cuzco tiene que subir 1.200 metros.
3. El viaje de Cuzco a Machu Picchu toma tres horas y media.
4. Hay muy pocos turistas en el tren a Machu Picchu.
5. En Machu Picchu hay ruinas famosas de los incas.
6. Machu Picchu fue una ciudad de los incas.
7. Los españoles descubrieron la ciudad de Machu Picchu durante su conquista del Perú.
8. Hiram Bingham fue un senador de los Estados Unidos.
9. Él también fue a Machu Picchu en tren.

Conexiones

LAS MATEMÁTICAS

CONVERSIONES ARITMÉTICAS

When traveling through many of the Spanish-speaking countries, you will need to make some mathematical conversions. For example, train as well as plane schedules and hours for formal events, radio, and television are given using the twenty-four-hour clock. The metric system rather than the English system is used for weights and measures. Let's take a look at some of the conversions that must be made.

La hora

Cuando lees el horario para el tren o un anuncio para un programa cultural, dan la hora usando las 24 horas. La una (1:00) es la una de la mañana y las doce (12:00) es el mediodía. Las trece (13:00), una hora después del mediodía, es la una de la tarde y las veinticuatro horas (00:00) es la medianoche.

Nuestros amigos José Luis y Maripaz salieron de Madrid a las 17:00 y llegaron a Sevilla a las 19:15. Es decir que salieron de Madrid a las 5:00 de la tarde y llegaron a las 7:15 de la tarde.

El sistema métrico—pesos y medidas[1]

Pesos

Las medidas tradicionales para peso en los Estados Unidos son la onza, la libra y la tonelada. En el sistema métrico decimal, las medidas para peso están basadas en el kilogramo, o kilo.

---

[1]pesos y medidas *weights and measures*

Hay mil gramos en un kilo. El kilo es igual a 2,2 libras. Una libra estadounidense es un poco menos de medio kilo.

Líquidos

Las medidas para líquidos en los Estados Unidos son la pinta, el cuarto y el galón. En el sistema métrico es el litro. Un litro contiene un poco más que un cuarto.

Distancia y altura

Para medir la distancia y la altura en los Estados Unidos usamos la pulgada, el pie, la yarda y la milla. El sistema métrico usa el metro.

El metro es un poco más que una yarda. Un kilómetro (mil metros) es 0,621 millas—un poco más que media milla.

~Después de leer~

A **La hora** Read the schedule on page 400 and give the arrival and departure times of the trains using our system.

B **El sistema métrico** Contesten según las fotografías.

1. ¿Cuánto cuesta un litro de gasolina?
2. ¿Cuál es el límite de velocidad?
3. ¿Cuánto cuesta un litro de leche?
4. ¿Cuánto cuesta un kilo de carne?

Culminación

A **El tren, el bus o el avión** Work in groups of three or four. Discuss the advantages **(las ventajas)** and the disadvantages **(las desventajas)** of bus, train, and air travel. In your discussion, include such things as speed, price, location of stations, and anything else you consider important.

B **¿Qué vamos a hacer?** You and a classmate are on a bus on the way to the train station in Madrid. There's an awful traffic jam **(un tapón, un atasco).** You know you are going to miss your train. Discuss your predicament with one another and figure out what you can do.

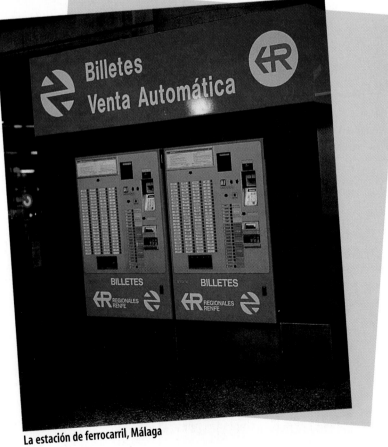

La estación de ferrocarril, Málaga

⁂ Actividad escrita ⁂

A **En la estación de ferrocarril** Look at the illustrations and write a paragraph about them.

Writing Strategy

Writing a descriptive paragraph

Your overall goal in writing a descriptive paragraph is to enable the reader to visualize your scene. To achieve this you must select and organize details that create an impression. Using a greater number of specific nouns and vivid adjectives will make your writing livelier.

Un viaje excelente

Write about a trip you took to a place you love. The place can be real or imaginary. Describe how and where you went, and when. Then describe what the weather is like in that place and what clothing you need there. Continue by writing about what you saw and how you got to each place you visited. In your description of the place, try to make your readers understand what it is about the place that you think is so great.

Vocabulario

GETTING AROUND A TRAIN STATION

la estación de ferrocarril
la ventanilla
el billete, el boleto
   sencillo
   de ida y vuelta
la sala de espera
el mozo, el maletero
el equipaje
la maleta
la bolsa
el tablero de llegadas,
   de salidas

el horario
el quiosco
el tren
el andén
la vía
en segunda (clase)
en primera (clase)

DESCRIBING ACTIVITIES AT A TRAIN STATION

bajar(se) del tren
subir al tren
transbordar
salir a tiempo
   con retraso, con una demora

ON BOARD THE TRAIN

el coche, el vagón
el pasillo
el compartimiento
el asiento, la plaza
   libre
   ocupado(a)
   reservado(a)
completo(a)
el coche-cama
el coche-comedor, el coche-cafetería
la litera
el revisor
la parada
en la próxima parada

TECNOTUR

VIDEO ¡Buen viaje!

EPISODIO 1 ▶ Un viaje en tren

Juan Ramón y Teresa hacen un viaje en tren a Sevilla.

En Sevilla visitan varios lugares interesantes.

CD-ROM Expansión cultural

Muchos españoles creen que Sevilla es la ciudad más bonita del mundo.

interNET CONNECTION

In this video episode, Juan Ramón and Teresa take the AVE from Madrid to Seville. To plan your own train trip, go to the **Capítulo 1** Internet activity at the Glencoe **Foreign Language** Web site:

http://www.glencoe.com/sec/fl

CAPÍTULO 2

En el restaurante

Objetivos

In this chapter you will learn to do the following:

- ◌ order food or a beverage at a restaurant
- ◌ identify eating utensils and dishes
- ◌ identify more foods
- ◌ make a reservation at a restaurant
- ◌ talk about present and past events
- ◌ describe some cuisines of the Hispanic world

Vocabulario

En el restaurante

El mesero pone la mesa.

el camarero,
el mesero

el vaso

Tengo hambre.

Tengo hambre y quiero comer.

Tengo sed.

Tengo sed y quiero beber algo.

la sal

la pimienta

la taza

el platillo

el plato

la cuchara

la cucharita

el tenedor

la servilleta

el cuchillo

el mantel

La señorita pide el menú.

El cocinero fríe las papas.
Está friendo las papas.

El mesero le sirve la comida.

La señorita pide la cuenta.
El servicio no está incluido.
Ella deja una propina.

✦Práctica✦

A ¿Qué necesitas? Contesten según el modelo.

> **¿Para tomar leche?**
> **Para tomar leche necesito un vaso.**

1. ¿Para tomar agua?
2. ¿Para tomar café?
3. ¿Para comer la ensalada?
4. ¿Para comer el postre?
5. ¿Para cortar la carne?

B HISTORIETA En el restaurante

Contesten.

1. ¿Cuántas personas hay en la mesa?
2. ¿Tiene hambre María?
3. ¿Pide María el menú?
4. ¿Le trae el menú el mesero?
5. ¿Qué pide María?
6. ¿El mesero le sirve?
7. ¿El mesero le sirve bien?
8. Después de la comida, ¿le pide la cuenta al mesero?
9. ¿Le trae la cuenta el mesero?
10. ¿Paga con su tarjeta de crédito María?
11. ¿María le da (deja) una propina al mesero?
12. Después de la comida, ¿tiene hambre María?

Madrid, España

C Palabras relacionadas   Busquen una palabra relacionada.

1. la mesa
2. la cocina
3. servir
4. freír
5. comer
6. beber

a. el servicio
b. la bebida
c. el cocinero
d. la comida
e. el mesero
f. frito

Alcalá de Henares, España

D HISTORIETA El mesero pone la mesa.

Completen.

1. Para comer, los clientes necesitan ____, ____, ____ y ____.
2. Dos condimentos son la ____ y la ____.
3. El mesero cubre la mesa con ____.
4. En la mesa el mesero pone una ____ para cada cliente.
5. El niño pide un ____ de leche y sus padres piden una ____ de café.
6. Ellos tienen ____ y piden una botella de agua mineral.

Actividad comunicativa

A **En el restaurante**   Look at the advertisement for a restaurant in Santiago de Chile. Tell as much as you can about the restaurant based on the information in the advertisement. A classmate will tell whether he or she wants to go to the restaurant and why.

Aquí está Coco

El sabor de los mejores pescados y mariscos del Pacífico Sur, preparados como usted quiera, en un ambiente agradable e informal.

Vocabulario

Más alimentos o comestibles

la carne

la carne de res, el biftec

la ternera

el cerdo

el cordero

el pescado

los mariscos

los camarones

las almejas

la langosta

la alcachofa

el arroz

el ajo

la berenjena

el aceite

el maíz

los guisantes

La joven pidió un biftec.
El mesero sirvió el biftec.
La comida está rica, deliciosa.

¡Diga!

Quisiera reservar una mesa, por favor.

Sí, señor. ¿Para cuándo?

Para esta noche a las nueve y media.

¿Cuántas personas?

Cuatro.

¿A nombre de quién, por favor?

A nombre de Julio Amaral.

Conforme, señor.

✦Práctica✦

A ¿Te gusta(n) o no te gusta(n)? Contesten según las fotos.

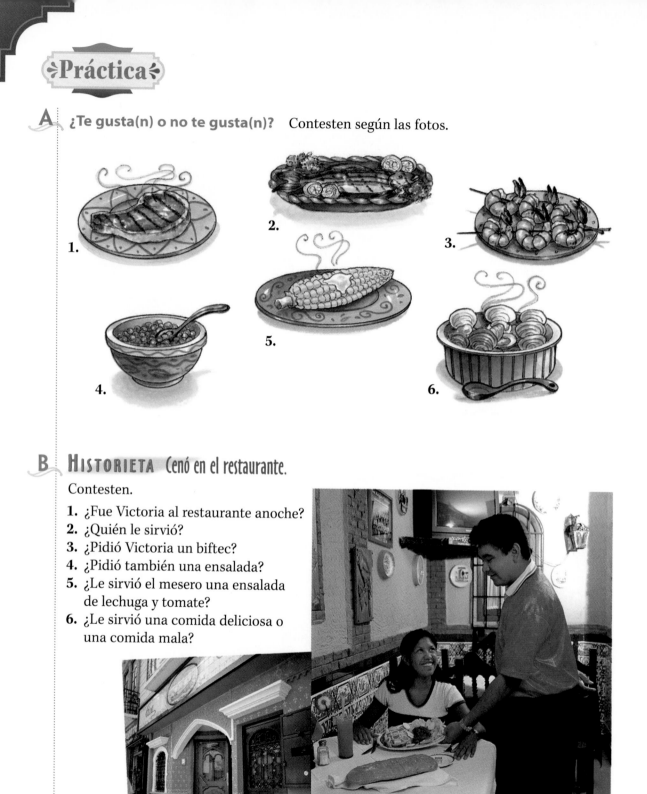

1.

2.

3.

4.

5.

6.

B HISTORIETA Cenó en el restaurante.

Contesten.

1. ¿Fue Victoria al restaurante anoche?
2. ¿Quién le sirvió?
3. ¿Pidió Victoria un biftec?
4. ¿Pidió también una ensalada?
5. ¿Le sirvió el mesero una ensalada de lechuga y tomate?
6. ¿Le sirvió una comida deliciosa o una comida mala?

Caracas, Venezuela

C ¿Qué te gusta? Contesten personalmente.

1. ¿Te gusta la ensalada?
2. ¿Te gusta la ensalada con aceite y vinagre?
3. ¿Te gusta el biftec?
4. ¿Te gusta el sándwich de jamón y queso?
   ¿Te gusta más con pan tostado?
5. ¿Te gusta la tortilla de queso?
6. ¿Te gustan los huevos con jamón?

Actividades comunicativas

A Una reservación
You call a restaurant in Buenos Aires. The head-waiter (a classmate) answers. Make a reservation for yourself and a group of friends.

B ¿Qué recomienda Ud.?
Here's a menu from a very famous restaurant in Madrid. In fact, it's the oldest restaurant in the city, dating from 1725. There are many items on the menu that you will be able to recognize. A classmate will be the server. Ask what he or she recommends and then order.

C A R T A
I.V.A. 7% INCLUIDO

RESTAURANT
3ª Categoría

ENTRADAS

Jugos de tomate, naranja	395
Pimientos asados con bacalao	960
Lomo ibérico de bellota	2.260
Jamón ibérico de bellota	2.475
Surtido ibérico de bellota	2.115
Melón con jamón	2.095
Queso (manchego)	875
Ensalada riojana	930
Ensalada de lechuga y tomate	475
ENSALADA BOTIN (con pollo y jamón)	1.195
Ensalada de rape y langostinos	2.575
Ensalada de endivias con perdiz	2.075
Morcilla de Burgos	725
Croquetas de pollo y jamón	875
Manitas de cochinillo rebozadas	785
Salmón ahumado	1.990

SOPAS

Sopa al cuarto de hora (de pescados)	1.590
SOPA DE AJO CON HUEVO	580
Caldo de ave	480
Gazpacho	800

HUEVOS

Revuelto de la casa (morcilla y patatas)	830
Huevos revueltos con espárragos trigueros	995
Huevos revueltos con salmón ahumado	1.050
Tortilla de gambas	1.050

VERDURAS

Espárragos con mahonesa	1.335
Menestra de verduras salteadas con jamón ibérico	1.170
Alcachofas salteadas con jamón ibérico	885
Judías verdes con jamón ibérico	885
Setas a la segoviana	965
Patatas fritas	370
Patatas asadas	370

PESCADOS

Angulas (según mercado)	
ALMEJAS BOTIN	2.355
Langostinos con mahonesa	3.730
Gambas al ajillo	2.695
Gambas a la plancha	2.695
Cazuela de pescados	2.825
Rape en salsa	2.610
Merluza al horno o frita	3.085
Lenguado frito, al horno o a la plancha (pieza)	2.995
Calamares fritos	1.565
CHIPIRONES EN SU TINTA (arroz blanco)	1.640

ASADOS Y PARRILLAS

COCHINILLO ASADO	2.315
CORDERO ASADO	2.500
Pollo asado 1/2	950
Pollo en cacerola 1/2	1.260
Perdiz estofada (pieza)	2.460
Filete de ternera a la plancha	1.850
Escalope de ternera	1.880
Ternera asada con guisantes	1.880
Solomillo a la plancha	2.695
SOLOMILLO BOTIN (al champiñón)	2.695
"Entrecotte" de cebón a la plancha	2.530

POSTRES

Cuajada	645
Tarta helada	650
Tarta de la casa (crema y bizcocho)	660
Tarta de chocolate	715
Tarta de frambuesa	805
Pastel ruso (crema de praliné)	785
Flan de la casa	415
Flan de la casa con nata	675
Helado de chocolate o caramelo	510
Helado de vainilla con salsa de chocolate	520
Surtido de buñuelos	835
Hojaldre de crema	725
Piña natural al dry-sack	605
Fresón con nata	765
Sorbete de limón	580
Melón	640
Bartolillos (sábados y domingos)	715

MENU DE LA CASA
(Primavera - Verano)

Precio: 4.080 ptas.

Gazpacho campero
Cochinillo asado
Helado

CAFE 215 - PAN 100 - MANTEQUILLA 125
HORAS DE SERVICIO: ALMUERZO, de 1:00 A 4:00 - CENA, de 8:00 A 12:00
ABIERTO TODOS LOS DIAS   HAY HOJAS DE RECLAMACION

RESTAVRANTE BOTIN

Estructura

Describing more present activities
Verbos con el cambio e → i en el presente

The verbs **pedir, servir, repetir, freír, seguir** *(to follow)*, and **vestirse** *(to get dressed)* are stem-changing verbs. The **e** of the infinitive stem changes to **i** in all forms of the present tense except the **nosotros** and **vosotros** forms. Study the following forms. Note the spelling of **seguir**.

INFINITIVE	pedir	servir	seguir	vestirse
yo	pido	sirvo	sigo	me visto
tú	pides	sirves	sigues	te vistes
él, ella, Ud.	pide	sirve	sigue	se viste
nosotros(as)	pedimos	servimos	seguimos	nos vestimos
vosotros(as)	*pedís*	*servís*	*seguís*	*os vestís*
ellos, ellas, Uds.	piden	sirven	siguen	se visten

Práctica

A **Lo que yo pido** Digan si piden lo siguiente o no.

1.

2.

3.

4.

5.

6.

Lo que pedimos en el restaurante Sigan el modelo.

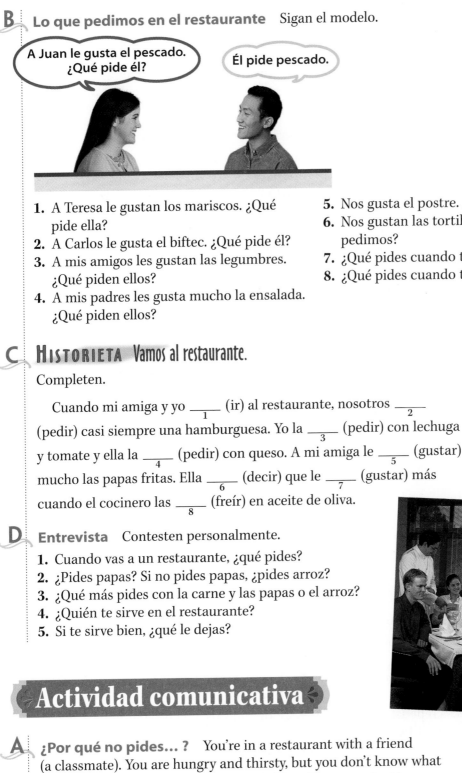

A Juan le gusta el pescado. ¿Qué pide él?

Él pide pescado.

1. A Teresa le gustan los mariscos. ¿Qué pide ella?
2. A Carlos le gusta el biftec. ¿Qué pide él?
3. A mis amigos les gustan las legumbres. ¿Qué piden ellos?
4. A mis padres les gusta mucho la ensalada. ¿Qué piden ellos?

5. Nos gusta el postre. ¿Qué pedimos?
6. Nos gustan las tortillas. ¿Qué pedimos?
7. ¿Qué pides cuando tienes sed?
8. ¿Qué pides cuando tienes hambre?

C HISTORIETA **Vamos al restaurante.**

Completen.

Cuando mi amiga y yo _____ (ir) al restaurante, nosotros _____
$\frac{}{1}$ $\frac{}{2}$
(pedir) casi siempre una hamburguesa. Yo la _____ (pedir) con lechuga
$\frac{}{3}$
y tomate y ella la _____ (pedir) con queso. A mi amiga le _____ (gustar)
$\frac{}{4}$ $\frac{}{5}$
mucho las papas fritas. Ella _____ (decir) que le _____ (gustar) más
$\frac{}{6}$ $\frac{}{7}$
cuando el cocinero las _____ (freír) en aceite de oliva.
$\frac{}{8}$

D **Entrevista** Contesten personalmente.

1. Cuando vas a un restaurante, ¿qué pides?
2. ¿Pides papas? Si no pides papas, ¿pides arroz?
3. ¿Qué más pides con la carne y las papas o el arroz?
4. ¿Quién te sirve en el restaurante?
5. Si te sirve bien, ¿qué le dejas?

Marbella, España

Actividad comunicativa

A **¿Por qué no pides... ?** You're in a restaurant with a friend (a classmate). You are hungry and thirsty, but you don't know what to order. Your friend will suggest something. Then you decide.

Describing more activities in the past
Verbos con el cambio e → i, o → u en el pretérito

1. The verbs **pedir, repetir, freír, servir,** and **vestirse** have a stem change in the preterite. The **e** of the infinitive stem changes to **i** in the **él** and **ellos** forms.

INFINITIVE	pedir	repetir	vestirse
yo	pedí	repetí	me vestí
tú	pediste	repetiste	te vestiste
él, ella, Ud.	pidió	repitió	se vistió
nosotros(as)	pedimos	repetimos	nos vestimos
vosotros(as)	pedisteis	repetisteis	os vestisteis
ellos, ellas, Uds.	pidieron	repitieron	se vistieron

2. The verbs **preferir, divertirse,** and **dormir** also have a stem change in the preterite. The **e** in **preferir** and **divertirse** changes to **i** and the **o** in dormir changes to **u** in the **él** and **ellos** forms.

INFINITIVE	preferir	divertirse	dormir
yo	preferí	me divertí	dormí
tú	preferiste	te divertiste	dormiste
él, ella, Ud.	prefirió	se divirtió	durmió
nosotros(as)	preferimos	nos divertimos	dormimos
vosotros(as)	preferisteis	os divertisteis	dormisteis
ellos, ellas, Uds.	prefirieron	se divirtieron	durmieron

Práctica

A **HISTORIETA** Servicio bueno o malo

Contesten según se indica.

1. ¿Qué pediste en el restaurante? (una ensalada)
2. ¿Cómo la pediste? (sin aceite y vinagre)
3. ¿Cuántas veces repetiste «sin aceite y vinagre»? (dos veces)
4. Y, ¿cómo sirvió el mesero la ensalada? (con aceite y vinagre)
5. ¿Qué hiciste? (pedí otra ensalada)
6. ¿Qué pidió tu amigo? (puré de papas)
7. ¿Y qué pasó? (el cocinero frió las papas)
8. ¿Qué sirvió el mesero? (papas fritas)
9. ¿Pidieron Uds. una bebida? (sí)
10. ¿Qué pidieron para beber? (una limonada)
11. ¿Qué sirvió el mesero? (un té)
12. ¿Le dieron Uds. una propina al mesero? (no)

B HISTORIETA Preparando la comida

Completen con el pretérito.

Anoche mi hermano y yo ____ (preparar) la comida para la familia.
Yo ____ (freír) el pescado. Mi hermano ____ (freír) las papas.
Mamá ____ (poner) la mesa. Y papá ____ (servir) la comida. Todos
nosotros ____ (comer) muy bien. A todos nos
____ (gustar) mucho el pescado. Mi hermano y mi papá ____
(repetir) el pescado. Luego
yo ____ (servir) el postre,
un sorbete. Después de la comida
mi hermano tomó una siesta.
Él ____ (dormir) media hora.
Yo no ____ (dormir). No me
gusta dormir inmediatamente
después de comer.

Valparaíso, Chile

Actividad comunicativa

A **Lo siento mucho.** You're in a restaurant and you're fed up with
the waiter. He hasn't done a thing right. Call over the manager
(a classmate) and tell him or her all that happened. He or she will
apologize and say something to try to make you happy.

ESTRUCTURA

Conversación

TERESA: ¿Tiene Ud. una mesa para dos personas?

MESERO: Sí, señorita. Por aquí, por favor.

TERESA: ¿Es posible tener un menú en inglés?

MESERO: Sí, ¡cómo no!

PACO: Teresa, no necesito un menú en inglés. Lo puedo leer en español.
(El mesero les da un menú en inglés.)

PACO: No sé por qué ella me pidió un menú en inglés.

MESERO: No hay problema. Le traigo uno en español.

PACO: Gracias.

TERESA: Pues, Paco, ¿qué vas a pedir?

PACO: Para mí, la especialidad de la casa.

TERESA: Yo también pido la especialidad de la casa.

Después de conversar

Completen.

1. ¿Para cuántas personas quiere la mesa Teresa?
2. ¿Tiene el mesero una mesa libre?
3. ¿Qué tipo de menú pide Teresa?
4. ¿Necesita un menú en inglés Paco?
5. ¿Sabe él por qué ella le pidió un menú en inglés?
6. ¿Qué va a pedir Paco?
7. Y Teresa, ¿qué pide ella?

Actividades comunicativas

A **Fuimos al restaurante.** You and your parents went to a restaurant last night. A classmate will ask you questions about your experience. Answer him or her.

B **Preferencias** Work with a classmate and discuss whether you prefer to eat at home or in a restaurant. Give reasons for your preferences.

La consonante x

An x between two vowels is pronounced much like the English x but a bit softer. It's like **a gs: examen → eg-samen.** Repeat the following.

exacto	**examen**
éxito	**próximo**

When x is followed by a consonant, it is often pronounced like an s. Repeat the following.

extremo   explicar   exclamar

Repeat the following sentence.

El extranjero exclama que baja en la próxima parada.

Lecturas CULTURALES

Reading Strategy

Thinking while reading

Good readers always think while reading. They think about what the passage might be about after reading the title and looking at the visuals. They predict, create visual images, compare, and check for understanding, and continually think while the author is explaining.

LA COMIDA MEXICANA

Es muy difícil decir lo que es la comida hispana porque la comida varía mucho de una región hispana a otra.

Aquí en los Estados Unidos la comida mexicana es muy popular. Hay muchos restaurantes mexicanos. Algunos sirven comida típicamente mexicana y otros sirven variaciones que vienen del suroeste de los Estados Unidos donde vive mucha gente de ascendencia mexicana.

La base de muchos platos mexicanos es la tortilla. La tortilla es un tipo de panqueque. Puede ser de harina¹ de maíz o de trigo². Con las tortillas, los mexicanos preparan tostadas, tacos, enchiladas, etc. Rellenan³ las tortillas de pollo, carne de res o frijoles y queso.

¹harina *flour*
²trigo *wheat*
³Rellenan *They fill*

San Miguel de Allende, México

Después de leer

A **La comida mexicana** Contesten.

1. ¿Varía mucho la cocina hispana de una región a otra?
2. ¿Dónde es popular la comida mexicana?
3. ¿De dónde vienen muchas variaciones de la cocina mexicana?
4. ¿Qué sirve de base para muchos platos mexicanos?
5. ¿Qué es una tortilla? ¿De qué puede ser?
6. ¿De qué rellenan las tortillas?

SECRETARIA DE EDUCACION, CULTURA Y RECREACION
MUSEO CASA
"DIEGO RIVERA"
GUANAJUATO, GTO.
COOPERACION N$ 5.00

«El cultivo del maíz» de Diego Rivera

LA COMIDA ESPAÑOLA

En España, como en México, hay tortillas también. Pero hay una gran diferencia entre una tortilla mexicana y una tortilla española. La tortilla española no es de maíz. El cocinero español prepara la tortilla con huevos. La tortilla española, que es muy típica, lleva patatas (papas) y cebollas[1].

La cocina española es muy buena y muy variada. Como España es un país que tiene mucha costa, muchos platos españoles llevan marisco y pescado. Y los cocineros preparan muchos platos con aceite de oliva.

[1]cebollas *onions*

Barcelona, España

Después de leer

A La cocina española Contesten.

1. ¿Cuál es la diferencia entre una tortilla española y una tortilla mexicana?
2. ¿Qué lleva la típica tortilla a la española?
3. ¿Por qué llevan marisco y pescado muchos platos españoles?
4. ¿Qué usan muchos cocineros españoles para preparar una comida?

LA COMIDA DEL CARIBE

En el Caribe, en Puerto Rico, Cuba y en la República Dominicana, la gente come muchos mariscos y pescado. Es natural porque Puerto Rico, Cuba y la República Dominicana son islas. Pero la carne favorita de la región es el puerco o el lechón[1]. No hay nada más delicioso que un buen lechón asado[2]. Sirven el lechón con arroz, frijoles (habichuelas) y tostones. Para hacer tostones el cocinero corta en rebanadas[3] un plátano, una banana grande, verde y dura. Luego fríe las rebanadas en manteca[4].

[1]lechón *suckling pig*
[2]asado *roast*
[3]rebanadas *slices*
[4]manteca *lard*

Humacao, Puerto Rico

Después de leer

A **¿Lo sabes?** Busquen la información.

1. algunos países de la región del Caribe
2. por qué come la gente muchos mariscos y pescado en la región del Caribe
3. una carne favorita de los puertorriqueños, cubanos y dominicanos
4. lo que sirven con el lechón asado
5. lo que son tostones

Conexiones

LAS HUMANIDADES

EL LENGUAJE

As we already know, Spanish is a language that is spoken in many areas of the world. In spite of the fact that the Spanish-speaking world covers a large area of the globe, it is possible to understand a speaker of Spanish regardless of where he or she is from. Although there are regional differences, these differences do not cause serious comprehension problems.

However, pronunciation does change from area to area. For example, people from San Juan, Puerto Rico; Buenos Aires, Argentina; and Madrid, Spain have pronunciations that are quite different one from the other. However, the same is true of English. People from New York, Memphis, and London also have a distinct pronunciation but they can all understand one another.

The use of certain words will also change from one area to another. This is particularly true in the case of words for foods. Let's look at some regional differences with regard to vocabulary.

Regionalismos

Comestibles

En España son patatas y en todas partes de Latinoamérica son papas.

En casi todas partes es el maíz pero en México es el maíz o el elote y en Chile es el choclo.

En España son cacahuetes; en muchas partes de Latinoamérica son cacahuates pero en el Caribe son maní.

En muchas partes es jugo de naranja pero en Puerto Rico es jugo de china y en España es zumo de naranja.

Las judías verdes tienen muchos nombres. Además de judías verdes son habichuelas tiernas, chauchas, vainitas, ejotes y porotos.

Cosas que no son comestibles

Tomamos el autobús en España, el camión en México y la guagua en el Caribe y en las Islas Canarias.

En España todos duermen en el dormitorio o en la habitación. En México duermen en la recámara y, en muchas partes, en el cuarto o en el cuarto de dormir.

En España sacas un billete en la ventanilla y en Latinoamérica compras un boleto en la ventanilla o en la boletería.

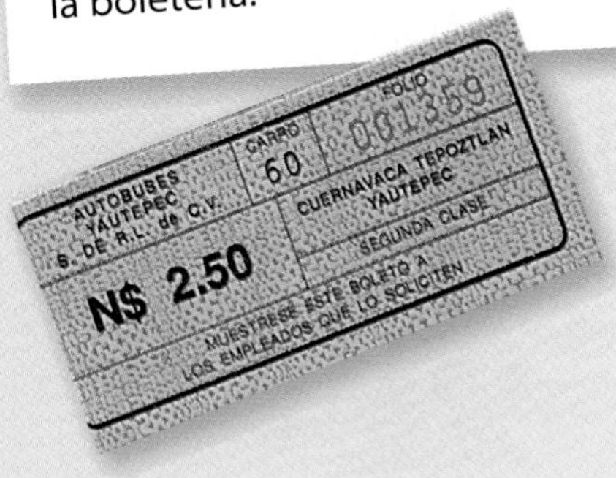

AUTOBUSES
YAUTEPEC
S. DE R.L. de C.V.
CARRO 60
FOLIO 001369
CUERNAVACA TEPOZTLAN YAUTEPEC
N$ 2.50
SEGUNDA CLASE
MUESTRESE ESTE BOLETO A LOS EMPLEADOS QUE LO SOLICITEN

～Después de leer～

A **Hispanohablantes** If any of your classmates are native speakers of Spanish, ask them to compare the way they say things. Have them share this information with you.

B **El inglés** There are variations in the use of English words. Discuss the following terms and where they might be heard.

1. bag, sack
2. soda, pop
3. elevator, lift
4. line, queue
5. pram, baby carriage
6. truck, lorry
7. traffic circle, rotary, roundabout
8. subway, underground

Culminación

Actividades orales

A **Fuimos al restaurante.** Get together with a classmate and describe some dishes from different areas of the Spanish-speaking world. Then decide what kind of restaurant or restaurants you want to go to. Tell why.

B **¡A comer!** You and your classmates, accompanied by your teacher, go to a Spanish restaurant in your community and order your meal in Spanish. Try to speak only Spanish during your meal.

JUEGO **La comida** Mention a food category, such as meat, seafood, fruit, vegetable. Your partner will give the name of a food that belongs in that category. Take several turns each. Try to use as much of the food vocabulary you've learned as possible.

A Comidas buenas y ricas Prepare the menu for several Spanish meals—**el desayuno, el almuerzo,** and **la cena.** Then present your menus to the class. Have the class vote on whether or not they would order your meals. Then decide who in the class should open a restaurant.

35° Aniversario **La Estancia**

ASADOR CRIOLLO

Lechón al Asador	$ 14,00
Chivito «La Estancia»	$ 16,00
Asado al Asador	$ 11,00

COCINA

Costilla de Cerdo con puré de manzana	$ 10,00
Costilla de Cerdo a la Riojana	$ 12,00
Lomo a la Pimienta con papas a la crema	$ 16,00
Lomo al Champignon	$ 17,00
Milanesa de Lomo	$ 6,50
Milanesa de Lomo a la Napolitana	$ 9,50
Milanesa de Pollo	$ 6,00
Milanesa de Pollo a la Napolitana	$ 9,00
Suprema de Pollo «La Estancia»	$ 10,50
Maryland	$ 10,00

BIFES

Bife de costilla con Lomo	$ 6,50
con guarnición de papas fritas	$ 7,50
Bife de Chorizo	$ 14,50
Bife especial «La Estancia»	$ 15,00
Bife de Lomo especial «La Estancia»	$ 8,00
Costillas de Cerdo	$ 2,50
Chorizos (c/u)	$ 3,00
Salchicha Criolla (c/u)	$ 2,50
Morcillas (c/u)	$ 10,00
Matambrito Tiernizado	$ 17,00
Bife Aniversario con Lomo	$ 11,00
Mollejas porción	$ 4,00
Longaniza (c/u)	$ 5,00
Riñones porción	$ 5,00
Chinchulines de Ternera porción	$ 9,00
Chinchulines de Cordero porción	$ 4,50
Ubre porción	

4 personas

Writing Strategy

Writing a letter of complaint

When you write a letter of complaint, you must clearly identify the problem and suggest solutions; you should use a businesslike tone. You might be angry when you write a letter of complaint. But to be effective, you must control your emotions since your goal is to get the problem corrected. Your tone of voice is reflected in writing as much as it is in speech; your results will be better if you address the situation calmly and reasonably. In addition, it is important that the letter be addressed to the person who has the most authority.

¡Qué desastre!

Pretend you went to a restaurant where you had a very bad experience. The waiter didn't serve you what you ordered nor the way you ordered it. Write a letter to the management complaining about the food and the service.

Vocabulario

GETTING ALONG AT A RESTAURANT

el restaurante	el menú
la mesa	la cuenta
el/la mesero(a),	la tarjeta de crédito
el/la camarero(a)	la propina
el/la cocinero(a)	el dinero

IDENTIFYING A PLACE SETTING

el vaso	el cuchillo
la taza	la cucharita
el platillo	la cuchara
el plato	el mantel
el tenedor	la servilleta

DESCRIBING SOME RESTAURANT ACTIVITIES

poner la mesa	repetir
pedir	reservar
servir	tener hambre
freír	tener sed

DESCRIBING FOOD

rico(a), delicioso(a)

IDENTIFYING MORE FOODS

la carne	el ajo
la carne de res, el biftec	la berenjena
la ternera	la alcachofa
el cerdo	el arroz
el cordero	el maíz
el pescado	la sal
los mariscos	la pimienta
los camarones	el aceite
las almejas	el vinagre
la langosta	

VIDEO

¡Buen viaje!

EPISODIO 2 ▶En el restaurante

Cristina, Isabel y Luis van a un restaurante.

Después del almuerzo los jóvenes miran los videos que reciben de España.

CD-ROM

Expansión cultural

La Casa de los Azulejos en la Ciudad de México es un restaurante muy popular.

interNET CONNECTION

In this video episode, Cristina, Isabel, and Luis are having lunch at a restaurant in Mexico. To visit some restaurants in cities in the Spanish-speaking world, go to the **Capítulo 2** Internet activity at the **Glencoe Foreign Language** Web site:

http://www.glencoe.com/sec/fl

CAPÍTULO 3

Telecomunicaciones

Objetivos

In this chapter you will learn to do the following:

- ∿ talk about computers, e-mail, the Internet, faxes, and telephones
- ∿ talk about past habitual and routine actions
- ∿ describe people and events in the past
- ∿ make and receive telephone calls in Spanish

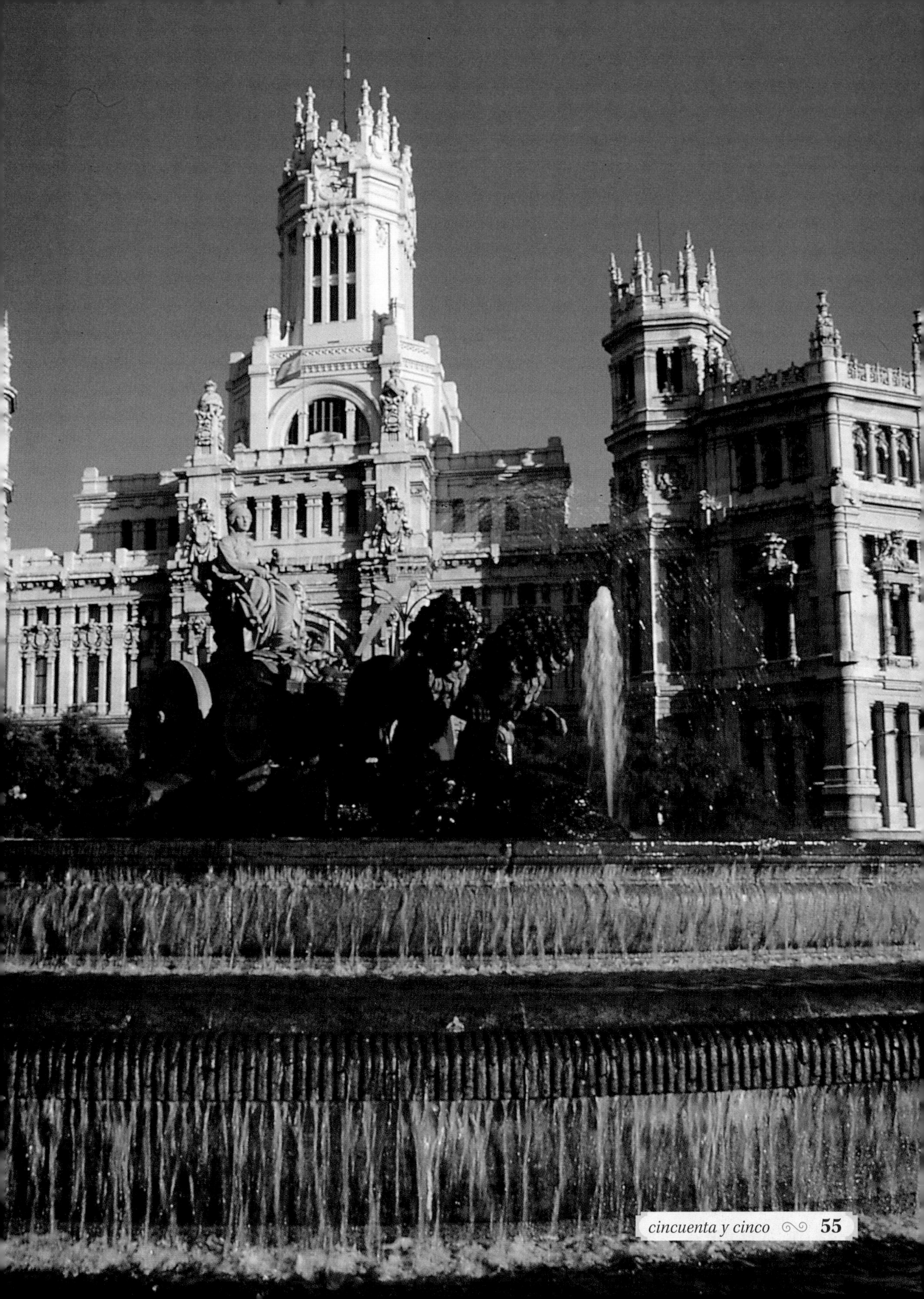

Vocabulario

La computadora

la computadora, el ordenador

el monitor, la pantalla

la impresora

el disquete

el disco compacto

el ratón

el teclado

La muchacha prende la máquina.

Ella mete un disquete en la ranura.

Ella usa la computadora para hacer las tareas. Ella entra los datos.

La muchacha no pierde los datos porque los guarda.

Después se comunica con los amigos. Usa el correo electrónico.

Cuando termina, ella apaga la máquina y saca el disquete.

El fax, el facsímil

el facsímil

El señor manda el documento por fax.

Él mete el documento boca arriba.
No lo mete boca abajo.

el botón

Él pulsa el botón.

Él transmite el documento.

Práctica

A ¿Usas una computadora?

Contesten personalmente.

1. ¿Sabes usar una computadora?
2. ¿Cuáles son tres partes de la computadora?
3. El monitor, ¿es de color o blanco y negro?
4. ¿Usas el correo electrónico?
5. ¿Con quién te comunicas por correo electrónico?
6. ¿Haces tus tareas en la computadora?
7. ¿Para qué clase o clases usas la computadora?
8. ¿Usas Internet?
9. ¿Tienes CD-ROM?
10. ¿Cuál es tu juego favorito en la computadora?

Caracas, Venezuela

Caracas, Venezuela

B Los pasos a seguir Pongan las oraciones en orden lógico.

1. Meto un disquete en la ranura.
2. Entro los datos.
3. Prendo la computadora.
4. Saco el disquete.
5. Apago la máquina.
6. Guardo los datos.

C HISTORIETA En la oficina

Contesten según la foto.

1. ¿Qué quiere hacer la señorita?
2. ¿Usa la señorita la máquina de fax o la computadora?
3. ¿Está prendida la máquina?
4. ¿Cómo mete el documento, boca arriba o boca abajo?
5. ¿Qué pulsa ella?

Actividades comunicativas

A **¿Cómo uso la computadora?** Un(a) alumno(a) de Latinoamérica quiere aprender a usar tu computadora. Explícale.

B **¿Cómo mando un fax?** Tú y tu compañero(a) están trabajando en una oficina. Tú sabes usar la máquina de fax, pero tu compañero(a), no. Explícale.

C **Programas de software** Con un(a) compañero(a), hablen de cómo pasan el tiempo en la computadora. ¿Juegan mucho o hacen las tareas? Discutan los programas de software que Uds. usan. ¿Son los mismos o no? Luego miren la pantalla de la computadora abajo. Discutan lo que ven en el monitor. Decidan si consideran útil tal programa.

Software

WordCorrect

Júlia Pérez i Mato
DGC (Desarrollo Gramatical Computarizado, S. L.)
Email: desarrollo.gracomput@bcn.servicom.es

El nuevo corrector gramatical, sintáctico y ortográfico para catalán y castellano

Recientemente la compañía DGC (Desarrollo Gramatical Computarizado, S.L.), empresa especializada en programas lingüísticos, ha presentado el WordCorrect, corrector sintáctico-gramatical y ortográfico, en las versiones para español y catalán.

Con el WordCorrect se ha dado un paso adelante en la corrección de los escritos, ya que de la simple corrección ortográfica se ha pasado a analizar dos o tres elementos interrelacionados corrigiendo la gramaticalidad de determinados contextos lingüísticos.

Principales Características

• Técnicas: facilidad de instalación, directamente en la unidad por defecto, creando una carpeta propia.Está disponible para Power PC. Corrige directamente los documentos de los editores: ClarisWorks 4.0, Microsoft Word 6.0.1; WordPerfect 3.0.; respetando el formato, fuentes, color, etc. En breve estará disponible para QuarkXPress.

• Lingüísticas: contiene dos funciones diferenciadas, a seleccionar por el usuario: la corrección ortográfica y la corrección sintáctica-gramatical.
La corrección ortográfica se basa en un diccionario con más de 130.000 términos y más de 350.000 formas verbales conjugadas. Este diccionario dispone de:
 - Conjugación de formas pronominales.
 - Diccionario del Usuario.

- Formas a Ignorar: permite crear una base de datos con las formas o siglas no contempladas en el diccionario español.
- Diccionarios profesionales: para la versión en catalán: el médico, jurídico y de la construcción. Para la versión de español: el sistema permite que se vayan integrando, a medida que se desarrollen.
- Diccionario de Sinónimos y Antónimos.

La función de corrección sintáctica-gramatical es capaz de detectar más de 400 errores de sintaxis y gramaticales, y facilita la alternativa de corrección al error. Además, indica el tipo de error, y lo asocia a una pantalla que contiene la ayuda gramatical, con la norma general, sus excepciones y ejemplos sobre el error detectado.

Realiza la corrección de grafía:
 - Mayúsculas a principio de párrafo y después de punto.
 - Mayúsculas con nombres propios y topónimos.
 -Espacios entre "punto, coma, punto y coma" y otro término.

En el proceso de corrección, desde el diccionario y el diccionario de sinónimos, se puede trasladar al editor el término erróneo detectado.

El uso WordCorrect tiene una aplicación para todos los ámbitos, desde el empresarial, institucional, hasta el particular, pasando por el ámbito de la enseñanza, como herramienta didáctica para el aprendizaje de la lengua española y catalana.

DGC está trabajando para ofrecer ampliaciones a estas versiones, ampliando los diccionarios profesionales y otras opciones, como disponibilidad de una gramática general, así como en otros idiomas.

Vocabulario

El teléfono

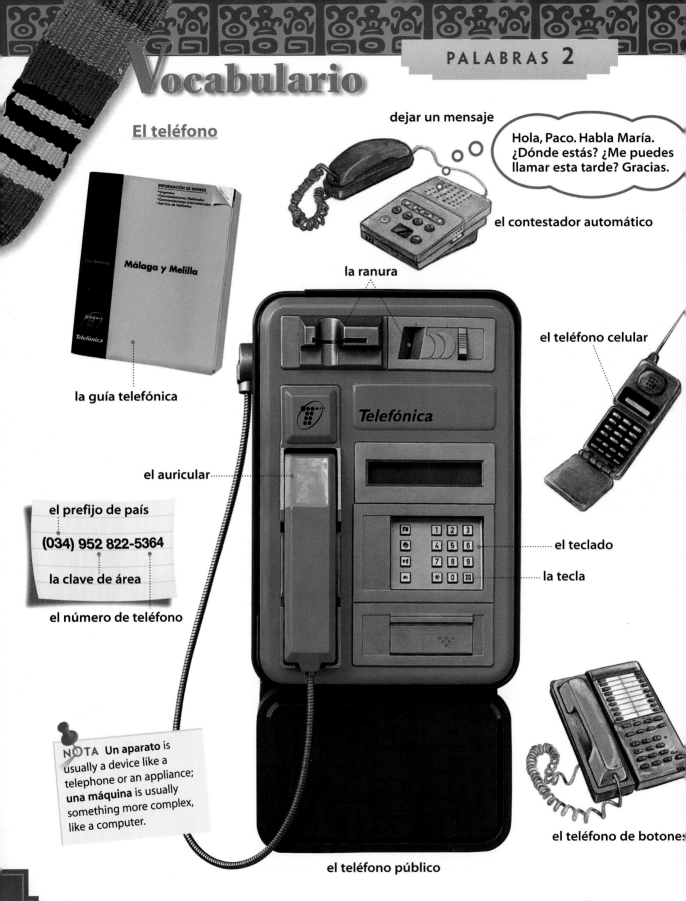

dejar un mensaje

Hola, Paco. Habla María. ¿Dónde estás? ¿Me puedes llamar esta tarde? Gracias.

el contestador automático

la ranura

la guía telefónica

Málaga y Melilla

el teléfono celular

el auricular

el prefijo de país

(034) 952 822-5364

la clave de área

el número de teléfono

el teclado

la tecla

Telefónica

NOTA **Un aparato** is usually a device like a telephone or an appliance; **una máquina** is usually something more complex, like a computer.

el teléfono de botones

el teléfono público

CAPÍTULO 3

Rafael va a hacer una
llamada telefónica.

Él descuelga el auricular.

Él introduce la tarjeta telefónica.
No introduce una moneda.

Él espera el tono.

Cuando oye el tono,
él marca el número.

El teléfono suena.

Cuando yo estaba en Madrid, vivía en una
residencia para estudiantes.

¿Está Alicia?

De Rafael.

Sí, está. ¿De
parte de quién?

Un momento,
por favor.

La hermana de su amiga contesta.

Yo llamaba a mis padres a menudo
(con frecuencia).
Yo siempre quería hablar mucho. Pero
las llamadas largas costaban mucho.
Eran muy caras.

 Práctica

A HISTORIETA Una llamada telefónica

Contesten.

1. ¿El muchacho hace la llamada desde un teléfono público o con un teléfono celular?
2. ¿Es un teléfono de disco o de botones?
3. ¿Qué tiene que esperar antes de marcar el número?
4. Si no sabe el número, ¿dónde puede buscar el número?
5. Si no es un número local, ¿qué tiene que marcar primero?
6. Y si es una llamada a un país extranjero, ¿qué tiene que marcar?

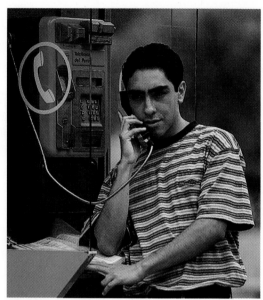

Lima, Perú

B Aparatos y máquinas Escojan.

1. Las computadoras y los teléfonos públicos tienen _____.

   a. ranuras   **b.** teclas   **c.** monitores

2. Si una persona no está en casa cuando llamas, puedes dejar un mensaje en el _____.

   a. teclado   **b.** auricular   **c.** contestador automático

3. Cuando estás en un automóvil o cuando no estás cerca de un teléfono público, puedes usar un teléfono _____.

   a. automático   **b.** celular   **c.** electrónico

4. Para usar cualquier máquina eléctrica, primero tienes que _____ la máquina.

   a. prender   **b.** apagar   **c.** marcar

5. Y cuando terminas, tienes que _____ la máquina.

   a. esperar   **b.** meter   **c.** apagar

PARA LLAMAR A MERLÍN
1. Seleccione el código del servicio deseado.
2. Marque el **440-6060**.
3. Tras el mensaje de bienvenida y el "beep" marque en su teléfono las 4 cifras del código seleccionado.

SI NO ESCUCHA EL MENSAJE
4. Marque el 440-6060 y, antes de ingresar el código, marque en su teléfono la tecla datos o, si no tiene, la tecla de asterisco. Luego ingrese el código.
5. Si no tiene ninguna de esas teclas, busque en su aparato una tecla de pulso/tono y póngala en TONO.
6. Si su teléfono es de disco, marque cuidadosamente el código.

Llame a MERLÍN
440-6060

El Comercio
La Verdad en sus manos.

Llame a Merlín al Teléfono **4406060** y marque el código **3539** para ubicar la agencia de publicidad de El Comercio mas cercana a su casa y marcando el código **3549** conozca **FONOAVISOS** el nuevo sistema para publicar en El Comercio avisos económicos y destacados por Teléfono.

C HISTORIETA Linda, la americanita en Madrid

Contesten.

1. ¿Dónde vivía Linda cuando era alumna en Madrid? (en una residencia para estudiantes)
2. ¿Cuándo llamaba a sus padres? (a menudo)
3. ¿Quién siempre contestaba el teléfono? (su madre)
4. ¿Quería hablar mucho Linda? (sí, siempre)
5. ¿Hablaban mucho Linda y su madre? (sí)
6. ¿Costaban mucho las llamadas cortas? (no, largas)
7. ¿Cómo eran las llamadas largas? (caras)

Una residencia para estudiantes, Madrid

Puerta del Sol, Madrid

Actividades comunicativas

A Un número equivocado Llamas a un(a) amigo(a) por teléfono, pero otra persona (tu compañero[a]) contesta y dice que tu amigo(a) no vive allí. Dile a la persona el número que marcaste. La persona va a decir que el número es correcto, pero la clave de área, no, y te va a dar la clave de área correcta.

1. (201) 899–6645 Felipe / (301)
2. (513) 371–8302 Andrea / (313)
3. (917) 356–3223 Tomás / (817)
4. (516) 384–1475 Inés / (517)

B ¿Cómo lo hago? Estás en Madrid y quieres hacer una llamada telefónica. No sabes usar el teléfono público que está en la calle. Le pides ayuda a una persona en la calle (tu compañero[a]). Le preguntas a la persona cómo hacer la llamada. Él o ella te va a explicar lo que tienes que hacer.

Estructura

Talking about habitual past actions
Imperfecto de los verbos en **-ar**

1. In Spanish there are two simple past tenses. The preterite tense, which you have already learned, is used to state an action that began and ended at a specific time in the past. The other simple past tense is the imperfect.

2. The imperfect tense is used to describe a habitual or repeated action in the past. The exact times when the action began and ended are not important. These are the forms of regular **-ar** verbs in the imperfect.

INFINITIVE	tomar	llamar	
STEM	tom-	llam-	ENDINGS
yo	tomaba	llamaba	-aba
tú	tomabas	llamabas	-abas
él, ella, Ud.	tomaba	llamaba	-aba
nosotros(as)	tomábamos	llamábamos	-ábamos
vosotros(as)	*tomabais*	*llamabais*	*-abais*
ellos, ellas, Uds.	tomaban	llamaban	-aban

¿**Lo sabes?**
Verbs that have a stem change in the present do not have one in the imperfect.
jugar: jugaba acostarse: me acostaba

Carlos siempre se levantaba temprano.
Él tomaba el bus escolar a las siete.
El bus llegaba a la escuela a las siete y media.
Algunos muchachos caminaban a la escuela.
Todos los alumnos entraban a clase a las ocho.

La Ciudad de México

Práctica

A HISTORIETA Carlota iba a la escuela.

Contesten.

1. ¿Carlota se levantaba tarde o temprano todos los días?
2. ¿Carlota caminaba a la escuela o tomaba el bus?
3. ¿A qué hora llegaba a la escuela?
4. ¿Todos los alumnos caminaban a la escuela?
5. ¿A qué hora entraban todos a clase?

B HISTORIETA En el primer grado

Contesten.

1. En el primer grado, ¿tú caminabas a la escuela?
2. ¿Cómo se llamaba tu maestro(a) de primer grado?
3. ¿Qué estudiabas en el primer grado?
4. ¿Tomabas el almuerzo en casa o en la escuela?
5. ¿Dónde estaba tu escuela?
6. ¿A qué hora terminaban las clases?
7. ¿Qué te gustaba hacer por la tarde?
8. ¿Con quién jugabas?

La Ciudad de México

C HISTORIETA La oficina de Carmen

Completen con el imperfecto.

Todos los veranos Carmen ____ (trabajar) en una oficina.
La oficina ____ (estar) en la ciudad. Más de treinta
personas ____ (trabajar) allí. Carmen ____ (tomar) el tren
para ir a la ciudad. El tren ____ (llegar) a las ocho. Carmen
____ (caminar) de la estación a la oficina. Carmen ____
(usar) una computadora. Ella ____ (entrar) datos y los
____ (revisar). Ella también ____ (mandar) copias de
documentos por fax. A las doce, Carmen y sus amigas ____
(tomar) el almuerzo. A las cinco, ellas ____ (terminar) de
trabajar. Entonces Carmen ____ (apagar) las máquinas y
____ (regresar) a su casa.

Actividad comunicativa

A **El verano pasado** Mira la lista de palabras. Escoge una y pregúntale a tu compañero(a) si hacía eso con frecuencia durante el verano. Luego cambien de rol. Sigan hasta terminar con la lista.

nadar
comprar helados
estudiar
tomar el sol
jugar tenis
acostarse tarde
levantarse tarde
trabajar
escuchar discos
viajar
mirar la tele

Talking about habitual past actions
Imperfecto de los verbos en -er e -ir

1. The imperfect tense forms of regular **-er** and **-ir** verbs are identical.

INFINITIVE	leer	comer	escribir	vivir	
STEM	le-	com-	escrib-	viv-	ENDINGS
yo	leía	comía	escribía	vivía	-ía
tú	leías	comías	escribías	vivías	-ías
él, ella, Ud.	leía	comía	escribía	vivía	-ía
nosotros(as)	leíamos	comíamos	escribíamos	vivíamos	-íamos
vosotros(as)	*leíais*	*comíais*	*escribíais*	*vivíais*	*-íais*
ellos, ellas, Uds.	leían	comían	escribían	vivían	-ían

2. The imperfect of **hay** is **había**.

> **No había papel en el fax.**
> **No había mensajes en el contestador automático.**

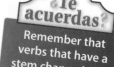

¿Te acuerdas?

Remember that verbs that have a stem change in the present do not have one in the imperfect.
querer: quería
volver: volvía

Práctica

A **Cuando yo tenía doce años...** Contesten.

1. Cuando tenías doce años, ¿dónde vivías?
2. ¿A qué escuela asistías?
3. ¿Tenías muchos amigos?
4. ¿Podías hablar español?
5. ¿Sabías usar una computadora?
6. ¿Leías muchos libros?
7. ¿Tenías que estudiar mucho?

B ¿Qué hacía la gente en la oficina? Contesten según los dibujos.

1. ¿Qué hacía la señorita Flores?

2. ¿Qué hacían los señores?

3. ¿Qué hacía Eugenio?

4. ¿Qué hacía Teresita?

5. ¿Qué hacían Uds.?

6. ¿Qué hacías tú?

C HISTORIETA Las amiguitas de Ramona

Completen.

Cuando Ramona _____ (tener) cuatro años, ella _____ (vivir) en el
　　　　　　　　　1　　　　　　　　　　　　　2

campo. Los padres de Ramona _____ (tener) una hacienda con muchos
　　　　　　　　　　　　　　3

animales. Ramona _____ (divertirse)
　　　　　　　　4

mucho en el campo. Ella _____
　　　　　　　　　　　　5

(tener) muchas amiguitas

imaginarias. Ella les _____
　　　　　　　　　　6

(servir) café a sus amiguitas. Las

amigas la _____ (querer) mucho
　　　　　7

a Ramona. Los padres no _____
　　　　　　　　　　　　8

(poder) ver a las amiguitas,

pero ellos _____ (saber) que,
　　　　　　9

para Ramona, las amiguitas sí

_____ (existir). Y Ramona nunca
　10

_____ (aburrirse).
　11

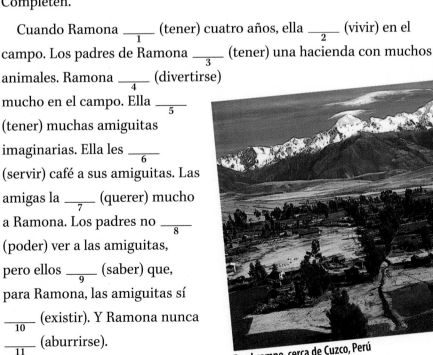

En el campo, cerca de Cuzco, Perú

A **Entrevista** Prepara una entrevista con tu profesor o profesora de español (tu compañero[a]). Entre otras cosas, tú quieres saber algo de su vida cuando asistía a la escuela secundaria. ¡Usen la imaginación!

Talking about habitual past actions
Imperfecto de los verbos **ser** e **ir**

The verbs **ser** and **ir** are irregular in the imperfect tense.

INFINITIVE	ser	ir
yo	era	iba
tú	eras	ibas
él, ella, Ud.	era	iba
nosotros(as)	éramos	íbamos
vosotros(as)	*érais*	*íbais*
ellos, ellas, Uds.	eran	iban

¿Lo sabes?

Ver is also considered irregular in the imperfect tense. **veía, veías...**

A **HISTORIETA** En la primaria

Contesten.

1. ¿Quiénes eran tus amigos?
2. ¿Adónde iban tus amigos por la tarde?
3. ¿Adónde iban Uds. los sábados?
4. ¿Quién era tu profesor(a) de español?
5. ¿Cómo ibas a la escuela?
6. ¿Quiénes eran tus maestros favoritos?

La Ciudad de Guatemala

B HISTORIETA Buenos amigos

Completen con la forma correcta de **ser** o **ir**.

Cuando Maribel y Paco ___(1) jóvenes, ___(2) muy buenos amigos. Ellos ___(3) a la escuela juntos. Ellos ___(4) a comer juntos. Maribel no ___(5) muy buena alumna, pero ella ___(6) excelente atleta. Y Paco no ___(7) buen atleta, pero ___(8) excelente alumno. Maribel ___(9) a casa de Paco para hacer la tarea con él. Los dos muchachos ___(10) al gimnasio donde Maribel le enseñaba a Paco a hacer los ejercicios. Todo el mundo decía que los dos ___(11) a ser buenos amigos para siempre.

Málaga, España

◆ Actividad comunicativa ◆

A **Los maestros de cuarto y quinto** Dile a tu compañero(a) cómo eran tus maestros(as) de cuarto y quinto grado. Tu compañero(a) va a hacer lo mismo. Después digan quiénes eran y cómo eran sus buenos(as) amigos(as) en esos grados.

Una clase de primaria

Describing things in the past
Usos del imperfecto

In addition to expressing repeated, habitual actions or events in the past, the imperfect is used to describe persons, places, objects, events, weather, and time in the past.

APPEARANCE	Victoria era alta y fuerte.
AGE	Tenía dieciséis años.
PHYSICAL CONDITION	Estaba cansada.
EMOTIONAL STATE	Pero estaba muy contenta.
ATTITUDES AND DESIRES	Ella quería ganar el campeonato.
LOCATION	Todos los equipos estaban en la cancha.
DATE	Era el ocho de octubre.
TIME	Eran las cuatro de la tarde.
WEATHER	Hacía un poco de frío.

Práctica

A **Victoria la victoriosa**   Contesten.

1. ¿Cómo era Victoria?
2. ¿Tenía veinte años?
3. ¿Estaba enferma o cansada?
4. ¿Estaba triste?
5. ¿Qué quería Victoria?
6. ¿Dónde estaban todos los atletas?
7. ¿Cuál era la fecha?
8. Y, ¿qué hora era?
9. ¿Qué tiempo hacía?

el Quijote
interactivo
para toda la familia

La inmortal obra de Cervantes, ahora adaptada para niños y en CD-ROM. Supone un primer acercamiento, el niño podrá observar cómo el texto escrito y hablado da pie a secuencias animadas y posteriormente a animaciones ocultas. Contiene diccionario animado, juegos educativos y la posibilidad de seleccionar castellano / inglés.

SOFTWARE EDUCATIVO

B **Don Quijote y Sancho Panza**   Contesten.

1. ¿Quién era alto? (Don Quijote)
2. ¿Quién era bajo? (Sancho Panza)
3. ¿Quién tenía un asno? (Sancho Panza)
4. ¿Quién tenía un caballo? (Don Quijote)
5. ¿Quién era idealista? (Don Quijote)
6. ¿Quién era realista? (Sancho Panza)
7. ¿Quién quería viajar? (Don Quijote)
8. ¿Quién quería volver a casa? (Sancho Panza)
9. ¿Quién quería conquistar los males del mundo? (Don Quijote)
10. ¿Quién estaba loco? (Don Quijote)

Actividades comunicativas

A **El año pasado en la escuela** Dile a tu compañero(a) las cosas que tú hacías a menudo en la escuela el año pasado. Tu compañero(a) te va a decir las cosas que él o ella hacía.

B **Eventos culturales** Tú asististe a uno de los siguientes eventos culturales. Descríbelo en detalle a un(a) compañero(a). Incluye el local, el día, la hora, etc. Di por qué querías asistir. Luego cambien de rol.

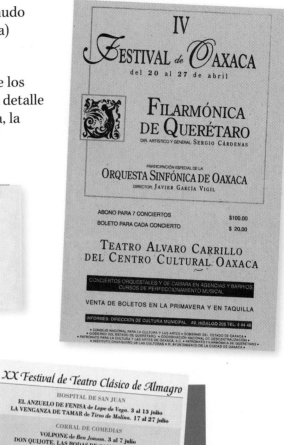

Conversación

Una llamada internacional

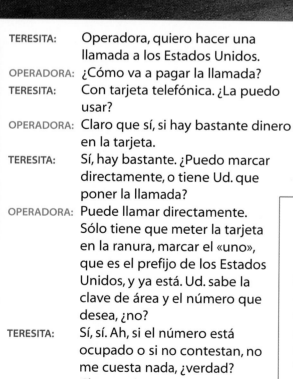

TERESITA: Operadora, quiero hacer una llamada a los Estados Unidos.

OPERADORA: ¿Cómo va a pagar la llamada?

TERESITA: Con tarjeta telefónica. ¿La puedo usar?

OPERADORA: Claro que sí, si hay bastante dinero en la tarjeta.

TERESITA: Sí, hay bastante. ¿Puedo marcar directamente, o tiene Ud. que poner la llamada?

OPERADORA: Puede llamar directamente. Sólo tiene que meter la tarjeta en la ranura, marcar el «uno», que es el prefijo de los Estados Unidos, y ya está. Ud. sabe la clave de área y el número que desea, ¿no?

TERESITA: Sí, sí. Ah, si el número está ocupado o si no contestan, no me cuesta nada, ¿verdad?

OPERADORA: Claro que no.

Después de conversar

Contesten.

1. ¿A dónde quiere llamar Teresita?
2. ¿Qué le pregunta la operadora?
3. ¿Qué tiene Teresita?
4. ¿Hay bastante dinero en la tarjeta?
5. ¿La operadora tiene que poner la llamada?
6. ¿Dónde tiene que meter la tarjeta Teresita?
7. ¿Por qué tiene que marcar el «uno»?
8. Si nadie contesta, ¿le cuesta algo a Teresita?

Actividades comunicativas

A **Los abuelos cuando eran jóvenes** Dile a tu compañero(a) todo lo que sabes de tus abuelos cuando ellos eran jóvenes: cómo eran, dónde vivían y trabajaban, qué hacían con tus padres, etc. Tu compañero(a) va a hacer lo mismo.

B **El/La operador(a) internacional** Tú eres el/la operador(a) internacional. Una persona (tu compañero[a]) llama para saber los prefijos de país y las claves de área para las ciudades a donde quiere llamar. Después cambien de rol.

PAÍS	PREFIJO DE PAÍS	CIUDAD	CLAVE DE ÁREA
Chile	56	Valparaíso	32
Ecuador	593	Quito	2
España	34	Sevilla	5
México	52	Acapulco	74
Perú	51	Lima	1
Uruguay	598	Paysandú	722

C **Las cosas que nos gustaban** Habla con tu compañero(a) de las cosas que les gustaba hacer cuando eran pequeños, pero que no les gusta hacer ahora.

JUEGO **¿Para qué lo (la) uso?** With a partner, look at the following photos. One of you will make up a sentence describing something you do with one of the items in the photos. The other will guess which item you need. Take turns. Use the model as a guide.

Quiero buscar el número de teléfono de mi tía.

Ah, necesitas la guía telefónica.

Lecturas CULTURALES

Reading Strategy

Asking questions

There are several types of questions you can ask about a reading selection. A specific question is one that is answered by the information presented in just one sentence in the reading. A combined question is one that can only be answered by the information presented in several sentences or in a paragraph. An inference question is one that is not answered explicitly in the reading but can be answered by logical reasoning from the information given. You can also ask questions involving an opinion or thought—one not necessarily based on information in the reading but rather dealing with an interaction between the author and the reader. Asking any number of these different types of questions will usually aid comprehension.

FUTURA INGENIERA

Carmen Tordesillas es estudiante de ingeniería[1] en Madrid. El año que viene va a trabajar para la Compañía de Teléfonos, «la Telefónica». Ella nos habla.

—Cuando yo era niña siempre quería ser ingeniera. Los aparatos electrónicos me fascinaban, especialmente el teléfono. Mi papá me permitía hacer llamadas a casa desde los teléfonos públicos. Era una aventura. Él me levantaba. Me daba unas monedas. Yo las metía en la ranura. Cuando mami contestaba, las monedas caían[2] y empezábamos a hablar. Después de unos minutos sonaba un tono que decía que iba a terminar la conexión. Yo le pedía más monedas a papá. Cuando me daba las monedas, yo estaba contenta; si no, yo protestaba.

Hoy no necesitamos monedas, porque tenemos tarjetas telefónicas y teléfonos celulares que son muy convenientes.

Y van a ver lo que el futuro nos trae. Yo voy a trabajar en «la Telefónica». ¡Voy a crear una revolución en las telecomunicaciones!

[1]ingeniería *engineering*
[2]caían *dropped*

ESPAÑA DIRECTO →

LA MEJOR FORMA DE LLAMAR A CASA DESDE EL EXTRANJERO.

GUÍA DE CÓDIGOS

Telefónica

Después de leer

A **Carmen Tordesillas**   Contesten.

1. Actualmente, ¿Carmen trabaja o estudia?
2. ¿Dónde quiere Carmen trabajar?
3. ¿Qué quería ser Carmen cuando era pequeña?
4. ¿Qué le interesaba mucho a la pequeña Carmen?
5. ¿Qué le permitía hacer su padre?
6. Cuando alguien contestaba, ¿qué pasaba con las monedas?
7. ¿Por qué le pedía más monedas a su padre?
8. ¿Su padre siempre le daba monedas a Carmen?
9. ¿Por qué no necesitamos monedas para llamar hoy?
10. ¿Qué va a hacer Carmen en el futuro?

Madrid, España

El Palacio Real, Madrid, España

LA TARJETA TELEFÓNICA — UNA INNOVACIÓN POPULARÍSIMA

La introducción de la tarjeta telefónica ocurrió en España antes que en los Estados Unidos. Allí usan este conveniente método de hacer llamadas con teléfonos públicos. Las tarjetas tienen un microchip que registra la cantidad de dinero para llamadas. Introduces la tarjeta en la ranura del teléfono para hacer la conexión. Las tarjetas son muy convenientes. No tienes que llevar muchas monedas o ir a las tiendas para pedir cambio[1]. Y las compañías ahora tienen otro medio de propaganda. Muchas tarjetas llevan un anuncio[2] comercial. Y algunas compañías regalan tarjetas con sus anuncios a sus buenos clientes. La tarjeta telefónica es un invento muy popular.

[1]cambio *change*
[2]anuncio *advertisement, announcement*

Después de leer

A ¿Sí o no? Digan que sí o que no.

1. La introducción de la tarjeta telefónica ocurrió primero en los Estados Unidos.
2. Usan las tarjetas en los teléfonos públicos.
3. Hay un microchip en las tarjetas telefónicas.
4. Para usar las tarjetas necesitas muchas monedas.
5. Las compañías venden las tarjetas a todos sus clientes.
6. Algunas tarjetas llevan anuncios.

LA SOLUCIÓN A UN PROBLEMA DE COMUNICACIONES

En los Estados Unidos y en España y las grandes ciudades de Latinoamérica, los teléfonos celulares son muy populares. Los hombres y las mujeres mantienen contacto con la oficina o con los clientes mientras viajan de casa al trabajo y viceversa. Pero en muchos pueblos de Latinoamérica el teléfono celular tiene otro rol.

Hay algunos pueblos y ciudades donde el sistema telefónico está en muy malas condiciones. Las familias tienen que esperar años para la instalación de un teléfono. Donde hay una necesidad, siempre hay una solución. En muchos pueblos y en algunas ciudades, empresarios[1] obtienen[2] teléfonos celulares y una conexión con el sistema telefónico. En las calles y las plazas hay mesitas donde un empleado se sienta con un teléfono celular. Si una persona quiere hacer una llamada, puede usar el teléfono celular y pagar al empleado. Así el pequeño empresario gana dinero y el público tiene acceso al servicio telefónico.

[1]empresarios *entrepreneurs, businesspeople*
[2]obtienen *obtain*

Lima, Perú

Después de leer

A **El teléfono celular** Contesten.

1. ¿Quiénes usan mucho el teléfono celular?
2. ¿Para qué usan el teléfono celular?
3. ¿Cuál es el problema con el sistema telefónico en algunas partes de Latinoamérica?
4. ¿Qué problema tienen las familias?
5. ¿Dónde puedes ver los teléfonos celulares en partes de Latinoamérica?
6. ¿Qué puede hacer una persona que quiere hacer una llamada?

B **La solución a un problema** Expliquen, en sus propias palabras, el uso de un teléfono celular que describen en la lectura.

Cuzco, Perú

Conexiones

La tecnología

LA COMPUTADORA

It's hard to imagine life before the computer and the fax machine. The computer has revolutionized travel, medicine, architecture, the military, banking, and commerce. Hardly a field has been unaffected by computers. Even agriculture and the arts make extensive use of the new technology. The changes have been tremendous. Because the United States has led the way in computer science, much of the vocabulary used worldwide is in English or derived from English. Let's read about some of these changes in technology and the prevalence of English in this field.

Los avances en las telecomunicaciones

Las computadoras de hace treinta años eran enormes. Una computadora antigua, como la original ENIAC de 1946, procesaba menos datos que un p.c. moderno y llenaba toda una sala. Hoy hay computadoras portátiles que pesan menos de 2 kilos. Lo que ha facilitado el progreso en las computadoras es la «miniaturización». Un solo microchip puede almacenar[1] miles y miles de datos. Los primeros aparatos de transmisión de facsímil también eran muy grandes y las copias que salían en el destino muchas veces no se podían leer.

[1]almacenar *store*

Computadora ENIAC

Laura Ballesteros trabaja en uno de los ministerios del gobierno chileno. Ella es recepcionista. El edificio es del siglo XIX, pero los aparatos que usa Laura son muy modernos. Ella tiene una computadora y un fax. En el colegio Laura estudiaba inglés. Buena idea, porque hay mucho inglés en el vocabulario de la informática[2]. Por ejemplo, tienes que hacer «clic» en un «icono» para tener acceso a un programa de «software». Y un «virus» puede infectar los programas.

Aquí hay otros ejemplos del predominio del inglés en el mundo de las computadoras: monitor, datos, disquete, memoria, documentación, drive, formateo, site de Internet. ¿Sabes lo que son en inglés?

[2]informática *computer science*

Edificio del siglo XIX

Interior del mismo edificio

▬Después de leer▬

A ¿Cómo se llama... ?
Den la palabra en español.

1. icon
2. access
3. memory
4. program
5. click
6. data

B ¿Qué es? Identifiquen.

1. el proceso de hacer muy pequeño un aparato u otra cosa
2. una copia exacta y precisa
3. la pantalla como la de un televisor en donde proyectan la información de la computadora
4. el disco pequeño para guardar datos que pueden sacar de la computadora
5. el disco grande con mucha memoria dentro de la computadora
6. una computadora muy pequeña que pueden llevar de viaje

Culminación

Actividades orales

A **El contestador automático**   Tú y tu compañero(a) tienen muchos amigos de habla española. Cada uno(a) de Uds. debe pensar en un mensaje en español para el contestador automático. Comparen sus mensajes y escojan uno para usar en el contestador automático.

B **Una persona famosa**   Piensa en una persona famosa. Tú eres la persona. Dile a tu compañero(a) cómo eras y las cosas que hacías. Tu compañero(a) adivina quién eres. Luego, tu compañero(a) va a pensar en otra persona y va a hacer lo mismo.

C **¿Qué pasa?**   Con un(a) compañero(a), miren las fotos. Cada uno(a) va a escoger una y explicar lo que pasa.

a.

b.

c.

JUEGO   **«El teléfono»**   Divide the class into teams by rows. Using the imperfect, the last person in each row will whisper to the person in front of him or her one sentence about what he or she always did in the past. Each person will whisper the same sentence to the next person until the message reaches the front of the row. The first person in each row will say the sentence to the class. The team whose final sentence most clearly resembles the original wins.

A **Correo electrónico**   Tú recibes el siguiente mensaje por correo electrónico. Responde.

```
┌─────────────────────────────────────────────────────────────┐
│ ▣                    Message Composition                  ▣  │
│ ┌──────────────────────────────┐          eperez@anon.com    │
│ │ ✉  ▤  ✎  🖨    ●          │                              │
│ └──────────────────────────────┘                              │
│ Subject: ¡Hola!                                               │
│ ▽ Addressing                              Attachments         │
│   Mail To: smith@anon.com          ⬆   ┌──────────┐  ⬆      │
│        Cc:                              │          │         │
│                                    ⬇   └──────────┘  ⬇      │
│                                                               │
│  ¡Hola! Yo soy Engracia Pérez Toral. Soy venezolana, de       │
│  Caracas, la capital. En mi colegio no tenemos fax ni         │
│  computadoras. Te mando el correo electrónico desde la        │
│  oficina de mi mamá. ¿Qué máquinas o aparatos electrónicos    │
│  tienes en tu escuela? ¿Para qué los usas? ¿Qué aparatos      │
│  recomiendas? Aquí van a comprar algunas máquinas. Tus        │
│  recomendaciones van a ser muy importantes. Muchas gracias.   │
│  Escribe pronto.                                              │
│                                                               │
│  Engracia                                                     │
│                                                               │
└─────────────────────────────────────────────────────────────┘
```

Writing Strategy

Expository writing

*E*xpository writing is writing that explains and informs. It helps one understand a topic. Two important expressions to think about while writing an expository piece are "how to" and "why." Use familiar terms in your definitions and descriptions. Be careful not to omit important facts and steps. Be certain not to present steps out of order. These measures will help you present a clear and concise explanation that readers will find interesting and informative.

Un trabajo interesante

You had a job this past summer with a service organization in the Hispanic community in your town. You got the job because you speak Spanish. Since you've never worked in an office before, you were excited about learning to use equipment that was all new to you. Write to Octavio, your Peruvian pen pal and explain some of the things you did in the office and what equipment you used. Since you know that Octavio has never worked in an office and is not familiar with office machines, be as clear and logical as you can in your explanation.

Vocabulario

DESCRIBING A COMPUTER

la computadora,
   el ordenador
el teclado
el monitor, la pantalla
el disquete
el disco compacto

el ratón
la impresora
la ranura
el correo electrónico
el CD-ROM
Internet

DESCRIBING COMPUTER ACTIVITIES

prender la máquina
meter un disquete
entrar los datos
hacer las tareas
guardar

comunicarse
terminar
apagar
sacar

DESCRIBING HOW TO SEND A FAX

el facsímil, el fax
el aparato
el documento
boca arriba

boca abajo
mandar, transmitir
meter
pulsar el botón

DESCRIBING A TELEPHONE

el teléfono público
la ranura
el auricular
el disco
el teléfono de botones

la tecla
el teléfono celular
el contestador automático
dejar un mensaje

DESCRIBING TELEPHONE NUMBERS

la guía telefónica
el prefijo de país

la clave de área
el número de teléfono

MAKING A TELEPHONE CALL

hacer una llamada
   telefónica, llamar
descolgar el auricular
introducir la tarjeta
   telefónica
oír el tono

marcar el número
sonar
contestar
¿Está... ?
¿De parte de quién?

OTHER USEFUL EXPRESSIONS

a menudo
con frecuencia

TECNOTUR

VIDEO

¡Buen viaje!

EPISODIO 3 ▶ Telecomunicaciones

Juan Ramón necesita reparar su computadora (ordenador).

Teresa le enseña a Juan Ramón cómo hacer una llamada telefónica a México.

CD-ROM

Expansión cultural

NUEVO CURSO DE...

Mantenimiento y REPARACION de PC's

Sea su propio jefe. Iníciese en esta nueva carrera de gran porvenir estudiando sin salir de su casa y en sus ratos libres. No hay técnico más requerido por cualquier empresa que el experto en mantenimiento de PC's -la herramienta universal más importante e indispensable.

Hemphill Schools.
Primeros en Educación a Distancia

AHORRE TIEMPO
LLAME GRATIS
AL 0098-17380

en BOGOTA:
282-12-28 y 283-8073
Ext. 53
Atn. Srta. Enríquez
Tel/FAX 281-0467
Calle 29 No. 10-08
Ofic. 504 AA 8830
Bogotá, D.C., Colombia

Apartado Aéreo
8830 Bogotá, D.C.
Sección 573

CUPON
ENVIE EL CUPON HOY MISMO

MARQUE SOLO UN CURSO
- CURSO MAESTRO DE ELECTRONICA DIGITAL T.V. COLOR Y VIDEOCASETERAS
- T.V. COLOR, RADIO Y ELECTRONICA
- ELECTRICIDAD Y ELECTRONICA DEL AUTOMOVIL
- INGLES USA (CON 12 CASETES Y 12 VIDEOS)
- SISTEMAS DE REFRIGERACION Y AIRE ACONDICIONADO
- ELECTRICIDAD DOMESTICA Y COMERCIAL
- MANTENIMIENTO DE COMPUTADORAS PC's Y REDES (LAN) DE COMPUTADORAS
- ENERGIA SOLAR

Las computadoras son un elemento importante en el mundo hispano.

*inter*NET CONNECTION

In this video episode Juan Ramón and Teresa call their friends in Mexico from Spain and receive an answer by e-mail. To find out how to set up an e-mail correspondence with teens in the Spanish-speaking world, go to the **Capítulo 3** Internet activity at the Glencoe Foreign Language Web site:

http://www.glencoe.com/sec/fl

CAPÍTULO 4

De tiendas

Objetivos

In this chapter you will learn to do the following:

- shop for apparel and food in Spanish-speaking countries
- ask for the quantities and sizes you want
- find out prices
- talk about different types of past actions
- talk in general terms about what is done
- talk about shopping practices in Spanish-speaking countries

Vocabulario

La tienda de ropa para caballeros

el pañuelo

el abrigo

el traje

el impermeable,
la gabardina

el escaparate

la ropa interior

los calcetines

José fue a una tienda de ropa.
Miró la ropa en el escaparate.
En el escaparate había un traje.
A José le gustó el traje.

José entró en la tienda.
Se probó el traje.
Se miró en el espejo.

La tienda de ropa para señoras

la manga corta

el saco, la chaqueta

la bufanda

el suéter

el bolsillo

la manga larga

la blusa

el cinturón

el vestido

el pantalón

los botones

¿En qué puedo servirle?

Quisiera un suéter gris.

Su tamaño, por favor.

Mediano. (38)

María fue a la tienda de ropa.
Quería comprar un suéter.

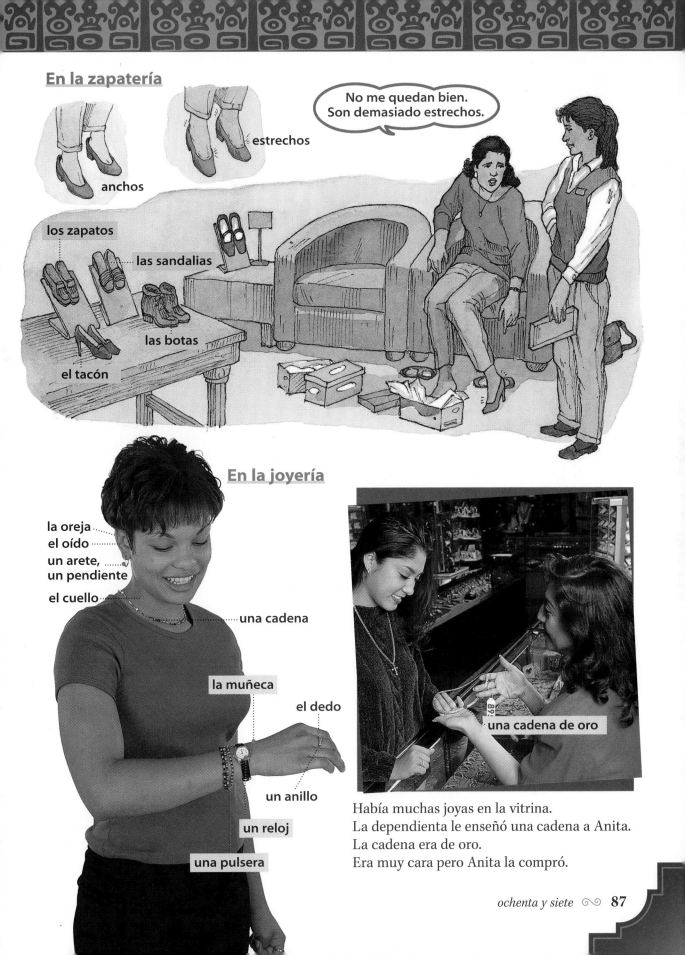

En la zapatería

estrechos

anchos

No me quedan bien.
Son demasiado estrechos.

los zapatos

las sandalias

las botas

el tacón

En la joyería

la oreja

el oído

un arete,
un pendiente

el cuello

una cadena

la muñeca

el dedo

un anillo

un reloj

una pulsera

una cadena de oro

Había muchas joyas en la vitrina.
La dependienta le enseñó una cadena a Anita.
La cadena era de oro.
Era muy cara pero Anita la compró.

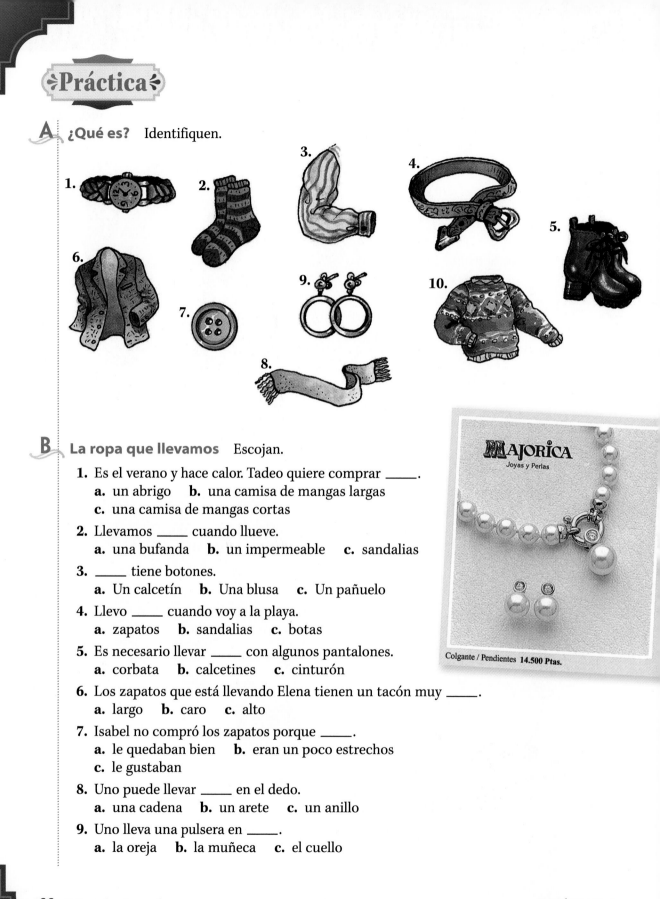

✦Práctica✦

A **¿Qué es?** Identifiquen.

B **La ropa que llevamos** Escojan.

1. Es el verano y hace calor. Tadeo quiere comprar ____.
   a. un abrigo   **b.** una camisa de mangas largas
   c. una camisa de mangas cortas

2. Llevamos ____ cuando llueve.
   a. una bufanda   **b.** un impermeable   **c.** sandalias

3. ____ tiene botones.
   a. Un calcetín   **b.** Una blusa   **c.** Un pañuelo

4. Llevo ____ cuando voy a la playa.
   a. zapatos   **b.** sandalias   **c.** botas

5. Es necesario llevar ____ con algunos pantalones.
   a. corbata   **b.** calcetines   **c.** cinturón

6. Los zapatos que está llevando Elena tienen un tacón muy ____.
   a. largo   **b.** caro   **c.** alto

7. Isabel no compró los zapatos porque ____.
   a. le quedaban bien   **b.** eran un poco estrechos
   c. le gustaban

8. Uno puede llevar ____ en el dedo.
   a. una cadena   **b.** un arete   **c.** un anillo

9. Uno lleva una pulsera en ____.
   a. la oreja   **b.** la muñeca   **c.** el cuello

M̀AJORICA
Joyas y Perlas

Colgante / Pendientes **14.500 Ptas.**

C HISTORIETA En la tienda de ropa

Contesten según se indica.

1. ¿Adónde fue Juan? (a la tienda de ropa)
2. ¿Qué vio en el escaparate? (un traje)
3. ¿Le gustó? (sí, mucho)
4. ¿De qué color era? (azul oscuro)
5. ¿Cuántos botones tenía la chaqueta? (tres)
6. ¿Entró Juan en la tienda? (sí)
7. ¿Con quién habló? (el dependiente)
8. ¿Qué le enseñó el dependiente? (el traje que vio en el escaparate)
9. ¿Qué hizo Juan? (se probó el traje)
10. ¿Cómo le quedó? (muy bien)

Málaga, España

D Preguntas personales Contesten.

1. La última ropa que compraste, ¿dónde la compraste?
2. ¿Te atendió un dependiente?
3. ¿Viste el artículo que querías en una vitrina?
4. ¿Qué artículos de ropa te enseñó el dependiente?
5. ¿Tenían lo que querías en tu tamaño?
6. ¿Cuánto te costó?

Actividades comunicativas

A Todo nuevo   Un(a) amigo(a) te invitó al baile en tu escuela. Vas a
la tienda de ropa a comprar algo especial para la ocasión. Habla con
el/la dependiente(a) (tu compañero[a]). Describe todo lo que quieres.
Él o ella te va a ayudar. Luego cambien de rol.

JUEGO ¿Qué es?   Piensa en un artículo de ropa o en algo que ves
en una joyería. Descríbelo a tu compañero(a). Él o ella va a adivinar lo
que estás describiendo. Luego cambien de rol. Puedes usar el modelo
como guía.

Lo llevo en la muñeca y lo uso para saber la hora.

¡Es un reloj!

Vocabulario

La compra de comestibles

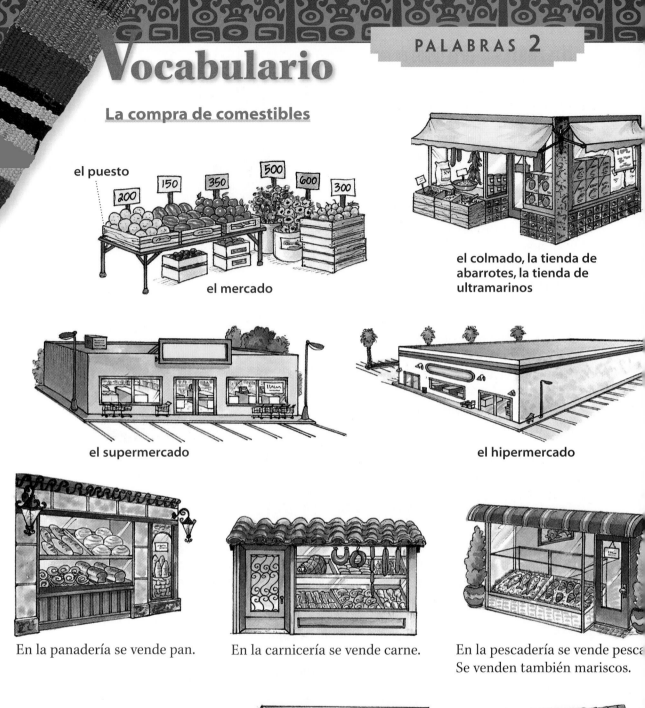

el puesto

el mercado

el colmado, la tienda de abarrotes, la tienda de ultramarinos

el supermercado

el hipermercado

En la panadería se vende pan.

En la carnicería se vende carne.

En la pescadería se vende pesca
Se venden también mariscos.

En la pastelería se venden pasteles.

En la verdulería se venden legumbres (vegetales).

En la frutería se venden frut.

La señora iba de compras todos los días.
Compraba pan en la panadería.

¿A cuánto están los tomates hoy?

Están a cincuenta el kilo. Están muy frescos.

Sí, tienen muy buena pinta. Medio kilo, por favor.

Y compraba vegetales frescos en la verdulería.

el carrito

el pasillo

A veces la señora hacía sus compras en el
supermercado.
Empujaba el carrito por los pasillos.
Hoy compró:
seis tajadas (rebanadas) de jamón
un paquete de guisantes congelados
seis latas de refrescos
una botella de agua mineral
un frasco de mayonesa
una caja de detergente

En el supermercado la señora
siempre pagaba en la caja.
La empleada ponía sus compras en
bolsas de plástico.

A De compras Contesten.

1. Alicia necesitaba pan. ¿Adónde fue ella?
2. Ella quería comprar un biftec. ¿Adónde fue?
3. Quería ostras frescas y un filete de pescado. ¿Adónde fue?
4. Necesitaba una docena de naranjas. ¿Adónde fue?
5. Quería comprar un pastel delicioso. ¿Adónde fue?

Una panadería, México

B HISTORIETA Al supermercado

Contesten.

1. ¿Fue al mercado o al supermercado la señora Galdós?
2. ¿Empujó un carrito por los pasillos?
3. ¿Fue de un departamento a otro?
4. ¿Qué compró en la carnicería?
5. ¿Qué compró en el departamento de productos congelados?
6. Quería hacer un bocadillo de jamón y queso. ¿Cuántas rebanadas de jamón compró?
7. ¿Compró un frasco de mayonesa?
8. ¿Dónde pagó?
9. ¿En qué puso la señora sus compras?

Un supermercado, San José, Costa Rica

SUPERMERCADOS
UNICASA
Somos parte de su Familia

C Preguntas personales Contesten.

1. ¿Quién en tu familia compra la comida?
2. ¿Hace las compras en un mercado o en un supermercado?
3. ¿Qué productos congelados compra con frecuencia?
4. ¿Compra la carne en una carnicería o en el supermercado?
5. En el supermercado donde Uds. compran, ¿usan bolsas de plástico o de papel?

D ¿A cuánto está?

Contesten según el anuncio.

1. la bolsa de patatas fritas
2. la lata de tomate
3. el jamón serrano
4. la caja de queso castellano
5. el frasco de mermelada

Actividades comunicativas

A ¿Cuánto? Tú eres el/la dependiente(a) en el mercado. El/La cliente (tu compañero[a]) pide uno de los siguientes productos y tú le preguntas la cantidad que quiere, en kilos, latas, paquetes, bolsas, botellas, etc. Luego cambien de rol.

B Los favoritos Prepara dos listas: una lista de los comestibles que te gustan y otra de los comestibles que no te gustan. Luego trabaja con un(a) compañero(a). Comparen sus listas y determinen los gustos que tienen en común.

Guadalajara, México

C ¡Qué invitación! Estás viviendo con los Menéndez, una familia mexicana. ¡Qué coincidencia! Los «Dallas Cowboys» están en México y los señores Menéndez invitan a los «Cowboys» a cenar. Con el señor o la señora Menéndez (tu compañero[a]), planeen el menú para la comida que van a servir. Discutan las cantidades que van a necesitar. A propósito, *ton* en español es «una tonelada».

Estructura

 Talking about past events
El pretérito y el imperfecto

1. The choice of whether to use the preterite or imperfect depends upon whether the speaker is describing an action completed in the past or a continuous, recurring action in the past.

2. You use the preterite to express actions or events that began and ended at a specific time in the past.

> **Anoche Carmen fue al supermercado.**
> **Compró una caja de detergente y unos productos congelados.**
> **El dependiente puso todo en una bolsa.**

3. You use the imperfect to talk about a continuous, habitual, or repeated action in the past. The moment when the action began or ended is unimportant.

> **Carmen iba al supermercado con frecuencia.**
> **Cada día compraba las cosas que necesitaba.**
> **Casi siempre pagaba con tarjeta de crédito.**

4. Compare the following sentences.

REPEATED, HABITUAL ACTION	COMPLETED ACTION
Ellos iban al cine todos los sábados.	**Ellos fueron al cine el sábado pasado.**
Siempre se sentaban en la primera fila.	**Ayer se sentaron en la última fila.**
Todas las noches se acostaban tarde.	**Anoche se acostaron temprano.**

Caracas, Venezuela

Práctica

A **¿Una vez o frecuentemente?** Contesten.

1. ¿Fue la señora al mercado ayer por la mañana?
   ¿Cuándo fue la señora al mercado?
   ¿Iba la señora al mercado cada mañana?
   ¿Cuándo iba la señora al mercado?

2. ¿Jugaste al tenis ayer por la tarde?
   ¿Cuándo jugaste al tenis?
   ¿Jugabas al tenis cada tarde?
   ¿Cuándo jugabas al tenis?

3. Anoche, ¿se comunicaron por correo electrónico los amigos?
   ¿Cuándo se comunicaron por correo electrónico los amigos?
   ¿Se comunicaban por correo electrónico casi todas las noches?
   ¿Cuándo se comunicaban por correo electrónico los amigos?

B **¿Cuándo?** Sigan el modelo.

todas las semanas / la semana pasada
Bárbara, ¿ibas al cine todas las semanas?
Bárbara, ¿fuiste al cine la semana pasada?

1. todas las noches / anoche   2. todos los días / ayer   3. todas las mañanas /
                                                                esta mañana

4. todas las tardes / ayer por la tarde   5. todos los sábados / el sábado pasado

ESTRUCTURA

noventa y cinco ∿ **95**

HISTORIETA Los sábados de Juan Antonio

Cambien **Todos los sábados** a **El sábado pasado.** Hagan los cambios necesarios.

Todos los sábados Juan Antonio se levantaba muy temprano. Bajaba a la cocina y él mismo preparaba el desayuno. Después de comer, subía a su cuarto y prendía su computadora. Cuando hacía la conexión entonces entraba la dirección de un buen amigo en España. En pocos minutos se comunicaba con su amigo. Los dos hablaban de muchas cosas durante horas.

Actividades comunicativas

A **Entrevista** Vas a entrevistar *(interview)* a un(a) compañero(a). Pregúntale lo que le gustaba hacer cuando era joven y dos cosas que le impresionaron como niño(a). Luego cambien de rol.

B **Tu amigo(a) chileno(a)** Estás hablando con un(a) amigo(a) (tu compañero[a]) que antes vivía en Chile. Él o ella te está describiendo «Paseo estación central», donde siempre iba de compras. Te está explicando por qué le gustaba ir de compras allí. Luego explícale donde tú prefieres hacer las compras.

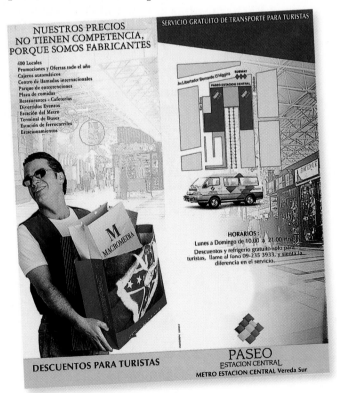

Narrating a sequence of events
Dos acciones en una oración

1. Often a sentence may have two or more verbs in the past. The verbs may be in the same tense or in different tenses. In the sentence below, both verbs are in the preterite. Both describe simple actions that began and ended at a specific time in the past.

> **Laura llegó ayer y Pepe la vio.**

2. In the sentence below, the two verbs are in the imperfect because they both describe habitual or continuous actions. The moment when the actions began or ended is unimportant.

> **Durante los inviernos, Adela iba a las montañas a esquiar, pero yo trabajaba.**

3. In the sentence below, the verb **estudiaba** is in the imperfect; it describes the background—what was going on. The verb in the preterite, **entró,** expresses the action or event that interrupted the ongoing action.

> **Yo estudiaba cuando Julia entró.**

Práctica

A. HISTORIETA ¿Qué hacías cuando...?

Contesten.

1. ¿Estabas en casa cuando sonó el teléfono?
2. ¿Mirabas un video cuando sonó?
3. ¿Contestaste el teléfono cuando sonó?
4. ¿Hablabas por teléfono cuando tu padre volvió a casa?
5. ¿Preguntó tu padre con quién hablabas?
6. ¿Con quién hablabas cuando tu padre entró?

EL IPHONE permite navegar por Internet y usar correo electrónico. Tiene una pantalla sensible al tacto. Con monitor en blanco y negro cuesta 500 dólares en E.U.

CENTRO DE INFORMACIÓN UNIVERSITARIA

UNIVERSIDAD DE ALCALÁ

Plaza de San Diego, s/n.
Teléfono: (91) 885 40 03/06
28801 ALCALÁ DE HENARES
(Madrid)

HISTORIETA En la tienda de ropa

Contesten según los dibujos.

1. ¿Adónde fue Susana para hacer sus compras?
2. ¿Qué quería comprar?
3. ¿Qué tomó para subir al segundo piso?
4. Cuando ella llegó a la caja, ¿con quién hablaba la dependienta?
5. Cuando Susana pagaba, ¿quiénes la saludaron?

C **Yo hacía esto cuando eso pasó.** Sigan el modelo.

Yo jugaba cuando sonó el teléfono.

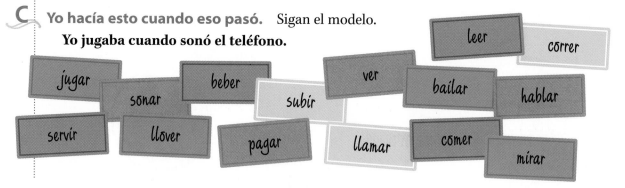

leer

correr

jugar

sonar

beber

ver

bailar

hablar

subir

servir

llover

pagar

llamar

comer

mirar

Actividades comunicativas

A **Lo que hacía cuando...** Habla con un(a) compañero(a). Dile algo que hacías ayer. Tu compañero(a) te va a decir algo que ocurrió e interrumpió lo que hacías. Luego en una sola oración, describe lo que hacías y lo que pasó (ocurrió). ¡Usen la imaginación!

JUEGO **Vicente el vago** Lazy Vicente needs excuses for not turning in his homework. Something always interferes with his studying, reading, writing, etc. Help him out. Give him half a dozen good excuses like: **¡Yo estudiaba cuando el Presidente me llamó!** You get the idea. See who can come up with the most original excuse in the class!

Expressing feelings in the past
Verbos como **querer** y **creer** en el pasado

Since most mental processes involve duration or continuance, verbs that deal with mental activities or conditions are most often expressed in the imperfect tense in the past. The most common of these verbs are:

creer	**pensar** *(to think)*
desear	**preferir**
querer	**poder**
tener ganas de *(to feel like)*	**saber**

> **Él sabía lo que preferíamos.**
> **Yo tenía ganas de salir.**
> **Él creía que yo estaba enfermo.**

Práctica

A **Yo quería...** Preparen una lista de las cosas que querían hacer.

B **Yo sabía...** Preparen una lista de las cosas que sabían hacer cuando eran niños(as).

C **Y yo no podía...** Preparen una lista de las cosas que no podían hacer cuando eran niños(as).

D **Sabía y podía...** Preparen una lista de las cosas que sabían hacer y que podían hacer.

Caracas, Venezuela

Talking in general terms
La voz pasiva con se

1. When we talk about something being done without saying who does it, we use the passive voice in English.

Fish is sold at the fish market.

2. In Spanish the pronoun **se** is used to express this idea.

Se vende pescado en la pescadería.
Se venden papas en la verdulería.

The verb is singular or plural depending on the subject.

3. You will often see the **se** construction used to express ideas such as:

They speak Spanish here.
Spanish is spoken here.
One speaks Spanish here.
People speak Spanish here.

⎫
⎬ **Aquí se habla español.**
⎭

Puerto Montt, Chile

«La vendimia» de Francisco de Goya

⊹Práctica⊹

A **¿Dónde se venden?** Contesten.

1. ¿Se vende pan en la panadería?
2. ¿Se venden suéteres en la tienda de ropa?
3. ¿Se vende carne en la carnicería?
4. ¿Se venden guisantes en la verdulería?
5. ¿Se vende fruta en la frutería?
6. ¿Se venden productos congelados en el supermercado?
7. ¿Se vende pescado en la pescadería?
8. ¿Se venden bolígrafos en la papelería?

B ¿Qué idioma se habla dónde? Escojan.

| francés | español | portugués |
| inglés | árabe | alemán |

1. ¿Qué idioma se habla en México?
2. ¿Qué idioma se habla en el Brasil?
3. ¿Qué idioma se habla en Egipto?
4. ¿Qué idioma se habla en Irlanda?
5. ¿Qué idioma se habla en Alemania?
6. ¿Qué idiomas se hablan en Quebec?

Taxco, México

La Ciudad de México

Actividad comunicativa

A El «Hipercor» Tú estás en un hipermercado y no puedes
encontrar las cosas que necesitas. Hablas con un(a) dependiente(a)
(tu compañero[a]). Pídele a él o a ella los productos que necesitas.
Tu compañero(a) te va a decir dónde se encuentran en la tienda. Luego
cambien de rol.

Busco el atún.

Ah, sí. El atún se encuentra en el pasillo dos.

Conversación

Naranjas para abuelita

LEONOR: Abuelita, te compré unas naranjas preciosas en el supermercado.

ABUELITA: Ay, gracias, mi cielito. Pero, ¿por qué no fuiste a la frutería del mercado San Miguel? Es donde yo siempre iba.

LEONOR: Yo fui allí una vez y no me gustó. ¿Por qué tú siempre hacías tus compras allí, abuelita?

ABUELITA: Ay, niña. Allí todo el mundo me conocía. Y todo era tan fresco. Todo lo podías ver. No estaba en paquetes de plástico. A propósito, ¿a cuánto estaban las naranjas?

LEONOR: No sé, abuelita.

ABUELITA: Sí, sabes. Yo sé que son muy caras. Recuerdo cuando estaban a diez pesos la docena.

Después de conversar

Contesten.

1. ¿Dónde hizo sus compras Leonor?
2. ¿Para quién compró las naranjas?
3. ¿Adónde iba la abuelita para hacer sus compras?
4. ¿Fue Leonor alguna vez al mercado? ¿Le gustó?
5. ¿Por qué le gustaba a la abuela comprar en San Miguel?
6. ¿Cómo era todo allí?
7. ¿Sabe Leonor a cuánto estaban las naranjas?
8. ¿Qué recuerda la abuelita?

Actividades comunicativas

A **Ropa nueva para una fiesta** Hay una fiesta en casa de unos amigos el sábado. Habla con tu compañero(a). Decidan qué ropa van a llevar y, si necesitan algo nuevo, qué van a comprar y dónde.

B **De compras** Tú trabajas en una tienda de abarrotes. Un cliente (tu compañero[a]) les va a servir una comida a algunos invitados. No sabe qué servir y te pide recomendaciones. Pregúntale el número de personas que va a servir. Vas a ser muy cortés con el cliente y le vas a dar muchas recomendaciones o sugerencias. Le vas a sugerir lo que puede servir y las cantidades que va a necesitar.

C **Un recuerdo de la niñez** Piensa en unas cosas que te gustaba hacer de niño(a). Luego cuenta a tu compañero(a) de una ocasión en la que hiciste una de estas cosas. Luego tu compañero(a) te va a decir lo mismo.

Barcelona, España

Lecturas CULTURALES

Reading Strategy

Skimming

Skimming is the quickest way to find out what a reading selection is about. When you skim, look at the titles, subtitles, and any words in bold print. Also look at the photographs. All of these will indicate to you the topic of the reading and will help you understand it better.

DE COMPRAS

Mercados

En los países hispanos la gente tradicionalmente compraba la comida en el mercado. Los mercados municipales tenían puestos para los diferentes productos. Había pescaderías, carnicerías, fruterías, verdulerías, etc. La señora hacía sus compras todos los días— generalmente temprano por la mañana. En el mercado iba de un puesto a otro. Conocía a todos los vendedores y conversaba (charlaba) con ellos. Llevaba una bolsa o un capacho[1] para sus compras. Los vendedores no las ponían en bolsas de plástico.

Supermercados

En todas las ciudades hispanas hay supermercados también. Son modernos, limpios[2] y sobre todo convenientes. En el supermercado uno toma un carrito. Lo empuja por los pasillos y en un solo establecimiento puede comprar todo lo que necesita.

[1]capacho *a cloth shopping bag*
[2]limpios *clean*

Sant Felíu de Guixols, España

Caracas, Venezuela

Hipermercados

Recientemente llegó otra posibilidad para hacer las compras—el hipermercado. El hipermercado es un enorme establecimiento comercial, normalmente en las afueras[3] de la ciudad. El hipermercado tiene lugar para miles de automóviles.

En el hipermercado se puede comprar comida, obviamente. Pero también se puede comprar de todo: ropa, aparatos electrónicos, libros, casi cualquier[4] tipo de producto. El hipermercado tiene docenas de pasillos y cajas registradoras. Si uno quiere, puede pagar sus compras con tarjeta de crédito.

Hoy en día nadie tiene bastante tiempo. Todos estamos muy ocupados. El hipermercado ayuda a conservar tiempo. Podemos comprar todo lo que necesitamos sin tener que ir a más de una tienda.

Pero todavía hay muchos que prefieren el mercado donde todo es muy fresco y todo el mundo se conoce. Los mercados municipales todavía existen y muchas personas siguen haciendo sus compras allí.

[3]afueras *outskirts*
[4]cualquier *any*

La Ciudad de México

Después de leer

A **De compras** Contesten.

1. ¿Dónde compraba la gente la comida?
2. ¿Cuáles son tres puestos que se encuentran en el mercado?
3. ¿Cuándo hacía sus compras la señora?
4. ¿Con quiénes conversaba en el mercado?
5. ¿Para qué llevaba ella un capacho?
6. ¿Dónde hay supermercados?
7. ¿Por qué prefieren algunas personas el supermercado?
8. ¿Qué es un hipermercado?
9. ¿Dónde están los hipermercados normalmente?
10. ¿Por qué prefieren algunas personas el hipermercado?

B **El hipermercado y el mercado tradicional** Comparen el mercado tradicional y el hipermercado.

EL MERCADO DE CHICHICASTENANGO

El mercado

Los jueves y los domingos son días de mercado en la plaza del pequeño pueblo de Chichicastenango en Guatemala. Antes de levantarse el sol[1], individuos y grupos de indígenas llegan al pueblo. Muchos llevan en la cabeza o en los hombros[2] los productos que van a vender. Antes la gente caminaba muchas horas por las montañas para llegar temprano al mercado. Todavía hay muchos que llegan a pie, pero hoy día hay muchos que toman el autobús para ir al mercado.

En el mercado hay puestos de verduras y carne. Además de comestibles también venden joyas, cajas decoradas y preciosas mantas[3] y huipiles. Los huipiles son las blusas que llevan las indígenas.

[1]levantarse el sol   *the sun rises*
[2]hombros   *shoulders*
[3]mantas   *blankets*

Una señora de la aldea de Sololá, Guatemala

Iglesia de Santo Tomás, Chichicastenango

La ropa indígena

Las mujeres de cada grupo indígena llevan ropa que las identifica como miembros del grupo. Las mujeres de Chichicastenango llevan un huipil que tiene muchos diseños[4] geométricos y figuras de flores y plantas. Su falda tiene rayas azules. Hoy la mayoría de los hombres no llevan el traje tradicional. Antes llevaban un pantalón de lana negra, una faja roja y una chaqueta negra con diseños rojos. En la cabeza llevaban un «tzut», un tipo de bufanda roja.

[4]diseños *designs*

Después de leer

A **La palabra, por favor.** Completen.

1. Los dos días de mercado en Chichicastenango son _____ y _____.
2. El mercado está en la _____ del pueblo pequeño.
3. Los _____ llegan al pueblo muy temprano por la mañana.
4. Llevan en la cabeza o en los _____ los productos que van a vender.
5. Algunos llegan al mercado a pie pero hoy en día muchos toman el _____.
6. Además de comestibles, en el mercado venden _____.
7. Un huipil es una _____ que llevan las mujeres de Chichicastenango.
8. Las mujeres llevan _____ que las identifica como miembros del grupo.
9. En el pasado, los hombres de Chichicastenango llevaban un tipo de _____ roja en la cabeza.

B **El mercado de Chichicastenango**

Describan la foto del mercado de «Chichi».

Chichicastenango

Conexiones

EL COMERCIO

EL MERCADEO

One of the most important subjects for business students is marketing. **Mercadeo** is the Spanish word for *marketing*, but the English word is more often used all over the Spanish-speaking world—**el marketing**. A major focus of marketing is the promotion and advertising of a product or service.

El mercado

Antes de definir el término «marketing», es necesario dar una definición de la palabra «mercado». El mercado es el conjunto de todos los posibles compradores (los consumidores) de un producto o de un servicio. Ejemplos de un producto son un coche o un pantalón. Ejemplos de un servicio son un banco o una agencia de viajes.

El marketing

En términos generales, el marketing es la creación de un mercado para un producto o servicio antes de comenzar a producir el producto o servicio. Es la responsabilidad del departamento de marketing de informar a los posibles compradores sobre la existencia del producto y las características del producto.

Aquí está tu tarjeta de crédito Citibank.
Y puedes tenerla gratis ya.

Oferta especial para los lectores de Ronda Iberia.

CITIBANK
4940 2800 0000 5500
ALVARO LOPEZ TORRES
VISA

Dése el placer de conducir un Rolls-Royce o un Bentley...

CONCESIONARIO OFICIAL PARA MADRID Y ZONA CENTRO

sacauto ℝ ⬧

Orense, 69
Teléfonos: 572 02 03 / 576 46 68.
Fax: 572 03 30

La promoción

Para informar al público de la existencia y de las características de un producto, un aspecto muy importante del marketing es la promoción. Y la propaganda[1] juega un rol primordial, muy importante, en la promoción. Para lanzar[2] un buen programa de promoción, el personal de marketing tiene que emplear muchos medios de comunicación como la radio, la televisión, los anuncios en los periódicos y en las revistas.

Diferentes productos y mercados

Hay algunos productos y servicios que la gente necesita. Hay otros que la gente no necesita pero que quiere. No es necesario convencer a la gente de comprar comida o gasolina. ¡Pero otra cosa es el perfume!

La industria de la ropa es un caso muy interesante. La gente necesita ropa porque todos tenemos que vestirnos. Pero hay también ropa que la gente no necesita pero que quiere. Uno puede comprar un pantalón que cuesta treinta dólares. O puede comprar un pantalón que cuesta trescientos dólares. Los dos satisfacen la necesidad de vestirse. Pero la persona que paga trescientos dólares no compra solamente algo que necesita—un artículo de ropa. Compra algo que quiere—prestigio. Y la propaganda tiene que convencer a los clientes que la belleza, la calidad y el prestigio valen el precio que les ponen.

[1] propaganda *advertising*
[2] lanzar *to launch*

Carolina Herrera
Eau de parfum. Vaporisateur (50 mL).
5.000 Ptas.

HERMÈS. ALL FOR SILK.
Corbata de seda natural 12.000 Ptas.
* Pañuelo de seda natural 28.000 Ptas.

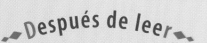

Después de leer

A **El mercadeo** Digan que sí o que no.

1. El coche es un producto.
2. El banco es otro producto.
3. Los consumidores compran sólo productos que necesitan.
4. Los consumidores no tienen que conocer las características de un producto.
5. El perfume se considera una necesidad.
6. El prestigio es una necesidad.

B **Definiciones** Den una definición de las siguientes palabras.

1. el consumidor
2. el comprador
3. el mercado
4. el producto
5. el servicio
6. la necesidad

C **Un anuncio** Prepara un anuncio para un artículo de ropa.

Culminación

Actividades orales

A **Liquidación** *(The big sales event)* You and your partner have been asked to prepare a radio announcement for Galerías Sampere's annual sale. Select a number of products, give their prices, the days and times of the sale and add some "hype." If the sale is a success, you two will get a bonus.

B **Mi juventud** Pregúntale a un(a) compañero(a) si él o ella hacía las siguientes cosas cuando era joven. Toma apuntes y prepara un informe sobre las actividades de tu compañero(a).

hablar por teléfono

escribir cartas

escuchar los CDs

jugar fútbol

ir a fiestas

visitar a los abuelos

recibir buenas notas

C **Ayer** Trabaja con un(a) compañero(a) de clase. Ayer Uds. hacían muchas cosas. Pero siempre había interrupciones. Hablen de todo lo que hacían y todo lo que interrumpió lo que hacían.

D **En la tienda de ropa** Con un(a) compañero(a), miren el dibujo de la tienda de ropa. Describan todo lo que ven en el dibujo.

Actividades escritas

A **Un viaje interesante** Tú viajabas por México y fuiste a un mercado interesante. Escríbele una tarjeta postal a un(a) amigo(a). Descríbele el mercado y todo lo que pasó allí.

B **¡Gran apertura!** Un supermercado americano quiere abrir sucursales *(branches)* en España. Prepara un anuncio para el nuevo supermercado. Incluye en el anuncio lo que se puede comprar, los precios, las ventas *(sales)* especiales, etc.

Writing Strategy

Writing with graphics

Sometimes words alone do not convey adequate information about a topic. Including maps, diagrams, tables, or graphs can help illustrate your expository writing. Pictures and text work well together. Often the graphic will show quickly what might take many paragraphs to describe. In using graphics, be sure to label clearly and accurately to help readers recognize and understand information.

Las compras en distintos países

You have read about shopping habits in Spanish-speaking countries. List the kinds of shops and the products people buy in each in one column. Now think about your family and the places where you do your shopping. List those stores and products in the second column.

In a Venn Diagram like this one, put those shopping practices that are exclusive to Spanish-speaking countries in the left; those of your family on the right, and those common to both in the middle, overlapping section of the diagram. Now write a paragraph, comparing your family's buying habits with those of families in Spanish-speaking countries.

Las tiendas y los productos

Los países hispanos

Mi familia

Vocabulario

IDENTIFYING MORE STORES

la zapatería   la joyería

SHOPPING FOR CLOTHES AND JEWELRY

mirar en el escaparate (la vitrina)   ¿En qué puedo servirle?
probarse la ropa   Quisiera...
                                        No me (le) queda(n) bien.

IDENTIFYING MORE CLOTHING

el bolsillo   el vestido   los botones
el saco, la chaqueta   el cinturón   las sandalias
el abrigo   el pañuelo   las botas
el impermeable, la gabardina   la ropa interior   el tacón
el suéter   la bufanda
la camisa de mangas cortas (largas)

IDENTIFYING JEWELRY

las joyas   una cadena   un arete,
una pulsera   un anillo   un pendiente
                                                un reloj

IDENTIFYING MORE PARTS OF THE BODY

la muñeca   el dedo
el cuello   la oreja, el oído

DESCRIBING CLOTHING AND JEWELRY

mediano(a)   estrecho(a)
ancho(a)   de oro

IDENTIFYING MORE FOOD STORES

el colmado, la tienda de abarrotes,   el hipermercado   la pastelería
   la tienda de ultramarinos   la panadería   la verdulería
el puesto   la carnicería   la frutería
el supermercado   la pescadería

FOODS

el pan   los mariscos
la carne   los pasteles
el pescado   las legumbres, los vegetales

SHOPPING FOR FOOD

hacer las compras, ir de compras   fresco(a)   un frasco
¿A cuánto están... ?   la bolsa de plástico   una caja
tener buena pinta   una tajada,   una docena
empujar el carrito   una rebanada

TECNOTUR

¡Buen viaje!

EPISODIO 4 ▶ De tiendas

Cristina acaba de hacer un video sobre Puerto Vallarta.

Luis le da un regalo muy sentimental a Cristina.

Expansión cultural

CD-ROM

Las artesanías mexicanas son muy populares entre los turistas, y sus precios son una verdadera ganga.

interNET CONNECTION

In this video episode Cristina, Luis, and Isabel run errands in Puerto Vallarta. During the course of the day, they explore the local shops, including an open-air market and a bookstore. To do some cyber-shopping of your own in the Spanish-speaking world, go to the Capítulo 4 Internet activity at the Glencoe Foreign Language Web site:

http://www.glencoe.com/sec/fl

Repaso CAPÍTULOS 1–4

Conversación

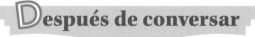

¿Cuándo volviste?

Gran Vía, Madrid

TADEO: ¿A qué hora llegaste?

ANITA: Pues, el tren llegó a tiempo, a las 18:10.

TADEO: ¿Viniste en tren?

ANITA: Sí, no quería tomar el avión. Tarda mucho tiempo el viaje del aeropuerto al centro.

TADEO: Con el tráfico, no hay duda. ¿Comiste en el tren?

ANITA: No. Fui a un restaurante cerca de la estación antes de salir. Pedí una tortilla y una ensalada. La tortilla estaba muy buena. Me gustó.

TADEO: ¿Qué hiciste desde que llegaste? Papá quería saber dónde estabas.

ANITA: ¿Te preguntó dónde estaba? Pues, fui a la Gran Vía. Le compré un regalo para su cumpleaños.

TADEO: Yo le compré un par de zapatos. Y tú, ¿qué le compraste?

ANITA: Una camisa blanca y azul. Tiene mangas cortas. Creo que le va a quedar muy bien y que le va a gustar.

Después de conversar

A **Anita hizo mucho.** Contesten.

1. ¿A qué hora llegó Anita a Madrid?
2. ¿Cómo vino?
3. ¿Por qué no quería tomar el avión?
4. ¿Dónde comió?
5. ¿Qué pidió?
6. ¿Qué tal le gustó?
7. ¿Adónde fue cuando llegó a Madrid?
8. ¿Qué compró?

Estructura

El pretérito

1. Review the following irregular verbs in the preterite.

ESTAR	estuve	PONER	puse	HACER	hice
TENER	tuve	PODER	pude	VENIR	vine
ANDAR	anduve	SABER	supe	QUERER	quise

2. The preceding irregular verbs all take the same endings in the preterite. Review the following.

TENER	tuve	tuviste	tuvo	tuvimos	*tuvisteis*	tuvieron
PONER	puse	pusiste	puso	pusimos	*pusisteis*	pusieron
VENIR	vine	viniste	vino	vinimos	*vinisteis*	vinieron

3. Note that verbs with a **j** in the preterite have the ending **-eron**, not **-ieron**.

dijeron   trajeron

4. Review the verbs with the stem change **e → i** and **o → u** in the preterite.

SERVIR	serví	serviste	sirvió	servimos	*servisteis*	sirvieron
DORMIR	dormí	dormiste	durmió	dormimos	*dormisteis*	durmieron

Other verbs conjugated like **servir** are **pedir, repetir, freír,** and **seguir. Morir** is conjugated like **dormir**.

El ferrocarril Pacífico, México

A **HISTORIETA** Un viaje en tren

Contesten.

1. ¿Hiciste el viaje en tren?
2. ¿Viniste con tu hermano?
3. ¿Estuvieron Uds. mucho tiempo en la estación de ferrocarril?
4. ¿Tuvieron Uds. que hacer cola delante de la ventanilla para comprar sus billetes?
5. ¿Quién hizo las maletas? ¿Tú o tu hermano?
6. ¿Pudieron Uds. llevar las maletas o tuvieron que buscar ayuda?
7. ¿Le pidieron ayuda a un mozo?

B. HISTORIETA En el restaurante

Completen.

El viernes pasado yo _____ (ir) a un restaurante
$\frac{}{1}$
con mi amiga Julia. Ella _____ (pedir) la
$\frac{}{2}$
especialidad de la casa. Yo _____ (pedir) un plato
$\frac{}{3}$
con camarones y langosta. Nosotros dos _____
$\frac{}{4}$
(pedir) una ensalada de tomate y lechuga.

La comida estaba deliciosa. Julia _____ (decir)
$\frac{}{5}$
que le gustaba mucho. Yo le _____ (repetir) al
$\frac{}{6}$
mesero lo que ella _____ (decir). El mesero nos
$\frac{}{7}$
_____ (servir) muy bien.
$\frac{}{8}$

Yo _____ (pedir) la cuenta. El mesero la _____
$\frac{}{9}$ $\frac{}{10}$
(traer) y nos _____ (invitar) a tomar un postre. Yo _____ (pedir) un
$\frac{}{11}$ $\frac{}{12}$
helado y Julia _____ (pedir) flan—un tipo de pudín español.
$\frac{}{13}$

Sevilla, España

El imperfecto

1. Review the forms of the imperfect tense of regular verbs.

TOMAR	tomaba	tomabas	tomaba	tomábamos	*tomabais*	tomaban
COMER	comía	comías	comía	comíamos	*comíais*	comían
VIVIR	vivía	vivías	vivía	vivíamos	*vivíais*	vivían

2. Review the forms of the irregular verbs **ir** and **ser.**

IR	iba	ibas	iba	íbamos	*ibais*	iban
SER	era	eras	era	éramos	*erais*	eran

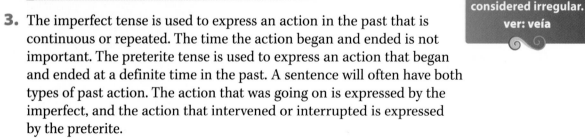

¿Te acuerdas?

Ver is also considered irregular.

ver: veía

3. The imperfect tense is used to express an action in the past that is
continuous or repeated. The time the action began and ended is not
important. The preterite tense is used to express an action that began
and ended at a definite time in the past. A sentence will often have both
types of past action. The action that was going on is expressed by the
imperfect, and the action that intervened or interrupted is expressed
by the preterite.

**Su hermano iba allí cada año pero Roberto fue solamente
una vez.**
Él miraba en el escaparate cuando vio a su amigo.

4. The imperfect is used for description in the past.
Él tenía ocho años y era muy inteligente.

⋇Práctica⋇

C **Cuando yo era niño(a)** Contesten personalmente.

1. Cuando tú eras niño(a), ¿dónde vivías?
2. ¿Cuántos cuartos tenía la casa donde vivía tu familia?
3. ¿A qué escuela ibas?
4. ¿A qué hora salías de casa para ir a la escuela?
5. ¿Quién hacía las compras en tu familia?
6. ¿Tenían Uds. una computadora?

D **HISTORIETA** Un viaje estupendo

Completen.

1. El año pasado mis amigos y yo _____ (hacer) un viaje estupendo.
2. Nosotros _____ (ir) a Guatemala.
3. Yo _____ (tomar) un curso de español en Antigua.
4. Mis amigos _____ (estudiar) el español también.
5. Un día nosotros nos _____ (levantar) temprano y _____ (ir) a Chichicastenango.
6. Nosotros _____ (andar) por el mercado de Chichi.
7. Nosotros _____ (ver) a los indígenas.
8. Las mujeres de Chichicastenango _____ (llevar) una blusa y una falda de colores vivos.
9. En el mercado los indios _____ (vender) los productos que _____ (cultivar) o _____ (hacer) en casa.
10. Con el dinero que _____ (recibir) por las cosas que _____ (vender), ellos _____ (comprar) todas las provisiones que _____ (necesitar).

⋇Actividades comunicativas⋇

A **Cuando era niño(a)** Con un(a) compañero(a), discutan todo lo que hacían con frecuencia cuando eran niños(as) y asistían a la escuela primaria.

B **Un regalo** Estás en una tienda de ropa. Tienes que comprar un regalo para un(a) pariente. Conversa con el/la dependiente(a) (tu compañero[a]). Cambien de rol.

Antigua, Guatemala

C **¿Usas mucho la computadora?** Con un(a) compañero(a), hablen de todo lo que Uds. hacen con la computadora. Luego decidan quién se sirve más de (usa más) la computadora.

1

3

2

6

SAN M

7

NATIONAL GEOGRAPHIC
VISTAS
DE CHILE

1

1. *Vista panorámica de Santiago*
2. *Turistas admiran un iceberg,
   sur de Chile*
3. *Deportes acuáticos en el lago
   Villarrica, Pucón*
4. *Observatorio del Cerro Tololo y
   remolino de estrellas, La Serena*
5. *Centro de Santiago*
6. *Bolsa de valores, Santiago*
7. *Viñedo, valle central*

3

2

6

7

4

NATIONAL
GEOGRAPHIC

VISTAS
DE CHILE

5

21

CAPÍTULO 5

Los pasatiempos

Objetivos

In this chapter you will learn to do the following:

- ∾ talk about popular hobbies and games
- ∾ talk about activities in the park
- ∾ give details about location
- ∾ talk about what will happen in the future
- ∾ compare objects and people
- ∾ describe your favorite pastime
- ∾ talk about pastimes in Spanish-speaking countries

Vocabulario

Los pasatiempos y hobbys

el ajedrez

el dominó

el tablero

la ficha

las damas

el crucigrama

los sellos

las monedas

Luisa es coleccionista.
Colecciona sellos y monedas.

Mañana irá al centro.
Comprará unas monedas antiguas.

¿Cómo pasarán el tiempo mañana?

Mañana Ramona jugará al ajedrez con
  un amigo.
Ella es más lista que su rival.
Ramona ganará. Será la campeona.

A Tomás le gustan los crucigramas.
Él llenará un crucigrama.

los juegos de video

el futbolín

la sala de juegos

A **Los pasatiempos** Contesten según los dibujos.

1. ¿A qué juegan las muchachas?

2. ¿Qué hay en el periódico?

3. ¿A qué juegan los señores?

4. ¿A qué juegan los niños?

5. ¿Dónde están los muchachos?

B **HISTORIETA** Un juego de ajedrez

Contesten según se indica.

1. ¿Jugará Tomás a las damas o al ajedrez?
   (al ajedrez)
2. ¿Con quién jugará? (un amigo)
3. ¿Quién es el jugador más listo? (su amigo)
4. ¿Tomás ganará o perderá el juego? (perderá)
5. ¿Quién será el campeón? (su amigo)

Barcelona, España

C ¿Qué será? Adivinen.

1. Para completar uno de estos necesitas un lápiz o un bolígrafo.
2. Puedes participar en una carrera de automóviles, una aventura con monstruos, un viaje por las galaxias.
3. Hay juegos que duran horas. Los jugadores piensan mucho antes de mover una pieza.
4. Juegas con un tablero, como el ajedrez, y usas fichas, pero el juego es más fácil que el ajedrez.
5. Es un juego como el fútbol en miniatura. Puedes jugar con un amigo o con tres amigos más.

D Preguntas personales Contesten.

1. ¿Te gustan los juegos de video? ¿Juegas en casa?
2. ¿Cuáles son los juegos más populares?
3. ¿Tú sabes jugar al ajedrez? ¿Es difícil?
4. ¿Quién es el/la mejor jugador(a) entre tus amigos?
5. ¿Alguien en tu familia llena los crucigramas?
6. ¿A ti te gustan los crucigramas o crees que son aburridos?
7. ¿Eres coleccionista?
8. ¿Qué coleccionas?

Actividades comunicativas

A Juegos de video Con un(a) compañero(a), preparen un cuestionario para determinar:

▶ cuántos alumnos en tu clase usan juegos de video

▶ cuántos juegan con los juegos de video en casa y cuántos en salas de juegos

▶ cuáles son los tres juegos de video más populares

Luego preparen un informe sobre los resultados de su encuesta *(survey)* para la clase.

Una sala de juegos

B Los gemelos con gustos distintos Eugenio y Eugenia son gemelos *(twins)*. Ellos tienen la misma apariencia pero no los mismos gustos. Con un(a) compañero(a), hagan el papel de los gemelos. Digan lo que cada uno hace después de las clases y en los fines de semana con su tiempo libre. Usen la imaginación.

Vocabulario

El parque

el bote

remar por el lago

el lago

el mono

la jaula

El Zoológico

el payaso

el (parque) zoológico

el mimo

la senda

el globo

una piragua

un helado

Mucha gente da un paseo por el parque.
Ellos caminan por las sendas bonitas.

Los niños quieren una piragua.
Mamá les comprará una piragua.
Les comprará un globo también.

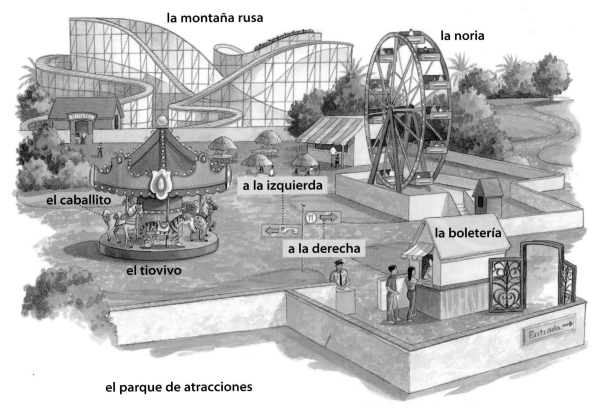
la montaña rusa

la noria

el caballito

a la izquierda

a la derecha

la boletería

el tiovivo

Entrada

el parque de atracciones

Los jóvenes irán al parque de atracciones.
Están haciendo cola delante de la boletería.
En la cola (fila) Alberto está detrás de
Alejandra.

Y Alejandra está delante de Alberto.
La entrada al parque está al lado de la
boletería.

❖Práctica❖

A HISTORIETA Al parque

Contesten.

1. ¿Irán los niños al parque mañana?
2. ¿Visitarán el zoológico?
3. ¿Verán los monos en el zoológico?
4. ¿Se divertirán los niños con los monos?
5. ¿Tomarán los niños una piragua?
6. ¿Les comprarán sus padres un globo?

El Retiro, Madrid

B HISTORIETA Un día en el parque

Escojan la palabra apropiada.

1. La gente da un paseo por _____ del parque.
   a. las avenidas   **b.** los lagos   **c.** las sendas
2. Algunos _____ por el lago en un bote.
   a. compran   **b.** hacen   **c.** reman
3. Hay muchos animales en el _____.
   a. lago   **b.** zoológico   **c.** parque de atracciones
4. La gente hace cola _____ la boletería.
   a. detrás de   **b.** a la derecha de   **c.** delante de
5. Hay muchas _____ en un parque zoológico.
   a. jaulas   **b.** atracciones   **c.** norias
6. El _____ hace muchos gestos cómicos y extravagantes.
   a. tiovivo   **b.** payaso   **c.** caballito
7. A los niños les gusta tomar _____.
   a. lagos   **b.** atracciones   **c.** piraguas

Parque de atracciones, Madrid

C **¿Dónde está?**   Contesten según el plano.

1. ¿Qué hay en el centro del parque?
2. ¿Dónde está la boletería? ¿Delante del lago o al lado del lago?
3. ¿Dónde está la entrada al parque?
4. Y el parque zoológico, ¿dónde está?
5. Estás delante de la boletería. El parque de atracciones, ¿está a tu derecha o a tu izquierda?

Actividades comunicativas

A **En el parque**   Con un(a) compañero(a), miren el dibujo. Describan todo lo que ven en el dibujo. Tu compañero(a) te va a hacer preguntas. Contesta a sus preguntas. Entonces tú le puedes hacer preguntas y él o ella contestará.

B **Haciendo planes**   Habla con un(a) compañero(a). Uds. van a hacer algo el domingo. Tengan una conversación y decidan si van a ir al zoológico, al parque de atracciones o simplemente a un parque cerca de donde Uds. viven. Expliquen por qué prefieren ir adonde van.

Estructura

Talking about future events
Futuro de los verbos regulares

1. The future tense is used to tell what will take place in the future. To form the future tense of regular verbs, you add the future endings to the infinitive. Study the following forms.

INFINITIVE	estudiar	leer	escribir	
STEM	estudiar-	leer-	escribir-	ENDINGS
yo	estudiaré	leeré	escribiré	-é
tú	estudiarás	leerás	escribirás	-ás
él, ella, Ud.	estudiará	leerá	escribirá	-á
nosotros(as)	estudiaremos	leeremos	escribiremos	-emos
vosotros(as)	*estudiaréis*	*leeréis*	*escribiréis*	-éis
ellos, ellas, Uds.	estudiarán	leerán	escribirán	-án

Mañana jugaré al ajedrez.
Tú me verás jugar, ¿no?
Yo seré el campeón.

2. You have already learned the construction **ir a** + *infinitive* to express events that will take place in the near future. In everyday conversation, this construction is actually used more frequently than the future tense.

El año que viene voy a estudiar en Puerto Rico.
Me vas a escribir, ¿no?
Y yo voy a leer todas tus cartas.

Universidad de Puerto Rico

✦Práctica✦

A HISTORIETA **Daniel viajará a España.**

Contesten.

1. ¿Adónde irá Daniel el año que viene?
2. ¿Estudiará en Alcalá de Henares?
3. ¿Asistirá a clases en la universidad?
4. ¿Leerá muchos libros?
5. ¿Su amiga le escribirá con frecuencia?
6. ¿Recibirá las cartas en algunos días?
7. ¿Responderá a las cartas de su amiga?

Universidad de Alcalá, España

B **¡A divertirse esta noche!**
Formen oraciones según el modelo.

los muchachos
Los muchachos verán la televisión.

1. Raúl

2. El señor Fornos

3. Los niños

4. Nosotros

5. Leonor

6. Los monos

7. Tú

8. Yo

ESTRUCTURA

C HISTORIETA El coleccionista

Sigan el modelo.

> **Mañana voy a ir al centro.**
> **Mañana iré al centro.**

1. Mañana Carlos va a ir al centro.
2. Yo voy a ir con él.
3. Vamos a visitar los puestos de los coleccionistas.
4. Sé que Carlos va a comprar monedas.
5. Él cree que va a encontrar unas monedas raras.
6. Y yo voy a buscar sellos.
7. Yo sé quien me va a vender los sellos.
8. Y no voy a pagar mucho.

D HISTORIETA El sábado que viene

Completen con el futuro.

El sábado que viene yo _____ (viajar) al
                         1
campo. Allí _____ (visitar) a mis abuelos. Ellos
            2
_____ (estar) muy contentos. Ellos me _____
  3   4
(esperar) en la estación. Entonces me _____
                                       5
(llevar) a su casa. Mi tía María Luisa _____
                                       6
(preparar) una comida deliciosa. Después de
comer todos nosotros _____ (jugar) al dominó.
                      7
Abuelita _____ (ganar) como siempre. Yo _____
         8   9
(pasar) dos o tres días con ellos. Yo _____
                                      10
(volver) a casa un poco triste. Me gusta mucho
visitar a los abuelos.

Una casa de campo, Mucuchíes, Venezuela

E Ayer no, pero mañana, sí   Contesten según el modelo.

¿Fuiste a la sala de juegos ayer?

No, pero iré mañana.

1. ¿Fuiste al parque ayer?
2. ¿Viste al payaso ayer?
3. ¿Visitaste el zoológico?
4. ¿Caminaste por las sendas del parque?
5. ¿Te divertiste?

A **Tengo mucho que hacer.** Prepara una lista de todo lo que piensas hacer mañana. Por ejemplo, **Mañana escribiré una composición para la clase de español.** Puedes escoger algunas palabras de la lista. Entonces compara tu lista con la lista de un(a) compañero(a). ¿Cuáles son las actividades que Uds. dos van a hacer mañana?

estudiar   preparar   comprar   buscar   hablar

jugar   trabajar   comer   leer   ver

escribir   asistir   ir

volver

B **Mi rutina** Prepara tu rutina para mañana. Luego prepara un informe para la clase. Incluye las siguientes actividades en tu informe.

despertarse   levantarse   prepararse para la escuela   lavarse

vestirse   divertirse   acostarse   dormirse

Colegio Santa Teresita, Santurce, Puerto Rico

Comparing people and things
Comparativo y superlativo

1. To compare people or things in English, you add *-er* to short adjectives and you use *more* before long adjectives. The word *than* follows.

> *She is taller than her brother.*
> *She is also more intelligent than her brother.*

This construction is called the comparative.

2. To form the comparative in Spanish, you put **más** before the adjective or adverb and **que** after it.

> **Ella es (más) alta (que) su hermano.**
>
> **Y también es (más) inteligente (que) su hermano.**

¿Lo sabes?

The comparative is often followed by nadie.
Él sabe más que nadie.
Tiene más paciencia que nadie.

3. The superlative is used to describe "the most." To form the superlative in English, you add *-est* to short adjectives and place *most* before long adjectives.

> *She is the nicest person of all.*
> *She is the most intelligent person in the world.*

4. In Spanish, the superlative is formed by using the appropriate definite article (**el, la, los, las**) plus **más** with the adjective. The preposition **de** follows the superlative.

> **Ella es (la) persona (más) simpática (de) todas.**
>
> **Ella es (la) persona (más) inteligente (del) mundo.**

¿Te acuerdas?

Remember to add –es to an adjective that ends in a consonant.
mi mejor amigo
mis mejores amigos

5. The adjectives **bueno** and **malo** have irregular comparative and superlative forms.

bueno(a)	**mejor**	**el/la mejor**
malo(a)	**peor**	**el/la peor**

6. The adjectives **mayor** and **menor** most often refer to age.

> **Yo soy mayor que mi hermana.**
> **Mi hermana es la menor**
> **de la familia.**

Práctica

A **Compararemos.** Sigan el modelo.

alto

Luis / Pablo / Andrés
Luis es alto.
Pablo es más alto que Luis.
Andrés es el más alto de todos.

1. graciosa

   Susana / Lola / Anita

2. ricos

   los Gómez / los García / los Ramos

3.  cómicos

   los mimos / los monos / los payasos

4.  popular

   el ajedrez / el futbolín / los juegos de video

B **¿Cuál es más... ?** Sigan el modelo.

grande   la Ciudad de México / Nueva York
La Ciudad de México es más grande que
**   Nueva York.**

1. caro   el avión / el tren
2. rápido   el tren / el bus
3. difícil   el ajedrez / las damas
4. largo   un kilómetro / un metro
5. pequeña   una habichuela / una papa

C **¿Y tú?** Contesten.

1. ¿Quién es tu mejor amigo(a)?
2. ¿En qué clase recibes las mejores notas?
3. ¿Quién es el (la) mayor de tu familia?
4. ¿Y el (la) menor? ¿Quién es?
5. ¿Eres mayor o menor que tu padre?

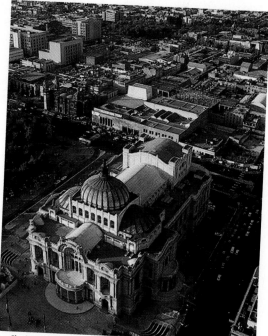

La Ciudad de México

Conversación

Una diferencia de opinión

CLARITA: ¿Qué vamos a hacer mañana?

EUGENIO: No sé. Quizás iremos a casa de Felipe.

CLARITA: ¿A casa de Felipe? ¿Para qué?

EUGENIO: Jugaremos ajedrez.

CLARITA: ¿Jugar ajedrez? Estás loco. A mí no me gusta nada. Es el juego más aburrido…

EUGENIO: ¡Vale! ¡Vale! Pero te sentarás enfrente de una pantalla de video durante horas.

CLARITA: Tengo una idea. No jugaremos ajedrez y no miraremos videos. Iremos al cine.

Después de conversar

Contesten según la conversación.

1. ¿Adónde quiere ir mañana Eugenio?
2. Según Eugenio, ¿qué jugarán?
3. ¿Quiere ir Clarita?
4. ¿Le gusta a Clarita jugar ajedrez?
5. ¿Qué dice Clarita del ajedrez?
6. ¿Qué prefiere hacer Clarita?
7. Según Clarita, ¿adónde irán?

Actividades comunicativas

A **Los pasatiempos favoritos** Un(a) estudiante de Colombia (tu compañero[a]) quiere saber cuál es tu pasatiempo favorito. Contéstale y explícale por qué te gusta tanto. Luego cambien de rol.

B **Al parque con tu hermanito(a)** Estás en el parque con tu hermanito(a) de cinco años (un[a] compañero[a]). Él o ella quiere hacer muchas cosas. Tú le dices lo que sí puede hacer y lo que no puede hacer y por qué. Después cambien de rol.

C **¡Qué exagerado!** Vas a crear una persona ficticia. Tu persona ficticia es la más ＿＿＿ de todos; tiene más ＿＿＿ que nadie. Al hablar de la persona, exagera todo lo posible. Luego trabaja con unos compañeros. Presenten sus descripciones y decidan quién ha creado la persona más increíble.

Cartagena, Colombia

D **No, de ninguna manera** Con un(a) compañero(a), miren esta foto. Los dos amigos están hablando de unos planes. Parece que a uno de ellos no le interesa nada el proyecto. Entablen la conversación entre los dos.

San Miguel de Allende, México

Lecturas CULTURALES

Reading Strategy

Being familiar with the genre
Be familiar with the kind of passage you are reading—the genre. Examples of genre are novel, short story, essay, and poem. A genre is somewhat predictable. For example, novels, short stories, and other types of prose will all tell a story. A poem will tend to evoke emotion. Knowing the genre will help you to know what to expect in the reading.

EL DOMINGO EN EL PARQUE

Casi todas las ciudades hispanas tienen uno o más parques bonitos. Los parques son un centro de recreo[1] para jóvenes y viejos, especialmente los domingos.

Si vas a un parque como el Retiro en Madrid o Chapultepec en México, verás a los viejos jugando al dominó hora tras hora. Y los niños estarán en fila delante del vendedor de helados o piraguas.

En algunos parques, como Palermo en Buenos Aires, hay un zoológico. El domingo que viene los Rodríguez llevarán a los niños al zoológico. Se divertirán mucho mirando a los cómicos monos. Pero se asustarán[2] un poco al ver los leones y tigres en sus jaulas grandes.

A veces hay también un parque de atracciones. A los niños les gusta subir al tiovivo. Los caballitos suben y bajan al acompañamiento del organillo.

El parque no es sólo para viejos y niños. En el parque verás a muchos jóvenes. Los jóvenes se encuentran y dan un paseo por el parque. Charlan (Hablan) con otros jóvenes que conocen en el parque y hacen nuevos amigos. A veces alquilan (rentan) un bote y reman por el lago del parque.

También veremos en el parque a las personas que demostrarán su arte: caricaturistas que te dibujarán[3] en un momento; fotógrafos que te tomarán una foto; mimos y payasos que te van a hacer reír[4] y vendedores ambulantes vendiendo de todo: globos, dulces, refrescos, camisetas.

[1]recreo *recreation*
[2]se asustarán *they will be frightened*
[3]dibujarán *will draw*
[4]reír *laugh*

Bosque de Chapultepec, México

Palermo, Buenos Aires, Argentina

Después de leer

A En el parque Contesten.

1. ¿Quiénes van a los parques en las ciudades hispanas?
2. ¿Cuándo van?
3. ¿Qué juegan los viejos?
4. ¿Qué compran los niños?
5. ¿Qué hay en el zoológico?
6. ¿Qué hay en el parque de atracciones?
7. ¿Qué hacen los jóvenes en el parque?
8. ¿Qué venden los vendedores ambulantes?

B Personajes interesantes Contesten.

1. ¿Qué hacen los caricaturistas?
2. ¿Qué hacen los mimos y los payasos?
3. ¿Qué hacen los fotógrafos?

Buenos Aires, Argentina

C ¿Qué es? Adivinen.

1. un tipo de helado que es en realidad hielo con sirope
2. cualquier lugar adonde va la gente a divertirse
3. un animal bastante gracioso o cómico
4. personas que andan por las calles o parques vendiendo cosas
5. lugar donde exhiben muchos animales
6. dos animales salvajes de la misma familia que el gato

Sevilla, España

El futbolín

LAS SALAS DE JUEGOS

Las salas de juegos son muy populares en muchos países hispanos. No son nuevas. Hace muchos años que los jóvenes van a las salas de juegos para jugar al tenis de mesa y al futbolín.

Hoy las salas tienen los más modernos juegos de video. Los jóvenes meten una moneda en la ranura. Pulsan un botón y salen en la pantalla monstruos, guerras intergalácticas y carreras de automóviles. Color, sonido, moción. Para los juegos de video se necesita buena coordinación de ojo y mano y excelentes reflejos[1].

Pero de todos los juegos antiguos y modernos, el juego que siempre gusta mucho a los jóvenes hispanos es el futbolín. Pueden jugar dos o cuatro y hasta seis muchachos a la vez. El juego es sencillo (fácil). Hay que meter el baloncito en la portería opuesta[2]. Los jugadores humanos mueven los jugadores de madera[3] o plástico para lanzar o bloquear el balón. Un partido entre buenos jugadores puede durar mucho tiempo.

[1]reflejos *reflexes*
[2]opuesta *opposite*
[3]madera *wood*

Una sala de juegos, Caracas, Venezuela

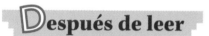

Después de leer

A **¿Qué es?** Describan.
1. el juego de video
2. el tenis de mesa
3. el futbolín

B **Las salas de juegos** Contesten.
1. ¿Dónde son populares las salas de juegos?
2. ¿A qué jugaban los jóvenes en las salas en el pasado?
3. ¿Qué juegos hay en las salas modernas que no había en las salas antiguas?
4. ¿Dónde salen los monstruos y las guerras intergalácticas?
5. ¿Qué tienes que tener para ser buen jugador de juegos de video?
6. ¿Cuáles son algunas características de los juegos de video?

C **El futbolín** Explica el objetivo del futbolín y cómo se juega.

EL DOMINÓ

El juego es antiguo. Jugaban al dominó en Venecia en el siglo XVIII. Las reglas[1] del juego son las mismas del siglo XVIII. Pero las veintiocho fichas modernas serán de plástico. Las antiguas eran de madera[2], o las más elegantes de marfil[3].

En las plazas de pueblos y ciudades en todo el mundo hispánico podemos oír el «cli, cli» de las fichas que los jugadores golpean contra la mesa. Grupos de jugadores pasan horas jugando partida tras partida de dominó. Alrededor de la mesa siempre hay un grupo de «mirones».

Pero, ¿quiénes son los jugadores? Generalmente son señores mayores. Todos los días van a las mismas mesas, a la misma hora, con los mismos compañeros. Los señores son muy serios. Y juegan casi siempre sin expresión en la cara. Para ellos, el dominó es más que un pasatiempo, es un rito[4].

[1] reglas *rules*
[2] madera *wood*
[3] marfil *ivory*
[4] rito *ritual*

Estepona, España

Después de leer

A **El dominó**   Completen.

1. El dominó es un juego muy ____.
2. En Venecia jugaban al dominó en el siglo ____.
3. Las ____ para jugar al dominó son las mismas del siglo XVIII.
4. Hay ____ fichas en el dominó.
5. Las fichas más elegantes eran de ____.
6. Las fichas modernas generalmente son de ____.
7. Los jugadores ____ las fichas contra la mesa.
8. Los jugadores se sientan a la mesa y los ____ están de pie alrededor de la mesa.
9. Los jugadores generalmente son señores ____.
10. Ellos son muy ____; no tienen ____ en la cara.

B **Los mirones**   La lectura habla de «los mirones». ¿Sabes quiénes son?

Conexiones

LAS BELLAS ARTES

LA LITERATURA

The literary genres that we learn about in our English classes are the same ones that students in Spain and Latin America study: the novel, the short story, and poetry. People everywhere enjoy reading for pleasure. It is a very worthwhile pastime during one's leisure hours.

Casa de García Lorca

Los géneros literarios

La literatura les interesa a los jóvenes y a los viejos. Hay personas que pasan horas leyendo novelas, cuentos y poesía.

La novela

La novela es una obra[1] literaria en prosa bastante larga que narra eventos ficticios. La primera novela importante en español es *El Quijote* (1605), obra de Miguel de Cervantes. Hay diferentes tipos de novela. Hay novelas de amor y novelas de aventura. Hoy las novelas policíacas y las novelas de ciencia-ficción son especialmente populares.

El cuento

El cuento, como la novela, es una narración de eventos ficticios. Pero el cuento es mucho más corto que la novela. El cuento, igual que la novela, tiene uno o más protagonistas. El protagonista es el personaje más importante de la obra. El argumento es una narración de lo que pasa o lo que sucede en la novela o en el cuento.

[1]obra *work*

Isabel Allende, novelista chilena

La poesía

El cuento y la novela son obras en prosa. La prosa es el tipo de lenguaje que la gente usa en su habla diaria. La poesía, los poemas, son obras en verso, no en prosa. El poeta usa imágenes, métrica, ritmo y sonidos[2] para crear una reacción emocional en la persona que lee el poema.

A la gente de habla española le gusta mucho la poesía. Muchas veces, en una fiesta familiar, alguien se levanta y recita un poema. Y no es raro encontrar a un dentista o a una profesora que es también poeta.

[2]sonidos *sounds*

Después de leer

A **La literatura**   Contesten.

1. ¿Cuáles son tres géneros literarios?
2. ¿Qué escribió Miguel de Cervantes?
3. ¿Cuáles son cuatro tipos de novela?
4. ¿Cuál es la mayor diferencia entre una novela y un cuento?
5. ¿Qué recitan algunas personas en fiestas familiares?

B **¿Verso o prosa?**   Digan si es verso o prosa.

1. una poesía
2. un poema lírico
3. una novela de ciencia-ficción
4. un cuento corto
5. un poema épico
6. un artículo de periódico

C **Un cuento**   Vas a escribir un cuento. Para escribir el cuento, haz lo siguiente.

▶ **Protagonista** El o la protagonista es el personaje más importante del cuento. Le vas a dar un nombre y explicar quién es. Tienes que describir a tu protagonista. Explica cómo es físicamente y da algunos detalles sobre su personalidad.

▶ **Lugar o ambiente** Tienes que indicar de dónde es el o la protagonista. Indica también dónde tiene lugar la acción de tu cuento. Es necesario dar una descripción del lugar. Puedes describir la casa del protagonista, su pueblo o su ciudad. Incluye todo lo necesario o importante para el desarrollo (*development*) de la acción de tu cuento.

▶ **Argumento** Di lo que hace el o la protagonista. Escribe todo lo que sucede. Explica a los lectores (a los que leen tu cuento) cómo es la actuación del (de la) protagonista.

▶ **Desenlace** Explica lo que pasa al final y cómo termina la acción.

Culminación

Actividades orales

A **El parque de atracciones**   Con un(a) compañero(a), miren
este anuncio para un parque de atracciones. Discutan sus
planes para visitar el parque. Decidan cuándo irán, cómo
llegarán y lo que verán.

Buenos Aires, Argentina

B **A un restaurante**   Vas a estar libre el viernes por la noche. Quieres
ir a un restaurante. Llama a un(a) amigo(a) por teléfono para ver si él o
ella quiere ir también. Dile a tu amigo(a) a qué restaurante irás, lo que
pedirás, si tomarás postre, cuánto costará, etc. Explica a tu amigo(a)
como es que conoces el restaurante y por qué te gusta tanto que
volverás a comer allí.

C **Somos muy cultos.**   Tú y dos compañeros de la clase de español
son miembros de un comité que hace planes para actividades
culturales para su escuela. Preparen una lista de los eventos que están
planeando para el año escolar que viene.

Actividad escrita

A **Los pasatiempos en tu comunidad**

Prepara un e-mail para una alumna hispanoamericana que viene a tu escuela el semestre que viene. Pregúntale cuáles son los pasatiempos que le interesan; dile también lo que hay en tu comunidad para pasar el tiempo libre.

Writing Strategy

Writing about dreams and wishes—the future

*T*o imagine the future, it is helpful to look at yourself as you are now. One way to do that is to use clusters to record your likes, interests, feelings, and reactions and how they relate to one another. These connections may help you learn more about yourself and help you see yourself years from now as you begin to think about the future. You can also use clusters to evaluate things as they are now and how you think they will be in the future. Evaluating these changes may help you understand how changes in the world may affect the way your own personal dreams are fulfilled.

Algunas predicciones para el futuro

Vas a escribir una composición sobre el tema **Algunas predicciones para el futuro.** Primero escoge algunas áreas para incluir en tus predicciones, por ejemplo: el transporte, la familia, los pasatiempos y las diversiones, las comunicaciones, la educación, la medicina y la higiene, la casa, las vacaciones. Si quieres, puedes incluir «yo» en la lista de áreas. Después, prepara dos listas: una con el título **El presente** y la otra con el título **El futuro.** Para cada área escribe cómo es ahora y cómo crees que será en el futuro. Al terminar las dos listas, escribe tu composición usando la información de las dos listas.

Vocabulario

TALKING ABOUT PASTIMES AND HOBBIES

el pasatiempo
el hobby
el ajedrez
el tablero
las damas
el dominó
la ficha
el/la coleccionista

el campeón
la campeona
la sala de juegos
el juego de video
el futbolín
pasar el tiempo
coleccionar sellos (monedas)
llenar un crucigrama

TALKING ABOUT ACTIVITIES IN THE PARK

el parque
el bote
el (parque) zoológico
el mono
la jaula
la boletería
el parque de atracciones
el tiovivo

el caballito
la montaña rusa
la noria
el mimo
el payaso
el globo
el helado
la piragua

DISCUSSING WHAT ONE DOES IN THE PARK

dar un paseo
caminar por la senda
remar por el lago
hacer cola

GIVING LOCATION

delante de
detrás de
al lado de
a la derecha
a la izquierda

OTHER USEFUL EXPRESSIONS

listo(a)
la fila
la entrada

TECNOTUR

¡Buen viaje!

EPISODIO 5 ▶ Los pasatiempos

Luis y Cristina se divierten con un juego de ajedrez.

También juegan en la piscina del hotel.

CD-ROM

Expansión cultural

El Zoológico de Madrid tiene muchas atracciones para todos.

inter NET
CONNECTION

In this video episode Cristina and Luis discuss what they like to do in their free time. To find out what Spanish-speaking teenagers do in their free time, go to the **Capítulo 5** Internet activity at the Glencoe Foreign Language Web site:

http://www.glencoe.com/sec/fl

CAPÍTULO 6

En el hotel

Objetivos

In this chapter you will learn to do the following:

- check into and out of a hotel
- ask for things you may need while at a hotel
- talk about future events
- refer to previously mentioned people or things
- talk about lodging in the Hispanic world

Vocabulario

La llegada al hotel

el recepcionista

el cliente, el huésped

la recepcionista

RECEPCION

la recepción

el cuarto, la habitación

un cuarto sencillo

Diego ya reservó un cuarto.
Reservó un cuarto sencillo, no un cuarto doble.

la llave

GERENCIA GENERAL

Diego llena la ficha.

PiNOS

No. de Registro
Fecha
Fecha
Cuarto
Sencillo
Doble
Nombre
Dirección
Ciudad   Estado   Código
Cuarto
          (   ) Empleo   (   ) Extra
          (   ) Casa
Referencias
No. de Licencia / /   Edad   No. Personas
Su firma

la ficha,
la tarjeta

el ascensor, el elevador

el botones,
el mozo

El mozo le subirá el equipaje.
Subirá el equipaje en el ascensor.

El mozo le abrirá la puerta al cliente.
Él le pondrá el equipaje en el cuarto.

La salida del hotel

Diego saldrá del hotel hoy.
Tendrá que abandonar el cuarto antes del
    mediodía.

Él pedirá la cuenta y la pagará en la caja.
Pagará su factura con una tarjeta de crédito.

❖Práctica❖

A **¿Qué o quién será?** Identifiquen.

1. ¿Es una llave o una tarjeta de crédito?

2. ¿Es el mozo o el recepcionista?

3. ¿Es la caja o la recepción?

4. ¿Es la ficha o el equipaje?

5. ¿Es el equipaje o la cuenta?

B **HISTORIETA** **Una visita al hotel**

Contesten.

1. ¿Reservó un cuarto el señor?
2. ¿Tiene él una reservación?
3. ¿Quién lo saludó en la recepción?
4. ¿Qué tendrá que llenar el señor?
5. ¿Quién le subirá el equipaje?
6. ¿Quién le abrirá la puerta?
7. ¿Cuándo tendrá que abandonar el cuarto el señor?
8. ¿Qué pedirá y dónde la pagará?
9. ¿Cómo pagará su cuenta el señor?

Fiesta Inn, Aguascalientes, México

C **¿Cómo se llama... ?** Identifiquen.

1. la persona que saluda a los clientes y busca la reservación
2. la persona que sube y baja las maletas
3. lo que se usa para abrir la puerta
4. un cuarto para una persona
5. un cuarto para dos personas
6. lo que se puede usar para pagar la cuenta
7. donde uno paga su cuenta

D Historieta Al hotel

Contesten.

1. Cuando el cliente llega al hotel, ¿va primero a la caja?
2. ¿Lleva el mozo el equipaje al cuarto?
3. ¿Hay que llenar una ficha o tarjeta al llegar al hotel?
4. Un cuarto sencillo, ¿es para dos personas?
5. ¿Abandona el cuarto el cliente cuando llega al hotel?
6. Cuando uno paga la cuenta, ¿le da el dinero al botones?

Hotel Princess Reforma, Guatemala

Actividades comunicativas

A **Una reservación** Tu clase de español está pensando en hacer un viaje a España. Todos están muy entusiasmados y todos tienen una tarea para ayudar a planear el viaje. Tú y un(a) compañero(a) tienen la responsabilidad de reservar las habitaciones (los cuartos). Van a llamar al Hotel Regente. Uno(a) de Uds. será el/la alumno(a) y el/la otro(a) será el/la empleado(a) del Hotel Regente. Discutan las fechas, el número de alumnos, el número de habitaciones, las comidas, los precios.

B **El huésped abandona su cuarto.** Eres el/la cajero(a) en el Hotel Regente. Un(a) compañero(a) es un(a) huésped. Está abandonando su cuarto. Preséntale al huésped su factura y explícale los cargos *(charges)*. Tu compañero(a) te hará algunas preguntas sobre los cargos. Después tú le preguntarás cómo quiere pagar la cuenta. Él o ella te dirá.

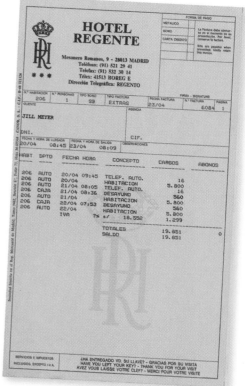

Vocabulario

En el cuarto

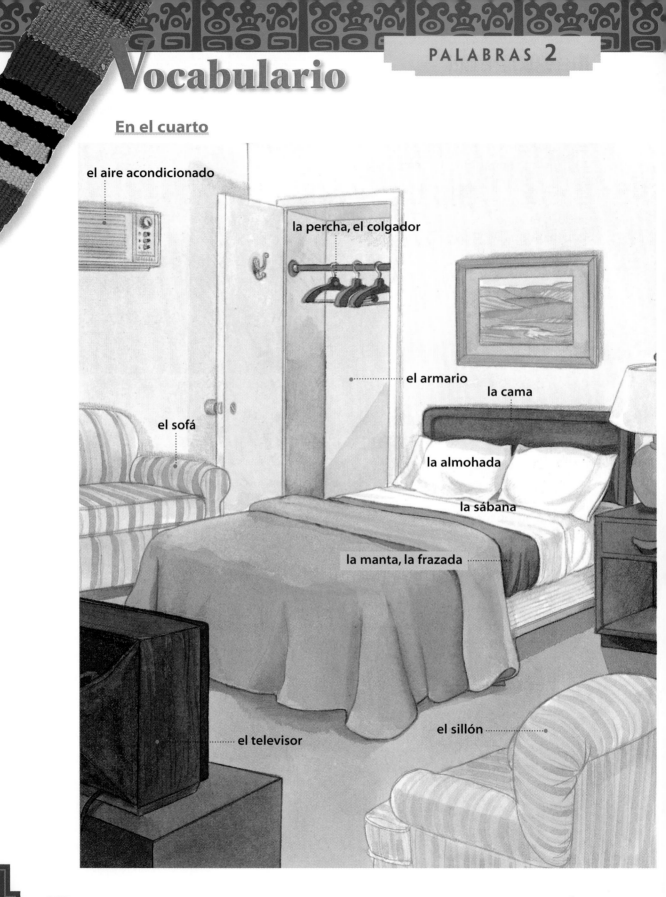

el aire acondicionado

la percha, el colgador

el armario

la cama

el sofá

la almohada

la sábana

la manta, la frazada

el sillón

el televisor

En el baño

la ducha

el jabón

el inodoro,
el váter

la toalla

el lavabo

la bañera

La camarera limpiará el cuarto.
Ella hará la cama.
Y cambiará las toallas.

✦Práctica✦

A. HISTORIETA ¿Qué hará nuestra camarera?

Expliquen las cosas que hará la camarera según los dibujos.

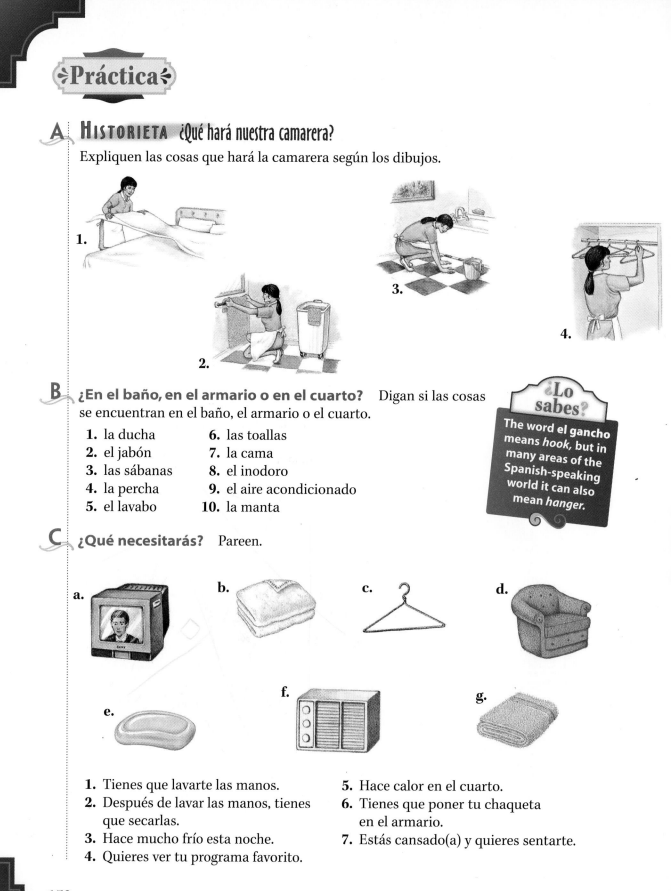

B. ¿En el baño, en el armario o en el cuarto?   Digan si las cosas se encuentran en el baño, el armario o el cuarto.

1. la ducha
2. el jabón
3. las sábanas
4. la percha
5. el lavabo
6. las toallas
7. la cama
8. el inodoro
9. el aire acondicionado
10. la manta

¿Lo sabes?

The word **el gancho** means *hook,* but in many areas of the Spanish-speaking world it can also mean *hanger.*

C. ¿Qué necesitarás?   Pareen.

a.

b.

c.

d.

e.

f.

g.

1. Tienes que lavarte las manos.
2. Después de lavar las manos, tienes que secarlas.
3. Hace mucho frío esta noche.
4. Quieres ver tu programa favorito.
5. Hace calor en el cuarto.
6. Tienes que poner tu chaqueta en el armario.
7. Estás cansado(a) y quieres sentarte.

Actividades comunicativas

A **Un hotel bueno**   Con un(a) compañero(a), discutan lo que les importa cuando se quedan en un hotel. Usen las siguientes expresiones en su discusión.

clase de hotel

tipo de habitación

servicio

cama

precio

baño

aire acondicionado

cerca del centro

restaurante

piscina

gimnasio

desayuno

B **Un desastre del hotel**   Pasaste unas vacaciones en San Juan de Puerto Rico. Lo pasaste muy bien y te gustó todo menos el hotel. ¡Qué horror! Fue un desastre total. Un(a) compañero(a) quiere saber todo lo que pasó. Dile. Usa tu imaginación y exagera todo lo posible. Luego cambien de rol y decidan quién tuvo la experiencia más desastrosa.

Hotel El Olivar de San Isidro, Lima, Perú

Estructura

Expressing more future actions
Futuro de los verbos irregulares

¿Te acuerdas?

Regular verbs in the future use the infinitive as the stem.

hablaré, comeré, escribiré

1. Study the following forms of verbs that have an irregular stem in the future tense. Note that the endings for all irregular verbs are the same as those for the regular verbs.

INFINITIVE	tener	salir	venir	
STEM	tendr-	saldr-	vendr-	ENDINGS
yo	tendré	saldré	vendré	-é
tú	tendrás	saldrás	vendrás	-ás
él, ella, Ud.	tendrá	saldrá	vendrá	-á
nosotros(as)	tendremos	saldremos	vendremos	-emos
vosotros(as)	tendréis	saldréis	vendréis	-éis
ellos, ellas, Uds.	tendrán	saldrán	vendrán	-án

2. Other verbs that follow the same pattern are **poner, saber,** and **poder.**

poner → pondré   saber → sabré   poder → podré

3. The verbs **decir, hacer,** and **querer** also have an irregular future stem.

INFINITIVE	decir	hacer	querer	
STEM	dir-	har-	querr-	ENDINGS
yo	diré	haré	querré	-é
tú	dirás	harás	querrás	-ás
él, ella, Ud.	dirá	hará	querrá	-á
nosotros(as)	diremos	haremos	querremos	-emos
vosotros(as)	diréis	haréis	querréis	-éis
ellos, ellas, Uds.	dirán	harán	querrán	-án

¡Buenas Noches!
Un dulce descanso y
un cálido amanecer
son los deseos de...

HOTELES
KRYSTAL

⧉Práctica⧉

A HISTORIETA La huésped llegará mañana.

Contesten según se indica.

1. ¿Cuándo vendrá la huésped? (mañana)
2. ¿Quién sabrá si tiene una reservación? (el recepcionista)
3. ¿Qué tendrá que llenar la huésped? (una ficha)
4. ¿Quién podrá abrirle la puerta? (el mozo)
5. ¿Dónde le pondrá su equipaje? (en el cuarto)
6. ¿Cuándo saldrá la huésped? (en dos días)

B Y mañana, ¿qué? Contesten según el modelo.

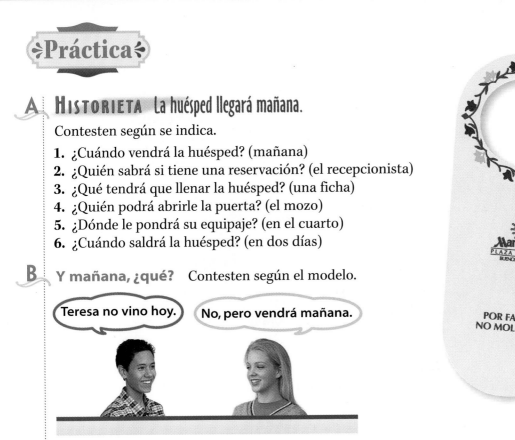

Teresa no vino hoy.

No, pero vendrá mañana.

1. Ella no salió de casa a tiempo.
2. Yo no sabía la hora de su llegada.
3. Ella no nos puso un fax.
4. Nosotros no pudimos ir a buscarla.

C HISTORIETA Las vacaciones de Ricardo

Completen.

El invierno que viene Ricardo Valbuena _____ (tener)
1
dos semanas de vacaciones. Él y su familia _____ (hacer)
2
un viaje a México. Allí ellos _____ (poder) pasar unos
3
días con sus parientes. El padre de Ricardo _____
4
(llamar) a México y les _____ (decir) a sus parientes la
5
hora de su llegada. Todos los parientes de Ricardo _____
6
(querer) ir al aeropuerto a recibirlos. Ricardo y sus
padres _____ (salir) en el vuelo de las once. El vuelo
7
_____ (hacer) escala en Dallas antes de llegar a México.
8

Acapulco, México

ESTRUCTURA

ciento sesenta y uno ⬥ **161**

D HISTORIETA Una reservación

Completen la conversación con el futuro.

CLIENTE: Buenos días. Soy Elena Sánchez. ¿Quién _____ (poder)
1
confirmar mi reservación?

RECEPCIONISTA: Pues, yo, señorita. ¿Cuándo _____ (venir) Ud. al hotel?
2

CLIENTE: El jueves. Yo _____ (saber) la hora exacta más tarde.
3

RECEPCIONISTA: Un momentito y le _____ (decir) si tiene reservación. Sí,
4
sí, aquí está. Ud. _____ (venir) el jueves y _____ (salir) el
5   6
domingo, ¿verdad?

CLIENTE: Así es. Yo _____ (tener) que salir a primera hora el
7
domingo. Yo _____ (querer) transporte al aeropuerto.
8

RECEPCIONISTA: No hay problema. El conserje le _____ (hacer) una
9
reservación en la limusina.

CLIENTE: Muchas gracias.

E El pronóstico del tiempo para mañana   Completen.

1. Hoy hace calor pero mañana _____ frío.
2. Hoy no tienen que llevar abrigo, pero mañana sí que
_____ que llevar abrigo.
3. Hoy no pueden esquiar, pero mañana _____ esquiar.
4. Hoy yo no quiero ir a clase, pero mañana _____ ir.
5. Hoy no me pongo el suéter, pero mañana me lo _____.
6. Hoy todo el mundo sale a la calle, pero mañana nadie
_____ a la calle.

Actividades comunicativas

A. **Un trabajo para el verano**   Este verano trabajarás en un hotel o motel cerca de donde tú vives. El hotel tiene muchos clientes de Latinoamérica. Por eso, el director del hotel (un[a] compañero[a]) te da una entrevista (una interviú) en español. Pregúntale al director todo lo que tendrás que hacer. El modelo les servirá de guía.

¿Tendré que venir al hotel temprano?

Sí, vendrás al hotel temprano.

B. **El fin de semana que viene**   No sabes por qué pero no hay duda que siempre tienes mucho que hacer. Con un(a) compañero(a), hagan planes para el próximo fin de semana. Discutan todo lo que harán. Dividan sus actividades en las siguientes categorías.

trabajo   estudios   pasatiempos   obligaciones

Talking about things already stated
Me lo, te lo, nos lo

1. Many sentences have both a direct and an indirect object pronoun. In these sentences the indirect object pronoun always precedes the direct object pronoun in Spanish. Both pronouns precede the conjugated form of the verb.

Ella **nos** sirvió **el helado**.	Ella **nos** **lo** sirvió.
El mozo **me** dio **la llave**.	El mozo **me** **la** dio.
Él **me** vendió **los libros**.	Él **me** **los** vendió.
Papá **te** hizo **las reservaciones**.	Papá **te** **las** hizo.

2. Note that the indirect object **me, te,** or **nos** comes before the direct object **lo, la, los, las.**

⊰Práctica⊱

A El generoso tío Lucas   Contesten según el modelo.

> ¿Quién te regaló las entradas?

> Mi tío Lucas me las regaló.

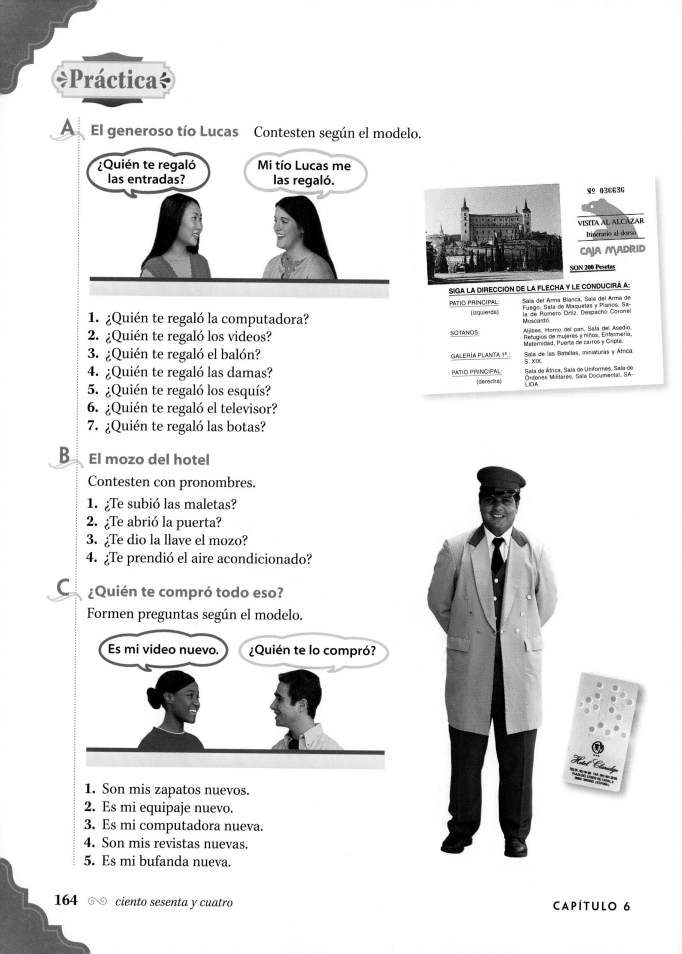

Nº 036636
VISITA AL ALCÁZAR
Itinerario al dorso
CAJA MADRID
SON 200 Pesetas

SIGA LA DIRECCION DE LA FLECHA Y LE CONDUCIRÁ A:

PATIO PRINCIPAL: (izquierda) — Sala del Arma Blanca, Sala del Arma de Fuego, Sala de Maquetas y Planos, Sala de Romero Ortiz. Despacho Coronel Moscardó.

SÓTANOS: — Aljibes, Horno del pan, Sala del Asedio, Refugios de mujeres y niños, Enfermería, Maternidad, Puerta de carros y Cripta.

GALERÍA PLANTA 1ª.: — Sala de las Batallas, miniaturas y África S. XIX.

PATIO PRINCIPAL: (derecha) — Sala de África, Sala de Uniformes, Sala de Órdenes Militares, Sala Documental, SALIDA.

1. ¿Quién te regaló la computadora?
2. ¿Quién te regaló los videos?
3. ¿Quién te regaló el balón?
4. ¿Quién te regaló las damas?
5. ¿Quién te regaló los esquís?
6. ¿Quién te regaló el televisor?
7. ¿Quién te regaló las botas?

B El mozo del hotel

Contesten con pronombres.

1. ¿Te subió las maletas?
2. ¿Te abrió la puerta?
3. ¿Te dio la llave el mozo?
4. ¿Te prendió el aire acondicionado?

C ¿Quién te compró todo eso?

Formen preguntas según el modelo.

> Es mi video nuevo.

> ¿Quién te lo compró?

1. Son mis zapatos nuevos.
2. Es mi equipaje nuevo.
3. Es mi computadora nueva.
4. Son mis revistas nuevas.
5. Es mi bufanda nueva.

Doña Flor, la profesora Contesten con pronombres según el modelo.

Doña Flor nos explicó el sistema.

Doña Flor nos lo explicó.

1. Doña Flor nos enseñó los poemas.
2. Doña Flor nos explicó la teoría.
3. Doña Flor nos enseñó el vocabulario.

4. Doña Flor nos dio la interpretación.
5. Doña Flor nos explicó las diferencias.

E **No oigo bien.** Usen dos pronombres en cada oración.

1. Carlos me hizo la reservación
   Perdón, ¿quién _____?

2. Carlos. Y él me confirmó la reservación ayer.
   Perdón. ¿cuándo _____?

3. Ayer. Y también me dio las direcciones.
   Perdón, ¿Carlos _____?

4. Sí, Carlos. Y me envió las direcciones por fax.
   Perdón, ¿cómo _____?

Hotel Cortés, Ciudad de México

Conversación

RECEPCIONISTA: Buenas tardes, señor. ¿Tiene Ud. una reservación?

CLIENTE: Sí, a nombre de Sorolla, Ramón Sorolla. Un cuarto sencillo para tres noches.

RECEPCIONISTA: Aquí está. Ud. saldrá el jueves, día doce. Querrá un baño privado, ¿no?

CLIENTE: Sí, claro.

RECEPCIONISTA: Le daré el tres cero dos. Es un cuarto muy bonito. Da al patio. Tendrá que llenar la ficha. ¿Y su pasaporte, por favor?

CLIENTE: ¿A qué hora tendré que abandonar el cuarto el día doce?

RECEPCIONISTA: Al mediodía.

CLIENTE: De acuerdo.

RECEPCIONISTA: Aquí tiene Ud. la llave. Samuel le subirá el equipaje. ¡Samuel!

Después de conversar

Contesten.

1. ¿Cómo se llama el cliente?
2. ¿Cuántos días estará en el hotel?
3. ¿Qué día saldrá del hotel?
4. ¿Qué tipo de cuarto reservó?
5. ¿Qué tendrá que llenar el cliente y qué le dará a la recepcionista?
6. ¿A qué hora tendrá que abandonar el cuarto?
7. ¿Quién es Samuel y qué hará él?

Actividades comunicativas

A Un hotel en Madrid   Tú y tu familia estarán en Madrid este verano. Aquí hay folletos de dos hoteles madrileños que ofrecen muchos servicios a sus clientes. Dile a un(a) compañero(a) en cuál de los dos hoteles quieres quedarte. Explica por qué. Luego tu compañero(a) te dirá su preferencia y te dirá por qué. Discutan por qué se quedarán o no se quedarán en el mismo hotel.

MADRID

HOTEL ORENSE
★ ★ ★ ★

DIRECCION
Pedro Teixeira, 5 (esq. Orense)
28020 Madrid
Tel. (91) 597 15 68
Fax. (91) 597 12 95

SITUACION
El Hotel está situado en el corazón de Azca (zona de negocios y centro financiero), junto al Palacio de Congresos, el Paseo de la Castellana y el Estadio Santiago Bernabeu. A 5 minutos de la estación de Chamartín. Acceso directo a la M-40, a 10 minutos del aeropuerto e Ifema.

CAPACIDAD
• 140 habitaciones todas dobles (incluye 10 suites estilo)

SERVICIOS GENERALES
• Restaurante
• Bar Cafetería
• Comedor privado
• Salón social
• Fax
• Amplio garaje propio
• Desayuno Buffet
• Circuito cerrado de T.V.

SERVICIOS HABITACIONES
• Todas exteriores e insonorizadas
• Teléfono directo
• T.V. color con mando a distancia
• Antena parabólica / Canal +
• Hilo musical
• Radio
• Aire acondicionado
• Climatizador individual
• Cuarto de baño en dos volúmenes
• Secador de pelo
• Caja de seguridad
• Mini-bar
• Room service
• Línea de fax opcional

MADRID

Gran Hotel Colon
★ ★ ★ ★

DIRECCION
Pez Volador, 11 (semiesquina con Dr.Ezquerdo)
28007 Madrid
Tel. (91) 573 59 00 / 573 86 00
Fax. (91) 573 08 09
Telex 22984 COLON E

SITUACION
Ubicado en una zona céntrica y residencial, junto al Parque del Retiro. A 5 minutos de la estación de Atocha, del Centro Comercial de Goya y, del Triángulo del Arte. Acceso directo a la M-30 y M-40, (por la nueva prolongación O'Donnell) a 10 minutos del aeropuerto y del Parque Ferial Juan Carlos I.

CAPACIDAD
• 380 habitaciones (incluidas suites)

SERVICIOS GENERALES
Restaurante, Bar, Cafetería / Hall, Terraza con jardín, Sauna / Masajes, Peluquería, Rayos uva, Gimnasio panorámico (próxima apertura), Solarium, Agencia de viajes, Alquiler de coches, Garaje privado.

SERVICIOS HABITACIONES
Todas exteriores, Habitaciones con Terraza, Teléfono directo, T.V. color con mando a distancia, Antena parabólica, Radio / Hilo musical, Mini-bar, Caja de seguridad, Aire acondicionado, Servicio de habitaciones.

INSTALACIONES PARA CONFERENCIAS Y REUNIONES
El hotel permite la posibilidad de múltiples transformaciones, debido a que dispone de grandes espacios dedicados a salones. Todo ello contando con retroproyectores de transparencias, traducción simultánea, pantallas, videos, T.V., Megafonía y azafatas.

B ¿Cómo podré hacerlo todo?   Vas a preparar un *skit* muy cómico y divertido con un(a) compañero(a). Uno de Uds. será el ama de llaves *(head housekeeper)* de un hotel y el otro será una camarera nueva. Dentro de poco estarán llegando unos clientes. La pobre camarera no sabe qué hacer. Te hará muchas preguntas. Contesta a sus preguntas. Explícale todo lo que tendrá que hacer y cómo.

Lecturas CULTURALES

LOS PARADORES DE ESPAÑA

El verano que viene Sandra, Roberto y sus padres harán un viaje a España. Saldrán el 28 de junio. Al llegar a España alquilarán un coche. Viajarán por todas partes del país. Pasarán una semana en el norte y otra en Madrid y sus alrededores. Pasarán la última semana en el sur, en Andalucía.

La señora White, la madre de Sandra y Roberto, está planeando el viaje. Dice que podrán pasar varias noches en algunos paradores.

Hay unos setenta paradores en España. Algunos son muy pequeños como el Parador de Villalba en Lugo, Galicia. Tiene sólo seis habitaciones. Otros son bastante grandes. El Parador de Cádiz tiene 147 habitaciones. Pero lo importante no es el tamaño. Lo más atractivo de los paradores es que son únicos. No son todos iguales. Cada uno tiene su carácter propio.

Algunos paradores son antiguos castillos[1] o monasterios. La madre de Sandra y Roberto dice que hará una reservación en el Parador San Francisco en Granada. Antes era un convento fundado por los Reyes Católicos, Fernando e Isabel. El parador está dentro de las murallas[2] y los jardines de la famosa Alhambra. Pero el Parador San Francisco es tan popular que los White tendrán que reservar una habitación con unos seis meses de anticipación.

[1] castillos *castles*
[2] murallas *walls*

PARADOR HOTEL DE LOS REYES CATOLICOS
Plaza del Obradoiro, 1 15705 SANTIAGO DE COMPOSTELA (LA CORUÑA)

Parador de Cádiz

Parador San Francisco, Granada

Los paradores nacionales son del gobierno[3] español. Los restaurantes de muchos paradores son muy buenos. Sirven platos típicos de las regiones donde se encuentran. Muchos turistas dicen que pasar una noche en un parador es como pasar una noche en un museo—pero un museo con todas las comodidades de un hotel de cuatro estrellas[4]. A ver lo que dirán Sandra, Roberto y sus padres al volver de su viaje a España.

[3]gobierno *government*
[4]estrellas *stars*

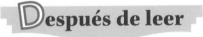espués de leer

A Un viaje a España   Contesten.

1. ¿Quiénes harán un viaje a España?
2. ¿Qué día saldrán?
3. ¿Qué alquilarán?
4. ¿Cuánto tiempo pasarán en Madrid y sus alrededores?
5. ¿Quién está planeando el viaje?
6. ¿Dónde podrán pasar algunas noches?
7. ¿Cómo son los paradores?
8. ¿De quién son los paradores?
9. ¿Qué sirven en los restaurantes de los paradores?

Parador de Cardona, España

B ¿Cómo es?   Describan.

1. Describe el Parador de Villalba en Lugo, Galicia.
2. Describe el Parador San Francisco en Granada, Andalucía.

C Lo magnífico de los paradores   Expliquen.

1. Lo más atractivo de los paradores es que son únicos.
2. Pasar una noche en un parador es como pasar una noche en un museo—pero un museo con todas las comodidades de un hotel de cuatro estrellas.

Parador San Francisco, Granada

LOS ALBERGUES

En España y en algunos países de Latinoamérica hay albergues juveniles. Los albergues ofrecen cuartos limpios y económicos para jóvenes. La mayoría de los jóvenes que se hospedan (pasan la noche) en un albergue son estudiantes. Les gustan mucho los albergues porque no cuestan mucho y allí pueden conocer a otros estudiantes de todas partes del mundo. En los albergues hay casi siempre un salón central donde todos se reúnen para charlar (hablar) y hacer amigos nuevos.

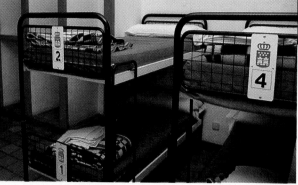

Cuartos en albergues juveniles, España

LOPE DE VEGA

V

★★★

HOSTAL R.

GRAN VIA, 59
28013 MADRID ☎ 247 70 00

Después de leer

A **Los albergues juveniles** Digan que sí o que no.

1. Todos los países latinoamericanos tienen albergues juveniles.
2. Un albergue juvenil es para viejos o ancianos.
3. Los albergues son bastante caros.
4. La mayoría de los jóvenes que se hospedan en un albergue juvenil son estudiantes.

B **Para pensar** Contesten.

¿Por qué a los estudiantes les gustan mucho los albergues juveniles?

HOTEL DE LA RECONQUISTA

El Hotel de la Reconquista, construido sobre la traza de un singular edificio del Siglo XVIII, antiguo Hospicio y Hospital del Principado de Asturias, Monumento Nacional, está situado en la zona más céntrica, residencial y comercial de la ciudad de Oviedo.

El Hotel dispone de un total de 142 habitaciones, incluyendo Junior suites y suites, algunas de ellas con preciosas vistas sobre el Patio de la Reina. Todas las habitaciones están perfectamente equipadas con hilo musical y TV vía satélite.

El Hotel le ofrece la oportunidad de disfrutar de la mejor cocina en su Restaurante.

El Hotel ofrece una amplia gama de instalaciones para Reuniones, congresos y Banquetes. Cuenta con una sala de proyecciones, con servicio de traducción simultánea disponible, ocho espléndidas salas de reuniones de 25 a 550 m² y encantadores patios para la celebración de todo tipo de conferencias y acontecimientos sociales como congresos, certámenes, exposiciones, banquetes y comidas de empresa con capacidad para albergar hasta 800 personas.

Después de leer

A ¿Dónde nos dice... ?

Busquen la información en el folleto.

1. el nombre del hotel
2. de qué siglo data el edificio
3. dónde está ubicado (situado)
4. el número de habitaciones
5. algunos servicios que ofrece el hotel

Conexiones

LA EDUCACIÓN FÍSICA

EL EJERCICIO

Physical fitness is a concern for everyone. Our health depends upon our fitness. Maintaining muscle tone and cardiovascular health and avoiding overweight are important to our well-being and to our enjoyment of life. Sometimes it's difficult to stay in shape when traveling. For this reason, many hotels in major cities in Spain and Latin America provide exercise rooms or temporary membership in healthclubs for their guests.

El ejercicio

Los hombres y las mujeres que viajan mucho quieren mantenerse en forma. Por eso, muchos hoteles tienen un gimnasio para el uso de sus clientes donde pueden hacer ejercicio. Hay dos tipos de ejercicio, el ejercicio aeróbico o cardiovascular y el ejercicio de fortaleza muscular.

Ejercicios aeróbicos

Los ejercicios aeróbicos como el jogging, el caminar, la natación y los «steps» lineal y coreográfico aumentan temporalmente la respiración. Aumentan también el ritmo del corazón. Hacen más fuertes el corazón y todo el sistema cardiovascular. Algunos ejercicios aeróbicos son muy entretenidos[1] como, por ejemplo, el patinaje lineal[2] y el ciclismo.

[1] entretenidos *entertaining*
[2] patinaje lineal *roller blading*

EL ARTE DE VIVIR

YOGA

CALISTENIA ENERGÉTICA

ESTIRAMIENTOS

RELAJACIÓN

MEDITACIÓN

HATHA YOGA

EJERCICIOS RESPIRATORIOS

MARTES Y JUEVES DE 19,00 A 20,30

C/ Cabeza, 15 - 2º (Tirso de Molina) MADRID Tels. 539 98 60 y 939 152923

MANDALA

Ejercicios de fortaleza muscular

Los ejercicios de fortaleza muscular aumentan el tamaño y la fuerza de los músculos como los bíceps y tríceps y los músculos pectorales. Para hacer ejercicios de fortaleza muscular usamos una serie de aparatos—pesas y barras, tubos, ligas, bandas elásticas y bolsas.

Un buen programa de ejercicios alterna el ejercicio aeróbico con el ejercicio de fortaleza muscular. Es decir, se practica un día aeróbicos y otro día fortaleza. Lo más importante es hacer ejercicio todos los días, aunque por sólo unos veinte minutos. También es importante no hacer demasiado ejercicio. Demasiado ejercicio te puede hacer daño. Tu cuerpo te dice cuando debes descansar[3]. Todo en moderación es siempre una buena idea.

los bíceps

los tríceps

los pectorales

[3]descansar rest

II CAMPUS DE CICLISMO "DEPORTE Y VIDA"
Ruta y Mountain Bike
Del 15 al 19 de Agosto
Albergue Álvaro Iglesias (Navacerrada)

Tel. Información
447 23 68

DEPORTE Y MONTAÑA...

Deporte y Vida

Después de leer

A Para mantenerse en forma Completen.

1. Muchas personas que viajan quieren mantenerse en _____.
2. Los hoteles tienen un gimnasio donde los huéspedes pueden hacer _____.
3. Otro nombre para el «ejercicio aeróbico» es «ejercicio _____».
4. El tipo de ejercicio que no es aeróbico es el ejercicio de _____.
5. El ejercicio aeróbico aumenta el ritmo del _____.
6. El ejercicio de fortaleza muscular aumenta el tamaño de los _____.
7. Un programa que _____ el ejercicio aeróbico y el ejercicio de fortaleza muscular es recomendable.
8. Es importante hacer ejercicio _____ pero también es importante _____.
9. Si haces demasiado ejercicio, puedes hacer _____ a tu cuerpo.

B ¿Aeróbico o fortaleza muscular?

Identifiquen el tipo de ejercicio.

1. pesas y barras
2. patinaje lineal
3. «steps» coreográfico
4. bandas elásticas
5. jogging
6. ligas y bolas

Culminación

⟨ Actividades orales ⟩

Vista tomada desde la fachada principal de la Catedral

Plaza Santa María, 8
Frente Fachada Principal Catedral
Tels. (947) 20 59 71 - 20 87 15
09003 BURGOS

A **Una habitación, por favor.** Tú has llegado a Burgos. Necesitas una habitación en un hotel. Llama al Hotel Mesón del Cid. Habla con el/la recepcionista (un[a] compañero[a]). Quieres saber si tienen una habitación disponible *(available)*. Necesitas saber el precio. Como no conoces a Burgos, no sabes dónde está el hotel. El/La recepcionista te ayudará y contestará cortésmente a todas tus preguntas.

B **La buenaventura** Trabaja con un(a) compañero(a). Él o ella te hará muchas preguntas porque quiere saber todo lo que le pasará en el futuro. Tú contestarás a todas sus preguntas y le dirás lo que crees que le pasará. Tendrás que usar tu imaginación. Después de terminar con las preguntas de tu compañero(a), cambien de rol y tú harás preguntas sobre tu futuro.

C **La cuenta** Estás saliendo del Hotel Alfonso VIII. El cajero (un[a] compañero[a]) te presenta esta factura. Pero hay un error. Tú no has tenido carro durante tu visita aquí. Tengan una conversación para resolver el problema.

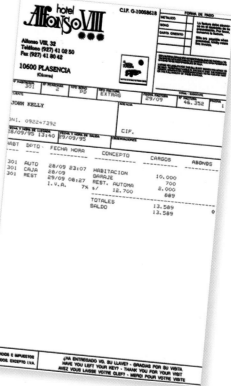

Actividades escritas

A Un fax para el Hotel Excelsior   Los padres de uno de tus amigos van a México. Quieren quedarse (hospedarse, alojarse) en el Hotel Excelsior. Saben que tú estás estudiando el español y te piden ayuda. Tú les vas a preparar un fax para el Hotel Excelsior. Para preparar el fax, escribe una lista de toda la información que necesitan los padres de tu amigo. Luego prepara todas las preguntas que tienes que incluir en el fax. Al terminar tus dos listas, prepara la copia final para el fax que vas a enviar.

B A los veinticinco años de edad   Prepara un cuestionario corto. El tema de tu cuestionario es «A los veinticinco años de edad». Sírvete de (Usa) tu cuestionario para entrevistar (dar una interviú) a un(a) compañero(a). En tu cuestionario incluye preguntas sobre su educación, su familia, su trabajo y sus pasatiempos.

Writing Strategy

Creating an advertisement

*T*he purpose of an advertisement is to persuade people to buy a product or service. An effective ad will attract attention, arouse interest, and create desire. You can use a striking design to draw readers in. You can use facts and opinions to explain the product's features and to show why readers should be interested in your product—why it is better than the competition. And you can appeal to your readers' reason and emotion to make them want your product.

Un anuncio

A hotel in your community wants to encourage Spanish-speaking guests to stay there. They have asked you to prepare an advertisement describing the hotel and listing its best features. Use the advertisement for the Parador Reyes Católicos in Santiago de Compostela, Galicia, as a guide, but be as original as you can. Be sure your ad reflects services offered by the hotel as well as activities and events in your community.

Vocabulario

MAKING A HOTEL RESERVATION

reservar
la reservación
el cuarto, la habitación

un cuarto sencillo
un cuarto doble

CHECKING INTO A HOTEL

el hotel
la recepción
el/la recepcionista
el/la cliente, el/la huésped
la ficha, la tarjeta

la llave
la puerta
el botones, el mozo
el equipaje
el ascensor, el elevador

CHECKING OUT OF A HOTEL

abandonar el cuarto
bajar las maletas
pedir la cuenta
pagar la factura

TALKING ABOUT A HOTEL ROOM

la puerta
la cama
la sábana
la almohada
la manta, la frazada
el televisor

el aire acondicionado
el armario
la percha, el colgador
el sillón
el sofá

TALKING ABOUT A BATHROOM

la bañera
la ducha
el inodoro, el váter
el lavabo
el jabón
la toalla

TALKING ABOUT CLEANING A HOTEL ROOM

la camarera
limpiar el cuarto
hacer la cama
cambiar las toallas

VIDEO

¡Buen viaje!

EPISODIO 6 ▶ En el hotel

Cristina e Isabel hacen sus maletas porque las vacaciones ya se acaban y tienen que abandonar el hotel.

La única queja del señor de la Rosa es que ya se acabaron las vacaciones.

CD-ROM

Expansión cultural

Pronóstico del clima

El pronóstico de México es muy variado.

interNET CONNECTION

In this video episode Cristina and the de la Rosa family are checking out of their hotel after their vacation in Puerto Vallarta. To find the perfect hotel in a Spanish-speaking country for your family vacation, go to the **Capítulo 6** Internet activity at the **Glencoe Foreign Language** Web site:

http://www.glencoe.com/sec/fl

CAPÍTULO 7

El vuelo

Objetivos

In this chapter you will learn to do the following:

- ∾ talk about air travel
- ∾ discuss the influence of geography on travel in Latin America
- ∾ talk about things that would happen under certain conditions
- ∾ talk about air travel in Hispanic countries

Vocabulario

En el avión

la tripulación

el comandante, el piloto

el co-piloto

la cabina de mando, la cabina de vuelo

los asistentes de vuelo

La cabina

el compartimiento sobre la cabeza, el compartimiento superior

la salida de emergencia

los audífonos, los auriculares

la señal de no fumar

la ventanilla

el lavabo, el aseo

la máscara de oxígeno

el asiento

el respaldo del asiento

el chaleco salvavidas

la mesita

abrocharse el cinturón de seguridad

el pasillo

La señora iría al lavabo, pero no puede.
Está ocupado.

El asistente de vuelo hizo algunos anuncios.
Dijo que los asistentes de vuelo:

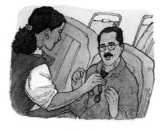

servirían bebidas y una
comida durante el vuelo;

pasarían por la cabina con los
audífonos;
distribuirían los audífonos;
se los distribuirían a los pasajeros;

También dijo que el equipaje
de mano tendría que caber
debajo del asiento o en el
compartimiento superior.

y que en el caso de una emergencia
las máscaras de oxígeno caerían
automáticamente.

la bandeja

el carrito

Durante el vuelo los asistentes de vuelo
sirvieron una comida a los pasajeros.

Se la sirvieron de un carrito.
Se la sirvieron en una bandeja.

VOCABULARIO

✤Práctica✤

A **¿Qué es o quién es?** Identifiquen.

1. ¿Es el lavabo o la cabina de mando?

2. ¿Es la máscara de oxígeno o la señal de no fumar?

3. ¿Es el asistente de vuelo o el comandante?

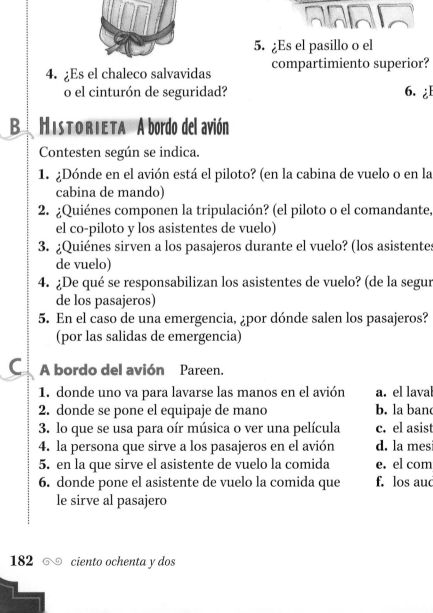

4. ¿Es el chaleco salvavidas o el cinturón de seguridad?

5. ¿Es el pasillo o el compartimiento superior?

6. ¿Es el asiento o la mesita?

B **HISTORIETA** **A bordo del avión**

Contesten según se indica.

1. ¿Dónde en el avión está el piloto? (en la cabina de vuelo o en la cabina de mando)
2. ¿Quiénes componen la tripulación? (el piloto o el comandante, el co-piloto y los asistentes de vuelo)
3. ¿Quiénes sirven a los pasajeros durante el vuelo? (los asistentes de vuelo)
4. ¿De qué se responsabilizan los asistentes de vuelo? (de la seguridad de los pasajeros)
5. En el caso de una emergencia, ¿por dónde salen los pasajeros? (por las salidas de emergencia)

C **A bordo del avión** Pareen.

1. donde uno va para lavarse las manos en el avión
2. donde se pone el equipaje de mano
3. lo que se usa para oír música o ver una película
4. la persona que sirve a los pasajeros en el avión
5. en la que sirve el asistente de vuelo la comida
6. donde pone el asistente de vuelo la comida que le sirve al pasajero

a. el lavabo
b. la bandeja
c. el asistente de vuelo
d. la mesita
e. el compartimiento superior
f. los audífonos

D **Algunas reglas a bordo del avión**   Contesten.

1. ¿Qué abrocharías durante el despegue y el aterrizaje?
   a. el cinturón de seguridad
   b. el respaldo del asiento
   c. la máscara de oxígeno

2. Durante el despegue y el aterrizaje, ¿dónde pondrías tu equipaje de mano?
   a. debajo del asiento
   b. en el pasillo
   c. en el lavabo

3. En caso de un cambio en la presión del aire en el avión, ¿qué usarías?
   a. el cinturón de seguridad
   b. los audífonos
   c. la máscara de oxígeno

La aerolínea Avensa

4. ¿Cómo pondrías el respaldo de tu asiento durante el despegue y el aterrizaje?
   a. en posición vertical
   b. debajo del asiento
   c. en el compartimiento sobre la cabeza

5. En caso de un aterrizaje de emergencia en el mar, ¿qué te pondrías?
   a. el lavabo
   b. la señal de no fumar
   c. el chaleco salvavidas

Actividades comunicativas

A **Antes del despegue**   Tú eres un(a) asistente de vuelo. Un(a) pasajero(a) (tu compañero[a]) está haciendo su primer viaje en avión. No tiene idea de lo que tiene que hacer. Explícale todo lo que tiene que hacer antes del despegue.

B **A bordo del avión**   Con un(a) compañero(a), mira el dibujo. Juntos describan todo lo que ven en el dibujo. Luego decidan si quieren hacer un viaje en avión. Expliquen por qué.

Vocabulario

En el aeropuerto

la avioneta

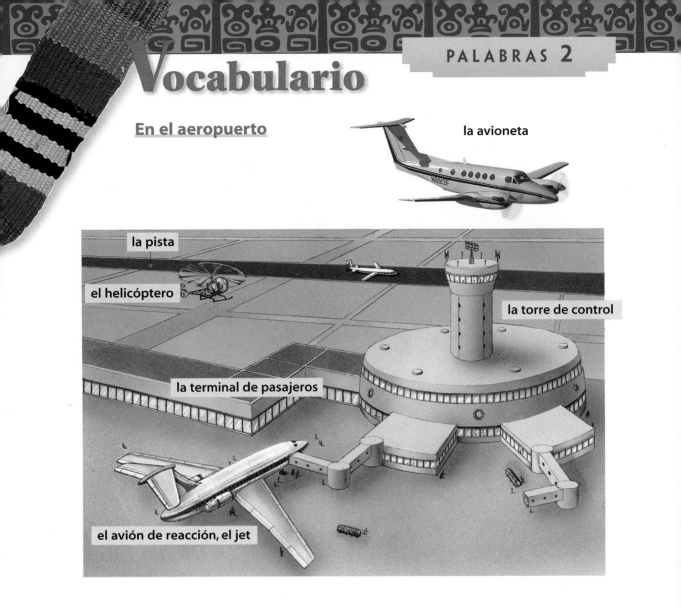

la pista

el helicóptero

la torre de control

la terminal de pasajeros

el avión de reacción, el jet

el despegue

el aterrizaje

¿Dijo el piloto a qué hora llegaríamos?

No, sólo dijo que saldríamos a tiempo.

El comandante les habló a los pasajeros.
Les anunció que:
despegarían a tiempo.
el avión volaría a una altura de 10.000 metros.
sería un vuelo directo; no harían escala.
sobrevolarían los Andes.
habría muy poca turbulencia durante el vuelo.

Un poco de geografía

la altura, la altitud

la cordillera

la montaña el pico

el altiplano

la meseta

el lago

el valle

la llanura

Caracas, Venezuela

A HISTORIETA **A bordo del avión**

Contesten según se indica.

1. ¿De dónde hizo el comandante algunos anuncios? (de la cabina de vuelo)
2. ¿Dijo que despegarían con una demora? (no, a tiempo)
3. ¿Dijo que habría mucha turbulencia durante el vuelo? (no, poca)
4. ¿Dijo que el tiempo de vuelo sería de tres horas? (no, de tres horas y treinta minutos)
5. ¿Dijo que sobrevolarían los Andes? (sí)
6. ¿Qué dijo que podrían ver los pasajeros? (los picos de las montañas)

B **En el aeropuerto** Escojan.

1. El avión va a llegar en pocos momentos. Esperamos _____.
   a. el despegue   **b.** el aterrizaje   **c.** la salida
2. Los controladores le dan instrucciones al piloto. Se las dan desde la _____.
   a. cabina de mando   **b.** terminal   **c.** torre de control
3. Los amigos y parientes de los pasajeros los esperan en la _____.
   a. terminal   **b.** torre de control   **c.** pista
4. Otro avión ya va a salir. En pocos minutos veremos _____.
   a. la llegada   **b.** el despegue   **c.** el aterrizaje
5. _____ despega y aterriza verticalmente.
   a. La avioneta   **b.** El avión de reacción   **c.** El helicóptero

Cuzco, Perú

C **Definiciones** Pareen.

1. parte superior de una montaña
2. extensión de tierra que no tiene altos ni bajos
3. espacio de tierra entre montañas
4. agua que comienza en la tierra y va al mar
5. serie de montañas, una tras otra
6. elevación de tierra que termina en un pico

a. río
b. cordillera
c. pico
d. llanura
e. valle
f. montaña

D **¿Qué son... ?** Contesten.

1. los Andes, los Apalaches, las Rocosas
2. el Amazonas, el Misisipí, el Nilo
3. Aconcagua, Everest, McKinley
4. Huron, Ontario, Michigan, Erie, Superior

Los Andes

Actividades comunicativas

A **Soy el/la comandante.** Trabaja con un(a) compañero(a). Uno(a) de Uds. es el/la comandante a bordo de un avión de una compañía americana. El vuelo que estás haciendo es el vuelo entre Miami y Guayaquil, Ecuador. Como hay muchos pasajeros a bordo que hablan español, tú vas a hacer algunos anuncios en español. Tu compañero(a) escuchará tus anuncios. Luego cambien de rol y tu compañero(a) será el/la comandante y tú escucharás.

B **Donde vivimos** Trabaja con un(a) compañero(a). Den una descripción de la geografía de la región donde viven. Pueden usar las siguientes palabras.

la montaña el río el tiempo el pico el mar el nivel el lago la altura el valle

Estructura

¿Te acuerdas?
Remember that the stem for the future tense of regular verbs is the infinitive.
volaré comeré serviré

Expressing conditions
Modo potencial o condicional de verbos regulares

1. As with the future, the infinitive is used as the stem for the conditional of regular verbs. Study the following forms.

INFINITIVE	llegar	ver	servir	
STEM	llegar-	ver-	servir-	ENDINGS
yo	llegaría	vería	serviría	-ía
tú	llegarías	verías	servirías	-ías
él, ella, Ud.	llegaría	vería	serviría	-ía
nosotros(as)	llegaríamos	veríamos	serviríamos	-íamos
vosotros(as)	*llegaríais*	*veríais*	*serviríais*	-íais
ellos, ellas, Uds.	llegarían	verían	servirían	-ían

Note that the endings for the conditional are the same as those for the imperfect of **-er** and **-ir** verbs.

2. You use the conditional, as you do in English, to tell what would take place under certain circumstances.

> **El avión despegaría ahora pero no puede porque hace mal tiempo.**
> **Nosotros viajaríamos a Europa pero no tenemos suficiente dinero.**

3. The conditional is also used to soften requests.

> **¿Me pasaría Ud. los audífonos, por favor?**
> **¿Se abrocharía el cinturón de seguridad, por favor, señor?**

La aerolínea LACSA, Costa Rica

Práctica

A HISTORIETA Imaginándome millonario(a)

Contesten.

1. ¿Vivirías en la ciudad o en el campo?
2. ¿Viajarías mucho?
3. ¿Adónde irías?
4. ¿Cómo irías?
5. ¿Con quién irías?
6. ¿Comprarías una casa grande?
7. ¿Cómo sería la casa?
8. ¿Trabajarías?

B HISTORIETA Las vacaciones del muchacho

Contesten.

1. ¿Adónde iría el muchacho para las vacaciones?
2. ¿Cómo viajaría?
3. ¿Cuánto pagaría?
4. ¿Dónde nadaría él?
5. ¿A qué jugaría?
6. ¿Qué subiría él?
7. ¿Qué comería?
8. ¿Dónde dormiría?

En una agencia de viajes, España

Lima, Perú

ESTRUCTURA

ciento ochenta y nueve ⟡ **189**

C No, no. Contesten según el modelo.

Ellos piensan ir. ¿Y tú?

No, yo no iría.

1. Ellos piensan llamar. ¿Y tú?
2. Yo pienso escribir. ¿Y Uds.?
3. Carolina piensa visitar a sus primos. ¿Y su hermano?
4. Nosotros pensamos ir. ¿Y Uds.?
5. Ellos piensan viajar por avión. ¿Y Uds.?
6. Teresa piensa manejar. ¿Y tú?

D HISTORIETA Un viaje con unos amigos

Contesten según se indica.

1. ¿Irían tus amigos a la playa o a las montañas? (a las montañas)
2. ¿Los acompañarías? (sí)
3. ¿Cómo irían Uds., en tren o en carro? (en carro)
4. ¿Quién manejaría? (Teresa)
5. ¿Cuánto tiempo pasarían Uds. en las montañas (unos cinco días)
6. ¿Dónde se quedarían Uds.? (en un hotel económico)

San Carlos de Bariloche,
Argentina

Expressing more conditions
Modo potencial de verbos irregulares

The same verbs that are irregular in the future tense are irregular in the conditional. Study the following.

INFINITIVE	FUTURE	CONDITIONAL
tener	tendré	tendría
poner	pondré	pondría
salir	saldré	saldría
venir	vendré	vendría
poder	podré	podría
saber	sabré	sabría
hacer	haré	haría
decir	diré	diría
querer	querré	querría

◆Práctica◆

A HISTORIETA ¿Vendrá tu hermana o no?

Contesten según el modelo.

¿Estará tu hermana?

Dijo que estaría.

1. ¿Vendrá tu hermana?
2. ¿Hará el viaje?
3. ¿Podrá pagar el viaje?
4. ¿Saldrá el viernes?
5. ¿Tendrá bastante tiempo?

mientras
más
quieres
más
tienes

CROWN PACIFIC HUATULCO

SUPER Vete de Pinta SIN LIMITE

- Transportación aérea
- Dos noches de alojamiento
- Restaurante de especialidades
- Todas las comidas estilo Buffet
- Snack de medio día, tea time, snack nocturno
- Bebidas nacionales e importadas sin límite
- Propinas "Mini Club para niños
- Deportes acuáticos (no motorizados)
- Shows nocturnos y fiestas (tema diariamente)
- Juegos de mesa
- Traslado aeropuerto-hotel-aeropuerto
- 2 menores comen, beben y duermen gratis de 0 a 7 años. Sólo pagan porción aérea

DESDE
1,977
3 NOCHES
DE HOSPEDAJE

Noche adicional $ 438

Ventas y Reservaciones Mexicana
4 4 8   8 8 7 1
o consulta a tu Agente de Viajes

VTP

CROWN PACIFIC
HUATULCO

MEXICANA

* Precio por persona en habitación doble, más IVA, más TUA. Saliendo de la Ciudad de México

B. Uno sí y el otro no   Completen con el condicional.

1. Él sabría la dirección pero su hermano no la _____.
2. Yo te lo diría pero ellos nunca te lo _____.
3. Nosotros lo haríamos pero ellos no lo _____ nunca.
4. Yo podría ir pero mis amigos no _____.
5. Uds. lo pondrían en orden pero él no lo _____.
6. Yo tendría que volver pero tú no _____.

C. Ahora lo hará pero antes no lo haría.

Completen con el condicional.

1. Carlos podrá pero antes no _____.
2. Los muchachos vendrán pero antes no _____.
3. Tú lo harás pero antes no lo _____.
4. Uds. saldrán pero antes no _____.
5. Ud. me lo dirá pero antes no me lo _____.

D. HISTORIETA A bordo del avión

Contesten con **sí.**

1. ¿Dijo el comandante que el avión podría despegar a tiempo?
2. ¿Dijo que saldrían dentro de cinco minutos?
3. ¿Dijo el asistente de vuelo que los pasajeros tendrían que poner su equipaje de mano en el compartimiento superior?
4. ¿Dijo que no podríamos fumar cigarrillos durante el vuelo?
5. ¿Dijo que yo podría usar mi teléfono celular durante el vuelo?
6. ¿Dijo el comandante que nos diría la hora exacta de nuestra llegada?
7. ¿Dijo que haríamos escala en Bogotá?

PLAN DE VUELOS Y HORARIOS		
DE LUNES A VIERNES	SALIDA	LLEGADA
Santiago - Bilbao	07:45	09:05
Bilbao - Santiago	09:35	10:55
Santiago - Bilbao	17:15	18:35
Bilbao - Santiago	19:05	20:25
Santiago - Asturias	11:25	12:10
Asturias - Santiago	12:40	13:25
Santiago - Asturias	20:55	21:40
Asturias - Santiago	22:10	22:55
Santiago - Santander	13:55	15:05
Santander - Santiago	15:35	16:45

primair

LA LINEA AEREA QUE PRIMA

Actividades comunicativas

A **Una encuesta** Trabaja con un(a) compañero(a). Van a hacer una encuesta *(survey)*. Ésta es la situación. Hay un billete de cien dólares en la calle. Cada uno(a) de Uds. preguntará a cinco compañeros qué harían al encontrar los cien dólares. Luego organicen las respuestas para informar a la clase sobre los resultados.

B **Lo que haría pero no puedo** ¿No es verdad que hay muchas cosas que te gustaría hacer pero que no puedes porque tienes otras obligaciones? Ten una conversación con un(a) compañero(a). Discutan todo lo que les gustaría hacer pero que no pueden. Expliquen por qué no pueden.

Talking about things stated before
Dos complementos con **se**

1. The indirect object pronouns **le** and **les** change to **se** when used in the same sentence with either **lo, la, los,** or **las.**

> **El asistente de vuelo** **les** **sirvió** **la comida** **a los pasajeros** .
> **El asistente de vuelo** **se** **la** **sirvió.**
>
> **El joven** **le** **dio** **los audífonos** **a su mamá** .
> **El joven** **se** **los** **dio.**

2. Because the pronoun **se** can refer to many different people, it is often clarified with a prepositional phrase.

> **El asistente se la pasó a él (a ella, a Ud., a ellos, a ellas, a Uds.)**

Para volar a Australia y Nueva Zelanda desde Sudamérica, sólo hay que dar media vuelta. No veinte mil.

Sydney · Auckland · Buenos Aires

Ahora, 3 veces por semana con nuestro exclusivo vuelo Transpolar. Con Aerolíneas Argentinas, usted podrá aprovechar el tiempo para pasear por las calles de Auckland o Sidney, y no por los aeropuertos de todo el mundo. Además, sumará puntos para el Programa de Viajeros Frecuentes Aerolíneas Plus y arribará en los horarios ideales para realizar todas las conexiones. Consulte a su Agente de Viajes o llámenos al 340-7777.

AEROLINEAS ARGENTINAS

Práctica

A HISTORIETA Durante el vuelo

Contesten según el modelo.

¿Quién le dio la revista al pasajero?
El asistente se la dio.

1. ¿Quién le dio la manta a la señora?
2. ¿Quién le pasó la bandeja a la señorita?
3. ¿Quién le ofreció los audífonos al pasajero?
4. ¿Quién les explicó las reglas de seguridad a los pasajeros?
5. ¿Quién les sirvió la comida a los pasajeros?
6. ¿Quién les anunció la hora de llegada a los viajeros?

Ciudad de México

B Su abuelita se lo compró. Contesten según el modelo.

¿Quién le compró el regalito?

Su abuelita se lo compró.

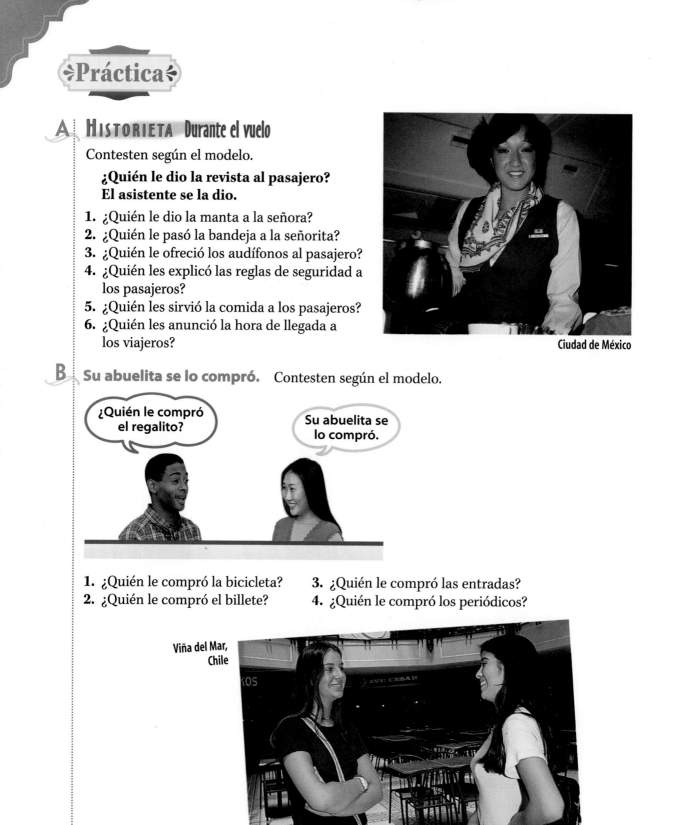

1. ¿Quién le compró la bicicleta?
2. ¿Quién le compró el billete?
3. ¿Quién le compró las entradas?
4. ¿Quién le compró los periódicos?

Viña del Mar, Chile

C A mí, no. A Carlos. Sigan el modelo.

¿Ramona te daría el regalo?

A mí, no. Se lo daría a Carlos.

1. ¿Tu papá te regalaría las entradas?
2. ¿Te darían la computadora?
3. ¿Tus abuelos te enviarían el dinero?
4. ¿Los muchachos te darían los esquís?
5. ¿Maribel te compraría los periódicos?

D HISTORIETA Tomás se los llevó.

Sigan el modelo.

> **Tomás le llevó los vegetales a su mamá.**
> **Tomás se los llevó a ella.**

1. Tomás le llevó los vegetales a su mamá.
2. Tomás le pidió dinero a su mamá.
3. Su madre le dio el dinero a Tomás.
4. Tomás le dio las legumbres congeladas a su mamá.
5. Tomás le devolvió el cambio a su mamá.

El Corte Inglés, Sevilla

Actividad comunicativa

A Yo no se lo daría.

Trabaja con un(a) compañero(a). Él o ella te menciona algo que le daría a alguien. Tú le contestas que no se lo darías nunca. Usen el modelo como guía.

Yo le daría un disco compacto a Elena.

Yo nunca se lo daría a ella.

Conversación

ADELA: No pude oír el anuncio. ¿Qué dijo el asistente de vuelo?

VÍCTOR: Que el vuelo sería de tres horas y que llegaríamos a La Paz a tiempo.

ADELA: ¡Qué bien! La comida es bastante buena, ¿no?

VÍCTOR: Sí. No sabía que nos servirían una comida. Es un vuelo bastante corto.

ADELA: ¿Qué piensas? ¿Habrá una película?

VÍCTOR: No. Me dijeron que no podrían presentar una película porque no habría tiempo.

Después de conversar

Contesten.

1. ¿Dónde están Adela y Víctor?
2. ¿Adónde van ellos?
3. ¿Qué dijo el asistente de vuelo?
4. ¿Cuánto tiempo dura el vuelo?
5. Según Adela, ¿cómo es la comida?
6. ¿Qué no sabía Víctor?
7. ¿Habrá una película?
8. ¿Por qué le dijeron a Víctor que no podrían presentar una película?

Actividades comunicativas

A **¿Te interesaría el trabajo o no?** Trabaja con un(a) compañero(a). Describan el trabajo de los asistentes de vuelo. Después de describir el trabajo, den sus opiniones. ¿Les gustaría ser asistentes de vuelo o no? ¿Les interesaría el trabajo o no? ¿Por qué?

B **¡Qué problema!** Estás en el aeropuerto de Jorge Chávez en Lima, Perú. Perdiste tu boleto para el vuelo de regreso a los Estados Unidos. Explica tu problema al (a la) agente (tu compañero[a]). Traten de resolver el problema.

Lima, Perú

C **¡Por favor!** Trabaja con un(a) compañero(a). Uno(a) de Uds. será pasajero(a) y el/la otro(a) será asistente de vuelo. Preparen una conversación basada en lo que ven en cada dibujo.

Lecturas CULTURALES

Reading Strategy

Distinguishing between fact and opinion

When writing, an author will sometimes include his or her opinions among facts. It is important to distinguish between facts and the author's opinions. You must watch for expressions that indicate when an author is expressing an opinion rather than a fact. Some of these expressions in Spanish are: **creo que, prefiero, pienso, en mi opinión.**

EL AEROPUERTO QUE SE LLAMA «EL ALTO»

El aeropuerto El Alto en La Paz, Bolivia, está en una llanura del altiplano andino. Es el aeropuerto comercial más alto del mundo. Está a 13.450 pies o 4.100 metros sobre el nivel del mar[1]. A estas alturas del altiplano hay menos oxígeno en el aire que al nivel del mar. Por esta razón cuando un viajero baja del avión en El Alto, puede tener dificultad en respirar[2]. En el aeropuerto hay botellas de oxígeno para los pasajeros que lo necesitan.

¿Te gustaría hacer un viaje a La Paz algún día? Te aseguro[3] que sería una experiencia maravillosa. Al aterrizar tendrías una vista magnífica de la ciudad de La Paz. La Paz, la capital del país, está a una altura 1.000 pies más abajo del aeropuerto. La ciudad parece estar en un cráter. Y encima de la ciudad el cielo es claro, limpio y muy azul—sobre todo en el invierno.

[1] nivel del mar *sea level*
[2] respirar *breathing*
[3] Te aseguro *I assure you*

Aeropuerto El Alto

El altiplano, Bolivia

Al terminar tu viaje y salir de La Paz, el avión despegará de una de las pistas más largas del mundo. A esta altura el aire tiene muy poca densidad y no puede sostener el peso[4] del avión. Por consiguiente el avión tiene que alcanzar una gran velocidad antes de poder despegar. Y para poder alcanzar esta velocidad la pista tiene que ser muy larga.

[4] sostener el peso *support the weight*

La Paz, Bolivia

Después de leer

A **Un aeropuerto interesante**   Contesten.

1. ¿Cómo se llama el aeropuerto que sirve a La Paz, Bolivia?
2. ¿Por qué puede tener un pasajero dificultad en respirar al bajar de un avión en La Paz?
3. ¿Qué tienen en el aeropuerto para su uso?
4. Al aterrizar en El Alto, ¿qué tendrías?
5. ¿Cómo es la pista del aeropuerto El Alto?
6. ¿Por qué es tan larga?

B **¿Sí o no?**   Digan que sí o que no.

1. El aeropuerto El Alto está en la Sierra Nevada.
2. El aeropuerto de La Paz es el aeropuerto comercial más alto del mundo.
3. A esta altura el aire contiene más oxígeno que al nivel del mar.
4. La ciudad de La Paz está a una altura aún más alta que el aeropuerto.
5. En el verano el cielo sobre La Paz es claro, limpio y muy azul.
6. A esta altura el aire no puede sostener el peso del avión si no alcanza una gran velocidad antes de despegar.

LOS ALREDEDORES DE LA PAZ

Antiguamente la ciudad de La Paz estaba situada donde hoy está el aeropuerto. En este lugar siempre había mucho viento. A los conquistadores españoles no les gustaba el viento fuerte y decidieron trasladar la ciudad a un valle más abajo donde haría menos viento. Es por esta razón que el aeropuerto está a una altura más elevada que la ciudad. Para ir del aeropuerto a la ciudad el viajero tiene que bajar unos 1.000 pies.

India aymará

En la carretera que enlaza la ciudad con el aeropuerto se ven muchos anuncios para aerodeslizadores. Estos aerodeslizadores o hidrofoils cruzan el lago Titicaca. El lago Titicaca está entre Bolivia y el Perú. Igual que el aeropuerto El Alto es el aeropuerto comercial más alto del mundo, el lago Titicaca es el lago navegable más alto del mundo. Cruzar el lago Titicaca es una experiencia extraordinaria. Al cruzar el lago verías los pueblos de los indios aymarás y quechuas. Verías también muchas alpacas, llamas, vicuñas y chinchillas. ¿Te interesan los animales y la naturaleza? ¿Sí? Pues, te encantaría un viaje por esta región interesante de la cordillera andina.

Indios quechuas

El lago Titicaca

Después de leer

A **Los alrededores de La Paz** Contesten.

1. ¿Qué se ve en la carretera que enlaza la ciudad de La Paz con el aeropuerto?
2. ¿Por qué hay muchos aerodeslizadores?
3. ¿Dónde está el lago Titicaca?
4. ¿Cuál es una característica interesante del lago Titicaca?
5. ¿Quiénes viven a orillas del lago?
6. ¿Cuáles son algunos animales de esta región andina?

B **Análisis** Expliquen.

Expliquen cómo y por qué el aeropuerto está a una altura más elevada que la ciudad de La Paz.

Cuzco, Perú

UN HÉROE DE LA AVIACIÓN LATINOAMERICANA

En 1928 Charles Lindbergh, «El Águila[1] Solitaria», voló de Wáshington a México D.F. en el mismo avión con el que cruzó el Atlántico. Los mexicanos querían responder a tan fino gesto. El 11 de junio de 1928 Emilio Carranza, de 22 años de edad, capitán de las Fuerzas Aéreas Mexicanas y sobrino del ex-presidente Venustiano Carranza, salió de México en su avión Excelsior. Llegó a Wáshington como héroe.

El joven piloto pasó un mes en los Estados Unidos. A las 7:05 de la noche del 12 de julio de 1928 despegó del aeropuerto Roosevelt de Nueva York para volver a México. Nunca llegó a México. Cerca de Chatsworth, Nueva Jersey, encontraron los restos del Excélsior y el cuerpo del valiente capitán.

Diez mil soldados y marinos norteamericanos marcharon con el cuerpo del héroe mexicano a la Pennsylvania Station donde un tren lo llevaría a México.

En las escuelas de México hicieron una colecta para levantar un monumento en el lugar de la tragedia. Allí está todavía. Y cada año, en el aniversario de su muerte, militares y representantes de las dos repúblicas dejan flores en honor de Emilio Carranza.

[1]Águila *Eagle*

Emilio Carranza enfrente de su avión Excelsior

Venustiano Carranza (a la izquierda)

Después de leer

A **Dos aviadores** Completen.

1. A Charles Lindbergh se le llamaba ____.
2. En 1928 Lindbergh voló de ____ a la Ciudad de México.
3. Emilio Carranza era ____ en las Fuerzas Aéreas mexicanas.
4. Su tío fue ____.
5. Carranza voló en su avión de ____ a Wáshington.
6. El avión cayó del cielo cerca de ____ en el estado de Nueva Jersey.
7. Los soldados y marinos americanos llevaron su cuerpo a la ____.
8. Los alumnos mexicanos hicieron una colecta para levantar un ____ en Nueva Jersey.
9. Todos los años representantes norteamericanos y mexicanos ponen ____ en el monumento.

Conexiones

LAS CIENCIAS NATURALES

LA GEOGRAFÍA

La península ibérica

Geography, the science, deals with the description, distribution, and interaction of the various physical, biological, and cultural features of the Earth's surface. However, for most people, geography is simply "physical geography" that studies the world's surface, the distribution and description of its land and water areas. The climate and the physical features of a country or region obviously have a great influence on the economy and even on the culture of a people.

The geography of Spain has affected its people enormously. The Pyrenees, separating Spain from the rest of Europe—the French have said that "Africa begins at the Pyrenees"—have often insulated Spain from European influence. Spain was a maritime nation in part because of its unique situation as a peninsula with coasts on the Atlantic and the Mediterranean. As you read, you will find out some things you probably did not know about Spain's geography.

Andalucía, España

La geografía de España

España, con Portugal, forman la península ibérica. La meseta central cubre más de la mitad del país con una altura media de 600 a 800 metros. Una serie de sierras cruza el país de este a oeste. En el extremo norte están los Pirineos, en el centro, no lejos de Madrid, la Sierra de Guadarrama, y continuando hacia el sur, la Sierra Morena y la Sierra Nevada.

De todos los países de Europa, sólo Suiza es más montañosa que España. Aunque mucha gente no lo cree, hay importantes estaciones de esquí en la Sierra Nevada y la Sierra de Guadarrama.

La península ibérica se divide en dos, la Iberia seca[1] y la Iberia húmeda. La Iberia húmeda es la región de los Pirineos, el noroeste de España y casi todo Portugal. La mayor parte de España está en la Iberia seca. Por eso, en el verano, si vuelas sobre España, verás un paisaje mayormente árido y pardo[2]. Los ríos, en el verano, llevan poca agua. Los ríos importantes que desembocan[3] en el Atlántico son el Duero, el Tajo, el Guadiana y el Guadalquivir. El río más importante que desemboca en el Mediterráneo es el Ebro. El agua tiene una importancia enorme. Sin agua, no se podría cultivar nada. Y España, hasta años recientes, era un país agrícola, y la agricultura sigue siendo un importante factor económico.

[1]seca *dry*
[2]pardo *brown*
[3]desembocan *empty into*

Sierra Nevada, España

Toledo, España

◂Después de leer◂

A **Un poco de geografía**

Completen según la lectura.

1. Los países que constituyen la península ibérica son _____ y _____.
2. Las montañas que están entre Francia y España son los _____.
3. Las sierras importantes van de este a _____.
4. La sierra más cerca de Madrid es la _____.
5. Portugal está en la Iberia húmeda, y la mayor parte de España está en la Iberia _____.
6. Muchos ríos en España desembocan en el _____.
7. Pero el Ebro desemboca en el _____.

B **¿Lo saben?** Contesten.

1. Nombra tres ríos importantes de España.
2. Nombra dos sierras donde hay estaciones de esquí.
3. Di lo que uno vería desde un avión volando sobre la meseta central en verano.

Culminación

Actividades orales

A **Yo conozco la América Latina.** Tú y tu compañero(a) ya saben mucho sobre varios países hispanos. Cada uno(a) de Uds. va a seleccionar el país que te gustaría visitar. Dile a tu compañero(a) por qué te gustaría viajar a ese país. Dile también todo lo que harías allí. Luego cambien de rol.

B **¡Qué suerte!** Tú y tu compañero(a) acaban de recibir medio millón de dólares. Cada uno(a) de Uds. va a hacer una lista de las cosas que harían con el dinero. Comparen sus listas. Luego decidan quién haría las cosas más interesantes.

C **Algo de geografía** Tu compañero(a) es un(a) alumno(a) de intercambio. Es de la Argentina. Él o ella te va a preguntar sobre la geografía de tu estado; si hay lagos, dónde están, cómo se llaman; los nombres de las montañas y dónde están, etc. Contesta a sus preguntas. Después, cambien de rol.

Patagonia, Argentina

Actividades escritas

A **¿Excelente o terrible?** Tú acabas de volver de un viaje a Costa Rica. Tu vuelo de regreso fue tan excelente (o terrible) que decides escribir una carta a la línea aérea. Describe el vuelo y diles lo que piensas de la tripulación y los servicios que ofrecen. Da ejemplos de lo que pasó (ocurrió) durante el vuelo.

●Visite San José con conexiones a Guatemala.
Salidas los jueves y lunes 8:20 a.m.
Tels. 724-3330/3444. Consulte a su agente de viajes
Desde $289.00 a San José y $299.00 a Panamá*
*ciertas restricciones aplican
Infórmese sobre nuestro exclusivo servicio de carga a través del
Tel. 723-3160

Con el estilo de... **Lacsa**
Líneas Aereas de Costa Rica/The Airline of Costa Rica
¡NOS ENCANTA LA GENTE!

B **¡A planear un viaje!** Quieres información. Prepara un fax o un e-mail a la línea aérea Iberia. Te interesa viajar a España. Pregúntales sobre los destinos a donde vuelan, de qué aeropuertos de EE.UU salen, las tarifas y los servicios que ofrecen durante el vuelo.

IBERIA
LINEAS AEREAS DE ESPAÑA

Writing Strategy

Identifying sources for a research paper

To write a research paper, you must plan, set goals, and gather information. When you find a source, skim it to see whether it has any useful information. If it does, record the publication information on an index card so you can find the source easily when you begin your research. Be sure to use all resources available to you—both print and nonprint. Your school library will be an excellent place to begin looking for sources for your research paper.

La geografía del estado de...

You have been asked to write a brief description of the geography of your state for a Spanish-speaking audience. Your school librarian will help you select the most appropriate print resources—encyclopedias, almanacs, and, of course, geography books. The Internet will be an excellent nonprint resource. Log in and go to your state´s web sites. Once you have assembled your resources, scan them for the essential information you will need for your report. Jot down the information you need. Remember to include references at the end of your report. Prepare a draft of your report in Spanish and ask your Spanish teacher to review it for you. After you have seen your teacher´s recommendations, prepare the final version of your report.

Vocabulario

DESCRIBING AN AIRPLANE

el avión de reacción, el jet
la avioneta
el helicóptero
la cabina de mando,
   la cabina de vuelo
la ventanilla
el compartimiento sobre la cabeza,
   el compartimiento superior
la señal de no fumar
la salida de emergencia
el pasillo

el asiento
el respaldo del asiento
el cinturón de seguridad
el chaleco salvavidas
la máscara de oxígeno
el carrito
la mesita
la bandeja
el equipaje de mano
el lavabo, el aseo

IDENTIFYING SOME CREW MEMBERS

la tripulación
el/la comandante, el/la piloto

el/la co-piloto
el/la asistente de vuelo

DESCRIBING A FLIGHT AND ON-BOARD SERVICES

el vuelo
el anuncio
el/la pasajero(a)
el aterrizaje
el despegue
la escala
la altura
la turbulencia
volar
sobrevolar
despegar

aterrizar
anunciar
pasar por la cabina
distribuir audífonos (auriculares)
servir bebidas
servir una comida
abrochar
caber
a tiempo
con una demora

DESCRIBING SOME THINGS AT AN AIRPORT

la pista
la terminal de pasajeros

la torre de control

TALKING ABOUT GEOGRAPHY

la geografía
la altura, la altitud
el pico
la montaña
la cordillera
el altiplano

la meseta
la llanura
el valle
el río
el lago

TECNOTUR

¡Buen viaje!

EPISODIO 7 ▶ El vuelo

Los amigos vuelven a la Ciudad de México.

La asistente de vuelo le habla a Luis de su equipaje.

CD-ROM

Expansión cultural

In this video episode Cristina, Isabel, and Luis are at the Puerto Vallarta airport waiting to board their flight to Mexico City. To take a virtual flight on a Latin American or Iberian airline, go to the **Capítulo 7** Internet activity at the Glencoe Foreign Language Web site:

http://www.glencoe.com/sec/fl

En las sierras de México hay volcanes y picos altos.

Repaso CAPÍTULOS 5–7

Conversación

En el aeropuerto

DIEGO: ¿De cuántas horas será el vuelo?

SUSANA: Llegaremos a Caracas a las diez. Es un vuelo de cuatro horas.

DIEGO: No sé lo que está pasando. Me parece que no saldremos a tiempo.

SUSANA: Entonces podré hacer un crucigrama más.

DIEGO: A ti te gusta mucho pasar el tiempo llenando tus crucigramas.

SUSANA: ¿Me darías mi maletín?

DIEGO: Te lo doy con mucho placer. ¿Qué quieres? ¿Tus crucigramas?

SUSANA: No. Quiero ver si la confirmación para el hotel está en el maletín.

DIEGO: Yo la tenía pero te la di en el taxi.

SUSANA: Sí, sí. La tengo. Aquí está.

DIEGO: A propósito, ¿cuántas noches vamos a estar en el Hotel Tamanaco?

SUSANA: Cuatro. Es bastante caro el cuarto, ¿sabes?

Después de conversar

A **Antes del vuelo** Contesten.

1. ¿Dónde están Diego y Susana?
2. ¿A qué hora llegarán a Caracas?
3. ¿De cuántas horas será el vuelo?
4. ¿Parece que saldrá a tiempo?
5. Si tiene más tiempo, ¿qué podrá hacer Susana?
6. ¿Por qué quería Susana su maletín?
7. ¿Dónde le dio la confirmación Diego?
8. ¿Cuántas noches estarán en el Hotel Tamanaco?

Caracas, Venezuela

Estructura

El futuro y el condicional

1. Review the following forms of the future and conditional of regular verbs.

FUTURE						
MIRAR	miraré	mirarás	mirará	miraremos	*mirareis*	mirarán
COMER	comeré	comerás	comerá	comeremos	*comereis*	comerán
VIVIR	viviré	vivirás	vivirá	viviremos	*vivireis*	vivirán

CONDITIONAL						
MIRAR	miraría	mirarías	miraría	miraríamos	*miraríais*	mirarían
COMER	comería	comerías	comería	comeríamos	*comeríais*	comerían
VIVIR	viviría	vivirías	viviría	viviríamos	*viviríais*	vivirían

2. Review the stems for irregular verbs in the future and conditional. The endings for irregular verbs are the same as those for the regular verbs.

INFINITIVE	STEM	FUTURE	CONDITIONAL
TENER	tendr-	tendré	tendría
SALIR	saldr-	saldré	saldría
VENIR	vendr-	vendré	vendría
PONER	pondr-	pondré	pondría
SABER	sabr-	sabré	sabría
PODER	podr-	podré	podría
DECIR	dir-	diré	diría
HACER	har-	haré	haría
QUERER	querr-	querré	querría

A HISTORIETA A México

Contesten.

1. ¿Irá Catalina a México?
2. ¿La acompañarás?
3. ¿Tomarán Uds. el avión?
4. ¿Leerás durante el vuelo o llenarás un crucigrama?
5. ¿Buscarán Uds. un taxi para ir al hotel?

Ciudad de México

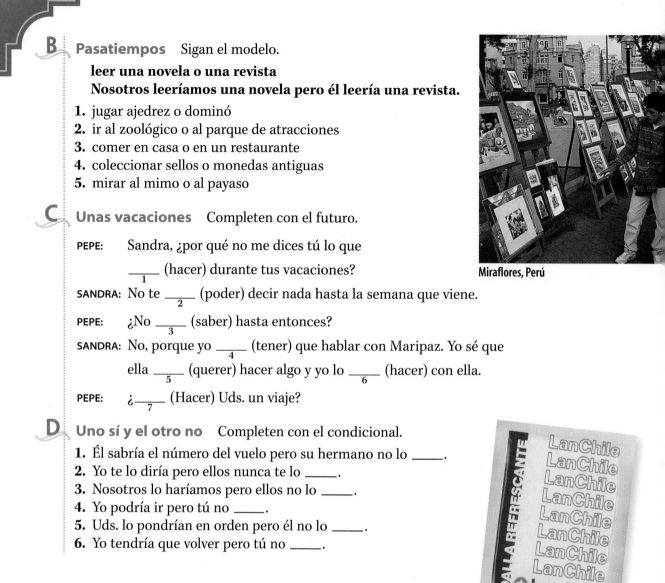

B **Pasatiempos** Sigan el modelo.

> **leer una novela o una revista**
> **Nosotros leeríamos una novela pero él leería una revista.**

1. jugar ajedrez o dominó
2. ir al zoológico o al parque de atracciones
3. comer en casa o en un restaurante
4. coleccionar sellos o monedas antiguas
5. mirar al mimo o al payaso

C **Unas vacaciones** Completen con el futuro.

PEPE: Sandra, ¿por qué no me dices tú lo que

_____ (hacer) durante tus vacaciones?
                                    1

SANDRA: No te _____ (poder) decir nada hasta la semana que viene.
              2

PEPE: ¿No _____ (saber) hasta entonces?
           3

SANDRA: No, porque yo _____ (tener) que hablar con Maripaz. Yo sé que
                       4

ella _____ (querer) hacer algo y yo lo _____ (hacer) con ella.
     5   6

PEPE: ¿_____ (Hacer) Uds. un viaje?
       7

Miraflores, Perú

D **Uno sí y el otro no** Completen con el condicional.

1. Él sabría el número del vuelo pero su hermano no lo _____.
2. Yo te lo diría pero ellos nunca te lo _____.
3. Nosotros lo haríamos pero ellos no lo _____.
4. Yo podría ir pero tú no _____.
5. Uds. lo pondrían en orden pero él no lo _____.
6. Yo tendría que volver pero tú no _____.

Los complementos

1. When both a direct and an indirect object pronoun are used in the same sentence, the indirect object pronoun always precedes the direct object pronoun.

> **El agente** **me** **devolvió** **el billete**.
> **El agente** **me** **lo** **devolvió.**

2. The indirect object pronouns **le** and **les** change to **se** when used with the direct object pronouns **lo, la, los,** or **las.** Because **se** can mean **a él, a ella, a Ud., a ellos, a ellas,** or **a Uds.,** the prepositional phrase is often added for clarity.

> **¿A quién** **le** **diste** **las llaves** **del cuarto?**
> **Se** **las** **di a Teresa.**

Práctica

E **A bordo del avión** Contesten según el modelo.

¿Quién te sirvió la comida?
El asistente de vuelo me la sirvió.

1. ¿Quién te sirvió los refrescos?
2. ¿Quién te dio los audífonos?
3. ¿Quién te buscó la manta?

4. ¿Quién te explicó las reglas de seguridad?
5. ¿Quién te mostró el chaleco salvavidas?

F **En el hotel** Contesten según el modelo.

¿Quién le dio la tarjeta al cliente? (la recepcionista)
La recepcionista se la dio.

1. ¿Quién le dio la llave al cliente? (el recepcionista)
2. ¿Quién le abrió la puerta? (el mozo)
3. ¿Quién le subió las maletas? (el mozo)
4. ¿Quién le limpió el cuarto? (la camarera)
5. ¿Quién le cambió las toallas? (la camarera)

Hotel Monasterio,
Cuzco, Perú

Actividades comunicativas

A **En el hotel** Trabaja con un(a) compañero(a). Están en la recepción
de un hotel. Uno de Uds. será el recepcionista y el otro será el cliente.
Discutan el precio, el número de noches, el cuarto, etc.

B **Un vuelo** Trabaja con un(a) compañero(a) de clase. Dentro de poco
Uds. van a hacer un viaje juntos. Van a ir en avión. Discutan todo lo
que tienen que hacer y todo lo que pasará o sucederá en el aeropuerto
y durante el vuelo.

1

2

3

6

7

212

4

NATIONAL
GEOGRAPHIC

VISTAS
DE COSTA RICA

5

1

1. Cabalgata por la playa, Tamarindo
2. Vista panorámica, San José
3. Rana con ojos en forma de rubi sobre planta haleconia, Parque Nacional Cahuita
4. Puesto de frutas, San José
5. Estudiantes en descanso, San José
6. Balneario, San José
7. Niñas compartiendo una bicicleta, Tamarindo

3

2

6

7

4

5

CAPÍTULO 8

Emergencias médicas

Objetivos

In this chapter you will learn to do the following:

- ∽ talk about accidents and medical problems
- ∽ talk about hospital stays
- ∽ discuss things that you and others have done recently
- ∽ compare things with like characteristics
- ∽ talk about health care in various areas of the Spanish-speaking world

Vocabulario

Un accidente

hacerse daño, lastimarse

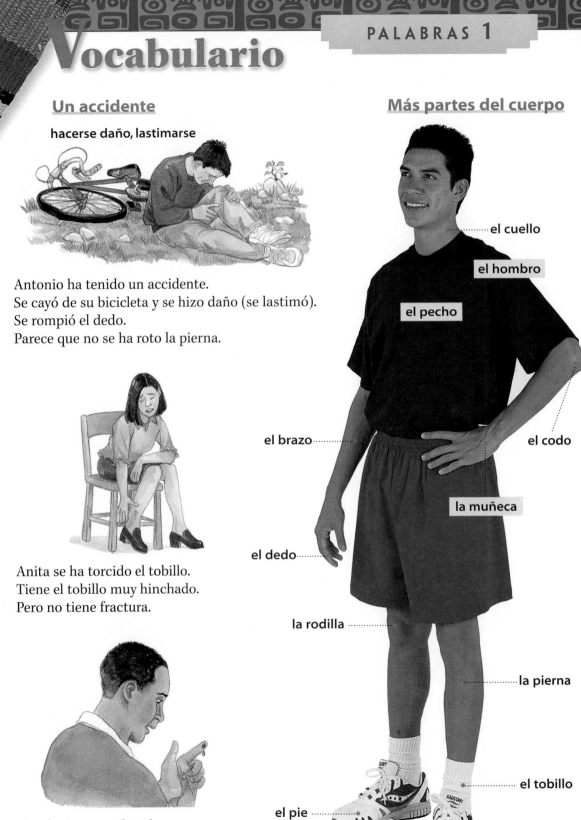

Antonio ha tenido un accidente.
Se cayó de su bicicleta y se hizo daño (se lastimó).
Se rompió el dedo.
Parece que no se ha roto la pierna.

Anita se ha torcido el tobillo.
Tiene el tobillo muy hinchado.
Pero no tiene fractura.

Tomás tiene una herida.
Se ha cortado el dedo.

Más partes del cuerpo

el cuello

el hombro

el pecho

el brazo

el codo

la muñeca

el dedo

la rodilla

la pierna

el tobillo

el pie

Una picadura

La cara

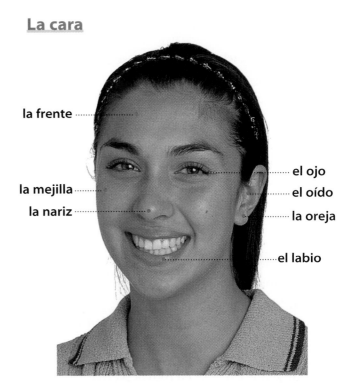

la frente ·······

······ el ojo

la mejilla ·······
······ el oído

la nariz ·······
······ la oreja

······ el labio

Una abeja le ha picado a Tere.
Le ha picado en el hombro.
Ella no se siente bien. Le duele mucho.

¡A la sala de emergencia!

la ambulancia

el socorrista

la camilla

el servicio de primeros auxilios

Ha habido un accidente.
El accidente acaba de tener lugar.
Ha llegado el servicio de primeros auxilios.
Los socorristas han ayudado a la víctima.
La van a llevar al hospital en una ambulancia.

❖Práctica❖

A **Unas heridas** Contesten según los dibujos.

1. ¿Qué se ha roto Carlos?

3. ¿Qué se ha torcido Pablo?

2. ¿Qué se ha cortado Elena?

4. ¿Qué se ha cortado Diana?

B **HISTORIETA** Un accidente

Contesten con **sí**.

1. ¿Ha habido un accidente?
2. ¿Acaba de tener lugar el accidente?
3. ¿Se ha caído de su bicicleta un niño?
4. ¿Se ha lastimado?
5. ¿Parece que se ha roto la pierna?
6. ¿Ha llegado el servicio de primeros auxilios?
7. ¿Han ayudado los socorristas al niño?
8. ¿Lo van a llevar al hospital en la ambulancia?
9. ¿Lo ponen en una camilla?

Cali, Colombia

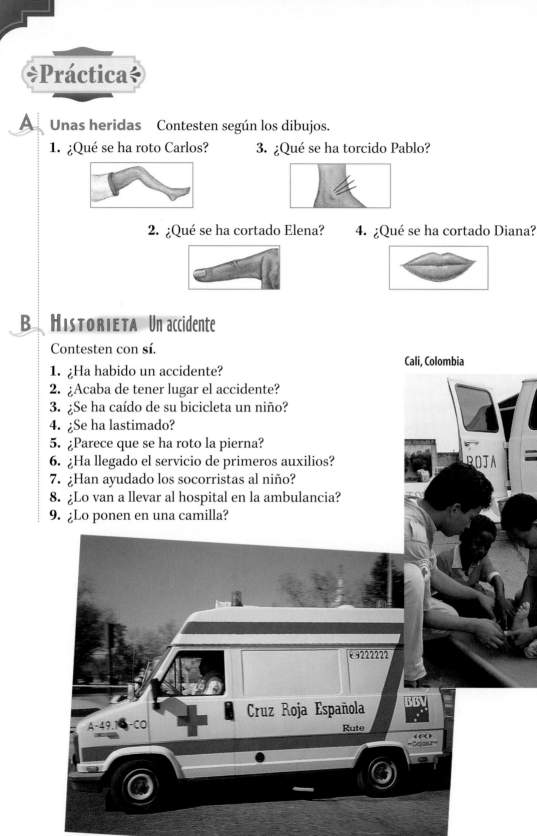

Sevilla, España

C HISTORIETA Una picadura

Contesten.

1. ¿Tiene Anita una picadura?
2. ¿Qué le ha picado?
3. ¿Dónde le ha picado?
4. ¿Le duele mucho la picadura?
5. ¿Tiene Anita alergia a las picaduras?

D Partes del cuerpo Completen.

1. La niña se ha torcido el _____; así no puede andar bien.
2. _____, _____ y _____ son partes del brazo.
3. _____, _____ y _____ son partes de la pierna.
4. Tenemos cinco _____ en cada mano.
5. Vemos con los _____.
6. Y oímos con los _____.

Granada, España

Actividades comunicativas

A **Un accidente en el extranjero** Tú y un(a) amigo(a) están viajando por España. Van en bicicleta. Tu amigo se ha caído de la bicicleta y tú crees que se ha roto el brazo. Llega un(a) socorrista (un compañero[a]). Explícale lo que ha pasado y contesta a todas sus preguntas.

Asturias, España

 JUEGO Trabaja con un(a) compañero(a) de clase. Dibujen un monstruo. Luego describan su monstruo a otros miembros de la clase.

Vocabulario

En el hospital

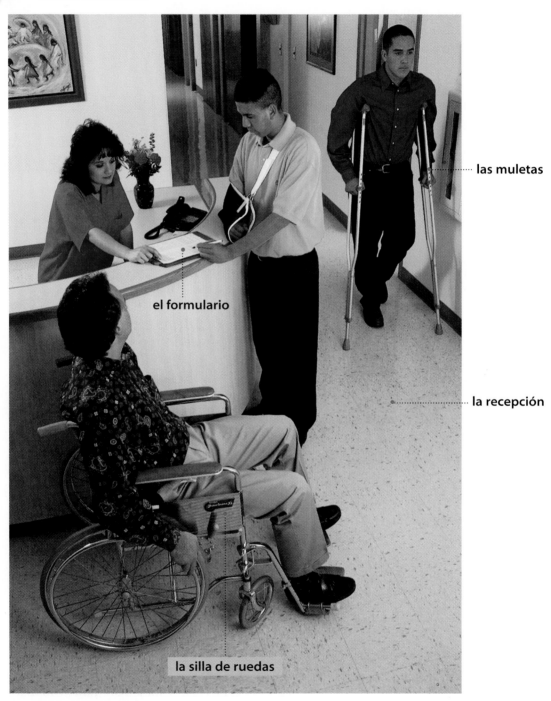

las muletas

el formulario

la recepción

la silla de ruedas

José ha llenado un formulario.
Lo ha llenado en la recepción.

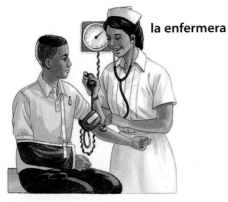

la enfermera

La enfermera le ha tomado la
tensión (presión) arterial.

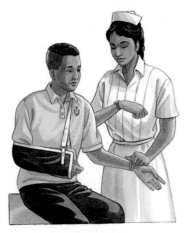

Le ha tomado el pulso también.

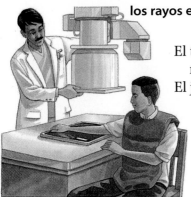

los rayos equis

El técnico le ha tomado una
radiografía.
El joven tiene una fractura.

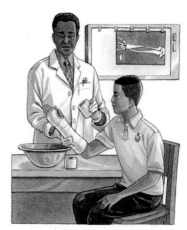

El cirujano ortopédico le ha
reducido el hueso.
Ha puesto el brazo en un yeso.

un vendaje

Paco tiene una herida.
La médica le ha cerrado la herida.
La ha cerrado con unos puntos.
Y le ha puesto un vendaje.

Los dos jóvenes están enfermos.
El uno está tan enfermo como
    el otro.
José tiene tantos dolores como
    Paco.

A. HISTORIETA El pobre Joselito

Contesten con **sí**.

1. ¿Acaba de tener un accidente Joselito?
2. ¿Le duele mucho la pierna?
3. ¿Lo han puesto en una camilla los socorristas?
4. ¿Lo han llevado a la sala de emergencia del hospital municipal?
5. ¿Le ha tomado una radiografía un técnico?
6. ¿Se ha roto la pierna Joselito?
7. ¿Le ha reducido la fractura el cirujano ortopédico?
8. ¿Tendrá que andar con muletas Joselito?

B. HISTORIETA Andrea va al hospital.

Contesten según se indica.

1. ¿Qué tiene que llenar Andrea cuando llega al hospital? (un formulario)
2. ¿Dónde lo llena? (en la recepción)
3. ¿Qué le toma un enfermero? (la tensión arterial y el pulso)
4. ¿Ha tenido Andrea un accidente? (no)
5. ¿Qué le duele mucho a Andrea? (el estómago)
6. ¿Qué le ha tomado un técnico? (una radiografía)
7. ¿De qué sufre Andrea? (un ataque de apendicitis)

OMRON

Por qué razón debería Ud. controlar su tensión arterial

me siento bien

Informaciones imprescindibles sobre las causas y los riesgos de las enfermedades de la tensión arterial.
Incluye consejos para tomarse la tensión uno mismo.

Hospital Santrix, Caracas

C **El hospital**   Digan que sí o que no.

1. Al llegar al hospital, el enfermo o paciente tiene que llenar o completar un formulario.
2. La enfermera le ha tomado la tensión arterial al paciente en la cara.
3. La enfermera le ha tomado el pulso en la muñeca.
4. Los rayos equis son fotografías.
5. El joven ha tenido que andar con muletas porque se ha cortado el dedo.
6. El médico le ha puesto unos puntos porque se cortó la mejilla.
7. Han puesto al herido en una camilla porque lo tienen que llevar al hospital en la ambulancia.
8. Lo han puesto en una silla de ruedas porque no puede caminar.

D **Sinónimos**   Pareen.

1. la sala de emergencia
2. los rayos equis
3. la tensión arterial
4. los puntos
5. se lastimó

a. la presión arterial
b. la sala de urgencias
c. las suturas
d. se hizo daño
e. la radiografía

Actividades comunicativas

A **¡Socorro!**   Tú estás en la Calle Sol en Ponce, Puerto Rico. Acaba de ocurrir un accidente de tráfico. No es muy grave, pero las víctimas necesitan ayuda. Desde un teléfono público, llama al 911. Explícale al/a la operador(a) (tu compañero[a]) lo que pasó y contesta a cualquier pregunta.

B **En el hospital**   Tú eres el/la recepcionista del hospital. Tu compañero(a) es el/la paciente. Tienes que hacerle una serie de preguntas, por ejemplo, su nombre y dirección, el problema médico que tiene, etc. Después cambien de rol.

Ponce, Puerto Rico

Estructura

Talking about recent events
El presente perfecto

1. The present perfect tense in Spanish is formed by using the present tense of the verb **haber** and the past participle. The past participle of regular verbs is formed by adding **-ado** to the infinitive stem of **-ar** verbs and **-ido** to the infinitive stem of **-er** and **-ir** verbs.

llamar	**llamado**	**comer**	**comido**	**sufrir**	**sufrido**
cortar	**cortado**	**tener**	**tenido**	**subir**	**subido**

2. The present perfect is called a compound tense because it is made up of two verb forms. They are the present tense of the verb **haber** and the past participle.

INFINITIVE	llegar	comer	salir
yo	he llegado	he comido	he salido
tú	has llegado	has comido	has salido
él, ella, Ud.	ha llegado	ha comido	ha salido
nosotros(as)	hemos llegado	hemos comido	hemos salido
vosotros(as)	*habéis llegado*	*habéis comido*	*habéis salido*
ellos, ellas, Uds.	han llegado	han comido	han salido

3. The present perfect tense is used to describe an action completed very recently in the past. Some time expressions frequently used with the present perfect are:

ya	*already, yet*	**jamás**	*ever, never*
todavía no	*not yet*	**nunca**	*never*

En tu vida, ¿has tenido un accidente?
No, nunca he tenido un accidente.
Todavía no has tenido un accidente. ¡Qué suerte!
Y yo ya he tenido tres.

¿Lo sabes?

The verb **haber** is never separated from the past participle.

Me he lastimado pero no he ido al hospital.

✦Práctica✦

A HISTORIETA **El accidente**

Contesten.

1. ¿Ha tenido un accidente Diego?
2. ¿Se ha caído de la bicicleta?
3. ¿Se ha lastimado?
4. ¿Ha llegado la ambulancia?
5. ¿Lo han atendido los socorristas?
6. ¿Adónde lo han llevado?

B **Sí, ya la he llamado.** Contesten según el modelo.

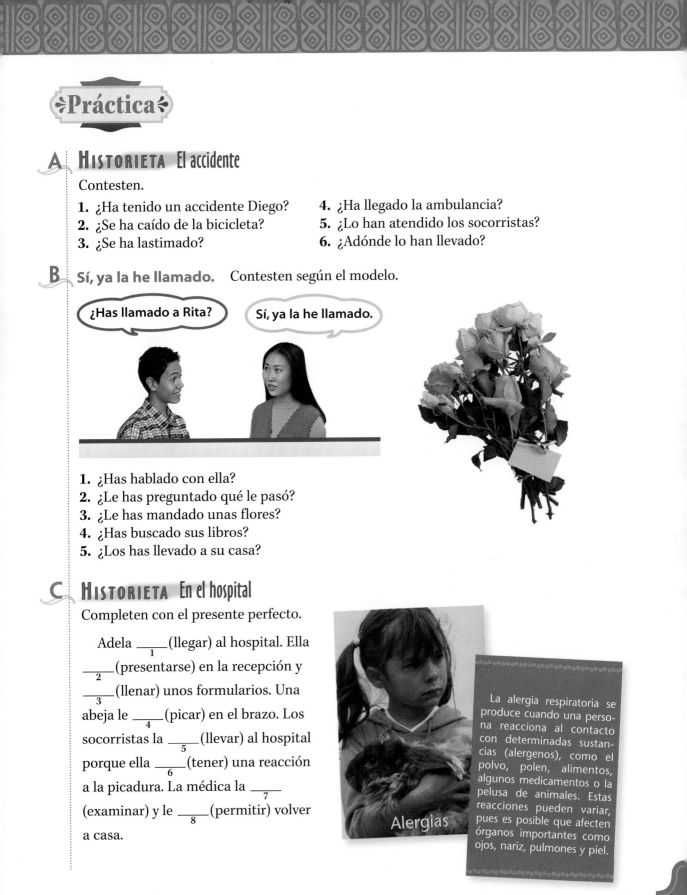

¿Has llamado a Rita?

Sí, ya la he llamado.

1. ¿Has hablado con ella?
2. ¿Le has preguntado qué le pasó?
3. ¿Le has mandado unas flores?
4. ¿Has buscado sus libros?
5. ¿Los has llevado a su casa?

C HISTORIETA **En el hospital**

Completen con el presente perfecto.

Adela ____(llegar) al hospital. Ella
   1
____(presentarse) en la recepción y
   2
____(llenar) unos formularios. Una
   3
abeja le ____(picar) en el brazo. Los
              4
socorristas la ____(llevar) al hospital
                  5
porque ella ____(tener) una reacción
               6
a la picadura. La médica la ____
                               7
(examinar) y le ____(permitir) volver
                  8
a casa.

La alergia respiratoria se produce cuando una persona reacciona al contacto con determinadas sustancias (alergenos), como el polvo, polen, alimentos, algunos medicamentos o la pelusa de animales. Estas reacciones pueden variar, pues es posible que afecten órganos importantes como ojos, nariz, pulmones y piel.

Alergias

ESTRUCTURA

doscientos veintisiete 〜 **227**

D **Preguntas personales**   Contesten.

1. ¿Has tenido un accidente alguna vez?
2. ¿Te han examinado los socorristas?
3. ¿Te han metido en una ambulancia?
4. ¿Te han llevado al hospital?
5. ¿Has tenido que pasar unos días en el hospital?

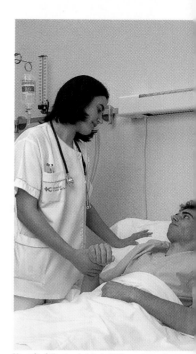

Actividad comunicativa

A **Un accidente**   Un amigo se ha lastimado y lo han llevado al hospital. Tú llamas por teléfono y hablas con el/la enfermero(a) (tu compañero[a]). Quieres saber lo que le ha pasado a tu amigo, si lo han examinado, etc. Después cambien de rol.

Hospital Costa del Sol, Málaga, España

Talking about recent events
Los participios irregulares

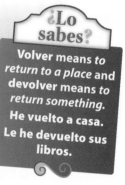

¿Lo sabes?

Volver means *to return to a place* and devolver means *to return something.*
He vuelto a casa.
Le he devuelto sus libros.

The following verbs have irregular past participles.

decir	dicho	volver	vuelto
hacer	hecho	devolver	devuelto
ver	visto	morir	muerto
escribir	escrito	abrir	abierto
poner	puesto	cubrir	cubierto
romper	roto		

Práctica

A **Ya lo han hecho.**   Contesten según el modelo.

¿Verlo?
Pero ya lo han visto.

1. ¿Abrirlo?
2. ¿Ponerlo?
3. ¿Devolverlo?
4. ¿Escribirlo?
5. ¿Decirlo?
6. ¿Hacerlo?

HISTORIETA Pobre Antonio

Contesten.

1. ¿Antonio se ha hecho daño?
2. ¿Se ha roto el brazo?
3. ¿Ha ido Andrés a la sala de emergencia?
4. ¿Lo ha visto un médico?
5. ¿Le han puesto un vendaje en el hospital?
6. ¿Ha dicho algo Antonio?
7. ¿Ha vuelto a casa Antonio?

Actividades comunicativas

A **He estado muy ocupado(a).** Siempre estás muy ocupado(a). Siempre tienes algo que hacer. Trabaja con un(a) compañero(a). Cada uno(a) de Uds. va a preparar una lista de las cosas que ya han hecho hoy. Luego comparen sus listas. Determinen cuáles son las actividades que Uds. dos han hecho. Y decidan quién en realidad ha estado más ocupado(a).

Barcelona, España

B **Algún día** Hay tantas cosas que nos gustaría hacer algún día que hasta ahora no hemos hecho. Trabaja con un(a) compañero(a). Hablen de las cosas que quieren hacer algún día pero que hasta ahora no han hecho nunca. Si es posible, expliquen por qué no las han hecho.

Comparing people and things
Comparación de igualdad

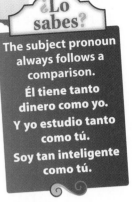

¿Lo sabes?

The subject pronoun always follows a comparison.

Él tiene tanto dinero como yo.

Y yo estudio tanto como tú.

Soy tan inteligente como tú.

1. To compare equal quantities in English you use *as much . . . as* or *as many . . . as.*

> *He has as much money as I.*
> *He has as many problems as I.*

In Spanish you use **tanto... como.** Because **tanto** is an adjective it has to agree with the noun it modifies.

> **Elena tiene tanta energía como yo.**
> **Pero ella no tiene tantos accidentes como yo.**

2. To compare equal qualities in English you use *as . . . as.*

> *I am as smart as he is.*

In Spanish you use **tan... como** with either the adjective or adverb.

> **Él está tan enfermo como su amigo.**
> **Él se va a curar tan rápido como ella.**

A **Dos hospitales** Contesten.

1. ¿Tiene el hospital en la ciudad tantas camas como el hospital en las afueras?
2. ¿Tiene el doctor López tanta experiencia como el doctor Salas?
3. ¿Tienen tantos pacientes aquí como en el hospital nuevo?
4. ¿Tiene el hospital nuevo tantas enfermeras como el otro?
5. ¿Tienen tantos técnicos aquí como en el otro?
6. ¿Pagan tanto dinero aquí como en el otro hospital?

DIAGNOSTICO INTEGRAL

HOSPITAL DE MEXICO

- Laboratorios
  - Clínicos
  - Radiodiagnóstico e Imagenología
- Electrocardiograma, en reposo y con esfuerzo
- Espirometría
- Diagnóstico odontológico
- Diagnóstico oftalmológico
- Detección oportuna de cáncer

- Directo: 273 • 2521
- Conmutador: 516• 9900 Ext. 1411

HOSPITAL DE MEXICO

EXPERIENCIA que da vida 25

B HISTORIETA Los dos son buenos.

Completen con **tanto... como** o **tan... como**.

1. El Hospital San José es _____ bueno _____ el Hospital Municipal.
2. Pero el Hospital San José no es _____ grande _____ el Hospital Municipal.
3. Y el Hospital Municipal no tiene _____ enfermeros _____ el Hospital San José.
4. Pero el Hospital San José tiene _____ pacientes _____ el Municipal.
5. La sala de emergencia del San José es _____ moderna _____ la sala de emergencia del Municipal.
6. El Hospital San José está _____ cerca de nuestra casa _____ el Hospital Municipal.

Hospital Costa del Sol,
Málaga, España

Actividad comunicativa

A **Son muy parecidas.** Trabaja con un(a) compañero(a). Piensen en algunas personas que Uds. conocen que, en su opinión, tienen mucho en común o que tienen las mismas características físicas. Comparen a estas personas.

LAS GEMELAS

Conversación

MÓNICA: Pablo, ¿cómo te sientes? ¿Qué te ha pasado?

PABLO: Pues, no sé. Me han tomado una radiografía. Pero todavía no me han dado los resultados.

MÓNICA: Aquí viene la médica ahora.

MÉDICA: Pablo, tengo la radiografía. Indica que te has roto el tobillo.

PABLO: ¿Me he roto el tobillo?

MÉDICA: Sí, pero no es una fractura grave. Te voy a poner el tobillo en un yeso y podrás salir del hospital. Voy a volver enseguida y reduciré el hueso.

PABLO: ¿Dónde? ¿Aquí? ¿Ahora? Me va a doler mucho, ¿no?

MÉDICA: Pablo, no debes estar tan nervioso. ¿La enfermera te ha tomado la tensión arterial?

PABLO: Mónica, ¿te quedarás conmigo?

Después de conversar

Contesten según la conversación.

1. ¿Quién ha venido a visitar a Pablo?
2. ¿Qué le ha pasado a Pablo?
3. ¿Le han tomado una radiografía?
4. ¿Sabe Pablo los resultados?
5. ¿Qué le dice la médica a Pablo?
6. ¿Qué va a hacer la médica?
7. ¿Tiene que quedarse en el hospital Pablo?
8. ¿Está nervioso Pablo? ¿Por qué o por qué no?

Actividades comunicativas

A   **Estoy nervioso(a).**   Tu amigo(a) ha tenido un pequeño accidente. Tú estabas con él/ella cuando ocurrió. Han tenido que llevar a tu amigo(a) al hospital. Y eres tú quien tiene que llamar a sus padres para decirles lo que ha pasado. Sabes que los padres tendrán muchas preguntas. Llama a sus padres. Un(a) compañero(a) será el padre o la madre de tu amigo(a).

B   **Un examen médico**   Tú has recibido una beca *(scholarship)* para estudiar en Costa Rica. Antes de entrar en la universidad tienes que presentarte para un examen médico. Tu compañero(a) es el/la recepcionista y te va a hacer una serie de preguntas sobre tu salud. Después cambien de rol.

Universidad de Costa Rica

C   **¿Qué te ha pasado?**   Tú vas a ser el/la médico(a). Un(a) compañero(a) es el/la paciente. Él/Ella ha tenido un accidente. Házle preguntas sobre su accidente: dónde, cuándo, cómo ha ocurrido. Pregúntale dónde le duele. Luego dale una diagnosis y explícale el tratamiento—es decir, lo que vas a hacer.

Lecturas CULTURALES

PRACTICANTES

Estefanía Reyes es practicante. Ella vive en un pueblo pequeño cerca de Puno en los Andes del Perú. Vamos a ver lo que ha hecho Estefanía esta mañana. Ha estado muy ocupada. Son las once de la mañana y ya ha visto a muchos pacientes.

Le ha tomado la tensión arterial a un señor mayor. Tiene la tensión bastante elevada y Estefanía le ha recomendado una dieta.

Una niña de tres años se ha cortado el pie. Su mamá estaba muy nerviosa. Pero Estefanía le ha puesto cinco puntos para cerrar la herida. Y le ha puesto una inyección contra el tétano.

Ha visto a un señor que tiene dolores abdominales muy fuertes. Le duele tanto el estómago que Estefanía cree que está sufriendo de un ataque de apendicitis. Puede ser algo muy serio. Estefanía lo ha mandado al hospital para ver a un médico.

Pero, ¿qué es Estefanía? Es una practicante. En los países hispanos siempre ha habido practicantes. Son profesionales en el campo de la medicina. El o la practicante es un(a) diplomado(a) en enfermería. Puede poner inyecciones y practicar curas médicas simples y rutinarias. En caso de heridas o enfermedades serias, el practicante manda al paciente a un médico.

En muchos pueblos pequeños de áreas remotas, el practicante es muy importante. A veces es el único profesional médico que tienen los habitantes.

Un pueblo andino del Perú

Después de leer

SERVICIO DE A.T.S. / PRACTICANTE A DOMICILIO

"TODO MADRID"

INYECCIONES
SONDAS
SUEROS
PRESIÓN ARTERIAL
CURAS QUIRÚRGICAS
(ÚLCERAS, HERIDAS, QUEMADURAS...)
SUTURAS
ETC.

Para comunicar su aviso llame al teléfono:

☎ **908 – 72 88 83**

(Este teléfono móvil sustituye al anterior servicio de "busca"
450 28 12, abonado n° 3516)

A **Un trabajo interesante** Contesten.

1. ¿Qué es Estefanía Reyes?
2. ¿De dónde es?
3. ¿Qué es un(a) practicante?
4. ¿En qué es diplomado(a)?
5. ¿Cuándo manda al paciente a ver al médico el practicante?
6. ¿Por qué es muy importante el practicante en muchas áreas?

B **Pacientes** Expliquen.

Son las once de la mañana y Estefanía ya ha visto a muchos pacientes. Identifiquen a todos los pacientes que ella ha examinado y describan lo que ha hecho a cada uno.

C **Palabras** Empleen las siguientes palabras en una oración.

1. el practicante
2. la tensión arterial
3. le ha puesto puntos
4. el tétano
5. un ataque de apendicitis

Una zona rural en Bolivia

EL HOSPITAL BUENA VISTA

La mañana del jueves de esta semana se han abierto por primera vez las puertas del nuevo Hospital Buena Vista. La alcadesa de la ciudad, doña Emilia Porras Narváez, ha cortado la cinta ceremonial en frente de la entrada principal.

Este modernísimo hospital cuenta con doscientas camas, un quirófano[1] con un equipo técnico muy avanzado, salas de recuperación, una unidad de cuidado intensivo, y departamentos especializados, entre ellos los de cardiología, ginecología, ortopedia, y pediatría. El director del hospital, el doctor Elías Maldonado, ha dicho que la primera responsabilidad del hospital es la salud de la comunidad. Después de la ceremonia de apertura, los invitados fueron a la cafetería del hospital para una recepción.

[1]quirófano *operating room*

Después de leer

A ¿**Cómo se dice en inglés... ?** Pareen.

1. la alcaldesa
2. la cinta
3. avanzado
4. cuidado intensivo
5. salas de recuperación

a. ribbon
b. advanced
c. intensive care
d. recovery rooms
e. the mayor (female)

B **Especialidades médicas** Contesten.

1. ¿Cuáles son cuatro especialidades médicas que mencionan en el artículo?
2. ¿Cómo se llaman esas cuatro especialidades en inglés?

C **El hospital nuevo** Contesten según el artículo.

1. ¿Cuándo inauguraron el nuevo hospital?
2. ¿Cuántos pacientes pueden dormir en el hospital?
3. ¿Qué hay en el quirófano?
4. ¿Qué ha dicho el doctor Maldonado?
5. ¿Por qué fueron los invitados a la cafetería?

Hospital Buena Vista

DI NO A LAS DROGAS

* VENDER
* REGALAR
* TRANSPORTAR
* CONSUMIR
* COMERCIAR
* POSEER

DROGAS

Y ENERVANTES

Está altamente penado por la ley
y se sanciona con CARCEL...

P G R
PROCURADURIA
GENERAL DE LA REPUBLICA

SONORA
TURISMO SECTUR

Alianza social contra el NARCOTRAFICO

PROBLEMAS MÉDICOS DE HOY

Al hablar de la salud y la medicina hay tres problemas graves que todos tenemos que confrontar. Son la adicción a las drogas, el abuso del alcohol y el SIDA.

En todos los países hispanos, igual que en los Estados Unidos, verás anuncios que dicen «No a las drogas».

En España y en otros países hispanos hay campañas de castigos[1] rigurosos contra los conductores de automóviles que manejan (conducen) bajo la influencia del alcohol. El número de muertes[2] causadas por accidentes vehiculares excede la tasa[3] de mortalidad de muchas enfermedades.

Se considera el SIDA la plaga de nuestro siglo. Esta enfermedad contagiosa está matando[4] a miles de personas cada día en todos los continentes del mundo. En todas partes hay programas y campañas para educar a la gente sobre los peligros[5] del uso de las drogas y la promiscuidad sexual, las dos causas principales del SIDA.

La drogadicción, el alcoholismo y el SIDA son problemas que todos tenemos que confrontar, resolver y vencer.

[1]castigos *punishments*
[2]muertes *deaths*
[3]tasa *rate*
[4]matando *killing*
[5]peligros *dangers*

Después de leer

A. **Problemas de hoy** Digan que sí o que no.

1. Actualmente hay tres problemas médicos que son muy graves.
2. El SIDA es una enfermedad venérea contagiosa.
3. El número de muertes causadas por conductores de automóviles bajo la influencia del alcohol es muy bajo.
4. El SIDA no existe en muchas partes del mundo.

TU DERECHO A FUMAR ACABA DONDE EMPIEZA MI NECESIDAD DE RESPIRAR

Conexiones

LAS CIENCIAS

LA MEDICINA

As you know, many English and Spanish words are cognates. They are similar in form and mean the same thing because both have the same source, usually Latin. Much medical terminology comes directly from Latin. Therefore the number of English/Spanish cognates is particularly great in this field. You will also note a pattern in the endings. The **ía** ending in Spanish is usually *y* in English. The **ólogo(a)** ending is usually *ogist* in English. Let's go over a few of these cognates.

ESPECIALIDADES MÉDICAS
- **la cardiología**
- **la ginecología**
- **la psiquiatría**
- **la pediatría**
- **la oncología**
- **la oftalmología**
- **la urología**
- **la dermatología**

MÉDICOS ESPECIALISTAS
- **el/la cardiólogo(a)**
- **el/la ginecólogo(a)**
- **el/la psiquiatra**
- **el/la pediatra**
- **el/la oncólogo(a)**
- **el/la oftalmólogo(a)**
- **el/la urólogo(a)**
- **el/la dermatólogo(a)**

It shouldn't be too hard to figure out what the names of these specialties and specialists are in English. If you don't know what they are in English, check with your science teacher or the school nurse. Here are a few hints.

la cardiología *cardiology*
el cardiólogo *the cardiologist*

Una pediatra,
Estepona, España

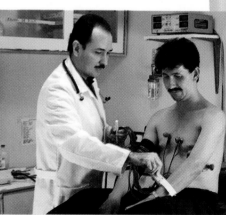

Un cardiólogo,
Caracas, Venezuela

Now see whether you can guess the meaning of these diseases or illnesses:

LAS ENFERMEDADES

la tuberculosis **la artritis**
el cáncer **la meningitis**
la apendicitis **la esquizofrenia**
la hepatitis **las úlceras**

See whether you can answer these questions.

1. ¿Cómo se llama el especialista que trata las enfermedades de los niños?
2. ¿Quién es el especialista que trata las enfermedades mentales?
3. ¿A qué médico deben ir las personas que sufren de cáncer?
4. Si tienes un problema con los ojos, ¿a qué especialista debes consultar?

Now let's see how much you can understand about certain diseases.

1. La esquizofrenia es una enfermedad ____.
   a. de los ojos   **b.** mental   **c.** de niños
2. Los médicos les ponen a dieta a las víctimas de ____.
   a. úlceras   **b.** artritis   **c.** esquizofrenia
3. Esta enfermedad afecta más a las personas viejas. Se les hace difícil usar las manos. La enfermedad es ____.
   a. la artritis   **b.** la tuberculosis   **c.** la hepatitis
4. Si una persona come mariscos contaminados puede sufrir de ____.
   a. apendicitis   **b.** tuberculosis   **c.** hepatitis

Al dejar de fumar su respiración se hace más fácil porque los pulmones están libres de humo y nicotina y los riesgos de desarrollar enfermedades relacionadas con el cigarro disminuyen. Unas de estas enfermedades son cáncer del **pulmón, enfisema, ataque cardíaco** y **embolio cerebral.**

Un cuerpo sano es uno de los beneficios que se gana al dejar de fumar. Se sentirá mejor física y mentalmente, dándole más energía para sí mismo, la familia y amigos.

Culminación

❖ **Actividades orales** ❖

A **Servicios médicos de tu comunidad** Hay un(a) estudiante de intercambio en tu escuela (tu compañero[a]). Es de Panamá. Tiene algunas preguntas sobre los servicios médicos que ofrece tu comunidad. Descríbele el hospital local. Si no sabes nada del hospital que sirve a tu comunidad, ve a buscar un folleto sobre el hospital para poder contestar a las preguntas del/de la estudiante de intercambio.

Canal de Panamá

B **Voy a ser intérprete.** El hospital local tiene un problema. Su intérprete de español ha estado enfermo. Tú vas a ayudar. Vas a trabajar a tiempo parcial en el hospital. Vas a ayudar a los pacientes hispanohablantes. Tu compañero(a) va a ser tu primer(a) paciente. Ayúdale a llenar el formulario en la recepción.

C **Una comedia** Van a divertirse. Trabajando en grupos de cuatro o cinco personas, preparen un «skit». Su «skit» se llama «Un día en la sala de emergencia». No va a ser muy serio. Va a ser muy cómico. Presenten su comedia a la clase.

Actividades escritas

A Un formulario   Escribe, en una hoja de papel por separado, la información que te pide el formulario.

Apellidos _____   Nombre _____

Dirección _____   Edad _____

Problema médico que tiene _____

_____

_____

Nombres y dirección de padres
u otros parientes _____

Nombre de la compañía
de seguros _____

B Un anuncio   Les han pedido a ti y a tu compañero(a) preparar un anuncio para el nuevo Hospital Buena Vista. Preparen un breve anuncio para el periódico. Deben incluir información sobre el tamaño del hospital y otros detalles importantes.

Writing Strategy

Writing a feature article

When writing a feature article, writers have two challenges: first, they must identify current topics that will be of interest; they must gather the information that will bring the topic to life and give readers the background they need. An important aspect of feature writing is the use of an effective "lead" to describe the opening of the story. This will catch the readers' attention and draw them in.

Las noticias

Your local Spanish language newspaper has asked you to write a feature story on a person or place in your community. Your parents recently had an accident and had to go to the emergency room. They were transported there by the First Aid Squad in your community. You were extremely pleased with the quality of service, beginning with the paramedics who arrived promptly and administered treatment at the scene. The care your parents received in the emergency room from the staff was equally as good. Write an article about this experience to share with the Spanish-speaking members of your community and to perhaps offer a refreshing perspective to an otherwise unpleasant event.

Vocabulario

TALKING ABOUT AN ACCIDENT

tener un accidente
hacerse daño, lastimarse
caerse
romperse
torcerse

cortarse
picar
ocurrir
tener lugar
acabar de

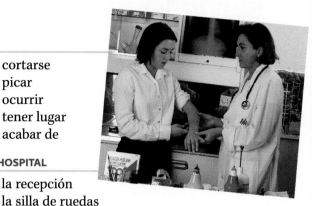

TALKING ABOUT MEDICAL EMERGENCIES AND A HOSPITAL

el servicio de primeros auxilios
la ambulancia
la camilla
el hospital
la sala de emergencia,
    la sala de urgencias

la recepción
la silla de ruedas
las muletas
la víctima
llenar el formulario

TALKING ABOUT MEDICAL PROFESSIONALS

el/la médico(a)
el/la cirujano(a) ortopédico(a)
el/la enfermero(a)

el/la técnico(a)
el/la socorrista

TALKING ABOUT MEDICAL PROBLEMS

una fractura
una herida
una picadura

el dolor
hinchado(a)

TALKING ABOUT MEDICAL CARE

ayudar
doler
sentirse
tomar la tensión (presión) arterial
tomar el pulso
tomar una radiografía
tomar unos rayos equis

reducir el hueso
poner en un yeso
poner un vendaje
cerrar la herida
poner puntos (suturas)
parecer

IDENTIFYING PARTS OF THE BODY

el cuerpo	el pecho	la pierna
el hombro	el codo	la rodilla
el brazo	la muñeca	el tobillo
el cuello	el dedo	el pie

IDENTIFYING PARTS OF THE FACE

la cara	la nariz	el oído, la oreja
la frente	el labio	el ojo
la mejilla		

TECNOTUR

¡Buen viaje!

EPISODIO 8 ▶ Emergencias médicas

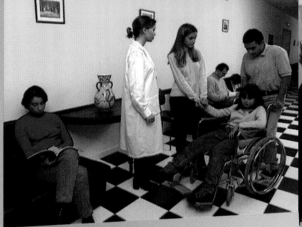

Pilar tuvo un accidente.

Su madre llegó inmediatamente a la sala de emergencia.

CD-ROM

Expansión cultural

Las ambulancias son un servicio esencial en todos los centros urbanos. Madrid, España

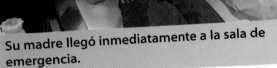

interNET CONNECTION

In this video episode Pilar has a bicycle accident and is taken to the emergency room. To find out what you need to know in case you have a medical emergency in a Spanish-speaking country, go to the **Capítulo 8** Internet activity at the Glencoe Foreign Language Web site: http://www.glencoe.com/sec/fl

CAPÍTULO 9

Ciudad y campo

Objetivos

In this chapter you will learn to do the following:

- ∞ talk about life in the city
- ∞ talk about life in the country
- ∞ describe things that were happening
- ∞ refer to things already mentioned
- ∞ indicate where things are located
- ∞ talk about some cities in the Spanish-speaking world

Vocabulario

En la ciudad

el rascacielos

la oficina

En la zona comercial hay
muchas oficinas y tiendas.
Eran las siete y media de la
tarde y mucha gente estaba
saliendo de sus oficinas.

la fábrica

La zona industrial está en las
afueras de la ciudad.
Los obreros estaban
trabajando todo el día en
la fábrica.

el edificio alto

En la zona residencial hay
muchos apartamentos
(departamentos) y
condominios.
Hay pocas casas privadas.

un plano de la ciudad

la plaza

la calle

la avenida, el bulevar

Muchas calles y avenidas desembocan
en la plaza.
Las avenidas son anchas.

Esta calle o callecita angosta
es muy pintoresca.
Está en el barrio viejo de la ciudad.

el semáforo

el cruce   la esquina   los peatones   la acera

Hay un semáforo en la esquina
Los peatones caminan en la acera.
Cruzan la calle en el cruce de peatones.

La gente estaba esperando en
la parada del bus.

el autobús, la guagua, el camión

La estación del metro

la boca del metro

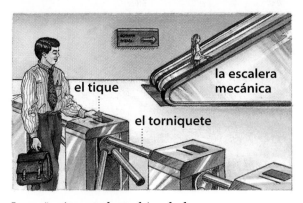

el tique   la escalera mecánica

el torniquete

La señorita estaba subiendo la
escalera mecánica.
El señor estaba metiendo el tique en
la ranura del torniquete.

A **HISTORIETA** El señor Salas de Caracas

Contesten.

1. ¿Estaba viviendo el señor Salas en Caracas?
2. ¿Tenía un apartamento en una zona residencial de la ciudad?
3. ¿Estaba su apartamento en un edificio alto?
4. ¿Trabajaba él en una oficina cerca de la Plaza Simón Bolívar?
5. ¿Estaba su oficina en un rascacielos?
6. ¿Tomaba el señor Salas el metro a su trabajo?
7. ¿Había una boca de metro cerca de su apartamento?
8. ¿Compraba el señor Salas tiques para el metro?

Caracas, Venezuela

B **El plano de la ciudad**

Contesten según el dibujo.

1. ¿Desembocan muchas calles en la Plaza San Martín?
2. ¿Es ancha o angosta la calle Ayacucho?
3. ¿Hay un semáforo en la esquina de Ayacucho y Cuzco?
4. ¿Hay una parada de bus en la plaza?
5. ¿Hay muchos coches en la plaza?
6. ¿Hay peatones en la acera?

C. En la ciudad   Digan que sí o que no.

1. Frecuentemente el barrio viejo de una ciudad es también una zona histórica.
2. Una zona comercial de una ciudad tiene muchas fábricas.
3. La zona industrial siempre se encuentra en el centro mismo de la ciudad.
4. Un obrero trabaja en una oficina.
5. Hay muchas oficinas en la zona comercial de la ciudad.
6. Un rascacielos es un edificio muy alto que tiene muchos apartamentos u oficinas.
7. Los semáforos se encuentran por lo general en una esquina y ayudan a controlar el tráfico.
8. La gente espera el bus en la boca del metro.
9. Los peatones caminan en la calle.
10. Los peatones pueden cruzar la calle en el cruce de peatones.

La Habana, Cuba

D. El transporte en la ciudad   Contesten.

1. ¿Qué toman los pasajeros para bajar y subir de una estación de metro?
2. ¿Dónde meten los pasajeros el tique antes de abordar el metro?
3. ¿Dónde esperan los pasajeros el bus?
4. ¿Dónde caminan los peatones?
5. ¿Dónde pueden cruzar la calle los peatones?

Madrid, España

Actividades comunicativas

A. Una ciudad cercana   Trabaja con un(a) compañero(a). Si Uds. viven en una ciudad, conversen juntos y describan su ciudad. Si no viven en una ciudad, hablen de una ciudad que han visitado cerca de donde viven.

B. Opiniones   Trabaja con un(a) compañero(a). Discutan lo que Uds. consideran las ventajas y las desventajas de la vida en una ciudad. ¿Están Uds. de acuerdo o no? ¿Quién preferiría vivir en la ciudad?

Vocabulario

En el campo

una casa de campo

un pueblo pequeño

el campo

una finca

el campesino

Los campesinos viven en el campo.
Ellos tienen una finca.
Ellos cultivan los campos.

El cultivo de los cereales
es muy importante.

el trigo

El campesino va a sembrar cereales.
No está sembrándolos ahora.
Va a sembrarlos en la primavera.

el maíz

la cosecha

cosechar

Y va a cosecharlos en el otoño.

el ganado

las vacas

los cerdos

Los agricultores crían animales domésticos.

las gallinas

la pera

el peral

la manzana

el manzano

el huerto,
la huerta

los vegetales

Práctica

A HISTORIETA Los Ayala

Contesten según se indica.

1. ¿Dónde viven los Ayala? (en un pueblo pequeño en el campo)
2. ¿Qué tienen ellos? (una finca)
3. ¿Qué hay en la finca? (campos de cereales)
4. ¿Qué siembran los Ayala? (trigo y maíz)
5. ¿Cuándo siembran? (en la primavera)
6. ¿Cuándo es la cosecha? (en el otoño)
7. ¿Qué crían los Ayala en su finca? (animales domésticos)
8. ¿Qué animales tienen? (vacas y cerdos)

Echalar, España

B Ya sabemos mucho. Contesten.

1. ¿Cuáles son todos los vegetales o todas las legumbres que ya conoces en español?
2. ¿Cuáles son las frutas que ya conoces en español?
3. ¿Cuáles son los animales que ya conoces en español?
4. ¿Cuáles son las cuatro estaciones del año?

Andalucía, España

C Cosas del campo   Digan que sí o que no.

1. Las vacas nos dan leche.
2. Las gallinas ponen huevos.
3. El tomate es un vegetal.
4. Hay muchas fincas en la ciudad.
5. Los obreros son campesinos.
6. Los campesinos cultivan los campos en una fábrica.
7. El manzano es un árbol y la manzana es la fruta que da el árbol.
8. Una carne que nos da el cerdo es el jamón.
9. Los campesinos viven en una casa de campo.
10. Una huerta produce muchos vegetales.

Actividades comunicativas

A En el campo   No importa si vives en el campo o no. A casi todos nosotros nos gusta de vez en cuando pasar un día tranquilo en el campo. Trabaja con un(a) compañero(a). Describan un día fabuloso en el campo. Hablen de lo que ven y lo que hacen.

B Opiniones   Trabaja con un(a) compañero(a). Discutan lo que Uds. consideran las ventajas y las desventajas de la vida en el campo. ¿Están Uds. de acuerdo o no? ¿Quién preferiría vivir en el campo?

Oaxaca, México

Sinaloa, México

Estructura

◆ **Describing what was going on**
El imperfecto progresivo

¿Te acuerdas?

The present progressive is used to describe events actually taking place.
El obrero está saliendo de la fábrica.
El campesino está cultivando los campos.

1. The imperfect progressive is used to describe an action as it was taking place. It is formed by using the imperfect tense of **estar** and the present participle.

> **El obrero estaba trabajando en la fábrica.**
> **Los muchachos estaban comiendo las frutas del huerto.**

2. Most verbs that have a stem change in the preterite have the same stem change in the present participle.

E → I		O → U	
pedir	pidiendo	dormir	durmiendo
servir	sirviendo	morir	muriendo
repetir	repitiendo		
decir	diciendo		

3. The following verbs have a **y** in the present participle

caer	cayendo	distribuir	distribuyendo
leer	leyendo	construir	construyendo
traer	trayendo	contribuir	contribuyendo
oír	oyendo		

A ⋮ **HISTORIETA** Un día típico en la ciudad

Contesten con **sí.**

1. ¿Estaba circulando mucho tráfico por la ciudad?
2. ¿Estaba dirigiendo el tráfico un policía?
3. ¿Estaban caminando por las aceras muchos peatones?
4. ¿Estaban cruzando las calles?
5. ¿Estaban cruzando las calles en el cruce de peatones?
6. ¿Estaba haciendo cola mucha gente en la parada del bus?
7. ¿Estaba saliendo mucha gente de la boca del metro?
8. ¿Estaba subiendo mucha gente en la escalera mecánica?

Madrid, España

B. HISTORIETA Durante el vuelo

Contesten según el modelo.

¿Trabajaban durante el vuelo los asistentes de vuelo?

Sí, estaban trabajando durante el vuelo.

1. ¿Servían refrescos los asistentes de vuelo?
2. ¿Servían una comida?
3. ¿Daban anuncios?
4. ¿Leían las reglas de seguridad?
5. ¿Oían música estereofónica los pasajeros?
6. ¿Leían revistas algunos pasajeros?
7. ¿Dormían otros?

C. HISTORIETA El túnel nuevo

Completen con el imperfecto progresivo.

Los ingenieros _____ (construir) el túnel nuevo. El público _____ (esperar) la apertura del túnel. Muchos hombres y mujeres _____ (trabajar) en su construcción. Este proyecto les _____ (pagar) un buen salario. Pero algunas personas _____ (decir) que no era buena idea. Ellos _____ (pensar) en el impacto ecológico del túnel. Pero nadie _____ (escuchar) a los ecologistas. El público _____ (ver) que con el túnel los viajes al centro serían más cortos.

Actividades comunicativas

A. **Ayer a las...** Pregúntale a tu compañero(a) lo que estaba haciendo ayer a la hora indicada. Él o ella te contestará. Luego cambien de rol.

8:00 a.m.   5:00 a.m.   6:30 a.m.   6:30 p.m.   10:30 a.m.

3:00 p.m.   8:00 p.m.   12:00 p.m.   11:00 p.m.   4:00 p.m.

B. **Tienes un problema.** Un(a) compañero(a) va a ser tu padre o tu madre. Está muy enfadado(a) *(angry)* porque tú volviste a casa muy tarde anoche. Él o ella tiene muchas preguntas para ti. Tienes que decirle todo lo que estabas haciendo para explicar por qué no podías volver a casa más temprano. Luego cambien de rol.

Referring to things already mentioned
Colocación de los pronombres de complemento

1. When the object pronouns are used with the present participle, they may precede the helping verb or they may be attached to the participle.

Estaban comiendo el maíz.   **Me estaba mostrando la finca.**

Lo estaban comiendo.   **Me la estaba mostrando.**

Estaban comiéndolo.   **Estaba mostrándomela.**

2. When the object pronouns are used with the infinitive, they may precede the helping verb that accompanies the infinitive or they may be attached to the infinitive.

Voy a cruzar la calle.   **Voy a dar el plano a José.**

La voy a cruzar.   **Se lo voy a dar.**

Voy a cruzarla.   **Voy a dárselo.**

Práctica

A. HISTORIETA En la finca

Contesten según el modelo.

> **¿Estaba mostrándote la finca el señor?**
> **Sí, estaba mostrándomela.**
> **Sí, me la estaba mostrando.**

1. ¿Estaba mostrándote la casa de campo el señor?
2. ¿Te estaba describiendo la casa?
3. ¿Estabas admirando la casa?
4. ¿Estabas mirando a los campesinos en la finca?
5. ¿Estaban ellos sembrando los campos?
6. ¿Estaban criando los animales también?

B. Buena higiene   Sigan el modelo.

> **Me voy a lavar *el pelo.***
> **Voy a lavármelo.**

1. Me voy a lavar *el pelo.*
2. Quiero comprarme *el nuevo champú* en la farmacia.
3. No puedo recordar *el nombre del champú.*
4. El farmacéutico podrá darme *el nombre.*
5. Tengo que lavarme *el pelo* esta noche.

C HISTORIETA En el cine

Contesten con pronombres.

1. ¿Quiere ver la película Marisol?
2. ¿Va a ver la película?
3. ¿Está comprando las entradas ahora?
4. ¿Está comprando las entradas en la taquilla del cine?
5. ¿Quiere Marisol sentarse en la primera fila?
6. ¿Quiere ver la película desde la primera fila?
7. Desde la primera fila, ¿puede ver la película bien?

D ¿Acabas de hacerlo? Contesten según el modelo.

¿Acabas de hacer el crucigrama o vas a hacer el crucigrama?

Acabo de hacerlo.

¿Te acuerdas?

Acabar de means *to have just.*

Acabo de llegar.
I have just arrived.

1. ¿Acabas de leer el periódico o vas a leer el periódico?
2. ¿Acabas de escribir la carta o vas a escribir la carta?
3. ¿Acabas de tomar el examen o vas a tomar el examen?
4. ¿Acabas de hacer tus tareas o vas a hacer tus tareas?
5. ¿Acabas de llamar a tu amigo o vas a llamar a tu amigo?

E HISTORIETA Una carta

Contesten según se indica.

1. ¿Está escribiendo la carta Elena? (no)
2. ¿Cuándo va a escribírtela? (mañana)
3. ¿Está comprando los sellos ahora? (no)
4. ¿Ya los ha comprado? (sí)
5. ¿Cuándo va a enviarte la carta? (mañana)
6. ¿La vas a abrir enseguida? (sí)
7. ¿Cómo vas a leerla? (con mucho interés)
8. ¿La vas a contestar enseguida? (sí)
9. ¿Vas a enviarle la carta enseguida? (sí)

Pointing out people or things
Adjetivos y pronombres demostrativos

1. You use the demonstrative adjectives *this, that, these,* and *those* to point out people or things. In Spanish, the demonstrative adjective, like all adjectives, agrees with the noun it modifies.

2. All forms of **este** indicate someone or something close to the speaker. They mean *this* or *these* in English.

> **Este boleto que tengo aquí es para el metro.**

All forms of **ese** indicate someone or something close to the person being spoken to.

> **Ese boleto que tú tienes allí es para el bus.**

All forms of **aquel** indicate someone or something away from both the speaker and the listener. The forms of both **ese** and **aquel** mean **that, those** in English.

> **Aquellos boletos en aquella mesa allá no son usados.**

Note that the adverbs **aquí, allí,** and **allá** indicate relative position— *here, there, over there.*

3. The forms used for the demonstrative pronouns—*this one, that one, these, those*—are the same as those used for demonstrative adjectives.

> **No me gusta este (aquí).**
> **Pero aquellos (allá), sí, me gustan.**

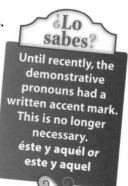

⟡Práctica⟡

A **¿Qué precio tienen?** Sigan el modelo.

> **el abrigo**
> **¿Qué precio tiene el abrigo?**
> **¿Cuál? ¿Este abrigo aquí?**
> **No, aquel abrigo en el escaparate.**

1. los guantes
2. la falda
3. el suéter
4. las corbatas
5. el cinturón
6. los pantalones
7. la blusa
8. los calcetines
9. la chaqueta

Buenos Aires, Argentina

B **El plano que tú tienes** Completen con **este, ese** o **aquel.**

1. ____ plano de la ciudad que tú estás mirando es bueno pero ____ que tiene Felipe es malo. No sirve para nada.
2. ____ calle aquí es una calle peatonal pero ____ allá no es sólo para peatones. Y tiene mucho tráfico.
3. ____ estación de metro aquí en el centro de la ciudad es mucho más grande que ____ estación en las afueras.
4. ____ edificios aquí en el centro mismo de la ciudad son muy altos. ____ que están más lejos en las afueras no son tan altos.
5. ____ novela que yo estoy leyendo tiene lugar aquí en ____ ciudad. Pero ____ novela que tiene Pedro, no la conozco. No sé dónde tiene lugar.
6. En ____ esquina aquí no hay semáforo pero ____, donde está Felipe, tiene semáforo.

⟨ Actividades comunicativas ⟩

A **Preferencias** Trabaja con un(a) compañero(a). Miren esta foto de un escaparate de una tienda de ropa en Caracas. Discutan lo que a cada uno(a) de Uds. le gusta y no le gusta. Luego comparen sus preferencias.

JUEGO **¿Cuál?** Trabaja con un(a) compañero(a). Haz una frase usando **este, ese** o **aquel.** Tu compañero(a) te dirá si hablas de algo **aquí, allí** o **allá.** Luego cambien de rol.

Caracas, Venezuela

ESTRUCTURA

Conversación

El campo y la ciudad

LUPE: ¿Te gusta vivir en el campo? ¿Qué haces? ¿No es aburrido?

MÓNICA: De ninguna manera. El otro día estaba hablando con mi amigo Miguel. Estaba diciéndole todo lo que podemos hacer aquí en este pueblo.

LUPE: Pero en la ciudad tenemos cines, museos. Tenemos de todo. Y puedes tomar el bus o el metro para ir de un lugar a otro. Todo es tan conveniente.

MÓNICA: Sí, pero aquí no tienes que esperar el semáforo para cruzar la calle. ¿Y sabes lo que es el automóvil? Tenemos uno y podemos usarlo sin pasar horas en el tráfico.

LUPE: Sí, lo sé. Pero yo nunca viviría en el campo.

MÓNICA: Y yo nunca viviría en la ciudad. No me gustaría vivir sin aire puro y mucho espacio. Voy a pasear a caballo. ¿Quieres acompañarme?

LUPE: ¿A caballo?

Después de conversar

Contesten.

1. ¿Qué le pregunta Lupe a Mónica?
2. ¿Con quién estaba hablando Mónica el otro día?
3. ¿Cree Mónica que el campo es aburrido?
4. ¿Por qué prefiere Lupe la ciudad?
5. ¿Por qué dice ella que todo es tan conveniente?
6. Según Mónica, ¿hay mucho tráfico en el campo?
7. ¿Quién no viviría nunca en el campo? ¿Por qué no?
8. ¿Qué va a hacer Mónica?
9. ¿Qué crees? ¿La va a acompañar Lupe?

Actividades comunicativas

A **Donde quiere vivir** Trabaja con un(a) compañero(a). Discutan si preferirían vivir en la ciudad o en el campo. Den sus razones.

El Alcázar, Segovia, España

Palacio de Bellas Artes, Ciudad de México

B **Explica por qué.** Trabaja con un(a) compañero(a). Él o ella te preguntará por qué no hiciste algo ayer. Explica que no lo hiciste ayer porque estabas haciendo otra cosa. Dile lo que estabas haciendo. Luego cambien de rol. Pueden usar el modelo como guía.

¿Por qué no me llamaste ayer?
No te llamé porque estaba leyendo un libro interesante.

Lecturas CULTURALES

Reading Strategy

Taking notes to remember what has been read

If you are reading material that you do not know much about, it is often a good idea to take notes to help you remember and organize what you read. One way to take notes is to summarize the content of a selection. Another way is to jot down key words and ideas about the topic. These notes will come in handy later when you need to study for a test.

BUENOS AIRES, ARGENTINA

Buenos Aires, la capital de la Argentina, es una ciudad muy bonita. Se dice que esta ciudad es la más europea de todas las ciudades de Latinoamérica.

Recientemente Sandra Connors, una americana, estaba visitando a Buenos Aires. Un día, mientras estaba caminando por el centro de la ciudad, les dijo a algunos conocidos porteños[1] que no sabía si estaba en Buenos Aires, Londres o Madrid.

La calle Florida es una calle peatonal en la zona comercial de la ciudad. En esta calle no permiten carros. Si te gusta ir de compras tienes que caminar por esta calle con sus cientos de tiendas.

La avenida más ancha del mundo es la Avenida 9 de Julio. Aquí puedes sentarte en una confitería[2] y mirar a la gente que pasa. Si tienes hambre, puedes ir a uno de los carritos de la Costanera norte. Los verdaderos carritos del pasado se han transformado en una fila de restaurantes al borde del río de la Plata. Aquí sirven el delicioso bife argentino.

[1]porteños *inhabitants of Buenos Aires*
[2]confitería *café, tea room*

Calle Florida y Avenida Córdoba

Avenida 9 de Julio, Buenos Aires

El bife argentino viene del ganado que cuidan los gauchos en las pampas argentinas. Muchos porteños ricos tienen estancias en las pampas. Una estancia es una finca grande donde crían ganado. Los ricos van a su estancia para divertirse en sus lujosas casas de campo.

Es imposible hablar de las ciudades de Latinoamérica sin mencionar el problema de los pobres que vienen a las ciudades desde el campo en busca de trabajo. Estos pobres viven en chabolas que se encuentran principalmente en las afueras. En Buenos Aires se llaman «villas miseria».

Una estancia, Argentina

Un gaucho en las pampas argentinas

Una villa miseria, Buenos Aires

Después de leer

A **Buenos Aires** Identifiquen y describan.

1. la calle Florida
2. la Avenida 9 de Julio
3. los carritos de la Costanera norte
4. las pampas
5. una estancia
6. una «villa miseria»

LECTURAS CULTURALES

Plaza de Armas, Lima

LIMA, PERÚ

Lima, la capital del Perú, es una ciudad muy hermosa. En el centro mismo de la ciudad hay un gran barrio histórico. Muchos de los edificios de este barrio datan de la época colonial.

Hay dos plazas importantes en el centro de Lima—la Plaza de Armas y la Plaza San Martín. El famoso Jirón de la Unión enlaza[1] estas dos plazas. El Jirón de la Unión es una calle peatonal con muchas tiendas y centros o galerías comerciales. Hoy día hay también muchos vendedores ambulantes. Estos vendedores ambulantes han venido a la capital de los pueblos pequeños del altiplano.

En los alrededores de Lima cerca de las playas del Pacífico hay muchas zonas residenciales muy bonitas. En las calles bordeadas de palmas hay edificios altos con apartamentos y condominios. Hay también casas lujosas[2].

Una vez más, es imposible hablar de las ciudades de Latinoamérica sin mencionar el problema de los pobres que vienen a las ciudades desde el campo en busca de trabajo. Como hemos aprendido, los barrios pobres donde viven se llaman «villas miseria» en Buenos Aires. En el Perú se llaman «pueblos jóvenes».

[1]enlaza *joins*
[2]lujosas *luxurious*

Después de leer

Jirón de la Unión, Lima

A **Lima** Contesten.

1. ¿Cuál es la capital del Perú?
2. ¿Cómo es el centro de Lima?
3. ¿De qué época datan muchos de los edificios?
4. ¿Cuáles son dos plazas importantes en el centro de Lima?
5. ¿Qué calle enlaza estas dos plazas?
6. ¿Qué es el Jirón de la Unión?
7. ¿Quiénes son los vendedores ambulantes?
8. ¿Qué hay en los alrededores de Lima?
9. ¿Por qué van los campesinos a la ciudad?
10. ¿Qué es un «pueblo joven»?

Plaza Central, Santa Fe

UNA CIUDAD NORTEAMERICANA CON PROFUNDAS RAÍCES HISPANAS

Santa Fe, la capital de Nuevo México, está al pie de las montañas Sangre de Cristo. Esta ciudad fue fundada[1] por los españoles en 1609 sobre unas ruinas indígenas prehistóricas. Durante doscientos años Santa Fe fue un centro para el comercio entre los españoles y varios grupos indígenas. En 1680 los indios pueblos se levantaron contra los españoles. Querían echarlos[2] de Santa Fe y así hicieron. Pero doce años después, los españoles, bajo Diego de Vargas, volvieron a Santa Fe y restablecieron su dominio.

Si abres la guía telefónica o simplemente miras los nombres en las casas, verás que la influencia hispana todavía vive en Santa Fe. Sigue existiendo no solamente en los museos sino en carne y hueso. Las familias hispanas predominan en esta ciudad que es la capital más antigua de todos los Estados Unidos.

[1]fundada *founded*
[2]echarlos *throw them out*

Después de leer

A **La geografía** Busquen en un mapa dónde está la ciudad de Santa Fe y dónde están las montañas Sangre de Cristo.

B **Santa Fe** Contesten.

1. ¿Qué edad tiene Santa Fe?
2. Antes de la fundación de Santa Fe, ¿qué había en el mismo sitio?
3. ¿Para qué servía la ciudad durante dos siglos?
4. ¿Qué hicieron los indios pueblos en 1680?
5. ¿Qué hicieron los españoles en 1692?

Calle comercial, Santa Fe

C **El significado** En tus propias palabras, explica lo que dice el último párrafo de la lectura.

Conexiones

LAS CIENCIAS SOCIALES

LA DEMOGRAFÍA

Demography is the study of human populations, of their distribution, density, and vital statistics. Demographics explain where people choose to live and why. They also explain population shifts—why people move around.

The demography of Latin America is particularly interesting. You will see some marked contrasts between the demographics of the two Americas.

La demografía de Latinoamérica

La demografía es el estudio de las poblaciones humanas. El demógrafo nos explica dónde decide vivir la gente y por qué decide vivir allí. Nos explica también cuándo y por qué la gente decide mudarse para establecerse en otro lugar. Es decir que el demógrafo explica las razones por la migración.

Algunas estadísticas

Si contrastamos las poblaciones de Latinoamérica y los Estados Unidos, lo primero que notamos es que Latinoamérica tiene una población mucho más numerosa. Durante muchos años Nueva York y Los Ángeles fueron las dos ciudades más grandes de las Américas. Ya no.

Nueva York	15.000.000	México D.F.	27.000.000
Los Ángeles	10.000.000	São Paulo, Brasil	25.000.000

Lima, Perú

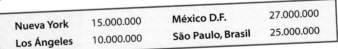

Bogotá, Colombia

Patrones migratorios

En las últimas décadas los centros urbanos de Latinoamérica han crecido dramáticamente. Los campesinos se han ido del campo a la ciudad en busca de trabajo y mejores condiciones de vida. En muchos casos ellos no han encontrado mejor vida, sino miseria. Las ciudades no pueden acomodar a todos los que allí buscan mejor vida. No hay bastante trabajo. Y no hay viviendas adecuadas. Los pobres tienen que vivir en barrios sin agua corriente ni electricidad.

La edad

Otra estadística significativa es la de la edad de las poblaciones de las Américas. Latinoamérica es una región de jóvenes, mientras que los Estados Unidos es un país de envejecientes. Como ejemplo, vamos a comparar a México con los Estados Unidos.

	% menos de 5 años	% 5 a 14 años	% más de 65 años
EE.UU.	7.5	14.1	12.4
México	13.8	25.1	4.1

Después de leer

A **¿Cuál es la palabra?** Busquen la palabra cuya definición sigue.

1. el acto de trasladarse para establecerse en otro lugar
2. personas que se están poniendo viejos
3. el estudio de las poblaciones humanas
4. casas, residencias donde la gente vive
5. zona o parte de una ciudad

B **La demografía** Digan que sí o que no.

1. El demógrafo nos enseña dónde vive la gente y por qué decide vivir allí.
2. Las ciudades de los Estados Unidos son más grandes que las ciudades de Latinoamérica.
3. Las ciudades latinoamericanas siempre han sido más grandes que las ciudades de los Estados Unidos.
4. Los campesinos que se establecen en las ciudades de Latinoamérica siempre encuentran mejor vida.
5. No hay bastante trabajo para todos en el campo y no hay bastante trabajo en las ciudades.
6. Hay más viejos o ancianos en Latinoamérica que en los Estados Unidos.
7. La población latinoamericana es más vieja (mayor) que la población estadounidense.

Culminación

Actividades orales

A **La ciudad**   Con un(a) compañero(a), miren esta foto de la ciudad de Madrid. Hablen juntos y describan todo lo que ven en la foto. Luego decidan si es una ciudad que les gustaría visitar.

Puerta del Sol

B **Transporte público**   Tu compañero(a) es un(a) joven ecuatoriano(a) que está visitando tu pueblo o ciudad. Quiere saber algo sobre los medios de transporte público. Si no hay transporte público donde vives, describe los medios de transporte en una ciudad cercana.

C **Una ciudad hispana**   Tú ya conoces muchas ciudades hispanas. Selecciona una que a ti te gusta y descríbela a un(a) compañero(a). Luego tu compañero(a) te describirá una ciudad que a él o a ella le gusta.

JUEGO   **¿Hablas de la ciudad o del campo?**   Trabaja con un(a) compañero(a). Haz una frase que describe algún aspecto de la ciudad o del campo. Tu compañero(a) te dirá de qué hablas—ciudad o campo. Luego cambien de rol.

Actividad escrita

A **Yo nunca viviría en...** Vas a escribir una composición titulada «Yo nunca viviría en... ». Tienes que completar el título con **la ciudad** o **el campo.**

Writing Strategy

Comparing and contrasting

Comparing and contrasting involves writing about similarities and differences between two or more related things. A Venn diagram will help you do this. First draw two intersecting circles; title the circles with the subject to be compared. List unique features of each subject. Then list the similarities of the two subjects in the area where the circles intersect. This tool, or any other similar one you can think of, will help you organize your thoughts so you can clearly and effectively write your comparison.

Dos ciudades

Think of two cities you have visited. Write a paper, comparing the two places. If you are not familiar with two different cities, compare the town where you live with a nearby city or other town. Be sure to organize your thoughts with a list or a graphic, showing the similarities and differences.

Santiago

Viña del Mar

Vocabulario

TALKING ABOUT THE CITY

la ciudad

la zona comercial

el rascacielos

el edificio

la oficina

la zona industrial

las afueras

la fábrica

el/la obrero(a)

la zona residencial

el apartamento
   (departamento)

el condominio

la casa privada

TALKING ABOUT THE LAYOUT OF A CITY

el plano

la plaza

la avenida, el bulevar

la calle

el barrio viejo

la esquina

la acera

los peatones

el semáforo

el cruce de peatones

caminar

cruzar

desembocar

pintoresco(a)

ancho(a)

angosto(a)

TALKING ABOUT PUBLIC TRANSPORTATION

la estación del metro

la boca del metro

la escalera mecánica

el tique

el torniquete

la ranura

la parada del bus

el autobús, la guagua, el camión

TALKING ABOUT THE COUNTRY

el campo

el pueblo

la finca

la casa de campo

el campesino

TALKING ABOUT FARMING

la siembra

la cosecha

el maíz

el trigo

los cereales

la huerta

los vegetales

el huerto

el manzano

el peral

cultivar

sembrar

cosechar

criar los animales

IDENTIFYING SOME FARM ANIMALS

el ganado

la vaca

el cerdo

la gallina

TECNOTUR

¡Buen viaje!

EPISODIO 9 ▶ Ciudad y campo

Luis y Cristina visitan el centro histórico de la Ciudad de México.

También van al Palacio de Bellas Artes para ver una función del Ballet Folklórico, pero…

CD-ROM

Expansión cultural

interNET CONNECTION

In this video episode Cristina and Luis spend the day exploring Mexico City. To visit other cities in the Spanish-speaking world, go to the **Capítulo 9** Internet activity at the Glencoe Foreign Language Web site:

http://www.glencoe.com/sec/fl

La Ciudad de México fue construida sobre las ruinas de Tenochtitlán.

CAPÍTULO *10*

La cocina hispana

Objetivos

In this chapter you will learn to do the following:

- ⤬ talk about foods and food preparation
- ⤬ give commands
- ⤬ refer to people and things previously mentioned
- ⤬ prepare some regional specialties
- ⤬ talk about the origin of several foods

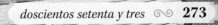

Vocabulario

La cocina

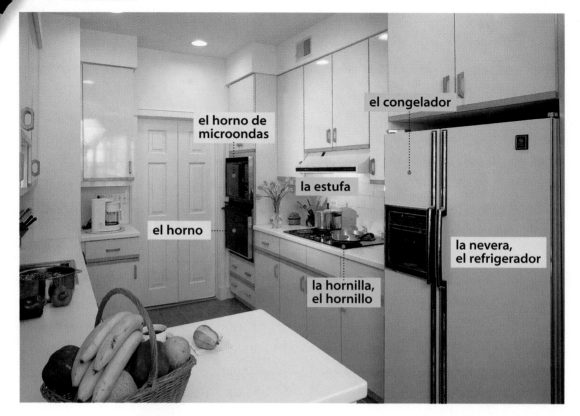

el horno de microondas

el congelador

la estufa

el horno

la nevera, el refrigerador

la hornilla, el hornillo

¡A cocinar!

freír

el/la sartén

hervir

la olla

la cazuela

revolver

la parrilla   asar

Algunos comestibles

la coliflor

la lima

la toronja

el limón

la lechuga

las uvas

las zanahorias

la pimienta

las cebollas

el pepino

las papas, las patatas

la sal

el azúcar

la salchicha, el chorizo

el cordero

el pollo

la chuleta de cerdo

la carne de res

la costilla

la ternera

Señor, ase Ud. el pollo en el horno.

Señorita, coma Ud. más.

Señora, fría Ud. las patatas.

Práctica

A HISTORIETA En la cocina

Contesten.

1. ¿Está la señora en la cocina?
2. ¿Es una cocina moderna o anticuada?
3. ¿Cuántas hornillas tiene la estufa?
4. ¿Es una estufa eléctrica o de gas?
5. ¿Hay un refrigerador moderno en la cocina?
6. ¿Cuántas puertas tiene el refrigerador?
7. ¿Es del congelador la puerta izquierda del refrigerador?
8. ¿Qué haces tú en la cocina?

Restaurante El Sur, Estepona, España

B ¿Qué necesita el cocinero? Completen.

1. El cocinero necesita una _____ porque va a freír algo.
2. El cocinero necesita una parrilla porque va a _____ algo.
3. El cocinero necesita una _____ porque va a hervir algo.
4. El cocinero va a _____ el agua.
5. El cocinero va a _____ las chuletas de cerdo.
6. El cocinero va a _____ los huevos.

C Lo que me gusta y lo que no me gusta

Contesten.

1. ¿Te gustan las uvas?
2. ¿Te gusta la ensalada de lechuga y tomates?
3. ¿Te gustan las papas asadas?
4. ¿Te gustan más las toronjas o las naranjas?
5. ¿Te gustan más las legumbres o las frutas?
6. ¿Te gusta el limón?
7. ¿Te gusta más el pollo frito o el pollo asado?
8. ¿Te gusta más la carne o el pescado?

D **¿A qué grupo pertenece?** Digan la categoría a la cual pertenece cada comestible.

| legumbre | fruta | carne | especia |

1. la cebolla
2. la toronja
3. la zanahoria
4. el cerdo
5. la papa
6. el cordero
7. el limón
8. las uvas
9. la pimienta

Mercado de San Miguel, Madrid, España

Actividades comunicativas

A **Nuestras comidas favoritas**
Con un(a) compañero(a) hagan una lista de sus comidas favoritas. Luego decidan a cuál de los dos le gustan más las comidas que son buenas para la salud.

B **Una cocina** Trabaja con un(a) compañero(a). Miren esta foto de una cocina. Juntos describan la cocina. Indiquen si es una cocina moderna o anticuada.

Vocabulario

¡A preparar la comida!

limpiar

pelar

rebanar

rallar

las rebanadas

cortar

agregar, añadir

picar

los pedacitos,
los trocitos

tapar

Anita pone la cacerola al fuego.

Anita quita (retira) la cacerola del fuego.
Apaga el fuego.

Más comestibles

el coco

la sandía

los pimientos

el aguacate

el ajo

el plátano, la banana

la papaya

los mariscos

las ostras

el pescado

los mejillones

los calamares

la langosta

los camarones, las gambas

las almejas

las habichuelas negras, los frijoles negros

el aceite

los frijoles

el arroz

la mantequilla

Lea Ud. la receta.

Limpie Ud. bien las papas.

Pele las papas.

Ahora córtelas en rebanadas.

Métalas en la olla. Agregue sal y agua.

Tape la olla. Hierva las papas por unos diez minutos.

✦Práctica✦

A **Una receta buena o mala** ¿Es algo que se hace o no?

1. Corte el pan en rebanadas para tostarlo.
2. Hierva el agua para preparar el té.
3. Fría bien la sandía.
4. Limpie la lechuga antes de comerla.
5. Pele las cebollas antes de comerlas.
6. Apague el fuego antes de empezar a cocinar.
7. Fría las papas en aceite.
8. Ponga la sartén al fuego para hervir el agua.

B **Preparando la comida**
Contesten según los dibujos.

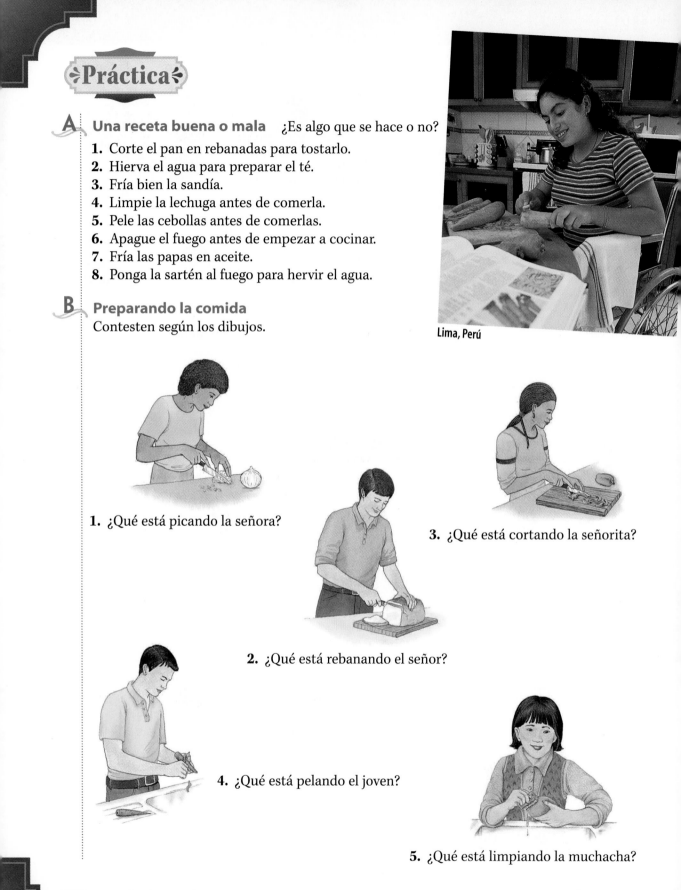

Lima, Perú

1. ¿Qué está picando la señora?

2. ¿Qué está rebanando el señor?

3. ¿Qué está cortando la señorita?

4. ¿Qué está pelando el joven?

5. ¿Qué está limpiando la muchacha?

C ¿Qué opinas? Digan si se puede o no.

1. ¿Se puede hervir o freír el arroz?
2. ¿Se puede rallar la lechuga?
3. ¿Se puede rallar el queso o el coco?
4. ¿Se puede rebanar la sandía?
5. ¿Se puede picar la carne de res?
6. ¿Se puede freír la chuleta?
7. ¿Se puede asar el arroz?
8. ¿Se puede tapar la olla?

D HISTORIETA Cocinando algo

Contesten según se indica.

1. ¿Qué estás preparando? (un pollo)
2. ¿Lo vas a asar o freír? (asar)
3. ¿Qué tienes que hacer con el pollo antes de asarlo? (lavarlo)
4. ¿Lo vas a asar entero? (no)
5. ¿Qué vas a hacer? (cortarlo en pedazos)
6. ¿Vas a sazonar el pollo? (sí, con ajo, sal y pimienta)
7. ¿Dónde lo vas a asar? (en el horno)
8. ¿Lo vas a asar a fuego lento? (sí)
9. ¿Qué vas a servir con el pollo? (una ensalada)
10. Y de postre, ¿qué hay? (frutas)

Le invitamos a conocer el mundo del arroz

Actividades comunicativas

A Una comida norteamericana Estás en Lima, Perú, con la familia Sandoval. Ellos quieren comer una comida típica norteamericana. La señora Sandoval (tu compañero[a]) te pide describir una comida típica norteamericana. Describe la comida y dile a la señora cómo prepararla. Después cambien de rol.

JUEGO ¿Qué categoría es? Trabaja con un(a) compañero(a). Miren las siguientes categorías. Tienen tres minutos. Trabajando independientemente, completen cada lista en español, dando los nombres de los comestibles que conocen que pertenecen a cada grupo. La persona que ha escrito el mayor número de comestibles en cada categoría gana.

marisco   fruta   pescado   vegetal   carne

Estructura

Telling people what to do
Imperativo formal: formas regulares

1. You use the command form of the verb—the imperative—to tell someone what to do. To form the **Ud.** and **Uds.** commands, you drop the **o** from the present tense **yo** form and add the following endings.

INFINITIVE	YO—PRESENT	UD. COMMAND	UDS. COMMAND
preparar	preparø	prepare Ud.	preparen Uds.
leer	leø	lea Ud.	lean Uds.
abrir	abrø	abra Ud.	abran Uds.

You form the imperative of stem-changing verbs in the same way. The **yo** form of the present tense serves as the stem.

pensar	piensø	piense Ud.	piensen Uds.
volver	vuelvø	vuelva Ud.	vuelvan Uds.
hervir	hiervø	hierva Ud.	hiervan Uds.
pedir	pidø	pida Ud.	pidan Uds.

Note that the endings used for the formal commands have the vowel opposite to the vowel usually associated with the conjugation. The **-ar** verbs have **e** and the **-er** and **-ir** verbs have **a**.

¿Te acuerdas?

Remember the following spelling patterns.

busca	busque
agrega	agregue
empieza	empiece

2. To make these commands negative, simply place **no** before the verb.

prepare Ud.	no prepare Ud.	preparen Uds.	no preparen Uds.
pida Ud.	no pida Ud.	pidan Uds.	no pidan Uds.
abra Ud.	no abra Ud.	abran Uds.	no abran Uds.

✦Práctica✦

A **La ensalada** Contesten según el modelo.

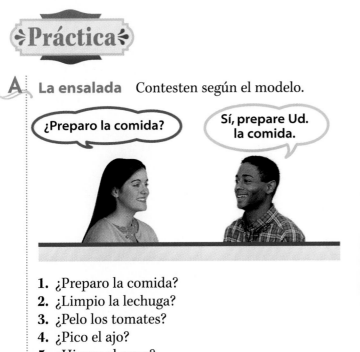

¿Preparo la comida?

Sí, prepare Ud. la comida.

Gazpacho

1. ¿Preparo la comida?
2. ¿Limpio la lechuga?
3. ¿Pelo los tomates?
4. ¿Pico el ajo?
5. ¿Hiervo el agua?
6. ¿Frío el pollo?
7. ¿Tapo la sartén?
8. ¿Retiro la sartén del fuego?

Caracas, Venezuela

B **¿Preparamos la comida?**
Contesten según el modelo.

¿Preparamos la comida?
No, no preparen Uds. la comida.
Yo la voy a preparar.

1. ¿Preparamos la comida?
2. ¿Limpiamos la lechuga?
3. ¿Pelamos los tomates?
4. ¿Picamos el ajo?
5. ¿Hervimos el agua?
6. ¿Freímos el pollo?
7. ¿Tapamos la sartén?
8. ¿Retiramos la sartén del fuego?

¿Qué debo hacer con la carta?   Contesten con el imperativo.

1. ¿Debo aceptar la carta?
2. ¿Debo abrir la carta?
3. ¿Debo leer la carta?
4. ¿Debo contestar la carta?
5. ¿Debo escribir la carta en inglés?

D   **Debe hacer lo que quiere hacer.**   Sigan el modelo.

Quiero viajar a España.

Entonces, ¡viaje Ud. a España!

1. Quiero viajar a España.
2. Quiero pasar un mes en Madrid.
3. Quiero tomar el tren a Toledo.
4. Quiero visitar la capital.
5. Quiero ver los cuadros de El Greco.
6. Quiero aprender el español.
7. Quiero comer una paella.
8. Quiero beber horchata.
9. Quiero vivir con una familia española.

«San Martín y el pordiosero» de El Greco

Actividad comunicativa

A   **Soy yo el/la profesor(a).**   Trabajen en grupos de tres. Uno(a) de Uds. va a ser el/la profesor(a). Los otros serán los alumnos. El/La profesor(a) les va a dar una orden. Los alumnos van a decir si quieren hacerlo o no. El/La profesor(a) puede usar las siguientes palabras.

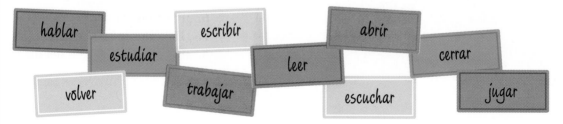

hablar   escribir   abrir   estudiar   leer   cerrar   volver   trabajar   escuchar   jugar

Telling people what to do
Imperativo formal: formas irregulares

1. A verb that has an irregularity in the **yo** form of the present tense will keep the same irregularity in the command form, since the **yo** form of the present tense serves as the root for the command. Study the following.

INFINITIVE	YO—PRESENT	UD. COMMAND	UDS. COMMAND
hacer	hagø	haga Ud.	hagan Uds.
poner	pongø	ponga Ud.	pongan Uds.
salir	salgø	salga Ud.	salgan Uds.
venir	vengø	venga Ud.	vengan Uds.
decir	digø	diga Ud.	digan Uds.
introducir	introduzcø	introduzca Ud.	introduzcan Uds.

2. The following verbs are the only ones in Spanish that have irregular command forms.

INFINITIVE	UD. COMMAND	UDS. COMMAND
ir	vaya Ud.	vayan Uds.
ser	sea Ud.	sean Uds.
saber	sepa Ud.	sepan Uds.
estar	esté Ud.	estén Uds.
dar	dé Ud.	den Uds.

Málaga, España

❖Práctica❖

A **Voy de compras.** Sigan el modelo.

> Quiero hacer las compras.

> Pues, haga Ud. las compras.

1. Quiero hacer las compras.
2. Quiero salir ahora.
3. Quiero ir al mercado de Santa Tecla.
4. Quiero poner mis compras en esta bolsa.
5. Quiero ir a pie.
6. No quiero manejar.

B ¿Podemos salir? Sigan el modelo.

¿Podemos salir ahora?

¡Cómo no! ¡Salgan Uds. ahora!

1. ¿Podemos salir mañana?
2. ¿Podemos usar el carro?
3. ¿Podemos llevar a Anita?
4. ¿Podemos volver?
5. ¿Podemos poner las maletas en la maletera?

C Una llamada telefónica

Completen con el imperativo.

1. _____ (llamar) Ud. por teléfono.
2. _____ (hacer) Ud. la llamada esta noche.
3. _____ (ir) Ud. a una cabina telefónica.
4. _____ (descolgar) Ud. el auricular.
5. _____ (introducir) Ud. la tarjeta telefónica
   en la ranura.
6. _____ (esperar) Ud. el tono.
7. _____ (marcar) Ud. el número.
8. _____ (esperar) Ud. la contestación.
9. _____ (decir) Ud. quien es.
10. _____ (preguntar) Ud. por Antonio.
11. _____ (hablar) Ud. con él.

Buenos Aires, Argentina

Actividades comunicativas

A Dos recetas Trabaja con un(a) compañero(a). Selecciona (Escoge) uno de tus platos favoritos—un plato no muy complicado. Luego dile a tu compañero(a) cómo se prepara el plato—es decir, le vas a dar la receta. Luego tu compañero(a) te dará la receta para su plato favorito.

JUEGO

¡Hágalo! Have some fun. Get together in small groups and make up commands telling your teacher what to do. Now it's your turn because a teacher always tells you what to do. **¿Verdad?**

Referring to things already stated
Colocación de los pronombres de complemento

The object pronouns are attached to the affirmative command.
They come before, or precede, the negative command.

Lave los platos.	**Lávelos.**	**No los lave Ud.**
Coma la ensalada.	**Cómala.**	**No la coma Ud.**
Sirva el postre.	**Sírvalo.**	**No lo sirva Ud.**
Déme la receta.	**Démela.**	**No me la dé Ud.**

¿Lo sabes?
To maintain the same stress, use a written accent with either one or two pronouns.
Diga. Dígame.
Dígamelo.

Práctica

A **¿Qué debo hacer?** Contesten según el modelo.

> **¿Debo limpiar la lechuga?**
> **Sí, límpiela.**
> **No, no la limpie Ud.**

1. ¿Debo lavar los cuchillos?
2. ¿Debo pelar las naranjas?
3. ¿Debo abrir la lata?
4. ¿Debo leer la receta?
5. ¿Debo picar el ajo?
6. ¿Debo rallar el queso?
7. ¿Debo revolver los huevos?
8. ¿Debo poner el pollo en la nevera?

B **Ellos no lo hicieron.** Sigan el modelo.

> **Ellos no cortaron la carne.**
> **Pues, córtenla Uds.**

1. Ellos no rebanaron el pan.
2. Ellos no hirvieron la sopa.
3. Ellos no frieron los huevos.
4. Ellos no taparon las ollas.
5. Ellos no añadieron azúcar.
6. Ellos no pusieron el pollo en el horno.

Una merienda, España

Conversación

¿Yo? ¿En la cocina?

JAIME: David, ¿te gusta cocinar?

DAVID: A mí, ¿cocinar? ¿Hablas en serio? En la cocina soy un desastre. ¿A ti te gusta cocinar?

JAIME: Sí, bastante.

DAVID: ¿Qué sabes preparar?

JAIME: Muchas cosas, pero mi plato favorito es la paella.

DAVID: La paella, dices. ¿Qué es?

JAIME: Pues, es una especialidad española, de Valencia. Lleva muchos ingredientes—mariscos, arroz.

DAVID: Se comen muchos mariscos en España, ¿no?

JAIME: Sí, hombre. Y algún día te voy a preparar una buena paella.

Después de conversar

Contesten.

1. ¿A quién le gusta cocinar?
2. ¿Quién es un desastre en la cocina?
3. ¿Cuál es el plato que a Jaime le gusta mucho preparar?
4. ¿Dónde se come la paella?
5. ¿De qué región de España es la paella una especialidad?
6. ¿Qué opinas? ¿Te gustaría la paella o no?

Actividades comunicativas

A **La cafetería de la escuela**
Tu compañero(a) es la persona responsable de la cafetería de tu escuela. Dile cuáles son los platos que sirven en la cafetería que te gustan y cuáles son los platos que no te gustan. Dale algunas sugerencias *(suggestions).* Dile lo que debe preparar y servir en la cafetería. Luego cambien de rol.

Colegio Santa Teresita, Santurce, Puerto Rico

San José, Costa Rica

B **En un restaurante** Trabaja con un(a) compañero(a). Miren la foto de unas personas que están comiendo en un restaurante. Trabajando juntos, describan todo lo que ven en el restaurante. Decidan si a Uds. les gustaría comer en este restaurante.

C **Una comida española** Aquí ves una foto de un plato típico de Madrid—el cocido madrileño. Trabaja con un(a) compañero(a). Identifiquen todos los ingredientes que ven en el cocido. Luego expliquen cómo creen que se prepara el cocido.

Lecturas CULTURALES

Reading Strategy

Reading for detailed information
Some readings require a reader to focus in on details. When you need to do so, you will need to read a selection more than once and pay close attention. Sometimes when you need to be aware of details, it is helpful to take notes on what you read or make a list of the important details. Reading for detail is especially necessary with recipes. You must understand each step and follow the procedure carefully to ensure that the final product is as good as it can be.

UNA RECETA ESPAÑOLA

Como le dijo Jaime a David, la paella es un plato delicioso que es una especialidad de la cocina española. Quien no ha comido una paella no sabe lo que se ha perdido. La paella valenciana lleva muchos ingredientes. Aquí tiene Ud. una receta bastante sencilla para preparar una paella. Decida si a Ud. le gustaría comer este plato delicioso.

LA PAELLA

INGREDIENTES

3 tomates	4 calamares	1 paquete de guisantes congelados
2 cebollas grandes	12 almejas	1 bote de pimientos morrones
2 pimientos	12 mejillones	1½ tazas de arroz
(uno verde y uno rojo)	langosta (opcional)	3 tazas de consomé de pollo
4 dientes[1] de ajo	1 pollo en partes	4 pizcas[2] de azafrán[3]
½ kilo de camarones	3 chorizos	¼ taza de aceite de oliva

PREPARACIÓN

1. Pique los tomates, los pimientos, las cebollas y el ajo.
2. Lave las almejas y los mejillones en agua fría.
3. Limpie y pele los camarones.
4. Limpie y corte en rebanadas los calamares.
5. Corte en rebanadas los chorizos.
6. Fría o ase el pollo aparte.

COCCIÓN

Se usa una paellera o una olla.
1. Fría ligeramente[4] en el aceite los pimientos y las cebollas picadas.
2. Agregue el ajo y los tomates y fría ligeramente a fuego lento unos dos o tres minutos.
3. Agregue el arroz.
4. Revuelva el arroz con los tomates, las cebollas, los pimientos y el ajo.
5. Agregue el consomé de pollo y llévelo a la ebullición[5].
6. Baje el fuego y agregue los camarones, los calamares, el chorizo, el pollo, las almejas y los mejillones.
7. Agregue el azafrán.
8. Ponga sal y pimienta a su gusto.

Si se prepara la paella en una olla, tape la olla y cocine a fuego lento encima de la estufa unos 40 minutos. En una paellera, ase la paella en el horno sin tapa o cocine a fuego lento encima de la estufa. Al final agregue los guisantes y los pimientos y sirva. Ud. notará que el arroz tiene un bonito color amarillo. Es del azafrán.

[1]dientes *cloves*
[2]pizcas *pinches*
[3]azafrán *saffron*
[4]ligeramente *lightly*
[5]a la ebullición *to a boil*

Después de leer

A **¿Cuál es la palabra?** Completen según la receta.

1. una _____ para hacer la paella
2. medio _____ de camarones
3. un _____ de guisantes congelados
4. tres _____ de ajo
5. una _____ de sal
6. una _____ de consomé de pollo

B **La paella** Preparen una lista de los ingredientes que lleva una paella.

C **La cocción** Digan que sí o que no.

1. Se puede asar la paella en la parrilla.
2. La paella lleva muchas papas.
3. Hay muchas especias en una paella.
4. El arroz de una paella se pone amarillo.
5. El chorizo es un tipo de salchicha española.

D **Para pensar** Miren el mapa de España en la página 451 y expliquen por qué se comen muchos mariscos en España.

Valencia, España

EL TOMATE, ¿COMIDA O VENENO?

¿Sabías que durante muchos años los ingleses y los norteamericanos no comían el tomate? Ellos creían que el tomate era venenoso[1]. Creían que al comer un tomate, uno se moriría[2]. Comer un tomate era fatal.

Cuando los españoles llevaron los primeros tomates de América a Europa, los usaban solamente como adorno, y no como comida. Pero en poco tiempo los españoles y los italianos descubrieron que el tomate era delicioso y no venenoso. Pero los ingleses, no. Hasta el siglo XIX, los ingleses y los norteamericanos seguían creyendo que el tomate era veneno.

[1]venenoso *poisonous*
[2]se moriría *would die*

Ica, Perú

Después de leer

A **El tomate**   Contesten según la lectura.

1. El tomate, ¿es de origen europeo o americano?
2. ¿Qué creían los ingleses que pasaría a la persona al comer un tomate?
3. ¿Para qué se usaban los tomates en Europa originalmente?
4. ¿Quiénes, en Europa, fueron los primeros en comer el tomate?
5. ¿Hasta cuándo creían los norteamericanos que el tomate era venenoso?

B **La superstición**   ¿Conoces tú alguna superstición acerca de alguna comida? ¿Cuál es? ¿Podrías decirnos?

EL MAÍZ Y LA PAPA, REGALOS DE LAS AMÉRICAS

Los españoles llegaron a las Américas en el siglo XV. En Europa no había maíz ni papas. Los europeos no cultivaban estos vegetales. Los europeos no los conocían. La papa y el maíz tienen su origen en las Américas.

Los indios cultivaban el maíz en toda la América. El maíz era la base de la dieta de muchos indios. La tortilla de maíz sigue siendo muy importante en la cocina mexicana y centroamericana.

La papa tiene su origen en el altiplano sudamericano. Los incas cultivaban la papa en la región que hoy es el Perú y Bolivia. Los españoles llevaron la papa a Europa donde, en poco tiempo, llegó a ser la base de la dieta de varios países, como Irlanda y Polonia.

Santiago Atitlán, Guatemala

Después de leer

A **¿Sí o no?** Contesten.

1. En el siglo XVIII los primeros españoles llegaron a las Américas.
2. Los europeos cultivaban la papa y el maíz antes del siglo XV.
3. La tortilla se hace de papa.
4. Los incas cultivaban la papa en el altiplano.
5. La tortilla es muy importante en la dieta del Perú y Bolivia.
6. La tortilla de maíz se come mucho en México.
7. La papa era muy importante en Irlanda y Polonia.

B **¿Qué país es?** Identifiquen.

1. Irlanda está en Europa. Está cerca de Inglaterra. Su capital es Dublín. ¿Cómo se llama Irlanda en inglés?
2. Polonia está en el noreste de Europa. Está cerca de Rusia. Su capital es Varsovia. Los polacos son de Polonia. ¿Cómo se llama Polonia en inglés?

Urubamba, Perú

Conexiones

LAS CIENCIAS

LA NUTRICIÓN

Everyone is aware of the importance of a healthy diet. What constitutes a healthy diet? What effect does diet have on our lives? How does the diet of Hispanic countries differ from ours?

Madrid, España

La dieta

Vamos a comparar la dieta típica de un español y un norteamericano.

Carnes y legumbres: El norteamericano come bastante carne, especialmente carne roja, como el biftec. También consume legumbres como los guisantes y las zanahorias y papas, pero casi siempre en pequeñas cantidades con la carne. El español come poca carne, y muy poca carne roja. Las carnes que consume, en pequeñas cantidades, son el pollo, la ternera y el cordero. Las legumbres que come son, muchas veces, el plato principal, basado en frijoles, garbanzos[1], lentejas[2], y similares. Una de las mayores diferencias es en el consumo de pescado y mariscos. El español come pescado y mariscos tres o cuatro veces a la semana. Muchos españoles consumen más pescado que carne. El norteamericano come poco pescado.

Frutas y verduras: El norteamericano come frutas con el cereal por la mañana y cuando tiene hambre entre comidas. Para el español las frutas son postre, y las come todos los días. Los norteamericanos y los españoles comen mucha ensalada. La ensalada de lechuga y tomate es tradicional en España.

[1]garbanzos *chick peas*
[2]lentejas *lentils*

Buenos Aires, Argentina

Productos lácteos (de la leche):

El norteamericano consume mucha mantequilla. El español come poquísima mantequilla y nunca cocina con mantequilla. El español consume menos mantequilla que cualquier otro europeo. El norteamericano toma leche. En España solamente los bebés y los niños pequeños toman leche. Pero el español consume bastante queso. El queso con frutas es un postre popular. Los españoles también toman yogur como postre. Al norteamericano le gusta mucho el helado. También les gusta a los españoles, pero ellos consumen mucho menos.

Pan y cereales: Los norteamericanos y los españoles comen mucho pan, pero el español casi nunca come pan con mantequilla. El norteamericano come cereales para el desayuno. El español come pan con su café con leche. Los espaguetis y otras pastas son más y más populares en los EE.UU. Pero el norteamericano, a diferencia del español, come poco arroz. El español consume grandes cantidades de arroz.

Es importante notar que muchos jóvenes, españoles y norteamericanos, tienen una dieta muy diferente a la dieta de la gente mayor. Muchos jóvenes son vegetarianos. Consumen poca grasa y muchas verduras, cereales y legumbres.

~Después de leer~

A **¿Es español o norteamericano?** Escojan.

1. Pide un plato de garbanzos.
2. Está comiendo un biftec grande.
3. No quiere mantequilla con su pan.
4. Come pescado tres veces a la semana.
5. Pide un vaso de leche.
6. Quiere camarones con arroz.
7. Para el desayuno toma cereal con fruta, pan con mantequilla y un vaso de leche.
8. Para el postre pide queso y fruta.
9. Usa aceite de oliva para freír, no mantequilla.

B **¿Qué opinas?** Contesten.

1. Para ti, ¿en qué consiste una dieta buena?
2. ¿Crees tú que los norteamericanos tienen una dieta buena? ¿Por qué o por qué no?

Culminación

Actividades orales

A **En el mercado**   Tú estás en un mercado en México. Quieres comprar los ingredientes que necesitas para un plato favorito. Tu compañero(a) es el/la empleado(a) en el mercado. Dile todo lo que quieres y en qué cantidades. Dile también lo que vas a preparar.

Guanajuato, México

B **Vegetarianos**   Hoy en día hay muchos vegetarianos. Los vegetarianos no comen carne. Trabaja con un(a) compañero(a). Discutan por qué Uds. creen que hay tantas personas que son vegetarianas. Discutan lo que comen y no comen. Si tú eres vegetariano(a), explica a tu compañero(a) por qué.

C **Restaurantes étnicos**   ¿Hay restaurantes étnicos, restaurantes que sirven comida de otras partes del mundo, en tu comunidad? Si los hay, con un(a) compañero(a) preparen una lista de estos restaurantes y el tipo de comida que sirven. Luego describan un plato típico de uno de los restaurantes.

D **¿Te gusta comer?**   Mucha gente come sólo para vivir y mucha gente vive para comer. ¿Cómo te clasificarías tú? Explícale a un(a) compañero(a) por qué. Luego cambien de rol.

A **¡Qué comida más deliciosa!** Estás viajando por México. Anoche fuiste a cenar en un restaurante y pediste algo que salió delicioso, muy rico. Te gustó mucho. Escribe una tarjeta postal a tus padres. Descríbeles el restaurante y el plato que te gustó tanto. Si puedes, explícales cómo crees que el cocinero preparó el plato.

San Miguel de Allende, México

Writing Strategy

Writing about a process

When you write about a process or how to do something, you must remember to tell all the little details involved. Describe the process accurately and thoroughly. In this type of expository writing, be sure to define any terms you think your readers will not be familiar with and also to put the various steps of the process in logical order.

Un(a) americano(a) en Aranjuez

You are living with a Spanish family in Aranjuez, near Madrid. One day last week you prepared your favorite American dish for them. They loved it! They want you to write out the recipe for them before you leave to return to the United States. Since they don't speak much English, you will have to write the recipe in Spanish. Be sure to explain all the steps as clearly as possible so that they prepare something delicious rather than a disaster!

Vocabulario

TALKING ABOUT SOME KITCHEN APPLIANCES AND UTENSILS

la cocina	la hornilla, el hornillo
el congelador	la cazuela, la cacerola
la nevera, el refrigerador	el/la sartén
la estufa	la parrilla
el horno	la olla
el horno de microondas	

TALKING ABOUT FOOD PREPARATION

limpiar	rebanar
pelar	agregar, añadir
rallar	tapar
picar	los pedacitos, los trocitos
cortar	las rebanadas

TALKING ABOUT SOME COOKING PROCEDURES

cocinar	hervir
revolver	poner al fuego
freír	quitar del fuego
asar	apagar el fuego

IDENTIFYING MORE FOODS

la coliflor	el cerdo
las cebollas	el cordero
el pepino	la salchicha, el chorizo
las zanahorias	la ternera
la lechuga	el pollo
las papas	la costilla
los pimientos	la chuleta
el aguacate	el pescado
el ajo	los mariscos
el arroz	la langosta
las habichuelas negras,	los camarones, las gambas
los frijoles negros	las almejas
la lima	los calamares
el limón	los mejillones
la toronja	las ostras
las uvas	la sal
la papaya	la pimienta
el coco	el azúcar
la sandía	el aceite
el plátano, la banana	la mantequilla
la carne de res	

TECNOTUR

VIDEO

¡Buen viaje!

EPISODIO 10 ▶ La cocina hispana

Juan Ramón aprende a cocinar una paella.

La paella es un plato que se come mucho en España, sobre todo en Valencia.

CD-ROM

Expansión cultural

interNET CONNECTION

In this video episode Teresa's mother, Señora de Hugo, shows Juan Ramón how to make a paella, as Teresa videotapes the "cooking class." To create your own menu for a three-course meal from a Spanish-speaking country, go to the **Capítulo 10** Internet activity at the Glencoe Foreign Language Web site:

http://www.glencoe.com/sec/fl

El azafrán se cultiva en la región de La Mancha.

CAPÍTULO 11

El coche y la carretera

Objetivos

In this chapter you will learn to do the following:

- ∽ talk about cars and driving
- ∽ give directions on the road
- ∽ tell family and friends what to do and what not to do
- ∽ talk about highways in the Hispanic world

Vocabulario

El coche

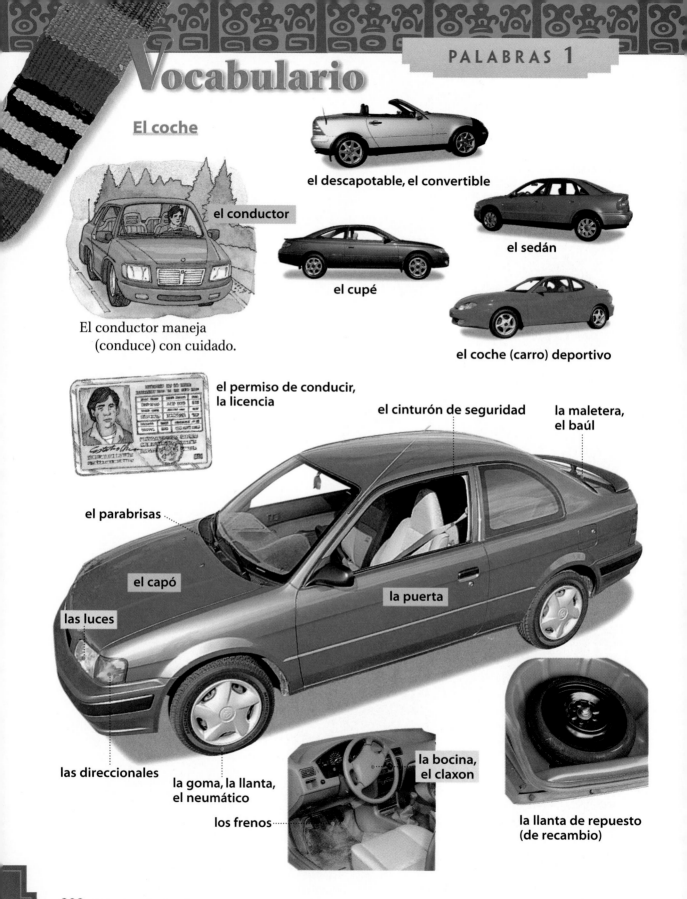

el descapotable, el convertible

el conductor

el sedán

el cupé

el coche (carro) deportivo

El conductor maneja
(conduce) con cuidado.

el permiso de conducir,
la licencia

el cinturón de seguridad

la maletera,
el baúl

el parabrisas

el capó

la puerta

las luces

las direccionales

la goma, la llanta,
el neumático

la bocina,
el claxon

los frenos

la llanta de repuesto
(de recambio)

La estación de servicio, La gasolinera

poner agua en el radiador

verificar la presión de las llantas

revisar el aceite

el aceite

llenar el tanque de gasolina

El empleado llenó el tanque de gasolina.
La empleada limpió el parabrisas.
El otro empleado puso aire en las llantas.

Sí, señor…

Favor de llenar el tanque.

¿Súper o normal?
¿Con plomo o sin plomo?

A HISTORIETA Mi coche

Contesten.

1. ¿Tienes un coche o quieres tener un coche algún día?
2. En el estado donde vives, ¿cuántos años tienes que cumplir para tener el permiso de conducir?
3. ¿Qué tipo de coche quieres?
4. ¿Tienes un modelo favorito? ¿Cuál es?
5. ¿Vas a manejar con cuidado?
6. ¿Vas a llevar tu coche a la estación de servicio con frecuencia?

Un coche clásico, La Habana, Cuba

B Coches Digan que sí o que no.

1. El motor de un coche está en la maletera.
2. El motor del coche está debajo del capó.
3. Es una buena idea tener una llanta de repuesto en la maletera del carro.
4. Es necesario tocar la bocina cada vez que pasas por un hospital.
5. Es necesario tener el cinturón abrochado cuando estás en un asiento delantero del carro.
6. Es necesario poner los frenos para parar el coche.
7. Los automóviles tienen tres neumáticos.
8. Se limpia el parabrisas con gasolina.

C HISTORIETA En la gasolinera

Describan cada dibujo.

1. 2. 3.

4. 5.

D. En la gasolinera   Escojan.

1. En la gasolinera el empleado llena el tanque de _____.
   a. agua   **b.** aceite   **c.** gasolina
2. El empleado revisa _____.
   a. el agua en los neumáticos   **b.** el tanque   **c.** el nivel del aceite
3. El empleado nunca pondría agua en _____.
   a. la batería   **b.** el radiador   **c.** el tanque
4. El empleado podría verificar _____.
   a. la presión de los neumáticos   **b.** el aire del radiador
   c. el parabrisas
5. El parabrisas está muy sucio. No puedo ver nada. ¿Me lo _____ Ud., por favor?
   a. llenaría   **b.** revisaría   **c.** limpiaría

Actividades comunicativas

A. Mi carro   ¿Tienes un carro (coche) o no? Si no tienes carro, ¿te comprarás uno algún día? Trabaja con un(a) compañero(a). Cada uno de Uds. describirá el carro de sus sueños.

B. Un carro nuevo   Estás pasando un año estudiando en Puerto Rico. Decides comprarte un carro. Como tienes muy poco dinero, tienes que comprar un carro usado (de ocasión). Visitas una agencia. Estás hablando con el/la vendedor(a) (tu compañero[a]). Él o ella te quiere vender un carro—cualquier carro, no importa la calidad ni la condición. Discutan juntos.

C. Trabajo a tiempo parcial.   Imagínate que trabajas en una gasolinera. Tu compañero(a) cree que a él o a ella le gustaría trabajar a tiempo parcial en una gasolinera para ganar unos dólares extra. Te va a hacer preguntas sobre el trabajo que haces. Contesta a sus preguntas.

Gerona, España

Vocabulario

En la carretera

la salida

la velocidad máxima

la garita de peaje

la autopista, la autovía

el peaje

el carril

Alejandro, quédate en el carril derecho. Paga el peaje. Y luego, sal de la autopista en la próxima salida.

el rótulo

la entrada

Donde está el rótulo, dobla a la derecha. Y luego sigue derecho.

¡Cuidado! Está prohibido adelantar. Hay solamente un carril en cada sentido.

En la ciudad

una cuadra

el semáforo

un cruce, una bocacalle

la luz roja

Es necesario parar cuando hay una luz roja.

No podemos entrar. Es una calle de sentido único. Tenemos que ir en el sentido contrario.

de sentido único

el parquímetro

estacionar el coche, aparcar

Práctica

A. HISTORIETA En la carretera

Contesten según se indica.

1. ¿Qué vamos a tomar? (la autopista)
2. ¿Qué tendremos que pagar? (el peaje)
3. ¿Dónde lo tenemos que pagar? (en la garita)
4. ¿Cuántos carriles tiene la autopista en cada sentido? (tres)
5. ¿Cuál es la velocidad máxima? (ciento veinte kilómetros por hora)
6. ¿Está prohibido adelantar? (no)
7. ¿Está prohibido exceder la velocidad máxima? (sí)

B. Buenos o malos consejos   Digan que sí o que no.

1. Maneja con cuidado.
2. Estaciona el coche donde está prohibido el estacionamiento.
3. Excede la velocidad indicada en el rótulo.
4. Quédate en el carril derecho para adelantar un carro.
5. Mete una moneda en la ranura del parquímetro.
6. Paga el peaje en la garita.
7. Al llegar a un cruce, para y mira a la derecha y a la izquierda antes de seguir.
8. Cuando vas a parar, pon las direccionales.
9. Pon las direccionales porque vas a doblar a la izquierda.

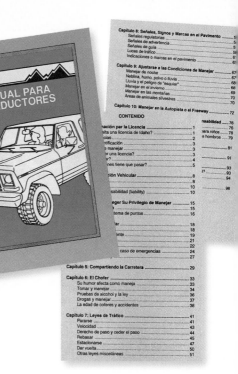

Motril, España

HISTORIETA Donde vivo yo

Contesten.

1. ¿Cuál es una autopista cerca de donde tú vives?
2. ¿Es una autopista de peaje?
3. ¿Cuánto es el peaje?
4. ¿Dónde tienes que pagar el peaje? ¿En la salida de la autopista? Si no, ¿a cada cuántos kilómetros hay garitas de peaje?
5. ¿Cuál es el número de la salida más cerca de tu casa?
6. ¿Cuál es la velocidad máxima en la autopista?
7. ¿Cuántos carriles tiene?
8. A la salida, ¿hay un rótulo que indica los pueblos cercanos?

Actividades comunicativas

A **Las autopistas** Estás viajando por el Ecuador. Un(a) amigo(a) ecuatoriano(a) (tu compañero[a]) te hace preguntas sobre las autopistas donde tú vives. Contesta a todas sus preguntas y descríbele las autopistas de tu estado.

B **Ventajas** En las autopistas es casi siempre necesario pagar peaje. En las carreteras secundarias no hay peaje. Con un(a) compañero(a), discutan por qué es mejor tomar la autopista y pagar el peaje. ¿Cuáles son las ventajas *(advantages)?*

Lima, Perú

En el sur de España

Estructura

Telling friends what to do
Imperativo familiar: formas regulares

You use the **tú** command when speaking with friends, family, people you know well, and children. The regular **tú** form of the command is the same form as the **usted** form in the present tense.

PRESENT (UD.)	IMPERATIVE (TÚ)
Ud. maneja.	¡Maneja!
Ud. aprende.	¡Aprende!
Ud. escribe.	¡Escribe!
Ud. comienza.	¡Comienza!
Ud. vuelve.	¡Vuelve!
Ud sigue.	¡Sigue!

Estepona, España

❖Práctica❖

A ¿Qué debo hacer? Sigan el modelo.

¿Debo hablar?

Sí, Pepe, habla.

1. ¿Debo parar?
2. ¿Debo doblar?
3. ¿Debo dar la vuelta?
4. ¿Debo doblar a la derecha?
5. ¿Debo leer el rótulo?
6. ¿Debo seguir derecho?
7. ¿Debo volver?
8. ¿Debo pedir direcciones?

B HISTORIETA El instructor

Completen con el imperativo.

Estepona, España

Luis, primero ____ (prender) el motor. ____
          1   2
(Prestar) atención a la carretera. Ahora ____
                                          3
(entrar) en la carretera. Bien. ____ (Adelantar)
                                 4
en el carril izquierdo. Ahora ____ (volver) al
                              5
carril derecho. ____ (Seguir) derecho hasta
                6
la salida. ____ (Manejar) siempre con calma.
           7
____ (Parar) aquí. ____ (Apagar) el motor.
 8   9
____ (Tomar) este manual y ____ (leer). Es
10   11
todo para hoy.

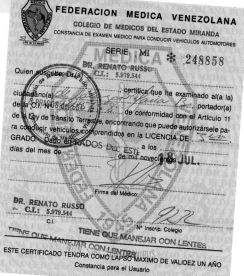

C Una visita a la Argentina Sigan el ejemplo.

Quiero visitar a la Argentina.

Pues, visita a la Argentina.

1. Quiero viajar a la Argentina.
2. Quiero tomar un avión.
3. Quiero pasar un mes allí.
4. Quiero visitar Buenos Aires.
5. Quiero subir a la cordillera.
6. Quiero esquiar en Bariloche.
7. Quiero comer un biftec allí.
8. Quiero nadar en los lagos.

Telling friends what to do
Imperativo familiar: formas irregulares

The following verbs have irregular forms for the **tú** commands.

INFINITIVE	IMPERATIVE (TÚ)
decir	di
ir	ve
ser	sé
salir	sal
hacer	haz
tener	ten
venir	ven
poner	pon

Práctica

A **A casa del abuelo**

Contesten con **sí** y el imperativo.

1. ¿Debo venir mañana?
2. ¿Debo salir temprano?
3. ¿Debo hacer el viaje en carro?
4. ¿Debo poner aire en las llantas?
5. ¿Debo decir adiós a mi hermano?
6. ¿Debo ir por la carretera vieja?
7. ¿Debo tener cuidado?

El camino a Otavalo, Ecuador

B **HISTORIETA** El mecánico experto y el mecánico nuevo

Completen con el imperativo.

_____ (Oír), Paco. _____ (Venir) aquí. Hay aceite en el piso, así es que
  1   2
_____ (tener) cuidado. Bien, _____ (mirar) lo que yo hago, y tú, _____
  3   4   5
(hacer) lo mismo. _____ (Poner) la luz aquí y _____ (ser) atento. Ahora,
                    6   7
_____ (decir) todo lo que aprendiste hoy.
  8

C HISTORIETA Tito el tímido.

Sigan el modelo.

No sé si debo manejar.
¡Maneja, hombre!

1. No sé si debo hacer el viaje.
2. No sé si debo salir de la ciudad.
3. No sé si debo manejar.
4. No sé si debo ir por la autopista.
5. No sé si debo pedir un día de vacación.
6. No sé si debo volver tarde.

Actividades comunicativas

A Las direcciones   Habla con un(a) compañero(a). Dale direcciones para ir de la escuela a tu casa. Luego tu compañero(a) te dirá cómo ir a su casa.

B Una llamada telefónica   Estás hablando con un(a) estudiante de intercambio de Buenos Aires, Argentina. Él o ella quiere hacer una llamada desde un teléfono público. Dile lo que tiene que hacer.

Calle Florida, Buenos Aires

C A la capital   Alicia acaba de recibir su permiso de conducir. Mañana sus padres le van a permitir usar el carro. Alicia tiene que ir a la capital y no conoce la ruta. Explícale cómo puede ir de tu pueblo a la capital de tu estado. Contesta a todas sus preguntas.

Telling friends what not to do
Imperativo negativo

1. The negative **tú** commands are formed the same way as the formal (**Ud., Uds.**) commands. You drop the **o** of the **yo** form of the present tense and add **es** to **-ar** verbs and **as** to **-er** and **-ir** verbs.

INFINITIVE	PRESENT (YO)	NEGATIVE COMMAND (TÚ)
hablar	hablø	no hables
comer	comø	no comas
abrir	abrø	no abras
volver	vuelvø	no vuelvas
pedir	pidø	no pidas
hacer	hagø	no hagas
salir	salgø	no salgas

2. The same verbs that are irregular in the formal command are irregular in the negative **tú** command.

ir	no vayas
ser	no seas
saber	no sepas
estar	no estés
dar	no dés

¿Te acuerdas?

Object pronouns are attached to affirmative formal commands and precede negative commands. The same is true of familiar commands.

¡Levántate!
¡No te levantes!
¡Dámelo!
¡No me lo des!
¡Cómpramelo!
¡No me lo compres!
¡Mírame!
¡No me mires!
¡Díselo!
¡No se lo digas!

Práctica

A. **HISTORIETA** ¿Hago el viaje o no?

Contesten según modelo.

¿Voy temprano o no?

No, no vayas temprano.

1. ¿Voy temprano o no?
2. ¿Salgo a las nueve o no?
3. ¿Tomo la carretera vieja o no?
4. ¿Manejo el convertible o no?
5. ¿Excedo la velocidad máxima o no?
6. ¿Le digo la verdad a Pepe o no?
7. ¿Vuelvo tarde o no?
8. ¿Hago el viaje o no?

B En la gasolinera

Contesten con **no** y el imperativo.

1. ¿Lleno el tanque?
2. ¿Abro el capó?
3. ¿Reviso el aceite?
4. ¿Pongo agua en el radiador?
5. ¿Limpio el parabrisas?
6. ¿Pongo aire en las llantas?

Ciudad de México

C ¡Qué dormilona es Marisa!

Practiquen la conversación.

MAMÁ: Marisa, levántate. Ya es hora.

MARISA: ¡Ay, mamá! Que no. ¡Déjame, por favor!

MAMÁ: Bien. No te levantes. Y no te laves ni te vistas. Quédate en cama.

MARISA: Perdóname, mami, pero estoy muy cansada.

D ¿Lo compro o no? Sigan el ejemplo.

¿Compro el carro o no?
Sí, cómpralo.
No, no lo compres.

1. ¿Compro las baterías o no?
2. ¿Compro el aceite o no?
3. ¿Compro la gasolina o no?
4. ¿Compro el convertible o no?
5. ¿Compro los neumáticos o no?

Madrid, España

E Sí, dámelas. Contesten según el modelo.

¿Te doy las direcciones? Sí, dámelas.

1. ¿Te doy el mapa?
2. ¿Te doy las instrucciones?
3. ¿Te doy el dinero para el parquímetro?
4. ¿Te doy los tiques?
5. ¿Te doy la licencia?

Conversación

Un sitio para estacionar

MARÍA: Anita, ¿puedo estacionar aquí?

ANITA: Aquí, no. ¿No ves que es un cruce de peatones? Hay un estacionamiento municipal en la plaza.

MARÍA: ¿Cómo voy a la plaza?

ANITA: Toma la avenida Cisneros. Quédate en el carril derecho porque a dos cuadras de aquí vas a doblar a la derecha.

MARÍA ¿En la esquina donde está la estación de servicio?

ANITA: Precisamente. Repito—dobla a la derecha y sigue derecho hasta el primer semáforo. Al primer semáforo, dobla a la izquierda y verás la plaza.

MARÍA ¿Y puedo estacionar en la plaza?

ANITA: En la plaza misma, no. Pero hay un estacionamiento subterráneo. Hay un rótulo para indicar la entrada.

Después de conversar

Contesten.

1. ¿Qué quiere saber María?
2. Según Anita, ¿por qué no se puede estacionar allí?
3. ¿Dónde se puede estacionar?
4. ¿Sabe María ir allí?
5. ¿Por qué debe María quedarse en el carril derecho?
6. ¿Qué hay en la esquina donde debe doblar?
7. Después de doblar a la derecha, ¿qué debe hacer María?
8. ¿Cuándo debe doblar a la izquierda?
9. ¿Dónde se encuentra el estacionamiento?
10. ¿Qué hay para indicar la entrada?

A Las señales de tránsito Trabaja con un(a) compañero(a). Tú escogerás una señal y explicarás a tu compañero(a) lo que significa. Tu compañero(a) tiene que adivinar cuál de las señales estás describiendo. Luego cambien de rol.

JUEGO ¿No lo hago? Have some fun. Your parents and teachers are always telling you what not to do. Get together in small groups and in a nice way imitate your parents and teachers. State all those things they do indeed tell each of you not to do.

Santo Domingo, República Dominicana

Lecturas CULTURALES

Reading Strategy

Summarizing

When you read informative passages, you must develop ways to try to remember what you read. This is most important if you are reading about a topic you know nothing about. Summarizing is a good way to do this. The easiest way to summarize is to take notes as you begin to read. From your notes, you can write a sentence about each section or paragraph of the reading. From your paragraph sentences, it will be easy to write one sentence describing the main idea of the selection. Use all your summary sentences to help trigger your memory about the contents of each part of the reading.

LA CARRETERA PANAMERICANA

La carretera panamericana es la carretera más larga del mundo—47.516 kilómetros. La panamericana es un sistema de carreteras y caminos que se extiende desde la frontera de los Estados Unidos y México hasta la ciudad de Puerto Montt en Chile. Además de extenderse del norte al sur de los continentes americanos, la carretera enlaza[1] la costa oriental con la costa occidental de la América del Sur. Enlaza[1] también las capitales de diecisiete países latinoamericanos. Esta carretera es una ruta importante para el transporte de materias primas y productos agrícolas.

En algunas partes la carretera panamericana es una carretera moderna con dos o más carriles en cada sentido. En su mayor parte la carretera está pavimentada—en algunos casos en buenas condiciones y en otros casos en malas condiciones. En muchos trayectos de la carretera la tierra es muy inhóspita. Se puede decir que la carretera también es inhóspita. Hay que manejar con mucho cuidado porque nunca sabes cuándo encontrarás un bache[2] muy profundo. A veces el pavimento desaparece repentinamente y te encuentras en un camino de rocas, piedras y lodo[3].

[1]enlaza *connects*
[2]bache *pothole*
[3]lodo *mud*

La carretera panamericana, México

¡Ten cuidado! Hay otro peligro. La mayor parte de la carretera no tiene borde. Por consiguiente cuando un carro o un camión tiene una avería[4], el conductor pone unas ramas[5] de árboles o plantas a unos metros detrás del carro. Estas ramas advierten[6] a los conductores que se están acercando que hay un carro averiado. Pero al reparar el carro o cambiar la llanta pinchada[7], el conductor sale y allí se quedan las ramas. Y de noche es difícil verlas.

Como ya hemos dicho, en muchas áreas la carretera panamericana es una carretera moderna y conveniente. Pero en las zonas remotas que recorre, tomar la panamericana es una verdadera aventura.

[4]avería *breakdown*
[5]ramas *branches*
[6]advierten *warn*
[7]pinchada *flat*

La carretera panamericana, Guatemala

Después de leer

A **La panamericana** Contesten.

1. ¿Cuál es la carretera más larga del mundo?
2. ¿Qué es la panamericana?
3. ¿Dónde empieza la panamericana y dónde termina?
4. ¿Enlaza a cuántas capitales?
5. ¿Cómo es la carretera en algunas partes?
6. ¿Cómo es en otras partes?

B **Palabras** Empleen las siguientes palabras en una oración.

1. carril
2. enlaza (hace enlace con)
3. bache
4. avería
5. llanta pinchada

EL ESTACIONAMIENTO

En todas las grandes ciudades de España y Latinoamérica es difícil estacionar. En algunas calles donde no está prohibido el estacionamiento hay parquímetros donde uno puede meter una moneda. Entonces el parquímetro indicará el tiempo que puedes estacionar.

Hay también aparcamientos públicos y garajes privados donde es necesario pagar. En muchas ciudades hay aparcamientos municipales donde no hay parquímetros pero tienes que pagar.

—Dime lo que tengo que hacer si voy a uno de estos estacionamientos.

Busca la (máquina) distribuidora de tiques.

Introduce una o varias monedas en la distribuidora.

Pon suficiente dinero para el tiempo deseado.

Oprime el botón y saldrá un papelito o tique. Indicará el tiempo que puedes estacionar.

Pon el papelito o el tique en el interior del parabrisas del coche donde lo pueden ver los guardias o policías. Si no lo ven, te darán una multa[1].

[1]multa *fine*

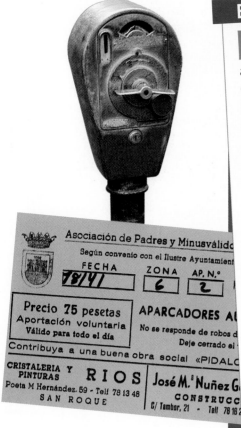

Málaga, España

Después de leer

A ¿Qué es? Identifiquen.

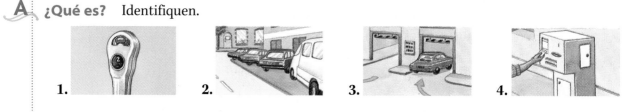

1. 2. 3. 4.

B ¿Qué hago para estacionar?
Explica a un(a) amigo(a) todo lo que tiene que hacer para estacionar el coche (aparcar el carro) en un aparcamiento público con una distribuidora de tiques.

LAS SEÑALES DE TRÁNSITO

Desde hace muchos años, en España, Latinoamérica y en otras partes del mundo, se han usado las señales de tránsito internacionales. En los Estados Unidos la introducción de estas señales fue más reciente, pero ahora se ven en todas partes. Lo bueno de las señales internacionales es que no es necesario saber el idioma del país, porque muchas de las señales no usan palabras.

Estas son las señales más comunes.

Después de leer

A **¿Qué quiere decir... ?** Identifiquen las señales de tránsito.

Conexiones

LAS CIENCIAS

LA ECOLOGÍA

Ecology is a subject of great interest to people around the world. People are becoming more aware of the damage being done to our environment. Many of the ecological problems that exist in one area of the world are common in many other areas. People in Mexico City are as concerned about their polluted air as are the residents of Los Angeles.

Ciudad de México

La ecología

El problema de la contaminación del medio ambiente[1] ha dado lugar al movimiento ecologista. El término «ecología» significa el equilibrio entre los seres vivientes y la naturaleza.

La contaminación del aire
La contaminación del aire es un problema serio en muchas partes del mundo. España y Latinoamérica no son ninguna excepción. El aire de muchas ciudades de España y Latinoamérica está contaminado. Los gases que salen de los tubos de escape de los automóviles, camiones y buses son una causa principal de la contaminación.

[1]medio ambiente *environment*

Quito, Ecuador

Campañas ecológicas

Muchas ciudades están experimentando con programas para controlar o eliminar la contaminación. La Ciudad de México, que tiene uno de los problemas más serios en cuanto a la contaminación del aire, no permite a los autobuses de largo recorrido entrar en el centro de la ciudad.

En algunas ciudades los carros con placa[2] de número par circulan un día y los carros con placa de número impar circulan el otro. Es una manera de tratar de eliminar el número de vehículos y así reducir la emisión de gases que contaminan el aire.

Ciudad de México

[2]placa *license plate*

~Después de leer~

A **¿Cuál es la palabra?** Busquen la palabra equivalente en la lectura.

1. pollution
2. environment
3. human beings
4. campaign

Sea buen ciudadano: recicle las latas de aluminio.

Autoridad de Desperdicios Sólidos
Reciclando hoy para un mejor mañana
Tel. (809) 765-7575/1-800-981-RECI

B **Donde vivimos** Contesten.

1. ¿Está muy contaminado el aire donde Uds. viven?
2. ¿Hay otros tipos de contaminación?
3. ¿Hay mucho o poco tráfico donde Uds. viven?
4. ¿Tiene su pueblo o ciudad un programa para controlar la contaminación?
5. En su ciudad o pueblo, ¿pueden circular todos los vehículos el mismo día?
6. ¿Sabes el número de la placa del carro de tu familia?
7. ¿Tiene un número par o impar?

Culminación

Actividades orales

A En la gasolinera Has alquilado un coche. En este momento estás en una gasolinera. Dile al/a la empleado(a) (tu compañero[a]) lo que necesitas. Y pregúntale cómo llegar a tu próximo destino.

B El zoo aquarium Trabaja con un(a) compañero(a). Miren este anuncio sobre el zoo aquarium en la Casa de Campo en Madrid. Hay muchas opciones para llegar al zoo. Discútanlas y decidan cómo Uds. van a ir.

C Leyendo el mapa Con un(a) compañero(a), miren el mapa de España. Han alquilado un coche y quieren ir de Madrid a otra ciudad que los dos escogen. Discutan cómo van a ir y las carreteras que van a tomar. ¡A ver si pueden adivinar cuánto tiempo durará *(will take)* el viaje!

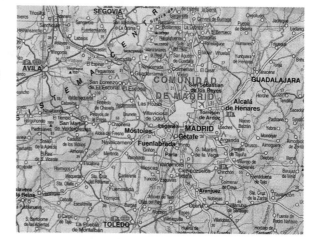

Actividades escritas

A **Del aeropuerto**   Tú tienes un buen amigo que vive en Venezuela. Te va a visitar dentro de poco. Viene con su familia y al llegar al aeropuerto van a alquilar un carro. Escríbele a tu amigo(a) dándole direcciones para ir del aeropuerto a tu casa.

B **Instrucciones**   Tus padres van a salir este fin de semana. Ellos te han escrito una lista de cosas que debes hacer y otra lista de cosas que no debes hacer. Escribe lo que dice la lista. Luego compara tu lista con la de un(a) compañero(a).

Writing Strategy

Developing a fictional narrative

*L*ike any other narrative, a fictional narrative tells a story. A short story is one kind of fictional narrative, created in the writer's imagination. It tells about a made-up event built up around a complication. It has a plot, characters, and a setting, all of which are related from a certain point of view. For some writers, the hardest part is coming up with the idea, but once they do, they must be sure that their stories contain all these elements.

Tú y Antonio llegaron muy tarde

You were driving to school with Antonio, the high school exchange student living with you. You missed your first period class, which happens to be your Driver Education class. And to make matters worse, you had a test that day. You tried to explain to your teacher what happened but he asked you to write it down for him because it seemed so complicated. Write an imaginative story to tell why you and Antonio were late. It might be fun to use the road signs below to help you make up excuses. Be as humorous and creative as you can. Remember, you have to be convincing enough so your teacher will let you make up the exam rather than take a zero!

Vocabulario

TALKING ABOUT CARS

el descapotable, el convertible
el coche (carro) deportivo
el permiso de conducir,
    la licencia

el sedán
el cupé
el conductor

IDENTIFYING PARTS OF A CAR

el cinturón de seguridad
el capó
la puerta
la maletera, el baúl
las luces
los frenos

las direccionales
la bocina, el claxon
la goma, la llanta, el neumático
la llanta de repuesto (de recambio)
el parabrisas

TALKING ABOUT SERVICES AT A GAS STATION

la estación de servicio,
    la gasolinera
el aceite
la gasolina
súper
normal
con plomo

sin plomo
limpiar el parabrisas
llenar el tanque
poner agua en el radiador
revisar el aceite
verificar la presión

TALKING ABOUT DRIVING ON THE HIGHWAY

la carretera
la autopista, la autovía
el carril
el peaje
la garita de peaje

la entrada
la salida
el rótulo
la velocidad máxima

GIVING DIRECTIONS

seguir derecho
quedarse en el carril
doblar

estar prohibido
adelantar
entrar

TALKING ABOUT THE CITY

la cuadra
el cruce, la bocacalle
el semáforo, la luz roja

estacionar el coche, aparcar
el parquímetro
una calle de sentido único

OTHER USEFUL EXPRESSIONS

favor de

TECNOTUR

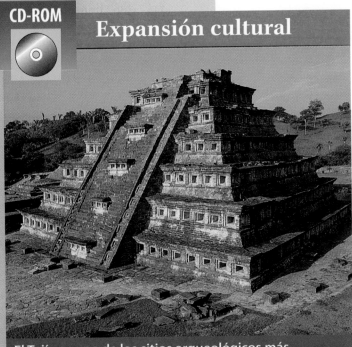

VIDEO

¡Buen viaje!

EPISODIO 11 ▸ El coche y la carretera

Cristina, Isabel y Luis van a visitar las ruinas de Tlatelolco.

Pero antes de salir, tienen que reparar su coche.

CD-ROM

Expansión cultural

El Tajín es uno de los sitios arqueológicos más interesantes de México.

interNET CONNECTION

In this video episode Isabel, Luis, and Cristina take a day trip by car. To be certain that you know what to do in case you have a car accident in a Spanish-speaking country, go to the **Capítulo 11** Internet activity at the Glencoe Foreign Language Web site:

http://www.glencoe.com/sec/fl

Repaso CAPÍTULOS 8–11

Lectura

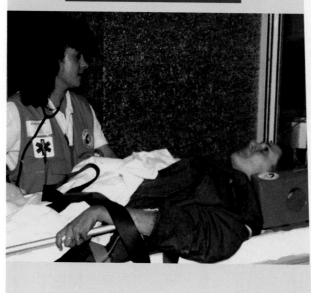

ACCIDENTE ENTRE UN CAMIÓN Y UN COCHE

Ha habido un accidente entre un camión y un coche privado en el pueblo de Mirasierra en el kilómetro 55 de la carretera nacional 3A. La policía local ha cerrado dos carriles de la carretera en dirección norte. Los socorristas han llegado al escenario y en este momento están administrando los primeros auxilios a los lesionados (heridos). Parece que la conductora del coche ha sufrido heridas más graves. Ha sido transportado en ambulancia al Hospital del Sagrado Corazón en la ciudad de San Cristóbal.

Después de leer

A **En la carretera** Contesten.

1. ¿Dónde ha habido un accidente?
2. ¿Qué ha cerrado la policía?
3. ¿Quiénes han llegado al escenario?
4. ¿Qué están haciendo los socorristas?
5. ¿Quién ha sufrido lesiones o heridas más graves?
6. ¿Adónde la han transportado?
7. ¿Cómo la han transportado?

Bogotá, Colombia

Estructura

El presente perfecto

1. The present perfect is used to express an action completed recently. The present perfect is formed by using the present tense of the verb **haber** and the past participle. Review the forms of regular verbs.

HABLAR	COMER	VIVIR
he hablado	he comido	he vivido
has hablado	has comido	has vivido
ha hablado	ha comido	ha vivido
hemos hablado	hemos comido	hemos vivido
habéis hablado	*habéis comido*	*habéis vivido*
han hablado	han comido	han vivido

2. The following verbs have irregular past participles.

DECIR	dicho	VOLVER	vuelto
HACER	hecho	MORIR	muerto
VER	visto	CUBRIR	cubierto
ESCRIBIR	escrito	ABRIR	abierto
PONER	puesto		

Práctica

A **HISTORIETA** Una comida deliciosa

Contesten.

1. ¿Ha preparado una comida buena Lucinda?
2. ¿La has ayudado?
3. ¿Han hecho Uds. una paella?
4. ¿La han cocinado en el horno?
5. ¿Han llegado los invitados?
6. ¿Ya han comido?

Hotel Jaragua, Santo Domingo

Pronombres con el participio y el infinitivo

When a sentence has an infinitive (**hablar**) or a present participle (**hablando**), the object pronouns can either be added to the infinitive or participle or they can precede the helping verb.

> **El médico quiere examinarlo.**
> **El médico (lo) quiere examinar.**

> **El técnico está tomándole (los rayos equis).**
> **Está tomándoselos en el hospital.**
> **Él está tomándole (los rayos equis).**

San Juan, Puerto Rico

Práctica

A **En la sala de emergencia**   Sigan el modelo.

> **¿Quiere el médico examinarle la garganta?**
> **Sí, se la quiere examinar.**
> **Sí, quiere examinársela.**

1. ¿Quiere el médico tomarle una radiografía?
2. ¿Está dándole una inyección contra el tétano la enfermera?
3. ¿Están ayudando al paciente los socorristas?
4. ¿Quiere el cirujano reducirle la fractura?
5. ¿Le está poniendo el vendaje el enfermero?
6. ¿Tiene que ponerle puntos el médico?

B **HISTORIETA** Una visita a la ciudad

Sigan el modelo.

> **Él quiere ver el plano de la ciudad.**
> **Él lo quiere ver.**
> **Él quiere verlo.**

1. Él está mirando el plano de la ciudad.
2. Quiere visitar la ciudad.
3. Tiene que cruzar la calle en el cruce para peatones.
4. Va a tomar el metro.
5. Está esperando el metro en la estación Plaza de España.
6. Muchos pasajeros están bajando la escalera mecánica.

Madrid, España

Comparación de igualdad

The comparative of equality means that two items being compared have equal characteristics. Remember that **tan... como** is used with adjectives and adverbs and **tanto... como** is used with nouns. **Tanto** must agree with the noun it modifies.

> **Él es tan rico como su hermano.**
> **Él tiene tanto dinero y tanta fortuna como su hermano.**

÷Práctica÷

A **Comparaciones** Contesten según el modelo.

> **¿Hay más tráfico en Lima que en Caracas?**
> **No, hay tanto tráfico en Lima como en Caracas.**

1. ¿Es más alto el edificio Latar que el edificio Lamar?
2. ¿Tiene el edificio Latar más pisos que el edificio Lamar?
3. ¿Es la Plaza Simón Bolívar más bonita que la Plaza San Martín?
4. ¿Tiene la Plaza Simón Bolívar más estatuas que la Plaza San Martín?
5. ¿Es más larga la calle Luna que la calle Londres?
6. ¿Hay más tiendas en la calle Luna que en la calle Londres?
7. ¿Hay más gente en la boca del metro que en la parada del autobús?

Caracas, Venezuela

÷Actividades comunicativas÷

A **La ciudad o el campo** Trabaja con un(a) compañero(a). Van a hacer un viaje juntos. Discutan si prefieren ir a un lugar en el campo o a una ciudad. Den sus preferencias y expliquen por qué.

B **De aquí a mi casa** Habla con un(a) compañero(a). Dale direcciones para ir de la escuela a tu casa. Entonces tu compañero(a) te dirá cómo ir a su casa.

C **Un accidente** Has visto un accidente. Un(a) compañero(a) te va a hacer preguntas sobre el accidente. Contesta sus preguntas. Recuerda que es un accidente ficticio.

1. Río Manú, cuenca del Amazonas
2. Machu Picchu
3. Iglesia de San Francisco, Lima
4. Granja cerca del Cuzco
5. Niño con llama, Cuzco
6. Vendedor de hierbas en mercado al aire libre, Huanca
7. Hombre en embarcación de totora, Lago Titicaca

332

NATIONAL GEOGRAPHIC
VISTAS
DEL PERÚ

5

1

4

5

CAPÍTULO *12*

Los servicios al público

Objetivos

In this chapter you will learn to do the following:

- ∞ talk about going to the hairdresser/barber shop
- ∞ talk about having your clothes cleaned
- ∞ talk about using the services of the post office and bank
- ∞ talk about things that may or may not happen
- ∞ express what you would like, wish, or hope others would do

BANCO RIO

Vocabulario

En la peluquería

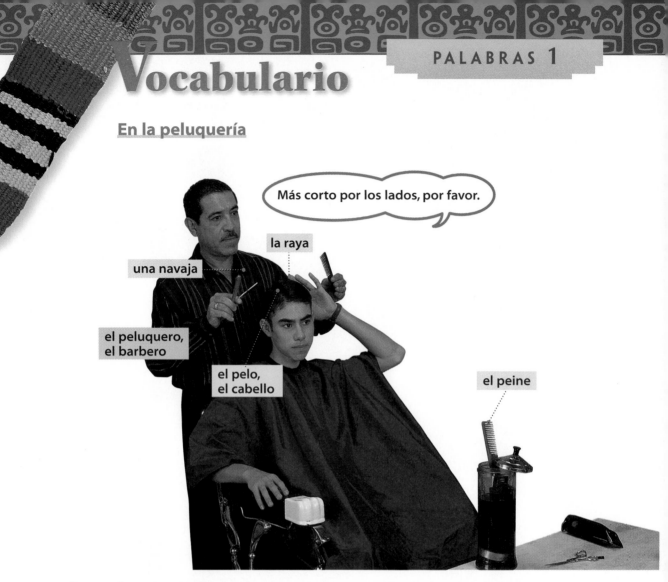

Más corto por los lados, por favor.

la raya

una navaja

el peluquero,
el barbero

el pelo,
el cabello

el peine

Paco quiere un corte de pelo.
Quiere que el barbero le corte el pelo con
navaja.

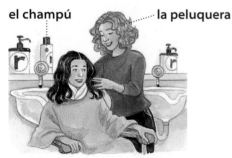

el champú

la peluquera

Teresa quiere que la peluquera le
lave el pelo.
Quiere un champú.

las tijeras

Quiere que le corte el pelo
con tijeras.

el secador

Quiere que le seque el pelo con
el secador.

En la tintorería

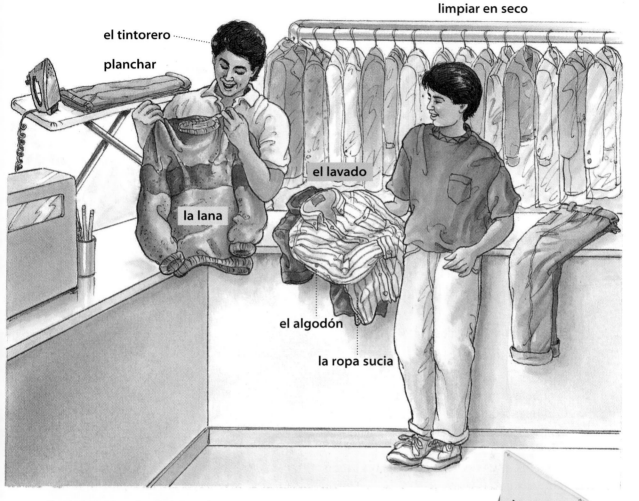

el tintorero

planchar

la lana

limpiar en seco

el lavado

el algodón

la ropa sucia

la máquina de lavar

José tiene mucha ropa sucia.
Quiere que le laven las camisas.
Quiere que le planchen el pantalón.
El tintorero puede lavar las camisas.
Las puede lavar porque son de algodón.
Pero no puede lavar el suéter.
El suéter es de lana.
Es necesario que el tintorero limpie en seco el suéter.

Práctica

A **¿Qué prefieren los clientes?** Pareen.

a.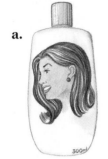

b.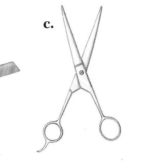

c.

d.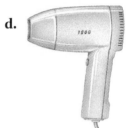

1. La señora quiere que le corten el pelo con tijeras.
2. Ella quiere que le laven el pelo.
3. Y después quiere que lo sequen.
4. El señor quiere que el barbero use la navaja.

B **HISTORIETA** A la peluquería

Contesten personalmente.

1. ¿Prefieres llevar el pelo largo o corto?
2. ¿A qué peluquería vas?
3. ¿Con qué frecuencia te cortas el pelo?
4. ¿Prefieres lavarte el pelo o que te lo laven en la peluquería?
5. ¿Prefieres que te corten el pelo con tijeras o con navaja?
6. Cuando te lavas el pelo, ¿prefieres secarlo con una toalla o con un secador?
7. ¿Cuántas veces al día te peinas?

San Miguel de Allende, México

Ciudad de México

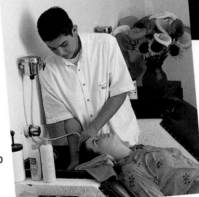

C HISTORIETA En la tintorería

Contesten.

Lima, Perú

1. ¿Tiene el joven mucha ropa sucia?
2. ¿La lleva a la tintorería?
3. ¿Quiere que la tintorera le lave las camisas?
4. ¿De qué material son las camisas?
5. ¿Puede lavarlas la tintorera?
6. ¿De qué material es el saco?
7. ¿Puede lavar el saco la tintorera?
8. ¿Es necesario que lo limpie en seco?
9. ¿Quiere el joven que la tintorera le planche el pantalón?
10. ¿Quiere que le planche las camisas también?

D Preguntas personales Contesten.

1. ¿Qué ropa llevas a la tintorería?
2. ¿Qué ropa lavas en casa?
3. ¿Prefieres que te planchen o que no te planchen las camisas?
4. ¿Planchas los blue jeans o no?
5. ¿Tienes mucho lavado cada semana?

Actividades comunicativas

Lima, Perú

A La peluquería Trabaja con un(a) compañero(a). Dile con qué frecuencia vas a la peluquería. Descríbele todo lo que hace el/la peluquero(a). Luego cambien de rol.

B En la tintorería Estás en la tintorería. Tienes mucha ropa sucia. Ten una conversación con el/la tintorero(a) (tu compañero[a]). Dile todo lo que necesitas. Luego cambien de rol.

C En una lavandería Estás trabajando a tiempo parcial *(part time)* en una lavandería *(laundromat)* en tu comunidad donde hay muchos clientes hispanohablantes. Explícale a un(a) cliente (tu compañero[a]) cómo usar la máquina de lavar. Puedes usar las siguientes expresiones.

prender la máquina · escoger la temperatura · poner blanqueador · sacar el lavado · esperar media hora · introducir monedas · añadir detergente · poner la ropa sucia

Vocabulario

El correo

la carta

el sobre

El correo aéreo cuesta más que el correo ordinario.

la tarjeta postal, la postal

el sello, la estampilla

el buzón

la ventanilla

La señora echa la carta en el buzón.

La empleada pesa el paquete.

El banco

la cuenta corriente

el cajero

la cajera

las monedas

el cheque de viajero

los billetes

endosar

el dinero en efectivo

La señorita quiere cobrar un cheque
de viajero.
Ella endosa el cheque.
Ella firma el cheque.

La casa de cambio

¿Cuál es el tipo de cambio?

El cambio está a 130 pesos el dólar.

el cambista

el tipo de cambio,
la tasa de cambio

el suelto

El joven quiere que le cambien dólares en pesos.

El cajero le da muchos billetes grandes.
El joven quiere cambio de un billete de
cinco mil. Quiere suelto también.

✦Práctica✦

A Tu experiencia personal   Contesten.

1. ¿Tú escribes muchas cartas o prefieres hablar por teléfono?
2. Cuando viajas, ¿mandas tarjetas postales? ¿A quién?
3. ¿Quién te escribe a ti con frecuencia?
4. ¿Dónde está el buzón más cerca de tu casa?
5. ¿Cuánto cuesta un sello para una carta por correo ordinario?
6. ¿Cuándo fue la última vez que recibiste un paquete por correo?
7. ¿Qué había en el paquete?

Ciudad de México

B La correspondencia   Escojan.

1. Acabo de escribir esta carta, pero no tengo un _____ en que meterla.
   a. sello   **b.** sobre   **c.** buzón
2. Y ahora tengo que ponerle un _____ para correo aéreo.
   a. sello   **b.** sobre   **c.** buzón
3. Quiero echar la carta al correo. ¿Hay un _____ en esta calle?
   a. sello   **b.** sobre   **c.** buzón
4. El correo aéreo es caro. Es posible que sea mejor que yo la mande por correo _____.
   a. postal   **b.** ordinario   **c.** pesado

C HISTORIETA Cosas bancarias

Contesten.

1. ¿Tiene tu familia una cuenta en el banco?
2. ¿Quién en tu familia escribe cheques?
3. ¿Tú has recibido un cheque alguna vez?
4. ¿De quién o para qué?
5. ¿Dónde cobraste el cheque?
6. ¿Tuviste que endosar el cheque?
7. ¿Te dio billetes grandes el cajero?
8. ¿Le pediste cambio?

D. Tipos de cambio Contesten según la lista.

1. ¿Cuál de las monedas tiene el menor valor?
2. ¿Cuál tiene el mayor valor?
3. ¿Es mejor el tipo de cambio para billetes o para cheques de viajero?
4. ¿Recibirías más pesos por un dólar canadiense o un dólar estadounidense?
5. ¿Cuánto tienes que pagar en comisiones?

tasas de cambio

PAIS (divisa)	DIVISA	$US
Alemania (marco)	1.82	0.5498
Argentina (peso)	0.99	1.0002
Australia (dólar)	1.50	0.6665
Austria (chelín)	12.75	0.0784
Bélgica (franco)	37.21	0.0269
Brasil (real)	1.13	0.8857
Canadá (dólar)	1.42	0.7040
Chile (peso)	454.25	0.0022
Colombia (peso)	1340.92	0.0007
Dinamarca (corona)	6.87	0.1455
Ecuador (sucre)	4550.00	0.0002
Egipto (libra)	3.41	0.2933
España (peseta)	154.00	0.0065
Finlandia (marco)	5.49	0.1821
Francia (franco)	6.10	0.1641
Gran Bretaña (libra)	0.61	1.6431
Grecia (dracma)	287.49	0.0035
Holanda (florín)	2.03	0.4921
Hong Kong (dólar)	7.75	0.1291
India (rupia)	39.20	0.0255
Irlanda (punt)	0.73	1.3630
Israel (shekel)	3.60	0.2779
Italia (lira)	1793.75	0.0006
Japón (yen)	128.78	0.0078
México (peso)	8.57	0.1166
Noruega (corona)	7.54	0.1327
Perú (nuevo sol)	2.86	0.3498
Portugal (escudo)	186.09	0.0054
Suecia (corona)	8.05	0.1242
Suiza (franco)	1.47	0.6806
Uruguay (nuevo peso)	9.97	0.1003
Venezuela (bolívar)	517.00	0.0019

Actividades comunicativas

A. En el correo
Estás en el correo en Chosica, no muy lejos de Lima. Tienes unas tarjetas postales que quieres mandar a casa. No sabes cuántos sellos necesitas ni cuánto te costará mandarlas. Y quieres tener una idea de cuándo van a llegar tus tarjetas. Ten una conversación con el/la empleado(a) en el correo (tu compañero[a]). Luego cambien de rol.

B. Cambio
Estás viajando por Guatemala y te quedan muy pocos quetzales. Ve al banco para cambiar dinero. Tu compañero(a) será el/la cajero(a) en el banco.

Una lavandería pública, Antigua, Guatemala

Estructura

◆ Telling what may or may not happen
El subjuntivo

1. All verb forms you have learned so far are in the indicative. All tenses of the indicative mood are used to express actions that actually do, did, or will take place. They are used to express real events.

> **José tiene el pelo muy largo.**
> **No fue a la peluquería ayer.**
> **Irá mañana.**

All these statements express factual, real information.

> *José has long hair. He didn't go to the barber's yesterday,*
> *but he will go tomorrow.*

2. Now you will learn the subjunctive mood. The subjunctive is used to express that which is not necessarily true or real. It expresses things that might happen, that you hope or want to happen. Let's compare the following two sentences.

> **José tiene el pelo muy largo y va a la peluquería.**
> **Los padres de José no quieren que él tenga el pelo tan largo y esperan que él vaya a la peluquería.**

The first sentence tells you that José has long hair and that he goes to the barber's. The information is factual. For this reason you use the indicative. The second sentence tells you that José's parents don't want him to have long hair, but that doesn't mean that his hair will necessarily be short. The sentence also tells us that they hope he goes to the barber, but this doesn't mean that he will. The second sentence tells you things that may happen. It does not present facts and, for this reason, you use the subjunctive.

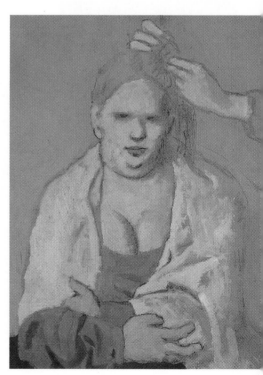

«El peinado» de Pablo Picasso

3. To form the present tense of the subjunctive of regular verbs, you drop the **o** of the **yo** form of the present indicative. This is true of verbs that also have an irregular form in the present tense of the indicative. Add **e** endings to all -**ar** verbs and **a** endings to all -**er** and -**ir** verbs.

INFINITIVE	PRESENT (YO)	STEM	PRESENT SUBJUNCTIVE (YO)
mirar	mirø	mir-	mire
comer	comø	com-	coma
vivir	vivø	viv-	viva
salir	salgø	salg-	salga
hacer	hagø	hag-	haga
decir	digø	dig-	diga
conducir	conduzcø	conduzc-	conduzca

4. Study the forms for the present tense of the subjunctive.

mirar	comer	vivir	salir
mire	coma	viva	salga
mires	comas	vivas	salgas
mire	coma	viva	salga
miremos	comamos	vivamos	salgamos
miréis	*comáis*	*viváis*	*salgáis*
miren	coman	vivan	salgan

¿Te acuerdas?

You are already familiar with these forms from your study of the commands. hable Ud., hablen Uds., no hables, venga Ud., vengan Uds., no vengas

5. The following are the only verbs that do not follow the normal pattern for the formation of the present subjunctive.

dar	estar	ir	saber	ser
dé	esté	vaya	sepa	sea
des	estés	vayas	sepas	seas
dé	esté	vaya	sepa	sea
demos	estemos	vayamos	sepamos	seamos
deis	*estéis*	*vayáis*	*sepáis*	*seáis*
den	estén	vayan	sepan	sean

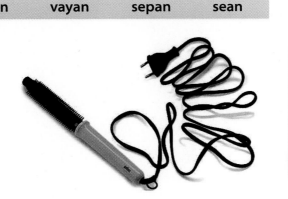

✦Práctica✦

A. **¿Qué quieren los padres de Adela? Quieren que ella haga muchas cosas.** Sigan el modelo.

> **estudiar**
> **Los padres de Adela quieren que ella estudie.**

Ciudad de Guatemala

1. estudiar mucho
2. trabajar duro
3. tomar cursos avanzados
4. leer mucho
5. comer bien
6. escribir a sus abuelos
7. recibir buenas notas
8. asistir a la universidad
9. salir bien en sus exámenes
10. decir la verdad
11. ser generosa
12. ir a una universidad buena
13. conducir con cuidado

B. **Los profesores insisten** Sigan el modelo.

> **estudiar**
> **Los profesores insisten en que estudiemos.**

1. trabajar
2. prestar atención
3. tomar apuntes
4. aprender
5. recibir buenas notas
6. hacer nuestras tareas
7. estar presentes
8. ser puntuales

Colegio Santa Teresita, Santurce, Puerto Rico

Expressing wishes and orders
El subjuntivo en cláusulas nominales

As you have seen, the subjunctive is used with the verbs **querer** and **insistir.** Even though someone wants or insists that something be done, it will not necessarily happen. The information in the clause introduced by either **querer** or **insistir** is not factual. It may or may not happen. Other verbs like **querer** and **insistir** that take the subjunctive are:

desear *to wish*   **mandar** *to order*
esperar *to hope*   **temer** *to fear*
preferir *to prefer*   **tener miedo de** *to be afraid*

> **Quiero que mis amigos vayan a la fiesta.**
> **Y espero que no lleguen tarde.**
> **Tengo miedo de que no sepan las direcciones.**

❖Práctica❖

A HISTORIETA En la peluquería

Contesten.

1. ¿Quiere Antonio que el peluquero le corte el pelo?
2. ¿Quiere que le dé un champú?
3. ¿Quiere que use las tijeras?
4. ¿Quiere que le ponga la raya a la derecha o a la izquierda?
5. ¿Quiere que le seque el pelo con el secador?

B HISTORIETA Una carta

Sigan el modelo.

> **Tú le escribes.**
> **Yo prefiero que tú le escribas.**

1. Le escribes en español.
2. Le mandas una tarjeta.
3. Pones un sello para correo aéreo.
4. Vas al correo.
5. Pones la tarjeta en el buzón delante del correo.

C HISTORIETA ¿Qué temen ellos?

Sigan el modelo.

> **Yo no tengo bastante dinero.**
> **Temen que yo no tenga bastante dinero.**

1. Yo no voy al banco.
2. Yo no tengo bastante dinero en efectivo.
3. No compro cheques de viajero.
4. Cambio demasiados dólares en pesos.
5. No sé dónde firmar el cheque.

Valladolid, España

D HISTORIETA ¡Vamos todos!

Contesten.

1. ¿Quieres que vayamos a Sevilla?
2. ¿Prefieres que yo conduzca?
3. ¿Insistes en que yo no exceda el límite de velocidad?
4. ¿Prefieres que yo tome la autopista?
5. ¿Temes que yo no pague el peaje?
6. ¿Esperas que lleguemos a Sevilla antes de la hora de cenar?

E HISTORIETA Cada uno quiere otra cosa.

Completen.

Yo no sé lo que vamos a hacer esta noche. Pablo quiere que nosotros _____ (ir) al cine. Él insiste en que nosotros _____ (ver) la película en el cine Apolo. Carlota teme que mañana _____ (ser) el último día. Tiene miedo de que ellos _____ (cambiar) las películas los sábados. Y tú, ¿quieres que nosotros _____ (ir) al cine o que _____ (hacer) otra cosa? ¿Qué me dices? Que Felipe quiere que Uds. _____ (quedarse) en casa. ¿Por qué? Ah, él quiere que todo el grupo _____ (ir) a su casa. Él prefiere que nosotros _____ (escuchar) música y que _____ (bailar). ¡Buena idea!

Actividades comunicativas

A **Lo que quieren mis padres**   Dile a un(a) compañero(a) de clase lo que tus padres siempre quieren que hagas. Tu compañero(a) te dirá lo que sus padres quieren que él o ella haga. Luego pongan sus dos listas juntas y decidan cuáles son los mismos consejos (advice) que Uds. reciben de sus padres. ¿Están Uds. de acuerdo con los deseos de sus padres? Den sus opiniones sobre sus consejos o deseos.

B **Mi mejor amigo(a)**   Trabaja con un(a) compañero(a). Cada uno(a) de Uds. va a preparar una lista de características que Uds. quieren que tenga su mejor amigo(a). Luego comparen sus listas y determinen las características que Uds. dos buscan en su mejor amigo(a).

Expressing opinions
El subjuntivo con expresiones impersonales

1. The subjunctive is also used after the following impersonal expressions.

es imposible	**es probable**
es posible	**es necesario**
es bueno	**es fácil**
es mejor	**es difícil**
es importante	

2. These expressions are followed by the subjunctive because it is uncertain whether the action of the verb will take place or not.

> **Es necesario que cambiemos el dinero mañana.**
> **Es importante que sepas el tipo de cambio.**
> **Es posible que el banco esté cerrado.**

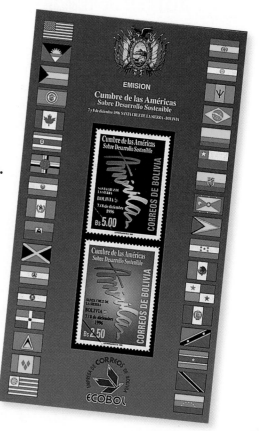

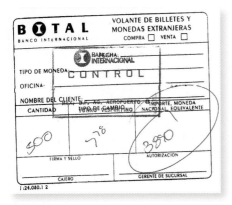

Práctica

A **¿Sí o no? ¿Cuál es tu opinión?** Contesten.

1. ¿Es importante que los jóvenes estudien lenguas?
2. ¿Es fácil que reciban buenas notas?
3. ¿Es bueno que hablen mucho?
4. ¿Es posible que visiten otros países?
5. ¿Es mejor que aprendan el español?

Benidorm, España

B **Voy a la ciudad. Pues, es importante que…**

Sigan el modelo.

> **tener cuidado**
> **Pues, es importante que tengas cuidado.**

1. desayunar antes
2. tener cuidado
3. tomar el tren
4. llevar bastante dinero
5. llamar a los abuelos

C **HISTORIETA Finanzas**

Contesten.

1. ¿Es importante que tú tengas dinero en el banco?
2. ¿Es posible que tengas una cuenta corriente?
3. ¿Es importante que todos pongamos dinero en el banco?
4. ¿Es necesario que endosemos un cheque antes de cobrarlo?
5. ¿Es mejor que paguemos con una tarjeta de crédito?

D HISTORIETA ¿Dónde están los nietos?

Completen.

Abuelito está un poco nervioso. Es posible que sus nietos ____ (llegar) mañana por la mañana. Es importante que abuelito ____ (saber) cuándo van a llegar. Pero es difícil que abuelita le ____ (decir) la hora precisa de la llegada de los nietos. Es posible que mañana ____ (hacer) mal tiempo. Como los nietos vienen en carro será necesario que ____ (manejar) despacio y con mucho cuidado si hay mucha nieve. Es mejor que ellos ____ (llegar) un poco tarde. Abuelito no quiere que ellos ____ (tener) un accidente. Es mejor que ____ (llegar) tarde pero sanos y salvos.

Tolima, Colombia

Actividades comunicativas

A Cosas fáciles y difíciles Prepara una lista de cosas que es probable que tú hagas con frecuencia porque es fácil hacerlas. Prepara otra lista que indica las cosas que es difícil que tú hagas. Luego compara tus listas con las listas que ha preparado tu compañero(a).

JUEGO No, no. Es imposible. Work in a small group. Talk together and tell one another what you think is important, necessary, or a good idea that some other member of the group do. Whoever is told to do it will answer with a good excuse as to why it's impossible.

Conversación

EMPLEADA: Sí, señor. ¿En qué puedo servirle?

FELIPE: Quiero cambiar dólares en pesos.

EMPLEADA: ¿Tiene Ud. dólares en efectivo o en cheque de viajero?

FELIPE: Cheque de viajero. ¿Cuál es el tipo de cambio hoy, por favor?

EMPLEADA: Para cheques de viajero 223 pesos por dólar. ¿Para cuánto es el cheque?

FELIPE: Cien dólares. ¿Quiere Ud. que yo lo endose?

EMPLEADA: Sí, claro. Y necesito su pasaporte también.

FELIPE: Aquí lo tiene.

EMPLEADA: Gracias.

Después de conversar

Contesten.

1. ¿Qué va a hacer Felipe?
2. ¿Quiere cambiar dinero en efectivo o un cheque de viajero?
3. ¿Cuántos pesos recibirá Felipe por un dólar?
4. ¿Cuántos dólares quiere cambiar?
5. ¿Qué tiene que hacer Felipe con el cheque?
6. ¿Qué más tiene que darle a la empleada?

Actividades comunicativas

A **En la peluquería**   Estás en una peluquería en un país hispano. Habla con el/la peluquero(a) (tu compañero[a]). Dile cómo quieres el pelo. Dile todo lo que quieres que él o ella haga. Luego cambien de rol.

B **Sí, sí, pero...**   Habla con un(a) compañero(a). Dile algunas cosas que quieres que él o ella haga. Tu compañero(a) te contestará que sabe que es bueno que él o ella haga lo que quieres pero en este momento es imposible que lo haga porque es importante que haga otra cosa. Luego cambien de rol.

Sevilla, España

Baños, Ecuador

Ávila, España

Lecturas CULTURALES

Reading Strategy

Recognizing text organization

Before you begin to read a passage, take a look at it quickly to figure out how it is organized. Doing so will help you guess the meanings of words you do not know, because it will help you figure out the overall meaning of the material. In addition, knowing how a selection is organized will help you identify where in the reading you can find a certain piece of information.

MUCHOS QUEHACERES

José Luis y un grupo de amigos de su colegio en Madrid han decidido que van a hacer una gira por el sur de España—por Andalucía. Van a ir a Córdoba, Granada y Sevilla donde quieren visitar los famosos monumentos de los árabes. Los árabes o los moros estuvieron en España por casi ocho siglos—desde 711 hasta 1492.

En Córdoba van a visitar la Mezquita.

En Granada, la Alhambra.

Y en Sevilla, el Alcázar.

Saben que en agosto va a hacer mucho calor en estas ciudades. Por consiguiente van a pasar unos días en una playa de la Costa del Sol antes de volver a casa.

La Mezquita, Córdoba

La Alhambra, Granada

El Alcázar, Sevilla

Como les quedan sólo dos días antes de salir para Andalucía, todos tienen muchos quehaceres[1]. José Luis tiene que ir a la peluquería. Quiere que el peluquero le corte el pelo. Tiene el pelo bastante largo y es mejor que tenga el pelo corto para la playa. Piensa nadar mucho en el Mediterráneo.

Teresa tiene mucho lavado. Tiene que llevar su ropa sucia a la lavandería. No es necesario que ella vaya a la tintorería. No es necesario limpiar en seco la ropa que va a llevar durante el viaje. Sólo tiene algunas camisetas, blusas y pantalones. Y Teresa no va a planchar la ropa tampoco[2]. Va a poner todo en su mochila y sabe que se va a arrugar[3].

Elena quiere ir al correo para comprar sellos. Querrá enviar unas postales a sus amigos y parientes y no quiere perder tiempo haciendo cola en el correo de Córdoba o Sevilla.

Y, ¿adónde tienen que ir todos? ¡Al banco! Sí, todos tienen que ir al banco porque necesitan dinero. En el banco no tienen que cambiar dinero porque estarán viajando dentro de España. Pero tienen que cobrar un cheque porque es necesario que tengan algún dinero en efectivo. Es probable que no compren cheques de viajero porque si no pagan sus cuentas en efectivo, pueden usar una tarjeta de crédito.

Pues, ¡buen viaje a todos! Y esperamos que lo pasen bien en Andalucía—¡que se diviertan!

[1]quehaceres *chores* [2]tampoco *either* [3]arrugar *to wrinkle*

Después de leer

A **Preparativos para un viaje**
Contesten.

1. ¿Quiénes han decidido hacer una gira por el sur de España?
2. ¿Por qué van a pasar unos días en la Costa del Sol?
3. ¿Qué tienen que hacer todos?
4. ¿Adónde tiene que ir José Luis?
5. ¿Qué quiere él?
6. ¿Cómo quiere el pelo para la playa?
7. ¿Adónde tiene que ir Teresa?
8. ¿Por qué no es necesario que ella vaya a la tintorería?
9. ¿Qué quiere hacer Elena en el correo?
10. ¿Qué van a hacer todos en el banco?

B **Una gira** Identifiquen.

1. una región del sur de España
2. tres ciudades de esta región
3. un monumento de Córdoba
4. un monumento de Granada
5. un monumento de Sevilla
6. el año 711

LA MONEDA: UN EDIFICIO CON MUCHA HISTORIA

En pleno centro de Santiago, la capital de Chile, está el edificio de la Moneda. El edificio se construyó entre 1788 y 1805. Es un bello ejemplo de arquitectura colonial.

Desde 1846 hasta 1958 la Moneda sirvió de residencia a los presidentes de la República de Chile. Pero el edificio no se construyó para residencia presidencial. Era donde se acuñaba[1] la moneda en tiempos coloniales. Hasta 1929, los presidentes vivían en el edificio mientras se continuaba acuñando las monedas allí.

En 1973 el edificio de la Moneda apareció en los periódicos de todo el mundo. El 11 de septiembre durante un golpe[2] militar, unos aviones atacaron la Moneda y en las ruinas murió el presidente Salvador Allende.

La Moneda fue restaurada y hoy sirve de sede[3] al gobierno chileno.

[1]se acuñaba *they minted*
[2]golpe *a coup (the overthrow of a government)*
[3]sede *seat (of government)*

Palacio de la Moneda, Santiago de Chile

Después de leer

A La Moneda Completen según la lectura.

1. La Moneda es un _____.
2. Está en el _____ de la ciudad.
3. Los presidentes del país vivían en el edificio desde _____ hasta _____.
4. El año 1929 fue el último año en que _____ dinero en el edificio.
5. La construcción del edificio tomó _____ años.

B Las noticias de 1973 Expliquen.

Expliquen lo que ocurrió de importancia en 1973.

EL PELO Y EL PEINADO

En muchas culturas del mundo el pelo y el peinado siempre han tenido un gran significado. Aún hoy los jueces[1] en Gran Bretaña siguen llevando peluca[2] en la corte.

En las Américas, entre los indígenas, el peinado, igual que el vestido, frecuentemente identifica al grupo o a la tribu. Y el pelo largo no tiene nada que ver con el sexo de la persona. En algunos grupos las mujeres tienen el pelo largo y llevan trenzas[3] que adornan con cintas[4] de colores vivos. En otros grupos, como los indios otavaleños del Ecuador, son los hombres quienes llevan trenzas.

Y, ¿quién se encarga[5] del cuidado del pelo y de la barba[6]? Los barberos o peluqueros, por supuesto. En la literatura hispana, el barbero es un personaje especial. Ha tenido fama de ser muy independiente—casi anarquista. Trabaja por sí mismo. No tiene jefe y conoce todos los secretos del pueblo. Y el hombre que pone el cuello bajo la navaja del barbero pone allí su vida. Este ha sido el tema o argumento de varios cuentos españoles y latinoamericanos.

[1] jueces *judges*
[2] peluca *wig*
[3] trenzas *braids*
[4] cintas *ribbons*
[5] se encarga *takes charge*
[6] barba *beard*

Después de leer

A **Costumbres interesantes**   Digan que sí o que no.

1. Los jueces en Gran Bretaña no tienen pelo.
2. Entre los indígenas de las Américas, el peinado identifica el grupo al que pertenecen.
3. Sólo las mujeres llevan el pelo largo.
4. En algunos grupos indígenas los señores llevan trenzas.
5. El barbero es un personaje especial en la literatura hispana.

Conexiones

LAS FINANZAS

LA BANCA

At one time or another we must all get involved in matters of money and finances. A bank is a good provider of financial services. We may want to pay some bills by check or put some money aside and open a savings account. These are two of the many services offered by a bank. Today many of our banking needs can be taken care of without even entering the bank. We can do our transactions at the ATM, or Automated Teller Machine.

Let's learn a few very commonly used banking terms in Spanish.

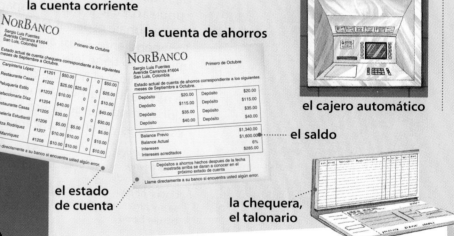

la cuenta corriente

la cuenta de ahorros

el cajero automático

el saldo

el estado de cuenta

la chequera, el talonario

Madrid, España

El banco

Una cuenta corriente
El servicio que te da el banco es muy importante. Es muy conveniente pagar tus facturas de gas, electricidad, etc., con un cheque. Para escribir cheques es necesario tener una cuenta corriente en el banco. Pero hay que tener mucho cuidado. Es necesario que tengas suficientes fondos o dinero en tu cuenta para cubrir los cheques.

Cada mes el banco te envía un estado de cuenta. Es necesario conciliar el saldo—es decir, verificar que el saldo que tiene el banco es el mismo saldo que tú tienes.

Una cuenta de ahorros

¿Te gusta ahorrar[1] dinero? Entonces puedes abrir una cuenta de ahorros. Ingresas dinero (haces un depósito) en la cuenta de ahorros y el banco te paga interés. Así va subiendo el saldo de tu cuenta y vas haciéndote más rico.

Préstamos

A veces es necesario pedir prestado[2] dinero. Es posible que quieras comprar un carro o una casa. Es posible que no tengas bastante dinero. El banco te hará un préstamo[3].

Una hipoteca es un préstamo para comprar una casa. Es un ejemplo de un préstamo a largo plazo[4]. Durante unos veinte o veinticinco años tendrás que hacer pagos. Cada pago incluye el interés que el banco te cobra[5]. La tasa de interés varía. Por ejemplo, la tasa de interés para un préstamo a corto plazo es generalmente más alta que la tasa de interés para un préstamo a largo plazo.

Hoy día puedes efectuar casi todas las funciones bancarias sin entrar en el banco. El banco te dará una tarjeta para el cajero automático. Introduces la tarjeta en el cajero automático y aparecen en la pantalla las instrucciones para cualquier función bancaria.

San Juan, Puerto Rico

[1]ahorrar *to save*
[2]pedir prestado *to borrow*
[3]préstamo *loan*
[4]a largo plazo *long-term*
[5]cobra *charges*

Después de leer

A **Ahorros para el futuro** Escojan.

1. Roberto quiere tener dinero para el futuro. Debe abrir _____.
   a. una cuenta corriente   b. una cuenta de ahorros
   c. un banco

2. Si Roberto quiere ahorrar mucho dinero, tendrá que _____.
   a. retirar mucho dinero   b. ingresar muchos fondos
   c. cobrar muchos cheques

3. Roberto no paga siempre con dinero en efectivo o con tarjeta de crédito. Él paga con _____.
   a. billetes   b. libretas   c. cheques

4. Roberto no tiene más cheques. Necesita _____.
   a. otra cuenta   b. otro talonario   c. otro estado

5. No se puede escribir otro cheque si no hay _____ en la cuenta corriente.
   a. fondos   b. cheques   c. depósitos

6. Una hipoteca es un préstamo _____.
   a. para un carro   b. a largo plazo   c. a corto plazo

Culminación

Actividades orales

A **Planes para un viaje**   Trabaja con un(a) compañero(a). Dentro de poco los dos van a hacer un viaje. Hablen de todo lo que tienen que hacer antes de salir para el viaje.

B **Quehaceres**   Habla con un(a) compañero(a). Describan todos los quehaceres que son parte de su rutina. Expliquen cuáles les gusta hacer y cuáles no les gusta hacer. Digan los que hacen durante la semana y los que hacen durante los fines de semana.

C **¡A mandar los regalos!**   Con un(a) compañero(a), miren el anuncio para MBE. Vives en Madrid y quieres mandar unos regalos a tus padres en los Estados Unidos. Tú piensas ir al correo para enviar los paquetes, pero tu amigo(a) español(a) (tu compañero[a]) te explica que debes ir al MBE y no al correo. Discutan las ventajas *(advantages)* de ir al MBE. Discutan los servicios que los dos ofrecen y decidan si es necesario que vayas al MBE en vez de ir al correo.

¡NO PIERDAS EL TIEMPO! NOSOTROS LO EMBALAMOS Y ENVIAMOS POR USTED.

MBE MAIL BOXES ETC.
La mayor red de centros de envíos y embalajes

Alquiler de buzones y servicio de correspondencia.

Envío y recepción de paquetería urgente y ordinaria.

Envíos internacionales.

Servicio de embalaje especializado.

Material de embalaje en todos los formatos.

Fax.

Artículos de oficina.

Mensajería local.

MBE MAIL BOXES ETC.
La mayor red de centros de envíos y embalajes

JUAN ALVAREZ MENDIZABAL, 12
28008 MADRID   TFNO.: 559 54 51

Actividad escrita

A **Todo es fabuloso.** Estás viajando por un país hispano. Te encanta. Te gusta mucho. Quieres que un(a) amigo(a) venga a visitar el mismo país. Escríbele una carta diciéndole por qué te gusta tanto y por qué quieres que él o ella lo visite también. Luego dile todas las cosas que es posible o importante que él o ella haga durante su estadía *(stay)* en el país.

Writing Strategy

Writing dialogue

Dialogue is the conversational element of a story—the written composition representing two or more people talking. Dialogue within a story can help bring characters and events to life. Good dialogue within a story can do several things. It can reveal things about characters, create a sense of time and place, and move the plot along. You can use dialogue for these purposes and for many more.

Un viaje con un(a) amigo(a)

You and a friend are going to Chile for a semester to study. Part of your credit for this coursework is writing about your entire trip, from beginning to end. This includes, of course, the planning stage as well. You are going to leave soon and your Spanish teacher would like you to submit a story about what it was like to prepare for this exciting upcoming adventure. Write about the meeting you and your friend had when you discussed everything you had to do to get ready. Use dialogue in your story to make it more lively. Be imaginative and creative.

Universidad de Chile

Vocabulario

TALKING ABOUT THE HAIRDRESSER

la peluquería
el/la peluquero(a), el barbero
el pelo, el cabello
un corte de pelo
el lado
la raya
la navaja

las tijeras
el secador
el champú
cortar
lavar
secar

TALKING ABOUT THE DRY CLEANERS

la tintorería
el/la tintorero(a)
la ropa sucia
el lavado
la máquina de lavar

de algodón
de lana
planchar
limpiar en seco

TALKING ABOUT THE POST OFFICE

el correo
el buzón
la ventanilla
la carta
el sobre
el sello, la estampilla

la tarjeta postal, la postal
el correo aéreo
el correo ordinario
pesar el paquete
echar la carta

TALKING ABOUT THE BANK

el/la cajero(a)
el dinero en efectivo
las monedas
los billetes
la cuenta corriente
el cheque de viajero
el suelto
endosar
firmar
cobrar

TALKING ABOUT CHANGING CURRENCY

la casa de cambio
el/la cambista
el tipo (la tasa) de cambio
cambiar
estar a

TECNOTUR

¡Buen viaje!

EPISODIO 12 ▶ Los servicios al público

Juan Ramón comienza a prepararse para su regreso a los Estados Unidos.

Teresa sugiere un nuevo estilo de corte para Juan Ramón.

CD-ROM

Expansión cultural

Los sellos revelan algo de la historia de un país.

interNET CONNECTION

In this video episode Juan Ramón does some last-minute errands in Madrid as he gets ready to return to Los Angeles. To do some virtual errands yourself, go to the **Capítulo 12 Internet activity** at the Glencoe Foreign Language Web site:

http://www.glencoe.com/sec/fl

CAPÍTULO  13

¡Fiestas!

Objetivos

In this chapter you will learn to do the following:

- describe and talk about parties and weddings
- talk about some holidays
- give advice and make recommendations
- express doubt, uncertainty, or disbelief
- express emotional reactions to what others do
- talk about New Year's Eve in the Hispanic world

Vocabulario

El cumpleaños

¡Feliz cumpleaños!

las velas

el pastel, la torta,
el bizcocho

Abril

L	M	M	J	V	S	D
		1	2	3	4	5
6	7	8	9	10	11	12
13	14	15	16	17	18	19
20	21	22	23	24	25	26
27	28	29	30			

Anita nació el ocho de abril.
Su familia y sus amigos celebran su
   cumpleaños con una fiesta.
No hay duda que todos se divierten.
Anita se alegra de que todos sus parientes
   vengan a la fiesta.

La boda

¡Felicitaciones!

la novia

¡Enhorabuena!

el novio

la dama de honor

el padrino

Los novios acaban de casarse.

la orquesta

el regalo

La recepción es en un salón elegante.
Los novios reciben muchos regalos.

✦Práctica✦

A HISTORIETA Una fiesta

Contesten personalmente.

1. ¿Cuándo es tu cumpleaños?
2. ¿Cuándo naciste?
3. ¿Te preparan una torta para tu cumpleaños?
4. ¿Qué clase de torta te gusta?
5. ¿Cuántas velas tendrás en tu próxima torta?
6. ¿Te dan una fiesta para tu cumpleaños?
7. ¿Quiénes asisten a la fiesta?
8. ¿Recibes muchos regalos?
9. ¿Qué hacen Uds. en la fiesta?
10. ¿Qué regalo te gustaría recibir para tu próximo cumpleaños?

En Tu Cumpleaños, Querida Hija

Que el día de tu cumpleaños
Celebres con alegría
Y que tu vida esté siempre
Llena de dicha, Hija mía.

Que Seas Muy
Feliz Siempre

Buenos Aires, Argentina

B HISTORIETA La boda

Contesten.

1. ¿Dan la recepción en un salón elegante o en un cuarto pequeño?
2. ¿Acaba de casarse la pareja?
3. ¿La mujer vestida de blanco es la dama de honor o la novia?
4. ¿Los novios dan o reciben regalos?
5. La música, ¿es de discos o de una orquesta?
6. ¿Quién es la señora al lado de la novia?
7. ¿Quién es el señor al lado del novio?

Preguntas personales   Contesten.

1. ¿Has asistido a una boda alguna vez? ¿Quiénes se casaron?
2. ¿Cómo era la ropa de la novia?
3. ¿La ceremonia fue religiosa o civil?
4. ¿Quiénes fueron el padrino y la dama de honor?
5. ¿Fuiste a la recepción?
6. ¿Dónde tuvieron la recepción?
7. ¿Qué hiciste en la recepción?

Actividades comunicativas

A   Una boda   Trabaja con un(a) compañero(a). Cada uno(a) de Uds. va a describir una boda a la que ha asistido. Luego comparen las dos bodas. ¿Había algunas diferencias entre las dos? ¿Cuáles eran las diferencias?

B   Fiestas de cumpleaños   A muchas personas les gusta mucho tener fiestas en su honor. A otras no les gusta. Trabaja con un(a) compañero(a). Dile si a ti te gustan las fiestas en tu honor o no. Explica por qué. Luego tu compañero(a) te dará sus opiniones. ¿Están de acuerdo o no?

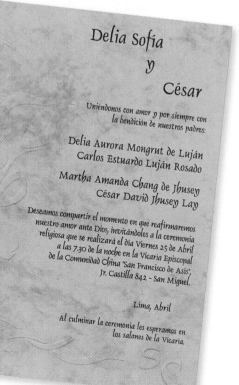

Delia Sofía
y
César

Uniéndonos con amor y por siempre con la bendición de nuestros padres:

Delia Aurora Mongrut de Luján
Carlos Estuardo Luján Rosado

Martha Amanda Chang de Jhusey
César David Jhusey Lay

Deseamos compartir el momento en que reafirmaremos nuestro amor ante Dios, invitándoles a la ceremonia religiosa que se realizará el día Viernes 25 de Abril a las 7.30 de la noche en la Vicaría Episcopal de la Comunidad China "San Francisco de Asís", Jr. Castilla 842 - San Miguel.

Lima, Abril

Al culminar la ceremonia les esperamos en los salones de la Vicaría.

Vocabulario

Navidad

el árbol de Navidad

¡Feliz Navidad!

Diciembre

L	M	M	J	V	S	D
	1	2	3	4	5	6
7	8	9	10	11	12	13
14	15	16	17	18	19	20
	22	23	24	(25)	26	27
28	29	30	31			

La Navidad es el veinticinco de diciembre.

Nochebuena es el veinticuatro de diciembre.

Año Nuevo

¡Próspero Año Nuevo!

La Víspera de Año Nuevo (Nochevieja) es el treinta y uno de diciembre.
La gente celebra cuando el reloj da las doce.

Diciembre

L	M	M	J	V	S	D
	1	2	3	4	5	6
7	8	9	10	11	12	13
14	15	16	17	18	19	20
21	22	23	24	25	26	27
28	29	30	(31)			

Enero

L	M	M	J	V	S	D
				(1)	2	3
4	5	6	7	8	9	10
11	12	13	14	15	16	17
18	19	20	21	22	23	24
25	26	27	28	29	30	31

Año Nuevo es el primero de enero, el primer día del año.

Los Reyes Magos

el camello

los Reyes Magos

la paja

El seis de enero es el Día de los Reyes.
Los padres les dicen a los niños que pongan paja para
los camellos en sus zapatos.
Los niños esperan que los Reyes les traigan regalos.

¡Feliz Hanuka!

la menora

Hanuka es la fiesta de las luces.
Es una fiesta hebrea. La fiesta dura ocho días.
Durante la fiesta le piden al hijo mayor que encienda
las velas de la menora.
La menora tiene nueve brazos.

⟨Práctica⟩

A **¿Qué celebran?** Identifiquen según se indica.

1.

2.

3.

4.

5.

B HISTORIETA Los regalos

Contesten.

1. En los Estados Unidos, ¿quién les trae regalos a los niños, San Nicolás o los Reyes?
2. ¿Quiénes traen regalos a los niños hispanos?
3. ¿Qué decoran para Navidad las familias norteamericanas?
4. ¿Cuándo reciben sus regalos los niños norteamericanos?
5. ¿Cuándo reciben sus regalos los niños hispanos?
6. ¿Para quiénes es la paja en los zapatos?
7. ¿Quiénes les dicen a los niños que pongan la paja en sus zapatos?
8. ¿Están contentos los niños que los Reyes les traigan regalos?

Paja para los camellos

C **Algunas tradiciones** Completen.

1. La «fiesta de las luces» se llama _____.
2. La menora lleva _____ brazos.
3. En cada brazo hay una _____.
4. La persona que enciende las velas es el _____.
5. Esta fiesta dura _____ días.

La Ciudad de Panamá

Actividades comunicativas

A **Una fiesta de invierno** El/La alumno(a) de intercambio (tu compañero[a]) quiere saber qué celebra tu familia en el invierno y cómo lo celebran. Descríbele las costumbres y tradiciones de tu familia para Navidad, Hanuka, Kwanza o cualquier otra fiesta de invierno. Después cambien de rol.

B **Entrevista** Si es posible, busca en tu comunidad a una persona mayor hispana. Prepara una entrevista con esta persona sobre las costumbres de Navidad o Reyes en su país. Luego prepara un reportaje y preséntalo a la clase.

Estructura

 Telling what may or may not take place
El subjuntivo de los verbos de cambio radical

1. Verbs that have a stem change in the present indicative also have a stem change in the present subjunctive.

	E → IE		O → UE	
INFINITIVE	cerrar	perder	encontrar	poder
yo	cierre	pierda	encuentre	pueda
tú	cierres	pierdas	encuentres	puedas
él, ella, Ud.	cierre	pierda	encuentre	pueda
nosotros(as)	cerremos	perdamos	encontremos	podamos
vosotros(as)	cerréis	perdáis	encontréis	podáis
ellos, ellas, Uds.	cierren	pierdan	encuentren	puedan

Other verbs with the **e → ie** stem change like **cerrar** are:

sentarse, comenzar, empezar, pensar.

Other **o → ue** verbs like **encontrar** are:

acostarse, recordar, volver.

2. The verbs **sentir (e → ie)** and **dormir (o → ue)** have a stem change in every person of the present subjunctive.

sentir: sienta, sientas, sienta, sintamos, *sintáis*, sientan

dormir: duerma, duermas, duerma, durmamos, *durmáis*, duerman

3. The verb **pedir** has an **i** in every person of the present subjunctive.

pedir: pida, pidas, pida, pidamos, *pidáis*, pidan

Other verbs like **pedir** are:

repetir, freír, seguir, servir.

Práctica

A HISTORIETA Yo quiero.

Sigan el modelo.

Él vuelve pronto.
Yo quiero que él vuelva pronto.

1. Él vuelve mañana.
2. Él nos encuentra en el restaurante.
3. Él se sienta a nuestra mesa.
4. Él pide algo bueno.
5. Él me recomienda un plato.
6. El mesero nos sirve atentamente.

Ciudad de México

B HISTORIETA Necesitamos a Luis.

Completen.

Espero que Luis _____ (volver) mañana. Quiero que él _____
              1   2
(encontrar) un vuelo temprano. Esperamos que él _____ (poder) llegar
                                                      3
por la mañana. Es posible que el partido _____ (comenzar) a las dos de
                                               4
la tarde. Para nosotros, es mejor que el partido _____ (empezar) más
                                                       5
tarde. Temo que Luis no _____ (poder) jugar si llega tarde. Y sin Luis,
                             6
es probable que nosotros _____ (perder) el partido.
                              7

Giving advice and making suggestions
El subjuntivo con verbos como **pedir** y **aconsejar**

1. The subjunctive is used with the following verbs because even though you may advise, recommend, suggest, ask, or order someone to do something, he or she may not do it.

   pedir *to ask*   **rogar** *to beg, to plead*
   aconsejar *to advise*   **exigir** *to demand*
   sugerir *to suggest*

   Él pide que yo vaya.
   Y yo le aconsejo que se quede aquí.
   Mamá nos sugiere que salgamos ahora.

2. An indirect object pronoun often goes with these verbs. The pronoun serves as the subject of the dependent clause.

   Él *me* pide que (yo) sirva de padrino.
   ***Les* ruego que (Uds.) no se casen en junio porque no voy a estar.**

3. The verbs **decir** and **escribir** call for the subjunctive only when they imply a command or request, such as: "He writes me to come right away."

   Ellos me dicen que no me case.
   Yo le escribo que venga pronto.

✦Práctica✦

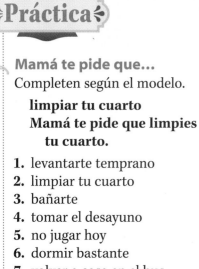

A   **Mamá te pide que...**
Completen según el modelo.

     limpiar tu cuarto
     Mamá te pide que limpies tu cuarto.

1. levantarte temprano
2. limpiar tu cuarto
3. bañarte
4. tomar el desayuno
5. no jugar hoy
6. dormir bastante
7. volver a casa en el bus

Coyoacán, México

B ¿Qué te escribe tu primo? Sigan el modelo.

ir a la fiesta
Mi primo me escribe que vaya a la fiesta.

1. ir al cine
2. tomar el tren
3. llegar un día antes de la fiesta
4. no ir a un hotel
5. quedarse en casa de mis tíos

C El profesor exige que... Sigan el modelo.

Estudiamos mucho.
El profesor nos exige que estudiemos mucho.

1. Llegamos temprano a clase.
2. Hacemos preguntas.
3. Estudiamos.
4. No perdemos el tiempo.
5. Pensamos antes de hablar.

D Consejos de mis padres Contesten.

1. ¿Tus padres te aconsejan que seas bueno?
2. ¿Tus padres te piden que ayudes un poco con las tareas domésticas?
3. ¿Te piden que les digas adónde vas y con quiénes?
4. ¿Tus padres te sugieren que hagas tus tareas antes de poner la televisión?
5. ¿Te dicen que te acuestes antes de las once?

Actividad comunicativa

A Los consejos de don o doña Sabelotodo

Tú vas a ser don o doña Sabelotodo—y no hay duda que tú lo sabes todo. Además sabes lo que todo el mundo debe hacer. Trabaja con un(a) compañero(a). Dale muchos consejos, sugerencias y recomendaciones. Tu compañero(a) te dirá si va a seguir tus consejos o no. Luego cambien de rol.

Santurce, Puerto Rico

Expressing doubt or uncertainty
El subjuntivo con expresiones de duda

1. The subjunctive is always used after expressions that imply doubt or uncertainty.

> **Dudo que ellos se casen.**
> **No creo que ellos tengan una recepción.**

2. If the statement implies certainty, however, the indicative rather than the subjunctive is used. The verb is frequently in the future tense.

> **No dudo que ellos se casarán.**
> **Creo que tendrán una gran recepción.**

3. Study the following expressions of doubt and certainty.

SUBJUNCTIVE	INDICATIVE
dudar	no dudar
es dudoso	no es dudoso
no estar seguro(a)	estar seguro(a)
no creer	creer
no es cierto	es cierto

Parque del Amor, Lima, Perú

A **¿Lo crees o no lo crees?**

Introduzcan la oración con **creo** o **no creo.**

1. Los aviones vuelan a un millón de millas por hora.
2. Las bicicletas contaminan el aire.
3. Hace mucho calor en la Siberia.
4. Todos los españoles hablan inglés.
5. Todos los compañeros de clase bailan muy bien.
6. Sirven comida excelente en la cafetería.
7. Las muchachas son más inteligentes que los chicos.

ESTE MOTOR...
NO CONTAMINA

B Martín nunca dice la verdad.

Sigan el modelo.

> **Yo soy el más inteligente de la clase.**
> **No, Martín. Dudo que seas el más**
> **inteligente de la clase.**

1. Yo tengo mucho talento.
2. También soy muy guapo.
3. Recibo las mejores notas de la clase.
4. Yo bailo como un profesional.
5. Mis padres son millonarios.
6. Las muchachas me adoran.
7. Voy a Madrid mañana.
8. Me quieren en Hollywood.

C HISTORIETA La boda de mi mejor amigo(a)

Contesten con **creo** o **dudo.**

1. Tu mejor amigo(a) se casa pronto.
2. Te invita a la recepción.
3. La recepción es en un gran hotel.
4. La orquesta toca música clásica.
5. Tú le regalas un coche.
6. Los novios viajan a Buenos Aires.

Actividad comunicativa

A ¿Pasará o no pasará?

Con un(a) compañero(a), determinen las cosas o los eventos que Uds. creen que van a pasar u ocurrir en su vida y cosas que no creen que pasen ni ocurran. Luego comparen sus dos listas para determinar lo que Uds. creen que tienen en común.

Expressing emotional reactions
El subjuntivo con expresiones de emoción

1. The subjunctive is used in a dependent clause that is introduced by a verb or expression of emotion.

   Me alegro de que tú celebres tu cumpleaños.
   Siento que tu hermano no pueda asistir.
   Es una lástima que él tenga que trabajar.

2. The following are verbs and expressions that convey emotion.

   alegrarse de
   estar contento
   sorprender
   gustar
   sentir
   ser una lástima

Santiago de Chile

❖Práctica❖

A. **Sara, sí, y Nora, no.** Sigan el modelo.

Tenemos un examen mañana.
Sara se alegra de que tengamos un examen mañana.
Nora siente que tengamos un examen mañana.

Sara   Nora

1. Tenemos clase mañana.
2. El profesor nos da un examen.
3. El examen es difícil.
4. No podemos usar los libros.

5. Escribimos una composición.
6. Hacemos una presentación oral.
7. El profesor lee las composiciones.

B ¿Se alegra o no se alegra Andrés? Contesten. Empiecen las frases con **Andrés se alegra** o **Andrés no se alegra.**

1. La escuela cierra temprano.
2. Los chicos pueden jugar.
3. Va a llover.
4. Acaba de llover.
5. Su equipo pierde.
6. Los padres les compran pizza.
7. Juegan otra vez mañana.

C HISTORIETA El Día de los Reyes y Hanuka

Contesten.

1. ¿Están contentos los niños que llegue el seis de enero?
2. ¿Se alegran de que vengan los Reyes?
3. ¿Están alegres que los Reyes les traigan regalos?
4. ¿Les sorprende que los camellos coman la paja en los zapatos?
5. ¿Te sorprende que la fiesta de Hanuka dure ocho días?
6. ¿Los niños se alegran de que los padres les den un regalo cada uno de los ocho días?
7. ¿Se alegran los padres de que su hijo mayor encienda las velas de la menora?

❧ Actividad comunicativa ❧

A Emociones

Trabaja con un(a) compañero(a). Van a hablar de su escuela y de su vida escolar. Es cierto que en la escuela hay cosas que les ponen contentos y hay otras cosas que les ponen tristes. Al hablar de su vida escolar usen las expresiones **Me alegro de que, Siento que, Estoy contento(a) que, Estoy triste que** y den sus opiniones.

Santurce, Puerto Rico

Conversación

RAMÓN:	¿Qué vas a hacer para Año Nuevo?
YOLANDA:	¿Año Nuevo? Estaré durmiendo. Pero Nochevieja voy a una fiesta.
RAMÓN:	Me alegro de que vayas a una fiesta. Yo me quedaré en casa.
YOLANDA:	¿Por qué? ¿Qué pasa?
RAMÓN:	Pues, invité a Cristina a ir a la fiesta de Luis Miguel y ella me dijo que no podía.
YOLANDA:	Claro que no podía. Ella no puede ir contigo porque va con Antonio.
RAMÓN:	¡Pero Antonio es tu novio! Es imposible que Cristina vaya con él.
YOLANDA:	Pues, imposible o no, es verdad. Créeme. ¡Oye, tengo una idea!
RAMÓN:	No es necesario que me digas. Ya lo sé. Y es excelente idea. ¡Vamos tú y yo a la fiesta!
YOLANDA:	Muchas gracias por la invitación. Acepto.

Después de conversar

Contesten.

1. ¿Qué va a hacer Yolanda durante Año Nuevo?
2. ¿Cuándo va ella a una fiesta?
3. ¿Quién da la fiesta?
4. ¿Qué piensa hacer Ramón?
5. ¿A quién pensaba Ramón invitar a la fiesta?
6. ¿Qué le dijo ella?
7. ¿Por qué no puede Cristina ir a la fiesta con Ramón?
8. ¿Quién es Antonio?
9. ¿Cuál es la idea que tiene Yolanda?
10. ¿Qué van a hacer Yolanda y Ramón?

A **¡Qué horror!** Trabaja con un(a) compañero(a). Uno(a) de Uds. va a ser (tomar el papel de) Yolanda en la conversación en la página 384. El/La otro(a) tomará el papel de Antonio que va a salir con otra. Yolanda va a decirle a Antonio todo lo que ella piensa de él. Antonio va a tratar de defenderse.

Ciudad de México

B **La víspera de Año Nuevo** Trabaja con un(a) compañero(a). Discutan todo lo que Uds. hacen o no hacen para celebrar el Año Nuevo.

CONVERSACIÓN

Lecturas CULTURALES

Reading Strategy

Visualizing while reading

When you are reading a passage, making a mental picture of what you are reading about will help you remember. This is called "visualizing," that is, allowing yourself to imagine the setting and events and picture them in your mind. This is especially helpful when reading about a topic that is new to you or one about which you have no background information.

LAS DOCE UVAS DE LA FELICIDAD

Madrid, la capital de España, está en el centro del país. Y en el mismo centro de Madrid está La Puerta del Sol. La Puerta del Sol es una plaza donde desembocan muchas calles. La Puerta del Sol tiene gran importancia histórica. Es allí donde los madrileños se reúnen cuando algo importante ha ocurrido o va a ocurrir.

Cada Nochevieja miles y miles de madrileños llenan la Puerta del Sol para esperar la llegada del Año Nuevo. Todos miran el reloj que está en la torre de la antigua Casa de Correos. Están contentos que llegue otro año. En los momentos antes de las doce de la noche, una bola dorada[1] comienza a bajar, segundo por segundo. Cuando baja completamente, el año ha terminado, y un año nuevo comienza. Mientras el reloj da las doce los madrileños tienen la costumbre de comerse doce uvas, una por una. Estas uvas se llaman las uvas de la felicidad. Comerlas es garantía de un año nuevo próspero y feliz.

[1]dorada *golden*

Puerta del Sol, Madrid

Después de leer

A **Nochevieja en Madrid**   Contesten según la lectura.

1. ¿Qué tienen en común Madrid y la Puerta del Sol?
2. ¿Por qué es importante históricamente la Puerta del Sol?
3. ¿Qué día del año llenan los madrileños la Puerta del Sol?
4. ¿Qué hacen ellos allí?
5. ¿Qué hay en la antigua Casa de Correos?

B **¿Cómo es Nochevieja?**   Expliquen en sus propias palabras las tradiciones de Nochevieja en España.

Puerta del Sol, Madrid

LA BODA

Á ngel y Mónica seguían saliendo juntos y cada mes se querían más. Sabían que querían casarse. Ángel fue a la casa de Mónica y le pidió al padre la mano de su hija. Poco después los padres anunciaron el compromiso[1] de sus hijos. Hubo un cóctel elegante en el que fijaron la fecha para sus bodas y todos los parientes de las dos familias y los amigos íntimos festejaron a los nuevos comprometidos. Estas fiestas y reuniones familiares son muy importantes porque el matrimonio es el enlace de las dos familias y durante las fiestas antenupciales las dos familias van conociéndose.

Se casaron un año después. El día de la boda hay generalmente dos ceremonias—la civil y la religiosa. Los novios van a la iglesia acompañados del padrino y de la madrina, de sus pajes de honor y de sus damas de honor. La madre de Mónica le sirvió de madrina y el padre de Ángel le sirvió de padrino. Después de la ceremonia Ángel y Mónica salieron de la iglesia como esposo y esposa y fueron a una recepción en donde sus familiares y sus amigos íntimos les dieron la enhorabuena.

Al terminar la recepción, Ángel y Mónica salieron para su viaje de novios. Fueron a Europa a pasar su luna de miel[2].

[1]compromiso *engagement*
[2]luna de miel *honeymoon*

Después de leer

A Los novios Contesten.

1. ¿Quiénes son Ángel y Mónica?
2. ¿Qué hizo Ángel cuando supo que él y Mónica iban a comprometerse?
3. ¿Qué hubo para anunciar su compromiso?
4. ¿Para qué sirven las fiestas antenupciales?
5. ¿Cuántas ceremonias hay para la boda?
6. ¿A quiénes escogieron Ángel y Mónica para su padrino y madrina?
7. ¿Adónde fueron los recién casados para su luna de miel?

Freyssiner-Parada

El reverendo Manuel Belman Robles, S.J., impartió la bendición nupcial a Sandra Freyssiner y César Parada, durante una ceremonia que tuvo lugar el pasado sábado por la tarde en la iglesia de Nuestra Señora del Socorro.

A la hora señalada llegaron los novios con su comitiva y en la puerta fueron recibidos por el sacerdote[1], quien les acompañó hasta el altar mayor, donde participaron del calvario de Cristo.

La iglesia fue profusamente iluminada y decorada con arreglos de flores naturales mientras el coro interpretó trozos de música sacra, lo que dio mayor lucimiento a la ceremonia.

El sacerdote oficiante pronunció un emotivo fervorín en donde dio consejos a los novios para su vida espiritual.

Estuvieron los padres de los contrayentes Jaime Freyssiner de la Barrera, Gloria Márquez Marrón, Francisco Javier Parra Jiménez y Amelia López de Parada.

Asimismo fueron madrinas Gloria Freyssiner Márquez, Karu Noval de Freyssiner, Amelia Parada de Hernández, Leticia Parada de Alba y Beatriz Alvarez.

Como pajes actuaron los niños Elvira Parada Dommarco y Cristina Hernández Parada.

Al finalizar el acto religioso, los nuevos esposos desfilaron[2] por el pasillo central y en el atrio[3] recibieron felicitaciones de amigos y parientes.

Más tarde se ofreció una recepción en su honor en donde se brindó[4] por la felicidad de la pareja, la que más tarde salió de viaje de bodas.

[1]sacerdote *priest*
[2]desfilaron *paraded*
[3]atrio *vestibule, entrance*
[4]se brindó *everyone toasted*

Después de leer

A La boda Contesten.

1. ¿Cómo se llama el sacerdote que le dio la bendición nupcial a la pareja?
2. ¿Dónde tuvo lugar la ceremonia?
3. ¿Cuándo tuvo lugar?
4. ¿Dónde recibió a la pareja el sacerdote?
5. ¿Adónde los acompañó?
6. ¿Con qué fue decorada la iglesia?
7. Después de la ceremonia, ¿dónde recibieron felicitaciones los nuevos esposos?
8. ¿Qué se ofreció después de la ceremonia en la iglesia?
9. ¿Para dónde salió la pareja después de la recepción?

Conexiones

LAS BELLAS ARTES

LAS ARTES PLÁSTICAS

From earliest times, religion has had a profound influence on art. The temples of the Far East, the Gothic cathedrals of Europe, the pyramids of the Mayas, and the great mosques of Cordoba and Cairo are artistic expressions of profound religious feeling. Throughout the centuries, the painters of Europe, especially the Spaniards, often employed religious themes in their work. *The Adoration of the Magi* by Velazquez and *The Return of the Prodigal Son* by Murillo are two notable examples.

Diego Velázquez

Bartolomé Murillo

La escuela española

Como ya saben Uds., hay diferentes épocas y «escuelas» de arte y, en particular, de pintura. Velázquez y Murillo son representantes de la «escuela española». Pero también se puede decir que eran clásicos. Cuando hablamos de los clásicos en el arte, nos referimos a los artistas que se notan por su claridad, elegancia y atención a las formas de los griegos y romanos.

Los dos artistas nacieron[1] en Sevilla. Velázquez (1599–1660) era de una familia noble. Murillo (1617–1682) era de una familia pobre. Perdió a sus padres cuando tenía sólo diez años. Velázquez fue a Madrid a pintar para la corte donde su talento artístico fue reconocido enseguida. Murillo se quedó en Sevilla donde se ganó la vida pintando y vendiendo sus cuadros en el mercado. En poco tiempo ganó fama y fue reconocido como el pintor principal de la ciudad.

[1]nacieron *were born*

«La adoración de los Magos»
de Diego Velázquez

Los temas favoritos de la escuela española eran la mitología y la religión. Este cuadro de Velázquez, «La adoración de los Magos», representa a los tres Reyes Magos—Melchor, Gaspar y Baltasar—ofreciendo sus regalos al Niño Jesús. Notarán Uds. los anacronismos en esta obra. Por ejemplo, la época del evento es del primer siglo. Las ropas son contemporáneas con la época del pintor del siglo XVII. Noten los colores que emplea el artista. Velázquez es maestro de colorido.

Este cuadro de Murillo, «El regreso del hijo pródigo», describe la historia bíblica del mismo nombre. Todos los personajes y objetos que aparecen[2] en la historia bíblica están incluidos en el cuadro. Vemos al padre que recibe a su hijo que regresa y los sirvientes que le traen zapatos y ropa nueva. El cuadro no tiene líneas definidas ni un fuerte contraste de colores. El pintor quería una composición sencilla y armoniosa. No hay nada en el cuadro que nos distraiga[3] de la contemplación de la alegría del padre.

«El regreso del hijo pródigo» de Bartolomé Murillo

[2]aparecen *appear*
[3]distraiga *distracts*

~Después de leer~

A **La escuela española**   Contesten.

1. ¿Quiénes son representantes de la «escuela española»?
2. ¿Dónde nacieron?
3. ¿Quién era de una familia noble y rica?
4. ¿Quién era de una familia pobre?
5. ¿Dónde pintó Velázquez?
6. ¿Dónde pintó Murillo?
7. ¿Cuáles eran los temas favoritos de la «escuela española»?
8. ¿Cómo se llama el cuadro de Velázquez?
9. ¿Qué representa?
10. ¿Cómo se llama el cuadro de Murillo?

B **Tu preferencia**   ¿Cuál de los dos cuadros te gusta más? ¿Por qué?

Actividades orales

A **Una situación delicada**   Tu mejor amigo(a) (tu compañero[a]), iba a casarse. Pero ahora ha cambiado de idea. Él o ella no sabe qué hacer. Te pide consejos. Conversen juntos.

B **El pobre Manolo**   Manolo nunca sabe qué hacer. Nunca ha asistido a una fiesta y acaba de recibir una invitación. Aconséjale a Manolo sobre cómo vestirse para la fiesta y cómo comportarse—es decir, lo que debe hacer durante la fiesta.

San José, Costa Rica

C **Mi fiesta favorita**   Trabaja con un(a) compañero(a). Descríbele tu fiesta favorita. Explícale por qué te gusta tanto. Luego cambien de rol.

Actividades escritas

A Un correo electrónico   Lee el siguiente correo electrónico.
Después de leerlo, prepara una contestación. Incluye todos los detalles.

```
┌─────────────────────────────────────────────────────────┐
│                    Message Composition                    │
├─────────────────────────────────────────────────────────┤
│  [icons]                               eperez@anon.com    │
│  Subject: [                                            ]   │
│  ▽ Addressing                          Attachments        │
│  ┌──────────────────────────────┐  ┌──────────────────┐  │
│    Mail To:                                                │
│       Cc:                                                  │
│  └──────────────────────────────┘  └──────────────────┘  │
│  ┌──────────────────────────────────────────────────────┐│
│   Hola, amigo:                                            ││
│   Anoche fue Nochevieja. Todos fuimos a la Puerta del Sol a celebrar.
│   Había miles de personas allí.                          ││
│   Hacía frío, pero no nos importaba. Cuando el reloj empezaba a dar las
│   doce, empezamos a comer las doce uvas de la felicidad. Después fuimos a
│   casa de unos amigos y seguimos en fiesta hasta las tres de la mañana.
│   ¿Qué hiciste tú para Nochevieja? Ya tienes mi dirección para correo
│   electrónico. Escríbeme pronto.                          ││
│  └──────────────────────────────────────────────────────┘│
└─────────────────────────────────────────────────────────┘
```

B Una invitación   Prepara una invitación para una fiesta de
cumpleaños, una boda o cualquier fiesta. Da todos los detalles
necesarios.

Writing Strategy

Classifying a subject

When writing, one way to effectively organize your material is to classify your subject. For example, if you are writing about clothing, there are several categories your subject could fit into: clothing for school, clothing for weekends, clothing for doing chores, and many more. By choosing a category and classifying your subject, you will be able to organize your information more appropriately and use this classification to construct a good paragraph or paper.

Las fiestas

Obviously you celebrate many holidays throughout the year. This does not mean, however, that you and your classmates celebrate the same ones. Write a paper about some of the holidays you celebrate and describe what these celebrations entail. It would be impossible to write about all the holidays you celebrate; therefore, narrow your list by selecting a category for your holidays: holidays I like best, religious holidays, winter holidays, summer holidays, or any other you can think of. Include an introduction and a conclusion.

Vocabulario

TALKING ABOUT A BIRTHDAY PARTY

el cumpleaños
el pastel, la torta, el bizcocho
las velas
el regalo
los parientes

nacer
venir a la fiesta
divertirse
¡Feliz cumpleaños!

TALKING ABOUT A WEDDING

la boda
la novia
el novio
la dama de honor
el padrino
la madrina

la recepción
el salón
la orquesta
casarse
¡Felicitaciones!
¡Enhorabuena!

TALKING ABOUT CHRISTMAS

la Navidad
el árbol de Navidad
la Nochebuena
los Reyes Magos

los camellos
la paja
¡Feliz Navidad!

TALKING ABOUT HANUKA

la fiesta de las luces
la menora
hebreo
encender las velas
durar
¡Feliz Hanuka!

TALKING ABOUT NEW YEAR'S

el Año Nuevo
La Víspera de Año
    Nuevo (Nochevieja)
el reloj
dar las doce
celebrar
¡Feliz Año Nuevo!

OTHER USEFUL EXPRESSIONS

alegrarse

¡Buen viaje!

EPISODIO 13 ▶ ¡Fiestas!

Isabel y Luis hacen planes para celebrar el cumpleaños de una amiga muy especial.

¡Sorpresa!

CD-ROM

Expansión cultural

La fiesta de Navidad en la Ciudad de México

interNET CONNECTION

In this video episode Isabel and Luis help Cristina celebrate her November 1 birthday in a special way. To find out more about the Day of the Dead celebration in Mexico and other holidays in the Spanish-speaking world, go to the **Capítulo 13 Internet** activity at the Glencoe Foreign Language Web site:

http://www.glencoe.com/sec/fl

CAPÍTULO 14

Profesiones y oficios

Objetivos

In this chapter you will learn to do the following:

- ∾ talk about professions and occupations
- ∾ interview for a job
- ∾ state work qualifications
- ∾ talk about future events
- ∾ talk about probable events

Vocabulario

La oficina

el secretario

la contable

la programadora
de informática

el gerente

La tienda

la cajera

el comerciante

El gobierno municipal

el funcionario

el alcalde

la alcaldía

La corte

el juez

la abogada

el tribunal

el bufete del abogado

Otras profesiones

la ingeniera

el arquitecto

Algunos oficios

el electricista

el plomero, el fontanero

la carpintera

el albañil

Los oficios son los trabajos de especialistas
como plomeros y carpinteros.
Estos especialistas tienen que tener (poseer)
un talento.

Las profesiones son los trabajos que
requieren un título universitario.
Es necesario que los profesionales tengan un
título universitario.

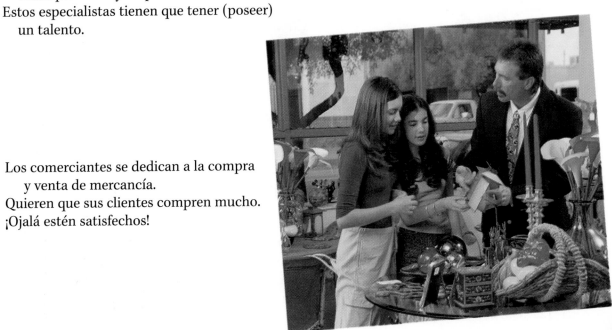

Los comerciantes se dedican a la compra
y venta de mercancía.
Quieren que sus clientes compren mucho.
¡Ojalá estén satisfechos!

VOCABULARIO

✤Práctica✤

A **¿Qué es y quiénes trabajan aquí?** Contesten.

1.

2.

3.

4.

5.

B **¿Quién trabaja dónde?** Escojan.

a. el mecánico

b. la funcionaria

c. el cocinero

d. la profesora

e. el mesero

f. el contable

g. la juez

h. el pintor

i. el campesino

j. la obrera

k. la veterinaria

l. el médico

1. ¿Quién trabaja en una fábrica?
2. ¿Quién trabaja en la sala de consulta?
3. ¿Quién cuida de los animales?
4. ¿Quién siembra los campos?
5. ¿Quién pinta cuadros?
6. ¿Quién enseña?
7. ¿Quién repara el carro?
8. ¿Quién prepara los platos en el restaurante?
9. ¿Quién les sirve a los clientes en el restaurante?
10. ¿Quién prepara cuentas y documentos financieros?
11. ¿Quién trabaja en la corte y decide quién es inocente o no?
12. ¿Quién trabaja para el gobierno municipal, estatal o federal?

C ¿A quién necesitas si... ? Contesten.

1. quieres construir un garaje para tu casa
2. tienes un problema legal
3. necesitas medicina y tienes una receta del médico
4. quieres ayuda con tus maletas en el aeropuerto
5. quieres unos audífonos en el avión
6. estás buscando ayuda en una tienda

D Una carrera que me interesaría   Sigan el modelo.

agente de policía
Sí, me gustaría ser agente de policía. Me interesaría.
No, no me gustaría ser agente de policía. No me
interesaría nada.

1. médico
2. arquitecto
3. gerente de una gran empresa o compañía
4. abogado
5. dentista

6. contable
7. electricista
8. programador
9. funcionario en una agencia del gobierno
10. veterinario

Un cocinero, Marbella

Una abogada, Ciudad de México

AMALIA ANAYA
Coordinadora General

Equipo Técnico de Apoyo a la Reforma Educativa - ETARE
MINISTERIO DE PLANEAMIENTO Y COORDINACION
Av. Sánchez Lima No. 2647-Tel. 376051-Fax 392399-Casilla 6406-La Paz - Bolivia

Actividades comunicativas

A Una profesión   Trabaja con un(a) compañero(a). Hablen de las profesiones u oficios que les interesarían. Expliquen por qué les interesaría cierta profesión.

JUEGO   Piensa en un oficio o profesión. Tu compañero(a) te puede hacer un máximo de cinco preguntas para adivinar o acertar el oficio o la profesión en que estás pensando. Luego cambien de rol.

Vocabulario

En busca de un puesto

Jorge está buscando un puesto que
   sea interesante.
Quiere que le paguen bien.
Es posible que vea un anuncio en el periódico.
¡Quizás encuentre algo que le interese!

Jorge no quiere trabajar a tiempo completo
   (cuarenta horas por semana).
Quizás le ofrezcan un trabajo a tiempo parcial.

el departamento de recursos humanos (personal)

la solicitud de empleo

Catalina busca un puesto también.
Ella llena una solicitud de empleo.

la entrevistadora

el candidato, el aspirante

El candidato tiene una entrevista.
La entrevistadora le hace preguntas.
¡Ojalá (que) conteste bien a las preguntas!
Es posible que esté un poco nervioso.
Quizás esté nervioso durante la entrevista.

A HISTORIETA Una entrevista

Contesten según la foto.

1. ¿Están entrevistando a la señorita?
2. ¿Estará buscando ella un puesto que sea interesante y que le pague bien?
3. ¿Tiene la candidata una carta de recomendación?
4. ¿Tiene que llenar una solicitud de empleo?
5. ¿Quiere la señorita que la entrevistadora lea su carta de recomendación?
6. ¿Es posible que la candidata esté un poco nerviosa?

B HISTORIETA Mi trabajo

Contesten.

1. ¿Trabajas?
2. ¿Dónde trabajas?
3. ¿Trabajas a tiempo completo o a tiempo parcial?
4. ¿Prefieres trabajar a tiempo completo o a tiempo parcial?
5. ¿Recibes un salario?
6. ¿Cuánto te pagan?

Caracas, Venezuela

Empresa de primer orden de INGENIERIA Y SISTEMAS DE CONTROL DE TRAFICO Y TRANSPORTE, con presencia consolidada en ámbitos internacionales, ofrece puesto de

ingeniero de compras y logística

- Buscamos un profesional, con formación de **Ingeniero Superior o Técnico**, dominio del **inglés** y disponibilidad para viajar por España y el extranjero.
- **Se valorará:**
    - La experiencia adquirida en el área de compras y logística en Empresa Industrial.
    - La formación específica sobre la materia.
    - La capacidad de negociación con proveedores nacionales y extranjeros.
- La remuneración es a convenir, en función de la formación y experiencia aportada por los candidatos.

Rogamos envíen Historial Profesional detallado, con pretensiones económicas, fotografía, señas y teléfono de contacto, indicando la Ref.: 22.229 a:

GM&A Selección   C/ Don Ramón de la Cruz, 33 28001 Madrid

SE SOLICITA RECEPCIONISTA
Para importante empresa. Presentarse de lunes a viernes, en Av. 20 de Octubre # 1743 (esq. Conchitas) de 9 a 10:30 con curriculum y referencias.

HISTORIETA Él solicita trabajo.

Contesten según se indica.

1. ¿Juan busca trabajo? (sí)
2. ¿Qué ha leído? (un anuncio en el periódico)
3. ¿Qué compañía está buscando (reclutando) empleados? (Austral)
4. ¿Adónde va Juan? (al departamento de recursos humanos de Austral)
5. ¿Qué tiene que llenar? (una solicitud de empleo)
6. ¿A quién le da la solicitud? (a la recepcionista)
7. ¿Qué va a tener? (una entrevista)

Actividades comunicativas

A **Una entrevista** Eres un(a) empleado(a) en una agencia de empleos. Un(a) compañero(a) es un(a) candidato(a) para un empleo. Tú vas a darle una entrevista. Pregúntale sobre sus estudios, experiencia, aptitudes personales, talentos artísticos, etc. Luego cambien de rol.

B **En la oficina del/de la consejero(a) de orientación** El/La consejero(a) de orientación *(guidance counselor)* de tu escuela te ha pedido ayudar a un(a) estudiante hispanohablante que acaba de llegar de un país latinoamericano. Quiere que le hagas preguntas para determinar una carrera que le interesaría. Luego quiere que le expliques todo lo que tiene que hacer para prepararse para esa carrera.

Guadalajara, México

Estructura

Saying what you would like to do and what you would like others to do
Infinitivo o subjuntivo

1. With any verbs or expressions that require the subjunctive, the subjunctive is used only when there is a change of subject. In other words, the subjunctive is used when the subject of the main clause is different from the subject of the dependent clause that follows **que.**

MAIN CLAUSE		DEPENDENT CLAUSE
Tú quieres	**que**	**yo vaya al banco.**
Nosotros preferimos	**que**	**Uds. cambien dinero.**
Es necesario	**que**	**alguien decida.**

2. If there is no change of subject, the infinitive is used.

> **Tú quieres ir al banco.**
> **Nosotros preferimos cambiar dinero.**
> **Es necesario decidir.**

Práctica

Caracas, Venezuela

A **HISTORIETA** No. Yo quiero hacerlo.

Contesten según el modelo.

¿Quieres que yo vaya al banco?

No. Yo quiero ir al banco.

1. ¿Quieres que yo vaya al banco?
2. ¿Quieres que yo endose el cheque?
3. ¿Quieres que yo cobre el cheque?
4. ¿Quieres que yo pida la tasa de cambio?
5. ¿Quieres que yo cambie dólares?
6. ¿Quieres que yo abra una cuenta?

B HISTORIETA Nosotros también

Sigan el modelo.

Yo espero que Uds. hagan el viaje.

Nosotros también esperamos hacer el viaje.

1. Yo espero que Uds. hagan el viaje.
2. Espero que Uds. viajen en avión.
3. Espero que tomen un vuelo directo.
4. Espero que lleguen a tiempo.
5. Espero que visiten los museos.
6. Espero que vean los monumentos.
7. Espero que coman bien.
8. Espero que tengan bastante dinero.
9. Espero que vuelvan en una semana.

Ciudad de México

C HISTORIETA La ropa sucia

Contesten.

1. ¿Quieres lavar la ropa sucia?
2. ¿O prefieres que yo la lave?
3. ¿Quieres ir a la lavandería?
4. ¿O prefieres que yo vaya?
5. ¿Quieres que yo te lave el suéter?
6. ¿O es necesario limpiarlo en seco?
7. ¿Quieres que yo lo lleve a la tintorería?

Actividad comunicativa

A **Este fin de semana** Pregúntale a tu compañero(a) lo que él o ella quiere hacer este fin de semana. Después, pregúntale lo que quiere que sus padres hagan. Luego cambien de rol.

Museo de Arte Contemporáneo, Ciudad de México

Stating *perhaps* or *maybe*
El subjuntivo con **ojalá** y **quizá(s)**

The expressions **ojalá** (*I wish* or *I hope*) and **quizás** (*perhaps* or *maybe*) are always followed by the subjunctive.

> **¡Ojalá que tengas una entrevista!**
> **¡Ojalá que te salga bien!**
> **¡Quizá te ofrezcan el puesto!**

Práctica

A  **HISTORIETA** ¡Ojalá que sí!

Contesten con **ojalá.**

1. ¿Él va a buscar un puesto?
2. ¿Va a ir al departamento de recursos humanos?
3. ¿Va a pedir una solicitud de empleo?
4. ¿Va a llenar la solicitud?
5. ¿Le van a dar una entrevista?
6. ¿No va a estar muy nervioso?
7. ¿Le van a ofrecer el puesto?
8. ¿Le va a pagar bien el trabajo?

Ciudad de México

B **El corte de pelo** Contesten según el modelo.

> **¿Dónde estará Marta (la peluquería)?**
> **Quizás esté en la peluquería.**

1. ¿Dónde estará Marta? (la peluquería)
2. ¿Qué pedirá ella? (un corte de pelo)
3. ¿Qué usarán para cortarle el pelo? (tijeras)
4. ¿Qué más le darán? (un champú)
5. ¿Quién le cortará el pelo? (Nilda)
6. ¿Cuánto tiempo tomará? (media hora)
7. ¿Cuánto le cobrarán? (20 pesos)

CARLOS DURAN
PELUQUEROS
Luisa Fernanda, 6. 28008 Madrid. Tíno. 541 33 70

Actividad comunicativa

A **Quizá y ojalá** Habla con un(a) compañero(a). Usando **quizá,** dile algunas cosas que es posible que ocurran en el futuro. Si es algo que quieres que ocurra, sigue hablando usando **ojalá.** Por ejemplo, **¡Quizá seas rico(a)! ¡Ojalá sea rico(a)!** Luego cambien de rol.

Describing indefinite persons or things
El subjuntivo en cláusulas relativas

A grouping of words that modifies a noun is called a relative clause. A relative clause can modify or describe a noun that refers to a specific, definite person or thing or an indefinite person or thing. When the clause describes a definite person or thing, the verb in the clause is in the indicative. If, however, it modifies an indefinite person or thing, the verb is in the subjunctive. Note too that the **a personal** is omitted when the object is indefinite.

> **Conocemos a una secretaria que habla bien el español.**
> **Buscamos una secretaria que hable bien el español.**

Práctica

A **Un conocido** Contesten según el modelo.

> **una persona que habla español**
> **No necesito una persona que hable español.**
> **Conozco a una persona que habla español.**

1. una persona que es bilingüe
2. una persona que tiene experiencia
3. una persona que conoce el mercado
4. una persona que puede viajar

B **HISTORIETA** Están buscando empleados.

Contesten.

1. ¿Está ofreciendo la compañía Avensa un puesto que paga bien?
2. ¿Buscan alguien que tenga experiencia en ventas?
3. ¿Quieren alguien que pueda viajar?
4. ¿Necesitan una persona que conozca más de un idioma?

Conversación

Planes para el futuro

LORENZO: ¿Piensas asistir a la universidad, Alejandra?

ALEJANDRA: Sí. Tengo muy buenas notas y me gustan los estudios académicos.

LORENZO: ¿Tienes una idea de lo que quieres hacer?

ALEJANDRA: No sé exactamente. Quizás me especialice en comercio o marketing.

LORENZO: Son dos campos interesantes.

ALEJANDRA: Creo que me gustaría trabajar con una empresa multinacional. Quiero un puesto que me permita viajar.

LORENZO: Entonces es importante que continúes con tus estudios del español. ¡Ojalá tengas mucha suerte en tu carrera!

ALEJANDRA: Gracias.

Después de conversar

Contesten.

1. ¿Qué piensa hacer en el futuro Alejandra?
2. ¿Por qué quiere asistir a la universidad?
3. ¿Sabe Alejandra lo que quiere hacer después?
4. ¿En qué campos piensa especializarse?
5. ¿Por qué dice que le gustaría trabajar con una empresa multinacional?
6. ¿Qué le aconseja Lorenzo?

Actividades comunicativas

A Un trabajo ideal Piensa en lo que tú considerarías un trabajo ideal, algo que a ti te gustaría mucho hacer. Describe tu trabajo ideal a un(a) compañero(a). Luego cambien de rol.

B Posibles carreras Trabaja con un(a) compañero(a). Cada uno(a) de Uds. va a preparar una lista de las cosas que le interesan y de las materias o asignaturas que le gustan. Luego miren sus listas. Determinen los intereses que tienen en común. Luego discutan las profesiones o los oficios que les interesarían a los dos.

C Buscando un puesto Trabaja con un(a) compañero(a). Miren las fotos y describan lo que pasa en cada una.

a.

b.

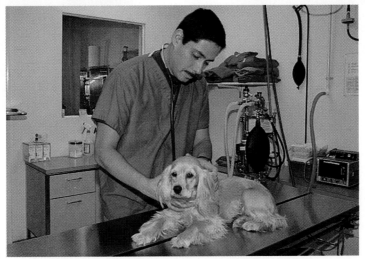
c.

Lecturas CULTURALES

UN MUCHACHO QUE SE LLAMA BOBBY

Esta historia no es ficción. Bobby, a quien hoy le llaman don Roberto, es norteamericano. Asistió a una escuela pública donde estudió el español por cuatro años. Siguió con sus estudios del español en la universidad, aunque el español no era su campo de especialización. Se especializó en ciencias políticas.

Después de graduarse de la universidad Bobby entró al Cuerpo de Paz[1] como voluntario. Pasó unos meses de entrenamiento[2] en Puerto Rico. Después fue a Centroamérica donde trabajaba con campesinos en proyectos de irrigación y reforestación. Cuando terminó su período de voluntario, Bobby tomó el examen para el Departamento de Estado.

Bobby fue a trabajar con el Departamento de Estado y ascendió rápidamente. Fue cónsul en Costa Rica y agregado cultural en España. Él ha representado a los Estados Unidos en Centroamérica, Sudamérica y España. Y hoy Bobby es embajador.

[1]Cuerpo de Paz *Peace Corps*
[2]entrenamiento *training*

Bolivia

Ecuador

¿Dónde y cómo comenzó esta ilustre carrera diplomática? Según don Roberto, «en el noveno grado, en mi clase de español uno».

¡Ojalá que tú también tengas una carrera tan interesante como la de Bobby! ¡Quizás seas nuestro embajador o embajadora en España o en México! ¿Qué opinas? ¿Te interesa la posibilidad de un puesto que te pague bien y que te permita ver el mundo al mismo tiempo?

Perú

Después de leer

A **Una carrera interesante** Contesten.

1. ¿Cómo le llaman a Bobby hoy?
2. ¿De qué nacionalidad es?
3. ¿Cuántos años estudió el español en la escuela secundaria?
4. ¿Dónde siguió con sus estudios del español?
5. ¿En qué se especializó?
6. ¿Qué hizo en el Cuerpo de Paz?
7. Al terminar su período con el Cuerpo de Paz, ¿adónde fue a trabajar Bobby?
8. ¿Qué ha sido él?

LECTURA OPCIONAL 1

LA IMPORTANCIA DE LAS LENGUAS EXTRANJERAS

No hay duda que el conocimiento de un idioma extranjero como el español puede ser un beneficio en muchas carreras. Hoy en día el comercio internacional tiene más y más importancia. No es suficiente sólo exportar nuestros productos al extranjero. Hay que tener una presencia real en muchos países. Por consiguiente muchas grandes empresas norteamericanas han llegado a ser multinacionales. Quiere decir que tienen instalaciones o sucursales[1] y filiales[2] en el extranjero. ¡Imagínate! Es posible que algún día tú trabajes con una compañía americana y que tu oficina esté en Caracas, Lima o Madrid.

Quizás el español en sí[3] no sea una carrera. Pero el español con otra especialización le da a uno una ventaja incalculable. Si tú conoces la contabilidad, el marketing o la informática, por ejemplo, y además dominas bien el español, podrás trabajar con una empresa multinacional. El español y tu otra especialización te permitirán encontrar un trabajo que te pague bien, que te sea interesante y que te dé la oportunidad de viajar y ver el mundo. ¡Ojalá! ¿No?

[1]sucursales *branches*
[2]filiales *subsidiaries*
[3]en sí *in itself*

jc **UNESCO**
OFICINA REGIONAL DE EDUCACION DE LA UNESCO
PARA AMERICA LATINA Y EL CARIBE
DIRECCION: ENRIQUE DELPIANO 2058
(PLAZA P. DE VALDIVIA)
CASILLA 3187
TELEX: 340258 Unesco **CK**
TELEFONO: 2049032
FAX: 2091875
SANTIAGO DE CHILE

Caracas, Venezuela

Después de leer

A **La importancia de una lengua extranjera**

Discutan.

¿Por qué es importante estudiar una lengua extranjera?
¿Cómo te puede ayudar en tu vida?

Caracas, Venezuela

Málaga, España

AHORA EN MADRID PLANET HOLLYWOOD
ABRE SUS PUERTAS

y para integrar su equipo profesional te necesitamos en los puestos de

GERENTES DE RESTAURANTE, GERENTE DE TIENDA, GERENTE DE VENTAS Y UN CHEF

Requisitos para chef:
- Inglés (nivel medio).
- Edad no mayor de 40 años.
- Escolaridad mínima de BUP o Secundaria, con estudios de especialización en alimentos y bebidas.
- Experiencia mínima comprobable de 4 años como chef en restaurantes de medio o alto volumen, con conocimientos de control de costos, gastos y manejo de personal.
- Buena presencia.

Requisitos para gerentes de tienda, gerente de ventas y gerente de restauración:
- Inglés (dominio).
- Edad entre 28 y 35 años.
- Estudios en administración, turismo, mercadotecnia o comercio (requisito sustituible únicamente con experiencia comprobable).
- Experiencia mínima comprobable de dos años como responsable del área.
- Con excelente actitud de servicio y ventas.
- Excelente presentación.

Ofrecemos para todos los puestos:
- Sueldo a convenir.
- Bonificación semestral y otras ventajas sociales.

Los interesados deberán enviar *curriculum vitae*, con fotografía, por correo, a: C/ Antonio Maura, 12, 4.º derecha, 28014 MADRID, a la atención de Planet Hollywood Madrid. Fax 91 522 08 53.

La confirmación de los expedientes seleccionados se realizará telefónicamente para un proceso de entrevistas que se efectuará en Madrid.

LA FECHA LÍMITE PARA RECEPCIÓN DE DATOS ES EL 14 DE OCTUBRE

Después de leer

A **El «Planet Hollywood»**
Contesten.

1. ¿Qué abre sus puertas en Madrid?
2. ¿Quién necesita saber más inglés, el chef o el gerente de ventas?
3. ¿Cuál es la edad máxima para el chef? ¿Y para los otros puestos?
4. ¿Cuántos años de experiencia tiene que tener el chef? ¿Y los otros?
5. ¿Dónde tendrán lugar las entrevistas?
6. ¿Qué deben enviar los interesados con su curriculum vitae?
7. ¿Cómo van a informar a las personas que seleccionan para presentarse para una entrevista?

Conexiones

LAS CIENCIAS SOCIALES

LA ECONOMÍA

Economics is the science that deals with the production, distribution, and consumption of goods and services for the welfare of humankind. It is an interesting and complex science. People need or desire all kinds of goods and services. However, we do not have at our disposal all the resources we would need to produce all that society would like to have. For this reason, economists provide the information necessary to those who must make crucial decisions as to what will and will not be produced.

La economía

¿Qué es la economía?

Hay varias definiciones de economía. La economía es el estudio de las decisiones que tomamos en la producción, distribución y consumo de bienes y servicios[1]. Es el estudio de las maneras en que las sociedades deciden lo que van a producir y para quién. También es el estudio del uso y control de recursos[2] para satisfacer las necesidades y los deseos humanos. Este es un aspecto muy importante de la economía porque los deseos humanos no tienen límite. Las necesidades humanas pueden ser de primera necesidad como la comida y la ropa. Hay también bienes y servicios que no son de primera necesidad pero que son importantes para algunas personas—los diamantes y un chófer, por ejemplo. Si las necesidades y los deseos humanos no tienen límite, no es el caso con los recursos. Los recursos son limitados. La verdad es que hay una escasez[3] de recursos.

[1]bienes y servicios *goods and services*
[2]recursos *resources*
[3]escasez *shortage*

Barcelona, España

Recursos económicos

Los recursos económicos son el total de los recursos naturales, fabricados[4] y humanos que se emplean en la producción de bienes y la provisión de servicios. Los recursos naturales son la materia prima[5], lo que viene de la Tierra. Los recursos fabricados incluyen las fábricas, los edificios comerciales y todo tipo de equipo mecánico y técnico. Los recursos humanos incluyen la mano de obra[6] de toda clase—profesional, técnica, gerencial y obrera.

Costo de oportunidad

Como todos los recursos son limitados, es imposible dar a la sociedad todos los bienes y servicios que desea. La escasez de materiales y recursos nos obliga a escoger lo que vamos a producir porque no podemos producir todo. Si usamos los recursos disponibles[7] para producir una cosa, perdemos la oportunidad de usar estos mismos recursos para producir otra cosa. Este sacrificio se llama «el costo de oportunidad». Si todos los trabajadores en una fábrica van a producir televisores, la fábrica no puede producir otro producto. Es el costo de oportunidad. Todo lo que hacemos tiene su costo de oportunidad. Si decides ir al cine en vez de estudiar para un examen, estás sacrificando la oportunidad de estudiar. Es el costo de oportunidad de ir al cine.

Una fábrica de Ford, México

[4]fabricados *manufactured*
[5]materia prima *raw material*
[6]mano de obra *workforce*
[7]disponibles *available*

❧Después de leer❧

A **Términos económicos** Contesten.

1. ¿Cuál es un ejemplo de una necesidad esencial?
2. ¿Cuál es un ejemplo de una necesidad que no es esencial?
3. ¿Cuáles son algunos recursos económicos?
4. ¿Cuál es un ejemplo de una materia prima?

B **Costo de oportunidad** Expliquen.

Explica lo que significa «el costo de oportunidad».

Culminación

Actividades orales

A **Ventajas y desventajas**   Con un(a) compañero(a), piensen en varias carreras. Hablen de lo que consideran las ventajas y desventajas de cada una.

B **Líneas aéreas nacionales**   Una línea aérea está buscando (reclutando) asistentes de vuelo. A ti te interesa. Decides ir a tener una entrevista. Tu compañero(a) te va a dar la entrevista. Luego cambien de rol.

Lima, Perú

C **La importancia del español**   Tú y un(a) compañero(a) van a hablar a los alumnos en una clase del primer año de español. Les van a decir por qué deben continuar con sus estudios del español. Les van a explicar por qué es muy importante el estudio del español. Traten de ser creativos y usen su sentido del humor.

D **El Real Madrid**   El equipo de fútbol Real Madrid está buscando alguien que pueda ir a Madrid por un mes para ayudar a los miembros del equipo a practicar y perfeccionar su inglés. Tienen un(a) representante (tu compañero[a]) en tu pueblo. A ti te gustaría ir a Madrid. El/La representante te va a dar una entrevista. Dile por qué te interesa el trabajo y por qué crees que tienes las aptitudes y cualidades necesarias.

Madrid, España

Actividades escritas

A **El currículum vítae** Vas a preparar tu currículum vítae o resumen personal en español. En tu resumen incluye los siguientes detalles: nombre, dirección, preparación académica, título, talentos, intereses y hobbys.

B **Unos anuncios** Estás trabajando con una agencia de empleos. Vas a preparar algunos anuncios clasificados para el periódico local. Escoge a lo menos tres puestos vacantes. En tus anuncios, da una descripción de cada puesto y los requisitos para el trabajo.

Una agente de viajes, Caracas

Writing Strategy

Using visuals

Well-organized writing that is clearly expressed is the key to good communication. However, visuals can help organize, clarify, and expand many different kinds of data. A visual can help you illustrate an important concept. Good visuals can portray at a glance an idea that might take several paragraphs to express in words.

¿Cuáles son los intereses de la clase?

It is likely that many of your classmates have varied opinions about and plans for the future. Prepare a survey to administer to your classmates, asking what they would like to do. After you have gathered the data, prepare a visual that gives an overview of the possible careers and job interests your class has. You may wish to use a computer to help you create your visual to convey your information to your readers.

Vocabulario

IDENTIFYING SOME OFFICE PERSONNEL

el/la programador(a)
de informática
el/la secretario(a)

la oficina
el/la gerente
el/la contable

TALKING ABOUT MERCHANDISING

el/la comerciante
el/la cliente
el/la cajero(a)
la venta

la compra
la mercancía
satisfecho(a)

DISCUSSING SOME LEGAL PROFESSIONS

el tribunal
el/la juez

el/la abogado(a)
el bufete del abogado

IDENTIFYING SOME MUNICIPAL GOVERNMENT WORKERS

la alcaldía
el/la alcalde

el/la funcionario(a)

TALKING ABOUT SOME PROFESSIONS

la profesión
el título universitario

el/la ingeniero(a)
el/la arquitecto(a)

IDENTIFYING SOME TRADES

el oficio
el/la especialista
el/la electricista
el/la albañil

el/la plomero(a),
el/la fontanero(a)
el/la carpintero(a)

TALKING ABOUT JOB OPPORTUNITIES

un puesto
el anuncio
el departamento de recursos
humanos (personal)
el/la candidato(a),
el/la aspirante

el/la entrevistador(a)
la entrevista
la solicitud de empleo
a tiempo completo
a tiempo parcial
ofrecer un trabajo

OTHER USEFUL EXPRESSIONS

ojalá
quizás

VIDEO

¡Buen viaje!

EPISODIO 14 ▶ Profesiones y oficios

Teresa

Luis

Isabel

Cristina

CD-ROM

Expansión cultural

Juan Ramón

¿Qué clase de trabajo buscas? Los anuncios clasificados del periódico te pueden ayudar.

inter**NET**
CONNECTION

In this video episode Juan Ramón, Teresa, Luis, Isabel, and Cristina discuss their plans for the future. To find out more about career opportunities in the Spanish-speaking world, go to the **Capítulo 14** Internet activity at the Glencoe Foreign Language Web site:

http://www.glencoe.com/sec/fl

Repaso CAPÍTULOS 12–14

Conversación

La futura jefa de banquetes

ANTONIA: ¿Adónde vas, Isabel?

ISABEL: Voy a la peluquería. Tengo el pelo un poco largo. Necesito un corte. Y después voy al correo.

ANTONIA: ¿Por qué es necesario que vayas al correo?

ISABEL: Tengo que enviar las invitaciones. Quiero que lleguen a tiempo.

ANTONIA: ¿Qué invitaciones?

ISABEL: Pues, el día 13 voy a dar una gran fiesta.

ANTONIA: ¿Qué estás celebrando?

ISABEL: No te voy a decir. ¡Ya verás!

ANTONIA: Ay, pero siempre estás dando fiestas.

ISABEL: Pues, me gustan las fiestas y me gusta darlas.

ANTONIA: Algún día, ¡quizás seas una jefa de banquetes que planee fiestas y recepciones para bodas y bautizos.

ISABEL: ¡Tal vez! ¿Quién sabe?

Después de conversar

A **Un trabajo para Isabel**   Contesten.

1. ¿Adónde va Isabel?
2. ¿Por qué va allí?
3. Y después, ¿adónde va?
4. ¿Por qué es necesario que ella vaya allí?
5. ¿Cuándo será la fiesta?
6. ¿Para qué es?
7. ¿Por qué da muchas fiestas Isabel?
8. Un día, ¿es posible que ella haga qué tipo de trabajo?

Estructura

Usos del subjuntivo

The indicative mood of the verb is used to express events and actions that actually have, are, or will take place. The subjunctive, on the other hand, is used to express events that may or may not take place. Some introductory statement makes the actual event uncertain. The following are some expressions that are followed by the subjunctive.

querer	es posible	alegrarse de
esperar	es imposible	sentir
temer	es probable	estar contento
preferir	es necesario	estar triste
pedir	es importante	
sugerir	es bueno, es mejor	
aconsejar	es fácil	
exigir	es difícil	
mandar		
insistir		

Quiero que él vaya. Espero que él vaya. Le pido que vaya. La verdad es que insisto en que él vaya porque es importante que él vaya. Más que importante, es necesario que él vaya. Pero la verdad es que yo no sé si va a ir o no.

Práctica

A **HISTORIETA** En la peluquería

Contesten.

1. ¿Quiere José que el peluquero le corte el pelo?
2. ¿Prefiere que el peluquero use la navaja o las tijeras para cortarle el pelo?
3. ¿Le pide que le dé un champú también?
4. ¿Quiere el peluquero que José le diga cómo quiere el pelo?
5. ¿Insiste José en que el peluquero le ponga una raya?

B Consejos Contesten.

1. ¿Quieren tus padres que escojas una buena carrera?
2. ¿Te aconseja tu profesor que sigas con tus estudios del español?
3. ¿Te sugiere que tomes un curso de informática?
4. ¿Están contentos tus padres que estudies mucho y que saques buenas notas?
5. ¿Es probable que tú vayas a la universidad?
6. ¿Es importante que tú sepas la carrera que vas a escoger antes de ir a la universidad?

C HISTORIETA En la estación de servicio

Sigan el modelo.

San José, Costa Rica

Yo quiero / él / llenar el tanque
Yo quiero que él llene el tanque.

1. Yo quiero / él / poner gasolina sin plomo
2. Le pido / revisar el aceite
3. Me alegro de que / él / limpiar el parabrisas
4. Es necesario / él / poner aire en las llantas
5. Es importante / nosotros / manejar con cuidado
6. El empleado prefiere / yo / pagar con cheque

Más usos del subjuntivo

1. The subjunctive is also used when introduced by a statement that conveys doubt. When the statement implies certainty, however, the indicative is used.

> **Dudo que él asista a la boda.**
> **Pero creo que los novios van a recibir muchos regalos.**

2. The subjunctive is also used in a clause that modifies an indefinite antecedent. If the antecedent refers to a specific person or thing, the indicative is used.

> **La compañía está buscando un candidato que hable inglés.**
> **La compañía tiene un candidato que habla inglés.**

A HISTORIETA Una carta

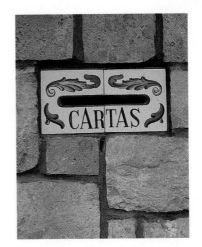

Contesten.

1. ¿Crees que José te ha escrito?
2. ¿Piensas que él ha puesto la carta en un buzón?
3. ¿Dudas que él vaya al correo para mandar la carta?
4. ¿Es dudoso que la carta llegue hoy?
5. ¿Es cierto que la carta tiene bastantes sellos?

B Hay que tener ciertas calificaciones.   Completen.

1. La compañía Vensa está buscando alguien que _____ (tener) experiencia, que _____ (conocer) bien el español y el inglés y que _____ (poder) viajar.
2. El director del servicio de personal me dijo que necesitan alguien que _____ (estar) libre inmediatamente.
3. Han entrevistado a dos candidatos. Hay un candidato que _____ (tener) experiencia, que _____ (querer) y _____ (poder) trabajar enseguida.
4. Desgraciadamente él no habla inglés y la compañía sigue buscando alguien que _____ (hablar) inglés y que _____ (conocer) el mercado norteamericano.

Actividades comunicativas

A **Carreras**   Trabaja con un(a) compañero(a). Identifiquen las carreras que creen que les interesarían. Identifiquen también las carreras que no les interesarían. Digan por qué. Decidan si tienen muchos intereses en común. ¿Es posible que sigan o escojan la misma carrera?

B **Fiestas**   Trabaja con un(a) compañero(a). Planeen una gran fiesta. Discutan por qué van a dar la fiesta y todo lo que van a hacer durante la fiesta. Entonces decidan todo lo que tienen que hacer antes de la fiesta.

C **En la peluquería**   Con un(a) compañero(a), entablen una conversación que tiene lugar en una peluquería. Uno(a) de Uds. será el/la peluquero(a) y el/la otro(a) será el/la cliente.

1

1. Ruinas mayas, Seibal
2. Celebración de Todos los Santos,
   poblado de Todos los Santos
3. Procesión de Semana Santa,
   Chichicastenango
4. Mercado, Chichicastenango
5. Iglesia de San Francisco,
   Antigua Guatemala
6. Tucán, Parque Nacional Tikal

2

6

5

426

NATIONAL
GEOGRAPHIC

VISTAS
DE GUATEMALA

4

NATIONAL GEOGRAPHIC

VISTAS
DE GUATEMALA

5

 Literatura 1

Vocabulario

el burro

el prado

la piedra

el hocico

los cascabeles

las flores

celeste

gualda

rosa

El burro anda por el prado.
Acaricia las florecitas con su hocico.

los higos

el escarabajo

la miel

el cascabeleo   el sonido de los cascabeles
la pena   algo triste
los gemelos   dos cosas iguales o dos hermanos nacidos al mismo tiempo
el acero   un metal muy duro
la plata   un metal blanco, valioso; se usa para monedas

blando(a)   lo contrario de «duro(a)»
suelto(a)   libre
peludo(a)   con mucho pelo
tibiamente   suavemente
acariciar   tocar suavemente
la abeja   un insecto que produce la miel del néctar de las flores

❧Práctica❧

A **¿Sí o no?**   Digan que sí o que no.

1. Los higos son una flor.
2. A veces un gato lleva un collar de cascabeles.
3. Las abejas son insectos.
4. Los escarabajos producen la miel del néctar de las flores.
5. Otro nombre para «celeste» es blanco.
6. Otro nombre para «gualda» es amarillo.
7. Se hacen monedas de la plata.

B **La palabra, por favor.**   Completen.

1. Yo tengo un dólar, pero no es de papel; es de _____.
2. Los dos hermanos nacieron el mismo día; ellos son _____.
3. No es blando; es muy _____.
4. Pero el otro es duro, muy duro, duro como el _____.
5. El animal puede ir adonde quiera; siempre anda _____.
6. Está muy triste; tiene muchas _____.
7. El hombre pasa la mano sobre el burrito; lo _____.

Andalucía, España

PLATERO Y YO
de Juan Ramón Jiménez

INTRODUCCIÓN Esta obra no es prosa, ni es poesía. Se puede decir que es prosa poética. Muchos creen que don Juan Ramón escribió la obra para niños, pero en su prólogo el autor dice: «Ese breve libro, en donde la alegría y la pena son gemelos, cual las orejas de Platero, estaba escrito para... qué sé yo para quien... para quien escribimos los poetas líricos». Juan Ramón Jiménez recibió el Premio Nóbel de Literatura en 1956.

El fragmento que sigue se titula «Platero», y es uno de 139 capítulos. Es una descripción del burrito, amigo y compañero constante de don Juan Ramón en el pequeño pueblo de Moguer en Andalucía, España.

Platero y yo

Platero es pequeño, peludo, suave; tan blando por fuera que se diría todo de algodón, que no lleva huesos. Sólo los espejos de azabache° de sus ojos son duros cual dos escarabajos de cristal negro.

Lo dejo suelto, y se va al prado, y acaricia tibiamente con su hocico, rozándolas° apenas, las florecillas rosas, celestes y gualdas. Lo llamo dulcemente: —¿Platero?— y viene a mí con un trotecillo alegre que parece que se ríe, en no sé qué cascabeleo ideal... Come cuanto le doy. Le gustan las naranjas mandarinas, las uvas moscateles°, todas de ámbar, los higos morados, con su cristalina gotita de miel...

Es tierno° y mimoso° igual que un niño, que una niña... ; pero fuerte y seco por dentro, como de piedra. Cuando paso sobre él, los domingos, por las últimas callejas del pueblo, los hombres del campo, vestidos de limpio y despaciosos°, se quedan mirándolo: —Tien´ asero—... Tiene acero. Acero y plata de luna, al mismo tiempo.

espejos de azabache *black mirrors*

rozándolas *brushing against them*

uvas moscateles tipo de uva muy dulce

tierno *tender*
mimoso *pampered*

despaciosos con calma

Moguer, Andalucía

Después de leer

A **Platero** Completen.

1. Platero no es grande; es _____.
2. Y no es duro; es _____.
3. Las uvas moscateles son del color de _____.
4. Platero acaricia las florecillas con su _____.
5. El día de la semana que el autor pasa sobre su burro es el _____.

B **Platero** Contesten.

1. Cuando el autor suelta al burro, ¿adónde va el animalito?
2. ¿Con quiénes compara el autor a Platero?
3. ¿Qué le gusta comer a Platero?
4. ¿Quiénes miran a Platero cuando pasa por el pueblo?

C **Para pensar** Discutan.

1. El autor describe a Platero en formas contradictorias, especialmente cuando habla de lo exterior y de lo interior del animalito. Explica.
2. ¿Cómo describirías tú a Platero?
3. Los campesinos dicen que el burrito «Tien' asero...» ¿Qué quiere decir esa frase, y por qué lo escribe de esa forma el autor?
4. Al final del capítulo don Juan Ramón dice: «Acero y plata de luna, al mismo tiempo». Interpreta esa frase.

D **Recursos literarios** Contesten.

A metaphor is a figure of speech in which a word that means one thing is substituted for another to indicate a similarity or likeness, for example, "In the springtime of life." A simile is a figure of speech in which two very different things are compared to each other, usually using the word "like" **(como),** for example, "eyes like stars, hands like hams," etc. What metaphors and similes can you identify in this selection?

Un campesino con su burro, Andalucía, España

Literatura 2

Vocabulario

el monte — la paloma — el laurel

el ruiseñor

el ciempiés

el horizonte

la muralla

la rosa

el alacrán

la serpiente

el clavel

Las dos niñas están cerca de la muralla.
Ellas juntaban las manos.

el veneno   una sustancia que puede matar, como el arsénico
el puñal   un tipo de cuchillo
alzar   levantar

⟨Práctica⟩

A **Estudio de palabras** Pareen.

1. el horizonte   **a.** poison, venom
2. la serpiente   **b.** horizon
3. la rosa   **c.** mountain
4. el veneno   **d.** rose
5. el monte   **e.** serpent

B **¿Sabes?** Identifiquen.

1. dos flores   **3.** un reptil
2. dos pájaros   **4.** dos insectos

C **¿Cuál es?** Escojan.

1. Entre las flores había unos preciosos _____.
   a. claveles   **b.** puñales   **c.** venenos

2. La serpiente podría matar con su _____.
   a. flor   **b.** veneno   **c.** cuchillo

3. Sí, sí, el criminal tenía un cuchillo; era un _____.
   a. alacrán   **b.** clavel   **c.** puñal

4. No, no lo va a bajar; al contrario, lo va a _____.
   a. alzar   **b.** matar   **c.** abrir

Cañaverales, Cuba

INTRODUCCIÓN El poeta cubano Nicolás Guillén presenta, en sus versos, elementos de folklore negro. Él es uno de los cultivadores de la poesía «afrocubana». En el poema que sigue, el poeta nos presenta un lindo mensaje de comprensión y tolerancia.

La muralla

Para hacer esta muralla,
tráiganme todas las manos:
los negros sus manos negras,
los blancos sus blancas manos.
Ay,
una muralla que vaya
desde la playa hasta el monte,
desde el monte hasta la playa, bien,
allá sobre el horizonte.
—¡Tun, tun!
—¿Quién es?
—Una rosa y un clavel...

¡Abre la muralla!
—¡Tun, tun!
—¿Quién es?
—El sable° del coronel°...
—¡Cierra la muralla!
—¡Tun, tun!
—¿Quién es?
—La paloma y el laurel...
—¡Abre la muralla!
—¡Tun, tun!
—¿Quién es?
—El alacrán y el ciempiés...
—¡Cierra la muralla!

sable *sword, saber*
coronel *colonel*

Al corazón del amigo,
abre la muralla;
al veneno y al puñal,
cierra la muralla;
al mirto° y la yerbabuena°,
abre la muralla;
al diente de la serpiente,
cierra la muralla;
al ruiseñor en la flor,
abre la muralla...

Alcemos una muralla
juntando todas las manos;
los negros, sus manos negras,
los blancos sus blancas manos.
Una muralla que vaya
desde la playa hasta el monte,
desde el monte hasta la playa, bien,
allá sobre el horizonte...

mirto *myrtle*
yerbabuena *mint*

Después de leer

A **La muralla**   Escojan.

1. Para hacer la muralla se necesitan muchas _____.
   a. flores   **b.** manos   **c.** palomas
2. La muralla estará entre el monte y _____.
   a. la playa   **b.** el coronel   **c.** el horizonte
3. Los primeros que llegan son _____.
   a. el coronel y el alacrán   **b.** la rosa y el clavel
   c. el ciempiés y el ruiseñor
4. El coronel lleva _____.
   a. un sable   **b.** una flor   **c.** un diente

B **Cosas en común**   Contesten.

1. ¿Qué tienen en común la rosa, el clavel, el mirto y el laurel?
2. ¿Qué tienen en común el ruiseñor y la paloma?
3. ¿Qué tienen en común el alacrán y el ciempiés?
4. ¿Qué tienen en común el sable y el puñal?

C **Rima**   ¿Qué rima con... ?

1. muralla   **3.** clavel
2. monte   **4.** quién es

Literatura 3

Vocabulario

neblinoso   el cerro   el cielo

el castillo

La niña hacía un castillo.   A lo lejos había un cerro.
Era muy feliz.   No lo podía ver bien porque era muy neblinoso.

el reflejo

los caracoles

La niña veía su reflejo en el agua.

dorado

el tesoro

las lágrimas

arrodillarse

la tumba

El padre lloraba. Lloraba porque su hija murió.

liláceo(a)   del color de las lilas
el alma   el espíritu, no el cuerpo
el barro   la combinación de tierra y agua
reidor(a)   que se ríe
enjugar   secar, lavar

la súplica   la petición, el ruego
rogar, rezar   decir u ofrecer una oración
   a Dios
ofrendar   ofrecer
brotar   salir

Práctica

A. Otra manera de decirlo   Expresen la parte indicada de otra manera.

1. Los ojos de la niña eran *del color de las lilas.*
2. El padre y la hija subieron *el pequeño monte.*
3. Allí encontraron *muchas riquezas.*
4. En ese monte los indios *ofrecían* regalos a sus dioses.
5. Con los regalos también hacían *peticiones* a los dioses.

B. La palabra, por favor.   Escojan.

1. El niño lloraba y su madre le _____ las lágrimas.
   a. enjugó   **b.** ofrendó   **c.** modeló
2. Donde cayeron las lágrimas pronto _____ unas flores de la tierra.
   a. ofrecieron   **b.** ofrendaron   **c.** brotaron
3. Era difícil ver el cerro claramente porque era muy _____.
   a. neblinoso   **b.** reidor   **c.** liláceo
4. Los religiosos creen que _____ es más importante que el cuerpo.
   a. el alma   **b.** la ofrenda   **c.** el reflejo
5. La niña vio _____ de su cara en el agua.
   a. el barro   **b.** el reflejo   **c.** la figurita
6. La familia puso flores en _____ del abuelo.
   a. la tumba   **b.** el alma   **c.** el caracol

Los indios taínos

EL COHÍTRE
de Ester M. Feliciano Mendoza

INTRODUCCIÓN Ester Feliciano Mendoza (1918–1988) escribió en varios géneros, pero se destacó más como poeta. Esta selección viene de una de sus colecciones de leyendas. Esta leyenda nos habla de una flor típica de Puerto Rico y cómo llegó a ser. Los indios de Puerto Rico eran los taínos. La niña de la leyenda es hija de un español y una india. El padre de la niña quiere marcharse al Perú en busca de tesoro. La niña quiere quedarse en su isla amada.

Un cerro neblinoso

El cohítre

Tenía los ojos azules y la piel dorada. Cuando nació, su padre creyó ver en sus pupilas los mismos reflejos liláceos de las tardes de Castilla. La amó por él y por la india que se murió rogando por su niña que no era ni india ni española.

La niña criolla fue tímida y amorosa. Amiga de los cerros neblinosos y las playas reidoras, conoció los secretos de las flores y de los caracoles. Aprendió a modelar cemíes° con la carne dócil del barro y a hacer castillos con las arenas escurridizas°. Amó al indio tanto como al español y a unos y otros enjugó las heridas del cuerpo y del alma. La niña criolla era feliz.

Un día el padre oyó hablar de las riquezas del Perú. Por primera vez la niña sintió el temor de la ausencia. Lloró los días que vendrían lejos de la isla querida. Se arrodilló ante la Virgen blanca y ofrendó flores y frutas a Yocahu, en una misma súplica: «No me dejen marchar». A los pies del altar cristiano rogaba también el padre español: «Dios nos lleve al Perú». Mirando a lo lejos el neblinoso monte Yukiyú, pensaba sin embargo: ¿Valdrá la pena marcharme?

Enfermó de angustia la niña criolla. Veía los cielos de Castilla en las pupilas azules, pero el padre no vio cómo la muerte lentamente las cubría de nubes... Y la niña, un día claro, se murió de pena.

Desde los brazos del padre voló a las regiones de Yocahu y de la virgencita blanca. Y pasaron los días... Sobre la tumba amada vio el padre español brotar, apretadita a la tierra, con sus florecitas azules reflejando el cielo de la isla, la yerba del cohítre... Y así fue para siempre en la tierra de Puerto Rico.

cemíes *clay figures made by Taíno Indians of Puerto Rico*

escurridizas *slippery*

Puerto Rico

Después de leer

A Estudio de palabras   Pareen.

1. las pupilas   a. absence
2. modelar   b. pupils (eyes)
3. dócil   c. tomb
4. la ausencia   d. to model
5. la tumba   e. reflections
6. los reflejos   f. docile, obedient

B ¿Sí o no?   Corrijan las oraciones incorrectas.

1. La niña tenía los ojos azules.
2. La piel de la niña era del color del oro.
3. El padre de la niña era indio.
4. La madre de la niña murió.
5. La madre rogaba por su marido.

C ¿Qué comprendieron?   Escojan.

1. La niña hacía figuritas de _____.
   a. arena   b. agua   c. barro

2. Para construir castillos usaba _____.
   a. arena   b. agua   c. barro

3. El padre de la niña se interesó en el Perú por sus _____.
   a. castillos   b. cerros   c. riquezas

4. La niña le ofreció a Yocahu _____.
   a. flores y frutas   b. riquezas   c. caracoles

5. La niña murió de _____.
   a. una herida   b. pena   c. temor

D Según la leyenda...   Contesten.

1. ¿Por qué dice la leyenda «que la niña no era ni india ni española»?
2. ¿Por qué sintió la niña el temor de la ausencia?
3. ¿Por qué lloraba ella?
4. ¿A quiénes rogaba la niña?
5. ¿Qué quería la niña?
6. ¿Dónde rogaba el padre?
7. ¿Cuál era el conflicto entre padre e hija?
8. ¿Qué serán «las regiones de la Virgen blanca y Yocahu»?
9. ¿Qué será Yocahu?

E Interpretación   Contesten.

1. ¿Qué significa que la niña «modelaba cemíes y hacía castillos»?
2. ¿Qué significa que la niña «rogaba a la Virgen blanca y a Yocahu»?
3. ¿Qué es lo que veía el padre cada vez que miraba los ojos de su hija?

Literatura 4

TIERRA
de Gregorio López y Fuentes

Vocabulario

el bigote

la cuadra

el soldado

el portal   puerta principal
el tianguis   un mercado indio
el corneta   soldado que toca la corneta
el cabo   rango inferior al de sargento

voltear   dar la vuelta
alargarse   hacer más largo
la esperanza   *hope*

Práctica

A. La hacienda Completen.

1. En ese espacio grande los indios hacían el ____; compraban y vendían sus productos.
2. Cuando abrieron el ____ todos entraron al patio.
3. Cerca del patio estaba la ____ donde estaban los caballos y los coches.
4. Había seis soldados, un ____ y un sargento.
5. El sargento no tenía barba, pero sí tenía un gran ____.

B. ¿Cuál es? Expliquen.

1. ¿Cuáles son dos suboficiales militares?
2. ¿Cuál será la diferencia entre «el corneta» y «la corneta»?

Una hacienda, Cocoyoc, México

Estatua de Emiliano Zapata,
Chinameca, México

TIERRA (FRAGMENTO)
de Gregorio López y Fuentes

INTRODUCCIÓN Gregorio López y Fuentes (1895–1966) escribió la novela *Tierra* inspirada en la lucha de Emiliano Zapata por los indígenas del sur de México. Zapata fue traicionado y asesinado por tropas bajo el mando del Coronel Jesús María Guajardo. Guajardo le invitó a Zapata a cenar con él en la hacienda de Chinameca. Le dijo que quería unirse a su movimiento. El fragmento que sigue nos dice lo que pasó.

Emiliano Zapata

Tierra

La casa de la hacienda, en Chinameca, es enorme, con un portal inmenso. Tiene habitaciones para las visitas y una gran cuadra para coches y caballos. Frente a la casa, un espacio cuadrangular, tan grande, que en él se hace el tianguis. El rectángulo está encerrado por una muralla. A derecha e izquierda, la muralla tiene anchas puertas. En Chinameca esperaba Guajardo al general Zapata. Dentro de la casa estaban los soldados, situados en los mejores y más ocultos lugares. La persona que llegara no vería más que seis hombres armados en cada una de las puertas de la muralla. Allí también había un corneta.

El general Zapata tardaba en llegar. Pronto llegó un emisario. No se le permitió entrar. Pocos momentos después comenzó a llegar la escolta del general. También a estos hombres se les negó entrar al patio. Los soldados tenían órdenes de no dejarlos pasar porque tenían que hacer los honores al jefe. El general entraría por la puerta derecha. Los seis soldados estaban formados impecablemente, en actitud de firmes.

Apareció el jefe. Se le conocía por la bravura de su caballo, por sus grandes bigotes y por algo que siempre se nota en los acompañantes de un jefe. Cuando estaban a veinte metros de la puerta el corneta comenzó a tocar «marcha de honor». En cuanto sonó la corneta el cabo ordenó con voz enérgica:

—Presenten... ¡armas!

El caballo se adelantó, todo nervioso, todo electrizado con el toque de la corneta. Los soldados seguían presentando armas. El general había avanzado cinco metros y estaba dentro del patio. Entonces, los seis hombres que presentaban armas hicieron un pequeño movimiento,... y se escuchó una descarga.

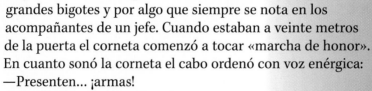

El general Zapata, violentamente, intentó voltear el caballo, quizás con la idea de salir de allí. Pero él se quedó a la mitad del movimiento. Se cayó al suelo. Pero el animal salió y se escapó. El cabo se acercó al general. Con la carabina le dio el tiro de gracia. Pusieron el cadáver en una mula. Los pies por un lado y los brazos por el otro lado. Tomaron el camino a Cuautla. Al trotar de la mula, las piernas hacían un movimiento como el de andar, como si Zapata seguía corriendo por el Estado de Morelos. Los brazos parecían alargarse, quizás queriendo tocar la tierra para sus muchachos, por la que tanto luchó, tan cerca y al mismo tiempo tan distante.

En Cuautla fue exhibido el cadáver y en voz baja comenzó la leyenda:

No es el general.

¡No va a ser! Está así, deformado, por haber venido como vino. La sangre se le fue a la cabeza.

No, compadre, el general tenía una seña muy particular, allí en la cara, y éste no la tiene.

¡Claro! Allí mismo le entró el tiro de gracia.

¡Quién sabe!

Y el «quién sabe» lleno de esperanzas, era como un lamento. Pero otros decían, muy contentos: —¡Vaya, por fin cayó este bandido!

Hacienda de San Juan Bautista, Taxco, México

A Estudio de palabras   Pareen.

1. el espacio		**a.** lament
2. encerrado		**b.** discharge, gunshot
3. oculto		**c.** companion
4. armado		**d.** space
5. el emisario		**e.** enclosed
6. impecablemente		**f.** occult, hidden
7. en actitud de firmes		**g.** deformed
8. el acompañante		**h.** armed
9. avanzar		**i.** to trot
10. la descarga		**j.** to advance
11. trotar		**k.** emissary, representative
12. deformado		**l.** impeccably, perfectly
13. el lamento		**m.** escort
14. la escolta		**n.** at attention

B ¿Sí o no?   Si no es verdad, hagan la corrección.

1. La casa de la hacienda en Chinameca es pequeña.
2. El portal de la casa es grande.
3. El tianguis se hace en un espacio enfrente de la casa.
4. El espacio donde se hace el tianguis es triangular.
5. Guajardo era general.
6. La casa donde Guajardo esperaba estaba en Chinameca.

C La palabra, por favor.   Escojan.

1. Alrededor del espacio donde hacían el tianguis había _____.
   a. una cuadra   **b.** una muralla   **c.** un portal

2. La muralla tiene dos _____, una a la derecha y la otra a la izquierda.
   a. puertas   **b.** habitaciones   **c.** cornetas

3. Los soldados dentro de la casa estaban en lugares muy _____.
   a. anchos   **b.** firmes   **c.** ocultos

4. Antes de llegar el general, llegó un _____.
   a. cabo   **b.** emisario   **c.** soldado

5. En la cara del general se le veía unos grandes _____.
   a. ojos   **b.** bigotes   **c.** tiros

D **Comprensión** Completen.

1. Al llegar a la casa, una persona podría ver solamente a _____ soldados.
2. Junto con los soldados había otro que tocaba la _____.
3. Primero llegó el emisario del general y después llegaron los hombres de su _____.
4. Pero ni al emisario ni a la escolta les permitieron _____.
5. El general iba a entrar por la puerta de la _____.

E **Discusión** Reaccionen.

1. En tus propias palabras explica las dos oraciones que comienzan con: «Al trotar de la mula...» y terminan con «... tan cerca y al mismo tiempo tan distante».
2. ¿Cómo reaccionó la gente en Cuautla al ver el cadáver?

F **Interpretación** ¿Qué crees que representan los comentarios de la gente de Cuautla?

Las tropas de Emiliano Zapata

Apéndices

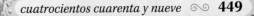

El mundo hispánico

PAÍS	CAPITAL
Argentina	Buenos Aires
Belice	Belmopan
Bolivia	Sucre
Chile	Santiago
Colombia	Santafé de Bogotá
Costa Rica	San José
Cuba	La Habana
Ecuador	Quito
El Salvador	San Salvador
España	Madrid
Guatemala	Guatemala
Honduras	Tegucigalpa
México	México
Nicaragua	Managua
Panamá	Panamá
Paraguay	Asunción
Perú	Lima
Puerto Rico	San Juan
República Dominicana	Santo Domingo
Uruguay	Montivideo
Venezuela	Caracas

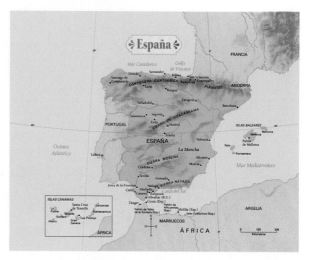

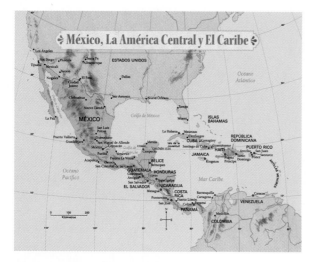

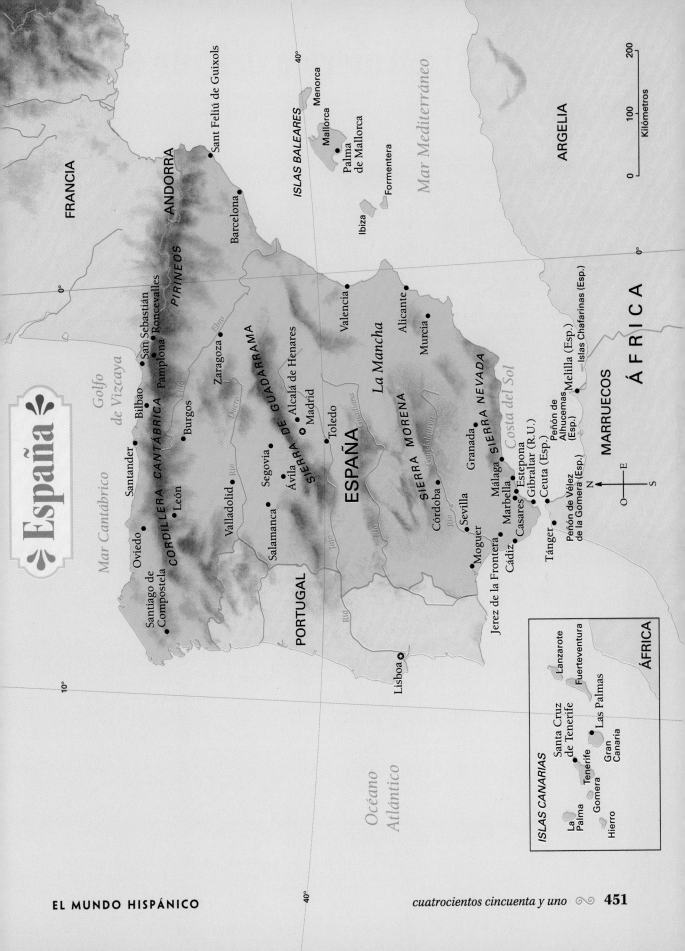

España

FRANCIA

ANDORRA

PIRINEOS

Sant Feliú de Guixols

Barcelona

ISLAS BALEARES

Menorca

Mallorca

Palma
de Mallorca

Formentera

Ibiza

Mar Mediterráneo

200

100

0

Kilómetros

ARGELIA

0°

0°

40°

*Golfo
de Vizcaya*

Mar Cantábrico

Santander

Bilbao

San Sebastián

Pamplona Roncevalles

Oviedo

Santiago de
Compostela

CORDILLERA CANTÁBRICA

León

Burgos

Zaragoza

Río Ebro

Río

Río Duero

Valladolid

Segovia

Ávila

Salamanca

SIERRA DE GUADARRAMA

Alcalá de Henares

Madrid

Toledo

Río Tajo

SIERRA

ESPAÑA

La Mancha

Valencia

Alicante

Murcia

SIERRA NEVADA

SIERRA MORENA

Río Guadalquivir

Río Guadiana

Córdoba

Sevilla

Granada

Málaga

Marbella

Estepona

Casares

Gibraltar (R.U.)

Ceuta (Esp.)

Jerez de la Frontera

Cádiz

Moguer

Tánger

Costa del Sol

Peñón de Vélez
de la Gomera (Esp.)

Peñón de
Alhucemas
(Esp.)

Melilla (Esp.)

Islas Chafarinas (Esp.)

MARRUECOS

ÁFRICA

N E S O

PORTUGAL

Lisboa

*Océano
Atlántico*

10°

40°

ISLAS CANARIAS

Lanzarote

Fuerteventura

Santa Cruz
de Tenerife

Las Palmas

Tenerife

Gran
Canaria

La
Palma

Gomera

Hierro

ÁFRICA

❧ La América del Sur ❧

Mar Caribe

Océano Atlántico

VENEZUELA
Maracaibo
Cartagena
Caracas
GUYANA
Medellín
SURINAM
Río Orinoco
Georgetown
Paramaribo
Cayena
Tolima
Santafé de Bogotá
GUAYANA FRANCESA
Cali
COLOMBIA

Islas Galápagos (Ecuador)
Otavalo
Quito
Volcán Cotopaxi
ECUADOR
Río Amazonas
Guayaquil
Cuenca
Iquitos

CORDILLERA DE LOS ANDES

PERÚ
Lima
MACHU PICCHU
BRASIL
Miraflores
Cuzco
Pisac
Ica
BOLIVIA
Brasilia
Lago Titicaca
La Paz
TIWANAKU
Sucre

ATACAMA DESERT

PARAGUAY
São Paulo
Salta
Asunción
Río de Janeiro

Océano Pacífico

Vicuña
Córdoba
Viña del Mar
Mendoza
URUGUAY
Valparaíso
Rosario
Montevideo
Santiago
Buenos Aires
CHILE
ARGENTINA
Mar del Plata

Lago Villarrica
Pucón

CORDILLERA DE LOS ANDES

Puerto Montt
Bariloche
Chiloé

PATAGONIA

0 500 1000
Kilómetros

Islas Malvinas (R.U.)

PARQUE NACIONAL TORRES DEL PAINE
Punta Arenas

N
O   E
S

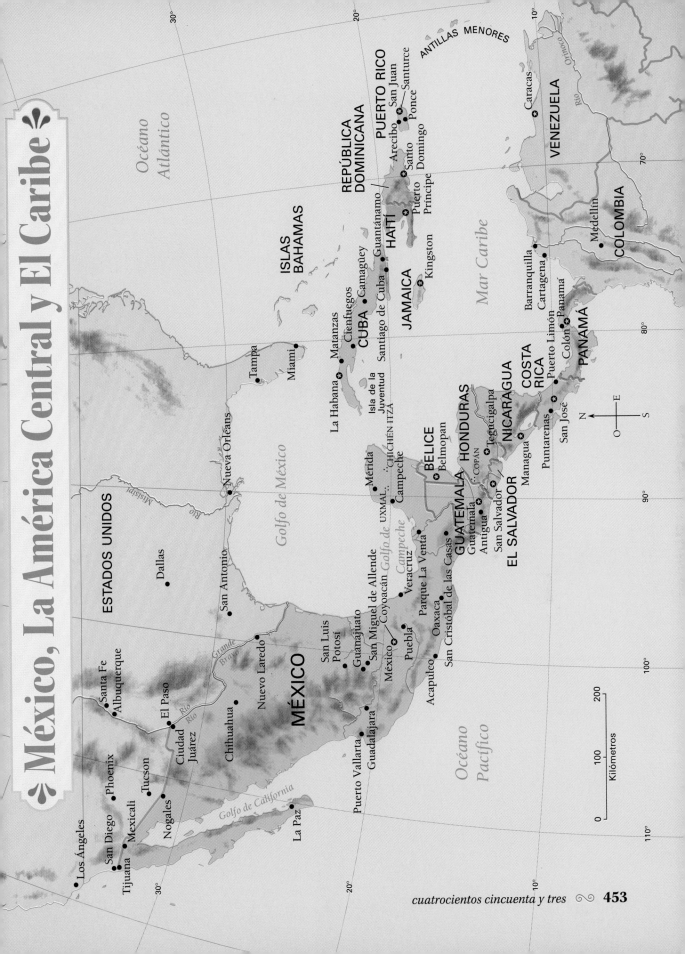

México, La América Central y El Caribe

ESTADOS UNIDOS

Océano Atlántico

ISLAS BAHAMAS

Golfo de México

Los Ángeles
San Diego
Tijuana
Mexicali
Phoenix
Tucson
Nogales
Santa Fe
Albuquerque
El Paso
Ciudad Juárez
Dallas
San Antonio
Nueva Orleans
Tampa
Miami
Matanzas
La Habana
Cienfuegos
Camagüey

Chihuahua
Nuevo Laredo
Grande
Bravo
Río
Misisipi
Río

Golfo de California
La Paz
Puerto Vallarta
Guadalajara
San Luis Potosí
Guanajuato
San Miguel de Allende
México
Coyoacán
Puebla
Acapulco
Oaxaca

MÉXICO

Isla de la Juventud

CUBA
Santiago de Cuba
Guantánamo

JAMAICA
Kingston

HAITÍ
Puerto Príncipe

REPÚBLICA DOMINICANA
Santo Domingo

PUERTO RICO
Arecibo
San Juan
Santurce
Ponce

ANTILLAS MENORES

Caracas
VENEZUELA
Río Orinoco

COLOMBIA
Medellín
Barranquilla
Cartagena

Mar Caribe

Mérida
CHICHÉN ITZÁ
Campeche
UXMAL
Golfo de Campeche
Veracruz
Parque La Venta
San Cristóbal de las Casas

BELICE
Belmopan

GUATEMALA
Guatemala
COPÁN
Antigua
San Salvador
EL SALVADOR

HONDURAS
Tegucigalpa

NICARAGUA
Managua

COSTA RICA
Puerto Limón
Puntarenas
San José

PANAMÁ
Colón
Panamá

Océano Pacífico

N
E
S
O

0   100   200
Kilómetros

Verbos

Verbos regulares

INFINITIVO	**hablar** *to speak*	**comer** *to eat*	**vivir** *to live*
PRESENTE PROGRESIVO	estar hablando	estar comiendo	estar viviendo
PRESENTE	yo hablo tú hablas él, ella, Ud. habla nosotros(as) hablamos *vosotros(as) habláis* ellos, ellas, Uds. hablan	yo como tú comes él, ella, Ud. come nosotros(as) comemos *vosotros(as) coméis* ellos, ellas, Uds. comen	yo vivo tú vives él, ella, Ud. vive nosotros(as) vivimos *vosotros(as) vivís* ellos, ellas, Uds. viven
PRETÉRITO	yo hablé tú hablaste él, ella, Ud. habló nosotros(as) hablamos *vosotros(as) hablasteis* ellos, ellas, Uds. hablaron	yo comí tú comiste él, ella, Ud. comió nosotros(as) comimos *vosotros(as) comisteis* ellos, ellas, Uds. comieron	yo viví tú viviste él, ella, Ud. vivió nosotros(as) vivimos *vosotros(as) vivisteis* ellos, ellas, Uds. vivieron
IMPERFECTO	yo hablaba tú hablabas él, ella, Ud. hablaba nosotros(as) hablábamos *vosotros(as) hablabais* ellos, ellas, Uds. hablaban	yo comía tú comías él, ella, Ud. comía nosotros(as) comíamos *vosotros(as) comíais* ellos, ellas, Uds. comían	yo vivía tú vivías él, ella, Ud. vivía nosotros(as) vivíamos *vosotros(as) vivíais* ellos, ellas, Uds. vivían
FUTURO	yo hablaré tú hablarás él, ella, Ud. hablará nosotros(as) hablaremos *vosotros(as) hablaréis* ellos, ellas, Uds. hablarán	yo comeré tú comerás él, ella, Ud. comerá nosotros(as) comeremos *vosotros(as) comeréis* ellos, ellas, Uds. comerán	yo viviré tú vivirás él, ella, Ud. vivirá nosotros(as) viviremos *vosotros(as) viviréis* ellos, ellas, Uds. vivirán
POTENCIAL	yo hablaría tú hablarías él, ella, Ud. hablaría nosotros(as) hablaríamos *vosotros(as) hablaríais* ellos, ellas, Uds. hablarían	yo comería tú comerías él, ella, Ud. comería nosotros(as) comeríamos *vosotros(as) comeríais* ellos, ellas, Uds. comerían	yo viviría tú vivirías él, ella, Ud. viviría nosotros(as) viviríamos *vosotros(as) viviríais* ellos, ellas, Uds. vivirían
PRESENTE PERFECTO	yo he hablado tú has hablado él, ella, Ud. ha hablado nosotros(as) hemos hablado *vosotros(as) habéis hablado* ellos, ellas, Uds. han hablado	yo he comido tú has comido él, ella, Ud. ha comido nosotros(as) hemos comido *vosotros(as) habéis comido* ellos, ellas, Uds. han comido	yo he vivido tú has vivido él, ella, Ud. ha vivido nosotros(as) hemos vivido *vosotros(as) habéis vivido* ellos, ellas, Uds. han vivido
SUBJUNTIVO PRESENTE	yo hable tú hables él, ella, Ud. hable nosotros(as) hablemos *vosotros(as) habléis* ellos, ellas, Uds. hablen	yo coma tú comas él, ella, Ud. coma nosotros(as) comamos *vosotros(as) comáis* ellos, ellas, Uds. coman	yo viva tú vivas él, ella, Ud. viva nosotros(as) vivamos *vosotros(as) viváis* ellos, ellas, Uds. vivan
IMPERATIVO FORMAL	hable (Ud.) hablen (Uds.)	coma (Ud.) coman (Uds.)	viva (Ud.) vivan (Uds.)
IMPERATIVO FAMILIAR	habla (tú)	come (tú)	vive (tú)

[1] Verbos con gerundio irregular: *caer: cayendo, construir: construyendo, contribuir: contribuyendo, distribuir: distribuyendo*

[2] Verbos con participio pasado irregular: *abrir: abierto, cubrir: cubierto, devolver: devuelto, escribir: escrito, freír: frito, morir: muerto, ver: visto*

Verbos con cambio radical

INFINITIVO	preferir[3] (e>ie) _to prefer_	volver[4] (o>ue) _to return_	pedir[5] (e>i) _to ask for_
PRESENTE PROGRESIVO	estar prefiriendo	estar volviendo	estar pidiendo
PRESENTE	yo prefiero tú prefieres él, ella, Ud. prefiere nosotros(as) preferimos _vosotros(as) preferís_ ellos, ellas, Uds. prefieren	yo vuelvo tú vuelves él, ella, Ud. vuelve nosotros(as) volvemos _vosotros(as) volvéis_ ellos, ellas, Uds. vuelven	yo pido tú pides él, ella, Ud. pide nosotros(as) pedimos _vosotros(as) pedís_ ellos, ellas, Uds. piden
PRETÉRITO	yo preferí tú preferiste él, ella, Ud. prefirió nosotros(as) preferimos _vosotros(as) preferisteis_ ellos, ellas, Uds. prefirieron	yo volví tú volviste él, ella, Ud. volvió nosotros(as) volvimos _vosotros(as) volvisteis_ ellos, ellas, Uds. volvieron	yo pedí tú pediste él, ella, Ud. pidió nosotros(as) pedimos _vosotros(as) pedisteis_ ellos, ellas, Uds. pidieron
IMPERFECTO	yo prefería tú preferías él, ella, Ud. prefería nosotros(as) preferíamos _vosotros(as) preferíais_ ellos, ellas, Uds. preferían	yo volvía tú volvías él, ella, Ud. volvía nosotros(as) volvíamos _vosotros(as) volvíais_ ellos, ellas, Uds. volvían	yo pedía tú pedías él, ella, Ud. pedía nosotros(as) pedíamos _vosotros(as) pedíais_ ellos, ellas, Uds. pedían
FUTURO	yo preferiré tú preferirás él, ella, Ud. preferirá nosotros(as) preferiremos _vosotros(as) preferiréis_ ellos, ellas, Uds. preferirán	yo volveré tú volverás él, ella, Ud. volverá nosotros(as) volveremos _vosotros(as) volveréis_ ellos, ellas, Uds. volverán	yo pediré tú pedirás él, ella, Ud. pedirá nosotros(as) pediremos _vosotros(as) pediréis_ ellos, ellas, Uds. pedirán
POTENCIAL	yo preferiría tú preferirías él, ella, Ud. preferiría nosotros(as) preferiríamos _vosotros(as) preferiríais_ ellos, ellas, Uds. preferirían	yo volvería tú volverías él, ella, Ud. volvería nosotros(as) volveríamos _vosotros(as) volveríais_ ellos, ellas, Uds. volverían	yo pediría tú pedirías él, ella, Ud. pediría nosotros(as) pediríamos _vosotros(as) pediríais_ ellos, ellas, Uds. pedirían
PRESENTE PERFECTO	yo he preferido tú has preferido él, ella, Ud. ha preferido nosotros(as) hemos preferido _vosotros(as) habéis preferido_ ellos, ellas, Uds. han preferido	yo he vuelto tú has vuelto él, ella, Ud. ha vuelto nosotros(as) hemos vuelto _vosotros(as) habéis vuelto_ ellos, ellas, Uds. han vuelto	yo he pedido tú has pedido él, ella, Ud. ha pedido nosotros(as) hemos pedido _vosotros(as) habéis pedido_ ellos, ellas, Uds. han pedido
SUBJUNTIVO PRESENTE	yo prefiriera tú prefirieras él, ella, Ud. prefiriera nosotros(as) prefiriéramos _vosotros(as) prefirierais_ ellos, ellas, Uds. prefirieran	yo volviera tú volvieras él, ella, Ud. volviera nosotros(as) volviéramos _vosotros(as) volvierais_ ellos, ellas, Uds. volvieran	yo pidiera tú pidieras él, ella, Ud. pidiera nosotros(as) pidiéramos _vosotros(as) pidierais_ ellos, ellas, Uds. pidieran
IMPERATIVO FORMAL	prefiera (Ud.) prefieran (Uds.)	vuelva (Ud.) vuelvan (Uds.)	pida (Ud.) pidan (Uds.)
IMPERATIVO FAMILIAR	prefiere (tú)	vuelve (tú)	pide (tú)

[3] **Verbos similares:** _sugerir: sugiriendo_

[4] **Verbos similares:** _morir: muriendo, jugar_

[5] **Verbos similares:** _freír: friendo, pedir: pidiendo, repetir: repitiendo, seguir: siguiendo, sentir: sintiendo, servir: sirviendo_

Verbos irregulares

INFINITIVO	andar *to walk*	conocer *to know*	dar *to give*
PRESENTE PROGRESIVO	estar andando	estar conociendo	estar dando
PRESENTE	yo ando tú andas él, ella, Ud. anda nosotros(as) andamos *vosotros(as) andáis* ellos, ellas, Uds. andan	yo conozco tú conoces él, ella, Ud. conoce nosotros(as) conocemos *vosotros(as) conocéis* ellos, ellas, Uds. conocen	yo doy tú das él, ella, Ud. da nosotros(as) damos *vosotros(as) dais* ellos, ellas, Uds. dan
PRETÉRITO	yo anduve tú anduviste él, ella, Ud. anduvo nosotros(as) anduvimos *vosotros(as) anduvisteis* ellos, ellas, Uds. anduvieron	yo conocí tú conociste él, ella, Ud. conoció nosotros(as) conocimos *vosotros(as) conocisteis* ellos, ellas, Uds. conocieron	yo di tú diste él, ella, Ud. dio nosotros(as) dimos *vosotros(as) disteis* ellos, ellas, Uds. dieron
IMPERFECTO	yo andaba tú andabas él, ella, Ud. andaba nosotros(as) andábamos *vosotros(as) andabais* ellos, ellas, Uds. andaban	yo conocía tú conocías él, ella, Ud. conocía nosotros(as) conocíamos *vosotros(as) conocíais* ellos, ellas, Uds. conocían	yo daba tú dabas él, ella, Ud. daba nosotros(as) dábamos *vosotros(as) dabais* ellos, ellas, Uds. daban
FUTURO	yo andaré tú andarás él, ella, Ud. andará nosotros(as) andaremos *vosotros(as) andaréis* ellos, ellas, Uds. andarán	yo conoceré tú conocerás él, ella, Ud. conocerá nosotros(as) conoceremos *vosotros(as) conoceréis* ellos, ellas, Uds. conocerán	yo daré tú darás él, ella, Ud. dará nosotros(as) daremos *vosotros(as) daréis* ellos, ellas, Uds. darán
POTENCIAL	yo andaría tú andarías él, ella, Ud. andaría nosotros(as) andaríamos *vosotros(as) andaríais* ellos, ellas, Uds. andarían	yo conocería tú conocerías él, ella, Ud. conocería nosotros(as) conoceríamos *vosotros(as) conoceríais* ellos, ellas, Uds. conocerían	yo daría tú darías él, ella, Ud. daría nosotros(as) daríamos *vosotros(as) daríais* ellos, ellas, Uds. darían
PRESENTE PERFECTO	yo he andado tú has andado él, ella, Ud. ha andado nosotros(as) hemos andado *vosotros(as) habéis andado* ellos, ellas, Uds. han andado	yo he conocido tú has conocido él, ella, Ud. ha conocido nosotros(as) hemos conocido *vosotros(as) habéis conocido* ellos, ellas, Uds. han conocido	yo he dado tú has dado él, ella, Ud. ha dado nosotros(as) hemos dado *vosotros(as) habéis dado* ellos, ellas, Uds. han dado
SUBJUNTIVO PRESENTE	yo ande tú andes él, ella, Ud. ande nosotros(as) andemos *vosotros(as) andéis* ellos, ellas, Uds. anden	yo conozca tú conozcas él, ella, Ud. conozca nosotros(as) conozcamos *vosotros(as) conozcáis* ellos, ellas, Uds. conozcan	yo dé tú des él, ella, Ud. dé nosotros(as) demos *vosotros(as) deis* ellos, ellas, Uds. den
IMPERATIVO FORMAL	ande (Ud.) anden (Uds.)	conozca (Ud.) conozcan (Uds.)	dé (Ud.) den (Uds.)
IMPERATIVO FAMILIAR	anda (tú)	conoce (tú)	da (tú)

Verbos irregulares

INFINITIVO	**decir** _to say, to tell_	**empezar** _to begin_	**estar** _to be_
PRESENTE PROGRESIVO	estar diciendo	estar empezando	
PRESENTE	yo digo tú dices él, ella, Ud. dice nosotros(as) decimos _vosotros(as) decís_ ellos, ellas, Uds. dicen	yo empiezo tú empiezas él, ella, Ud. empieza nosotros(as) empezamos _vosotros(as) empezáis_ ellos, ellas, Uds. empiezan	yo estoy tú estás él, ella, Ud. está nosotros(as) estamos _vosotros(as) estáis_ ellos, ellas, Uds. están
PRETÉRITO	yo dije tú dijiste él, ella, Ud. dijo nosotros(as) dijimos _vosotros(as) dijisteis_ ellos, ellas, Uds. dijeron	yo empecé tú empezaste él, ella, Ud. empezó nosotros(as) empezamos _vosotros(as) empezasteis_ ellos, ellas, Uds. empezaron	yo estuve tú estuviste él, ella, Ud. estuvo nosotros(as) estuvimos _vosotros(as) estuvisteis_ ellos, ellas, Uds. estuvieron
IMPERFECTO	yo decía tú decías él, ella, Ud. decía nosotros(as) decíamos _vosotros(as) decíais_ ellos, ellas, Uds. decían	yo empezaba tú empezabas él, ella, Ud. empezaba nosotros(as) empezábamos _vosotros(as) empezabais_ ellos, ellas, Uds. empezaban	yo estaba tú estabas él, ella, Ud. estaba nosotros(as) estábamos _vosotros(as) estabais_ ellos, ellas, Uds. estaban
FUTURO	yo diré tú dirás él, ella, Ud. dirá nosotros(as) diremos _vosotros(as) diréis_ ellos, ellas, Uds. dirán	yo empezaré tú empezarás él, ella, Ud. empezará nosotros(as) empezaremos _vosotros(as) empezaréis_ ellos, ellas, Uds. empezarán	yo estaré tú estarás él, ella, Ud. estará nosotros(as) estaremos _vosotros(as) estaréis_ ellos, ellas, Uds. estarán
POTENCIAL	yo diría tú dirías él, ella, Ud. diría nosotros(as) diríamos _vosotros(as) diríais_ ellos, ellas, Uds. dirían	yo empezaría tú empezarías él, ella, Ud. empezaría nosotros(as) empezaríamos _vosotros(as) empezaríais_ ellos, ellas, Uds. empezarían	yo estaría tú estarías él, ella, Ud. estaría nosotros(as) estaríamos _vosotros(as) estaríais_ ellos, ellas, Uds. estarían
PRESENTE PERFECTO	yo he dicho tú has dicho él, ella, Ud. ha dicho nosotros(as) hemos dicho _vosotros(as) habéis dicho_ ellos, ellas, Uds. han dicho	yo he empezado tú has empezado él, ella, Ud. ha empezado nosotros(as) hemos empezado _vosotros(as) habéis empezado_ ellos, ellas, Uds. han empezado	yo he estado tú has estado él, ella, Ud. ha estado nosotros(as) hemos estado _vosotros(as) habéis estado_ ellos, ellas, Uds. han estado
SUBJUNTIVO PRESENTE	yo diga tú digas él, ella, Ud. diga nosotros(as) digamos _vosotros(as) digáis_ ellos, ellas, Uds. digan	yo empiece tú empieces él, ella, Ud. empiece nosotros(as) empecemos _vosotros(as) empecéis_ ellos, ellas, Uds. empiecen	yo esté tú estés él, ella, Ud. esté nosotros(as) estemos _vosotros(as) estéis_ ellos, ellas, Uds. estén
IMPERATIVO FORMAL	diga (Ud.) digan (Uds.)	empiece (Ud.) empiecen (Uds.)	esté (Ud.) estén (Uds.)
IMPERATIVO FAMILIAR	di (tú)	empieza (tú)	está (tú)

Verbos irregulares

INFINITIVO	**hacer** *to do*	**ir** *to go*	**leer** *to read*
PRESENTE PROGRESIVO	estar haciendo	estar yendo	estar leyendo
PRESENTE	yo hago tú haces él, ella, Ud. hace nosotros(as) hacemos *vosotros(as) hacéis* ellos, ellas, Uds. hacen	yo voy tú vas él, ella, Ud. va nosotros(as) vamos *vosotros(as) vais* ellos, ellas, Uds. van	yo leo tú lees él, ella, Ud. lee nosotros(as) leemos *vosotros(as) leéis* ellos, ellas, Uds. leen
PRETÉRITO	yo hice tú hiciste él, ella, Ud. hizo nosotros(as) hicimos *vosotros(as) hicisteis* ellos, ellas, Uds. hicieron	yo fui tú fuiste él, ella, Ud. fue nosotros(as) fuimos *vosotros(as) fuisteis* ellos, ellas, Uds. fueron	yo leí tú leíste él, ella, Ud. leyó nosotros(as) leímos *vosotros(as) leísteis* ellos, ellas, Uds. leyeron
IMPERFECTO	yo hacía tú hacías él, ella, Ud. hacía nosotros(as) hacíamos *vosotros(as) hacíais* ellos, ellas, Uds. hacían	yo iba tú ibas él, ella, Ud. iba nosotros(as) íbamos *vosotros(as) ibais* ellos, ellas, Uds. iban	yo leía tú leías él, ella, Ud. leía nosotros(as) leíamos *vosotros(as) leíais* ellos, ellas, Uds. leían
FUTURO	yo haré tú harás él, ella, Ud. hará nosotros(as) haremos *vosotros(as) haréis* ellos, ellas, Uds. harán	yo iré tú irás él, ella, Ud. irá nosotros(as) iremos *vosotros(as) iréis* ellos, ellas, Uds. irán	yo leeré tú leerás él, ella, Ud. leerá nosotros(as) leeremos *vosotros(as) leeréis* ellos, ellas, Uds. leerán
POTENCIAL	yo haría tú harías él, ella, Ud. haría nosotros(as) haríamos *vosotros(as) haríais* ellos, ellas, Uds. harían	yo iría tú irías él, ella, Ud. iría nosotros(as) iríamos *vosotros(as) iríais* ellos, ellas, Uds. irían	yo leería tú leerías él, ella, Ud. leería nosotros(as) leeríamos *vosotros(as) leeríais* ellos, ellas, Uds. leerían
PRESENTE PERFECTO	yo he hecho tú has hecho él, ella, Ud. ha hecho nosotros(as) hemos hecho *vosotros(as) habéis hecho* ellos, ellas, Uds. han hecho	yo he ido tú has ido él, ella, Ud. ha ido nosotros(as) hemos ido *vosotros(as) habéis ido* ellos, ellas, Uds. han ido	yo he leído tú has leído él, ella, Ud. ha leído nosotros(as) hemos leído *vosotros(as) habéis leído* ellos, ellas, Uds. han leído
SUBJUNTIVO PRESENTE	yo haga tú hagas él, ella, Ud. haga nosotros(as) hagamos *vosotros(as) hagáis* ellos, ellas, Uds. hagan	yo vaya tú vayas él, ella, Ud. vaya nosotros(as) vayamos *vosotros(as) vayáis* ellos, ellas, Uds. vayan	yo lea tú leas él, ella, Ud. lea nosotros(as) leamos *vosotros(as) leáis* ellos, ellas, Uds. lean
IMPERATIVO FORMAL	haga (Ud.) hagan (Uds.)	vaya (Ud.) vayan (Uds.)	lea (Ud.) lean (Uds.)
IMPERATIVO FAMILIAR	haz (tú)	ve (tú)	lee (tú)

Verbos irregulares

INFINITIVO	oír *to hear*	poder *to be able*	poner *to put*
PRESENTE PROGRESIVO	estar oyendo		estar poniendo
PRESENTE	yo oigo tú oyes él, ella, Ud. oye nosotros(as) oímos *vosotros(as) oís* ellos, ellas, Uds. oyen	yo puedo tú puedes él, ella, Ud. puede nosotros(as) podemos *vosotros(as) podéis* ellos, ellas, Uds. pueden	yo pongo tú pones él, ella, Ud. pone nosotros(as) ponemos *vosotros(as) ponéis* ellos, ellas, Uds. ponen
PRETÉRITO	yo oí tú oíste él, ella, Ud. oyó nosotros(as) oímos *vosotros(as) oísteis* ellos, ellas, Uds. oyeron	yo pude tú pudiste él, ella, Ud. pudo nosotros(as) pudimos *vosotros(as) pudisteis* ellos, ellas, Uds. pudieron	yo puse tú pusiste él, ella, Ud. puso nosotros(as) pusimos *vosotros(as) pusisteis* ellos, ellas, Uds. pusieron
IMPERFECTO	yo oía tú oías él, ella, Ud. oía nosotros(as) oíamos *vosotros(as) oíais* ellos, ellas, Uds. oían	yo podía tú podías él, ella, Ud. podía nosotros(as) podíamos *vosotros(as) podíais* ellos, ellas, Uds. podían	yo ponía tú ponías él, ella, Ud. ponía nosotros(as) poníamos *vosotros(as) poníais* ellos, ellas, Uds. ponían
FUTURO	yo oiré tú oirás él, ella, Ud. oirá nosotros(as) oiremos *vosotros(as) oiréis* ellos, ellas, Uds. oirán	yo podré tú podrás él, ella, Ud. podrá nosotros(as) podremos *vosotros(as) podréis* ellos, ellas, Uds. podrán	yo pondré tú pondrás él, ella, Ud. pondrá nosotros(as) pondremos *vosotros(as) pondréis* ellos, ellas, Uds. pondrán
POTENCIAL	yo oiría tú oirías él, ella, Ud. oiría nosotros(as) oiríamos *vosotros(as) oiríais* ellos, ellas, Uds. oirían	yo podría tú podrías él, ella, Ud. podría nosotros(as) podríamos *vosotros(as) podríais* ellos, ellas, Uds. podrían	yo pondría tú pondrías él, ella, Ud. pondría nosotros(as) pondríamos *vosotros(as) pondríais* ellos, ellas, Uds. pondrían
PRESENTE PERFECTO	yo he oído tú has oído él, ella, Ud. ha oído nosotros(as) hemos oído *vosotros(as) habéis oído* ellos, ellas, Uds. han oído	yo he podido tú has podido él, ella, Ud. ha podido nosotros(as) hemos podido *vosotros(as) habéis podido* ellos, ellas, Uds. han podido	yo he puesto tú has puesto él, ella, Ud. ha puesto nosotros(as) hemos puesto *vosotros(as) habéis puesto* ellos, ellas, Uds. han puesto
SUBJUNTIVO PRESENTE	yo oiga tú oigas él, ella, Ud. oiga nosotros(as) oigamos *vosotros(as) oigáis* ellos, ellas, Uds. oigan	yo pueda tú puedas él, ella, Ud. pueda nosotros(as) podamos *vosotros(as) podáis* ellos, ellas, Uds. puedan	yo ponga tú pongas él, ella, Ud. ponga nosotros(as) pongamos *vosotros(as) pongáis* ellos, ellas, Uds. pongan
IMPERATIVO FORMAL	oiga (Ud.) oigan (Uds.)	pueda (Ud.) puedan (Uds.)	ponga (Ud.) pongan (Uds.)
IMPERATIVO FAMILIAR	oye (tú)	puede (tú)	pon (tú)

Verbos irregulares

INFINITIVO	**querer** *to want*	**saber** *to know*	**salir** *to leave*
PRESENTE PROGRESIVO	estar queriendo	estar sabiendo	estar saliendo
PRESENTE	yo quiero tú quieres él, ella, Ud. quiere nosotros(as) queremos *vosotros(as) queréis* ellos, ellas, Uds. quieren	yo sé tú sabes él, ella, Ud. sabe nosotros(as) sabemos *vosotros(as) sabéis* ellos, ellas, Uds. saben	yo salgo tú sales él, ella, Ud. sale nosotros(as) salimos *vosotros(as) salís* ellos, ellas, Uds. salen
PRETÉRITO	yo quise tú quisiste él, ella, Ud. quiso nosotros(as) quisimos *vosotros(as) quisisteis* ellos, ellas, Uds. quisieron	yo supe tú supiste él, ella, Ud. supo nosotros(as) supimos *vosotros(as) supisteis* ellos, ellas, Uds. supieron	yo salí tú saliste él, ella, Ud. salió nosotros(as) salimos *vosotros(as) salisteis* ellos, ellas, Uds. salieron
IMPERFECTO	yo quería tú querías él, ella, Ud. quería nosotros(as) queríamos *vosotros(as) queríais* ellos, ellas, Uds. querían	yo sabía tú sabías él, ella, Ud. sabía nosotros(as) sabíamos *vosotros(as) sabíais* ellos, ellas, Uds. sabían	yo salía tú salías él, ella, Ud. salía nosotros(as) salíamos *vosotros(as) salíais* ellos, ellas, Uds. salían
FUTURO	yo querré tú querrás él, ella, Ud. querrá nosotros(as) querremos *vosotros(as) querréis* ellos, ellas, Uds. querrán	yo sabré tú sabrás él, ella, Ud. sabrá nosotros(as) sabremos *vosotros(as) sabréis* ellos, ellas, Uds. sabrán	yo saldré tú saldrás él, ella, Ud. saldrá nosotros(as) saldremos *vosotros(as) saldréis* ellos, ellas, Uds. saldrán
POTENCIAL	yo querría tú querrías él, ella, Ud. querría nosotros(as) querríamos *vosotros(as) querríais* ellos, ellas, Uds. querrían	yo sabría tú sabrías él, ella, Ud. sabría nosotros(as) sabríamos *vosotros(as) sabríais* ellos, ellas, Uds. sabrían	yo saldría tú saldrías él, ella, Ud. saldría nosotros(as) saldríamos *vosotros(as) saldríais* ellos, ellas, Uds. saldrían
PRESENTE PERFECTO	yo he querido tú has querido él, ella, Ud. ha querido nosotros(as) hemos querido *vosotros(as) habéis querido* ellos, ellas, Uds. han querido	yo he sabido tú has sabido él, ella, Ud. ha sabido nosotros(as) hemos sabido *vosotros(as) habéis sabido* ellos, ellas, Uds. han sabido	yo he salido tú has salido él, ella, Ud. ha salido nosotros(as) hemos salido *vosotros(as) habéis salido* ellos, ellas, Uds. han salido
SUBJUNTIVO PRESENTE	yo quiera tú quieras él, ella, Ud. quiera nosotros(as) queramos *vosotros(as) queráis* ellos, ellas, Uds. quieran	yo sepa tú sepas él, ella, Ud. sepa nosotros(as) sepamos *vosotros(as) sepáis* ellos, ellas, Uds. sepan	yo salga tú salgas él, ella, Ud. salga nosotros(as) salgamos *vosotros(as) salgáis* ellos, ellas, Uds. salgan
IMPERATIVO FORMAL	quiera (Ud.) quieran (Uds.)	sepa (Ud.) sepan (Uds.)	salga (Ud.) salgan (Uds.)
IMPERATIVO FAMILIAR	quiere (tú)	sabe (tú)	sal (tú)

Verbos irregulares

INFINITIVO	ser *to be*	tener *to have*	traer *to bring*
PRESENTE PROGRESIVO	estar siendo	estar teniendo	estar trayendo
PRESENTE	yo soy tú eres él, ella, Ud. es nosotros(as) somos *vosotros(as) sois* ellos, ellas, Uds. son	yo tengo tú tienes él, ella, Ud. tiene nosotros(as) tenemos *vosotros(as) tenéis* ellos, ellas, Uds. tienen	yo traigo tú traes él, ella, Ud. trae nosotros(as) traemos *vosotros(as) traéis* ellos, ellas, Uds. traen
PRETÉRITO	yo fui tú fuiste él, ella, Ud. fue nosotros(as) fuimos *vosotros(as) fuisteis* ellos, ellas, Uds. fueron	yo tuve tú tuviste él, ella, Ud. tuvo nosotros(as) tuvimos *vosotros(as) tuvisteis* ellos, ellas, Uds. tuvieron	yo traje tú trajiste él, ella, Ud. trajo nosotros(as) trajimos *vosotros(as) trajisteis* ellos, ellas, Uds. trajeron
IMPERFECTO	yo era tú eras él, ella, Ud. era nosotros(as) éramos *vosotros(as) erais* ellos, ellas, Uds. eran	yo tenía tú tenías él, ella, Ud. tenía nosotros(as) teníamos *vosotros(as) teníais* ellos, ellas, Uds. tenían	yo traía tú traías él, ella, Ud. traía nosotros(as) traíamos *vosotros(as) traíais* ellos, ellas, Uds. traían
FUTURO	yo seré tú serás él, ella, Ud. será nosotros(as) seremos *vosotros(as) seréis* ellos, ellas, Uds. serán	yo tendré tú tendrás él, ella, Ud. tendrá nosotros(as) tendremos *vosotros(as) tendréis* ellos, ellas, Uds. tendrán	yo traeré tú traerás él, ella, Ud. traerá nosotros(as) traeremos *vosotros(as) traeréis* ellos, ellas, Uds. traerán
POTENCIAL	yo sería tú serías él, ella, Ud. sería nosotros(as) seríamos *vosotros(as) seríais* ellos, ellas, Uds. serían	yo tendría tú tendrías él, ella, Ud. tendría nosotros(as) tendríamos *vosotros(as) tendríais* ellos, ellas, Uds. tendrían	yo traería tú traerías él, ella, Ud. traería nosotros(as) traeríamos *vosotros(as) traeríais* ellos, ellas, Uds. traerían
PRESENTE PERFECTO	yo he sido tú has sido él, ella, Ud. ha sido nosotros(as) hemos sido *vosotros(as) habéis sido* ellos, ellas, Uds. han sido	yo he tenido tú has tenido él, ella, Ud. ha tenido nosotros(as) hemos tenido *vosotros(as) habéis tenido* ellos, ellas, Uds. han tenido	yo he traído tú has traído él, ella, Ud. ha traído nosotros(as) hemos traído *vosotros(as) habéis traído* ellos, ellas, Uds. han traído
SUBJUNTIVO PRESENTE	yo sea tú seas él, ella, Ud. sea nosotros(as) seamos *vosotros(as) seáis* ellos, ellas, Uds. sean	yo tenga tú tengas él, ella, Ud. tenga nosotros(as) tengamos *vosotros(as) tengáis* ellos, ellas, Uds. tengan	yo traiga tú traigas él, ella, Ud. traiga nosotros(as) traigamos *vosotros(as) traigáis* ellos, ellas, Uds. traigan
IMPERATIVO FORMAL	sea (Ud.) sean (Uds.)	tenga (Ud.) tengan (Uds.)	traiga (Ud.) traigan (Uds.)
IMPERATIVO FAMILIAR	sé (tú)	ten (tú)	trae (tú)

Verbos irregulares

INFINITIVO	venir *to come*	ver *to see*	
PRESENTE PROGRESIVO	estar viniendo	estar viendo	
PRESENTE	yo vengo tú vienes él, ella, Ud. viene nosotros(as) venimos *vosotros(as) venís* ellos, ellas, Uds. vienen	yo veo tú ves él, ella, Ud. ve nosotros(as) vemos *vosotros(as) veis* ellos, ellas, Uds. ven	
PRETÉRITO	yo vine tú viniste él, ella, Ud. vino nosotros(as) vinimos *vosotros(as) vinisteis* ellos, ellas, Uds. vinieron	yo vi tú viste él, ella, Ud. vio nosotros(as) vimos *vosotros(as) visteis* ellos, ellas, Uds. vieron	
IMPERFECTO	yo venía tú venías él, ella, Ud. venía nosotros(as) veníamos *vosotros(as) veníais* ellos, ellas, Uds. venían	yo veía tú veías él, ella, Ud. veía nosotros(as) veíamos *vosotros(as) veíais* ellos, ellas, Uds. veían	
FUTURO	yo vendré tú vendrás él, ella, Ud. vendrá nosotros(as) vendremos *vosotros(as) vendréis* ellos, ellas, Uds. vendrán	yo veré tú verás él, ella, Ud. verá nosotros(as) veremos *vosotros(as) veréis* ellos, ellas, Uds. verán	
POTENCIAL	yo vendría tú vendrías él, ella, Ud. vendría nosotros(as) vendríamos *vosotros(as) vendríais* ellos, ellas, Uds. vendrían	yo vería tú verías él, ella, Ud. vería nosotros(as) veríamos *vosotros(as) veríais* ellos, ellas, Uds. verían	
PRESENTE PERFECTO	yo he venido tú has venido él, ella, Ud. ha venido nosotros(as) hemos venido *vosotros(as) habéis venido* ellos, ellas, Uds. han venido	yo he visto tú has visto él, ella, Ud. ha visto nosotros(as) hemos visto *vosotros(as) habéis visto* ellos, ellas, Uds. han visto	
SUBJUNTIVO PRESENTE	yo venga tú vengas él, ella, Ud. venga nosotros(as) vengamos *vosotros(as) vengáis* ellos, ellas, Uds. vengan	yo vea tú veas él, ella, Ud. vea nosotros(as) veamos *vosotros(as) veáis* ellos, ellas, Uds. vean	
IMPERATIVO FORMAL	venga (Ud.) vengan (Uds.)	vea (Ud.) vean (Uds.)	
IMPERATIVO FAMILIAR	ven (tú)	ve (tú)	

Verbos reflexivos

INFINITIVO	lavarse *to wash oneself*		
PRESENTE PROGRESIVO	estar lavándose		
PRESENTE	yo me lavo tú te lavas él, ella, Ud. se lava nosotros(as) nos lavamos *vosotros(as) os laváis* ellos, ellas, Uds. se lavan		
PRETÉRITO	yo me lavé tú te lavaste él, ella, Ud. se lavó nosotros(as) nos lavamos *vosotros(as) os lavasteis* ellos, ellas, Uds. se lavaron		
IMPERFECTO	yo me lavaba tú te lavabas él, ella, Ud. se lavaba nosotros(as) nos lavábamos *vosotros(as) os lavabais* ellos, ellas, Uds. se lavaban		
FUTURO	yo me lavaré tú te lavarás él, ella, Ud. se lavará nosotros(as) nos lavaremos *vosotros(as) os lavaréis* ellos, ellas, Uds. se lavarán		
POTENCIAL	yo me lavaría tú te lavarías él, ella, Ud. se lavaría nosotros(as) nos lavaríamos *vosotros(as) os lavaríais* ellos, ellas, Uds. se lavarían		
PRESENTE PERFECTO	yo me he lavado tú te has lavado él, ella, Ud. se ha lavado nosotros(as) nos hemos lavado *vosotros(as) os habéis lavado* ellos, ellas, Uds. se han lavado		
SUBJUNTIVO PRESENTE	yo me lave tú te laves él, ella, Ud. se lave nosotros(as) nos lavemos *vosotros(as) os lavéis* ellos, ellas, Uds. se laven		
IMPERATIVO FORMAL	lávese (Ud.) lávense (Uds.)		
IMPERATIVO FAMILIAR	lávate (tú)		

Verbos reflexivos con cambio radical

INFINITIVO	acostarse (o>ue) *to go to bed*	despertarse (e>ie) *to wake up*	dormirse (o>ue, u) *to fall asleep*
PRESENTE PROGRESIVO	estar acostándose	estar despertándose	estar durmiéndose
PRESENTE	yo me acuesto tú te acuestas él, ella, Ud. se acuesta nosotros(as) nos acostamos *vosotros(as) os acostáis* ellos, ellas, Uds. se acuestan	yo me despierto tú te despiertas él, ella, Ud. se despierta nosotros(as) nos despertamos *vosotros(as) os despertáis* ellos, ellas, Uds. se despiertan	yo me duermo tú te duermes él, ella, Ud. se duerme nosotros(as) nos dormimos *vosotros(as) os dormís* ellos, ellas, Uds. se duermen
PRETÉRITO	yo me acosté tú te acostaste él, ella, Ud. se acostó nosotros(as) nos acostamos *vosotros(as) os acostasteis* ellos, ellas, Uds. se acostaron	yo me desperté tú te despertaste él, ella, Ud. se despertó nosotros(as) nos despertamos *vosotros(as) os despertasteis* ellos, ellas, Uds. se despertaron	yo me dormí tú te dormiste él, ella, Ud. se durmió nosotros(as) nos dormimos *vosotros(as) os dormisteis* ellos, ellas, Uds. se durmieron
IMPERFECTO	yo me acostaba tú te acostabas él, ella, Ud. se acostaba nosotros(as) nos acostábamos *vosotros(as) os acostabais* ellos, ellas, Uds. se acostaban	yo me despertaba tú te despertabas él, ella, Ud. se despertaba nosotros(as) nos despertábamos *vosotros(as) os despertabais* ellos, ellas, Uds. se despertaban	yo me dormía tú te dormías él, ella, Ud. se dormía nosotros(as) nos dormíamos *vosotros(as) os dormíais* ellos, ellas, Uds. se dormían
FUTURO	yo me acostaré tú te acostarás él, ella, Ud. se acostará nosotros(as) nos acostaremos *vosotros(as) os acostaréis* ellos, ellas, Uds. se acostarán	yo me despertaré tú te despertarás él, ella, Ud. se despertará nosotros(as) nos despertaremos *vosotros(as) os despertaréis* ellos, ellas, Uds. se despertarán	yo me dormiré tú te dormirás él, ella, Ud. se dormirá nosotros(as) nos dormiremos *vosotros(as) os dormiréis* ellos, ellas, Uds. se dormirán
POTENCIAL	yo me acostaría tú te acostarías él, ella, Ud. se acostaría nosotros(as) nos acostaríamos *vosotros(as) os acostaríais* ellos, ellas, Uds. se acostarían	yo me despertaría tú te despertarías él, ella, Ud. se despertaría nosotros(as) nos despertaríamos *vosotros(as) os despertaríais* ellos, ellas, Uds. se despertarían	yo me dormiría tú te dormirías él, ella, Ud. se dormiría nosotros(as) nos dormiríamos *vosotros(as) os dormiríais* ellos, ellas, Uds. se dormirían
PRESENTE PERFECTO	yo me he acostado tú te has acostado él, ella, Ud. se ha acostado nosotros(as) nos hemos acostado *vosotros(as) os habéis acostado* ellos, ellas, Uds. se han acostado	yo me he despertado tú te has despertado él, ella, Ud. se ha despertado nosotros(as) nos hemos despertado *vosotros(as) os habéis despertado* ellos, ellas, Uds. se han despertado	yo me he dormido tú te has dormido él, ella, Ud. se ha dormido nosotros(as) nos hemos dormido *vosotros(as) os habéis dormido* ellos, ellas, Uds. se han dormido
SUBJUNTIVO PRESENTE	yo me acueste tú te acuestes él, ella, Ud. se acueste nosotros(as) nos acostemos *vosotros(as) os acostéis* ellos, ellas, Uds. se acuesten	yo me despierte tú te despiertes él, ella, Ud. se despierte nosotros(as) nos despertemos *vosotros(as) os despertéis* ellos, ellas, Uds. se despierten	yo me duerma tú te duermas él, ella, Ud. se duerma nosotros(as) nos durmamos *vosotros(as) os durmáis* ellos, ellas, Uds. se duerman
IMPERATIVO FORMAL	acuéstese (Ud.) acuéstense (Uds.)	despiértese (Ud.) despiértense (Uds.)	duérmase (Ud.) duérmanse (Uds.)
IMPERATIVO FAMILIAR	acuéstate (tú)	despiértate (tú)	duérmete (tú)

Verbos reflexivos con cambio radical

INFINITIVO	divertirse (e>ie, i) *to enjoy oneself*	sentarse (e>ie) *to sit down*	vestirse (e>i, i) *to dress oneself*
PRESENTE PROGRESIVO	estar divirtiéndose	estar sentándose	estar vistiéndose
PRESENTE	yo me divierto tú te diviertes él, ella, Ud. se divierte nosotros(as) nos divertimos *vosotros(as) os divertís* ellos, ellas, Uds. se divierten	yo me siento tú te sientas él, ella, Ud. se sienta nosotros(as) nos sentamos *vosotros(as) os sentáis* ellos, ellas, Uds. se sientan	yo me visto tú te vistes él, ella, Ud. se viste nosotros(as) nos vestimos *vosotros(as) os vestís* ellos, ellas, Uds. se visten
PRETÉRITO	yo me divertí tú te divertiste él, ella, Ud. se divirtió nosotros(as) nos divertimos *vosotros(as) os divertisteis* ellos, ellas, Uds. se divirtieron	yo me senté tú te sentaste él, ella, Ud. se sentó nosotros(as) nos sentamos *vosotros(as) os sentasteis* ellos, ellas, Uds. se sentaron	yo me vestí tú te vestiste él, ella, Ud. se vistió nosotros(as) nos vestimos *vosotros(as) os vestistéis* ellos, ellas, Uds. se vistieron
IMPERFECTO	yo me divertía tú te divertías él, ella, Ud. se divertía nosotros(as) nos divertíamos *vosotros(as) os divertíais* ellos, ellas, Uds. se divertían	yo me sentaba tú te sentabas él, ella, Ud. se sentaba nosotros(as) nos sentábamos *vosotros(as) os sentabais* ellos, ellas, Uds. se sentaban	yo me vestía tú te vestías él, ella, Ud. se vestía nosotros(as) nos vestíamos *vosotros(as) os vestíais* ellos, ellas, Uds. se vestían
FUTURO	yo me divertiré tú te divertirás él, ella, Ud. se divertirá nosotros(as) nos divertiremos *vosotros(as) os divertiréis* ellos, ellas, Uds. se divertirán	yo me sentaré tú te sentarás él, ella, Ud. se sentará nosotros(as) nos sentaremos *vosotros(as) os sentaréis* ellos, ellas, Uds. se sentarán	yo me vestiré tú te vestirás él, ella, Ud. se vestirá nosotros(as) nos vestiremos *vosotros(as) os vestiréis* ellos, ellas, Uds. se vestirán
POTENCIAL	yo me divertiría tú te divertirías él, ella, Ud. se divertiría nosotros(as) nos divertiríamos *vosotros(as) os divertiríais* ellos, ellas, Uds. se divertirían	yo me sentaría tú te sentarías él, ella, Ud. se sentaría nosotros(as) nos sentaríamos *vosotros(as) os sentaríais* ellos, ellas, Uds. se sentarían	yo me vestiría tú te vestirías él, ella, Ud. se vestiría nosotros(as) nos vestiríamos *vosotros(as) os vestiríais* ellos, ellas, Uds. se vestirían
PRESENTE PERFECTO	yo me he divertido tú te has divertido él, ella, Ud. se ha divertido nosotros(as) nos hemos divertido *vosotros(as) os habéis divertido* ellos, ellas, Uds. se han divertido	yo me he sentado tú te has sentado él, ella, Ud. se ha sentado nosotros(as) nos hemos sentado *vosotros(as) os habéis sentado* ellos, ellas, Uds. se han sentado	yo me he vestido tú te has vestido él, ella, Ud. se ha vestido nosotros(as) nos hemos vestido *vosotros(as) os habéis vestido* ellos, ellas, Uds. se han vestido
SUBJUNTIVO PRESENTE	yo me divierta tú te diviertas él, ella, Ud. se divierta nosotros(as) nos divirtamos *vosotros(as) os divirtáis* ellos, ellas, Uds. se diviertan	yo me siente tú te sientes él, ella, Ud. se siente nosotros(as) nos sentemos *vosotros(as) os sentéis* ellos, ellas, Uds. se sienten	yo me vista tú te vistas él, ella, Ud. se vista nosotros(as) nos vistamos *vosotros(as) os vistáis* ellos, ellas, Uds. se vistan
IMPERATIVO FORMAL	diviértase (Ud.) diviértanse (Uds.)	siéntese (Ud.) siéntense (Uds.)	vístase (Ud.) vístanse (Uds.)
IMPERATIVO FAMILIAR	diviértete (tú)	siéntate (tú)	vístete (tú)

Verbos con cambio ortográfico

INFINITIVO	car → qu (before e) **buscar** *to look for*	gar → gu (before e) **llegar** *to arrive*	zar → c (before e) **empezar** *to begin*
PRESENTE PROGRESIVO	estar buscando	estar llegando	estar empezando
PRESENTE	yo busco tú buscas el, ella, Ud. busca nosotros(as) buscamos *vosotros(as) buscáis* ellos, ellas, Uds. buscan	yo llego tú llegas el, ella, Ud. llega nosotros(as) llegamos *vosotros(as) llegáis* ellos, ellas, Uds. llegan	yo empiezo tú empiezas el, ella, Ud. empieza nosotros(as) empezamos *vosotros(as) empezáis* ellos, ellas, Uds. empiezan
PRETÉRITO	yo busqué tú buscaste el, ella, Ud. buscó nosotros(as) buscamos *vosotros(as) buscasteis* ellos, ellas, Uds. buscaron	yo llegué tú llegaste el, ella, Ud. llegó nosotros(as) llegamos *vosotros(as) llegasteis* ellos, ellas, Uds. llegaron	yo empecé tú empezaste el, ella, Ud. empezó nosotros(as) empezamos *vosotros(as) empezasteis* ellos, ellas, Uds. empezaron
IMPERFECTO	yo buscaba tú buscabas el, ella, Ud. buscaba nosotros(as) buscábamos *vosotros(as) buscabais* ellos, ellas, Uds. buscaban	yo llegaba tú llegabas el, ella, Ud. llegaba nosotros(as) llegábamos *vosotros(as) llegabais* ellos, ellas, Uds. llegaban	yo empezaba tú empezabas el, ella, Ud. llegaba nosotros(as) llegábamos *vosotros(as) llegabais* ellos, ellas, Uds. llegaban
FUTURO	yo buscaré tú buscarás el, ella, Ud. buscará nosotros(as) buscaremos *vosotros(as) buscaréis* ellos, ellas, Uds. buscarán	yo llegaré tú llegarás el, ella, Ud. llegará nosotros(as) llegaremos *vosotros(as) llegaréis* ellos, ellas, Uds. llegarán	yo empezaré tú empezarás el, ella, Ud. empezará nosotros(as) empezaremos *vosotros(as) empezaréis* ellos, ellas, Uds. empezarán
POTENCIAL	yo buscaría tú buscarías el, ella, Ud. buscaría nosotros(as) buscaríamos *vosotros(as) buscaríais* ellos, ellas, Uds. buscarían	yo llegaría tú llegarías el, ella, Ud. llegaría nosotros(as) llegaríamos *vosotros(as) llegaríais* ellos, ellas, Uds. llegarían	yo empezaría tú empezarías el, ella, Ud. empezaría nosotros(as) empezaríamos *vosotros(as) empezaríais* ellos, ellas, Uds. empezarían
PRESENTE PERFECTO	yo he buscado tú has buscado el, ella, Ud. ha buscado nosotros(as) hemos buscado *vosotros(as) habéis buscado* ellos, ellas, Uds. han buscado	yo he llegado tú has llegado el, ella, Ud. ha llegado nosotros(as) hemos llegado *vosotros(as) habéis llegado* ellos, ellas, Uds. han llegado	yo he empezado tú has empezado el, ella, Ud. ha empezado nosotros(as) hemos empezado *vosotros(as) habéis empezado* ellos, ellas, Uds. han empezado
SUBJUNTIVO PRESENTE	yo busque tú busques el, ella, Ud. busque nosotros(as) busquemos *vosotros(as) busquéis* ellos, ellas, Uds. busquen	yo llegue tú llegues el, ella, Ud. llegue nosotros(as) lleguemos *vosotros(as) lleguéis* ellos, ellas, Uds. lleguen	yo empiece tú empieces el, ella, Ud. empiece nosotros(as) empecemos *vosotros(as) empecéis* ellos, ellas, Uds. empiecen
IMPERATIVO FORMAL	busque (Ud.) busquen (Uds.)	llegue (Ud.) lleguen (Uds.)	empiece (Ud.) empiecen (Uds.)
IMPERATIVO FAMILIAR	busca (tú)	llega (tú)	empieza (tú)

Vocabulario

Vocabulario español–inglés

The **Vocabulario español–inglés** contains all productive and receptive vocabulary from the text. The reference numbers following each productive entry indicate the chapter and vocabulary section in which the word is introduced. For example, **3.2** means that the word was taught in **Capítulo 3, Palabras 2. BV** refers to the preliminary **Bienvenidos** lessons in Level 1. Words without a chapter reference indicate receptive vocabulary (not taught in the **Palabras** sections). Words taught in Level 1 appear in regular type and those taught in Level 2 are in bold type. Note that **Capítulos 1** and **2** of Level 2 repeat **Capítulos 13** and **14** of Level 1 (e.g., 13.1; **1.1**).

A

a at; to
  a bordo de aboard, on board, **7.1**
  a eso de at about (time), 4.1
  a fines de at the end of
  a la española Spanish-style
  a lo menos
  a menudo often, **3.2**
  a pie on foot, 4.1
  a plazos in installments
  a propósito by the way
  a solas alone
  a tiempo on time, 11.1
  a veces sometimes, 7.1
  a ver let's see
abandonar el cuarto to check out, 6.1
abarrotes: la tienda de abarrotes grocery store, **4.2**
la **abeja** bee, **8.1**
el/la **abogado(a)** lawyer, **14.1**
abordar to get on, board
el **abrigo** overcoat, **4.1**
abril April, BV
abrir to open, 8.2
abrocharse to fasten, **7.1**
  abrocharse el cinturón de seguridad to fasten one's seatbelt, **7.1**
la **abuela** grandmother, 6.1

el **abuelo** grandfather, 6.1
los **abuelos** grandparents, 6.1
abundante plentiful
aburrido(a) boring, 2.1
aburrir to bore
el **abuso** abuse
acabar de to have just (done something), **8.1**
la **academia** academy, school
acariciar to caress
el **acceso** access
el **accidente** accident, **8.1**
la **acción** action
el **aceite** oil, 14.2; **2.2**
aceptar to accept
la **acera** sidewalk, **9.1**
acerca de about, concerning
acercarse (a) to approach
acertar (ie) to guess right
acomodar to accommodate
el **acompañamiento** accompaniment
acompañar to accompany
aconsejar to advise
acostarse (ue) to go to bed, 12.1
el **acrílico** acrylic
la **actividad** activity
activo(a) active
el **actor** actor, 10.2
la **actriz** actress, 10.2
la **actuación** behavior
actualmente at the present time

la **acuarela** watercolor
acuático(a): el esquí acuático water-skiing, 9.1
acuerdo: de acuerdo OK, all right; in agreement
acuñar to coin, mint
adaptar to adapt
adecuado(a) adequate
adelante ahead
adelantar to overtake, pass (car), **11.2**
además moreover; besides
además de in addition to
la **adicción** addiction
adiós good-bye, BV
adivinar to guess
admirar to admire
admitir to admit, **8.2**
la **adolescencia** adolescence
el/la **adolescente** adolescent, teenager
¿adónde? where?, 1.1
la **adoración** adoration
adorar to adore
adornar to adorn
el **adorno** ornament
la **aduana** customs, 11.2
advertir to warn
aérea: la línea aérea airline
aeróbico(a) aerobic
el **aerodeslizador** hydrofoil
el **aeropuerto** airport, 11.1
afeitarse to shave, 12.1

la crema de afeitar shaving cream, 12.1

aficionado(a) a fond of, 10.1

el/la **aficionado(a)** fan (sports)

africano(a) African

afroamericano(a) African American

afortunado(a) fortunate

las **afueras** outskirts, 9.1

la **agencia** agency

la agencia de empleos employment agency

el/la **agente** agent, 11.1

el/la agente de aduana customs agent, 11.2

el/la agente de policía police officer

agosto August, BV

agradable pleasant

agregar to add, 10.2

agrícola agricultural

el/la **agricultor(a)** farmer, 9.2

el **agua** (f.) water, 9.1

el agua corriente running water

el agua mineral mineral water, 12.2

esquiar en el agua to water-ski, 9.1

el **aguacate** avocado, 10.2

el **águila** (f.) eagle

el **agujero** hole

ahora now, 4.2

ahorrar to save

el **aire** air, 11.1

al aire libre outdoor (adj.)

el **aire acondicionado** air conditioning, 6.2

el **ajedrez** chess, 5.1

el **ají** chili pepper

el **ajo** garlic, 14.2; **2.2**

el **ajuar de novia** trousseau

ajustar to adjust

al to the

al aire libre outdoor (adj.)

al bordo de alongside, on the banks of (river)

al contrario on the contrary

al lado de beside, 5.2

al máximo at the most

al principio at the beginning

alarmarse to be alarmed

el/la **albañil** bricklayer, 14.1

la **alberca** swimming pool, 9.1

el **albergue para jóvenes (juvenil)** youth hostel, 12.2

el **álbum** album

la **alcachofa** artichoke, 14.2; **2.2**

el **alcalde** mayor, **14.1**

la **alcaldesa** female mayor

la **alcaldía** city hall, **14.1**

alcanzar to reach, attain

el **alcohol** alcohol

el **alcoholismo** alcoholism

alegrarse de to be glad about, **13.1**

alegre happy

la **alegría** happiness

el **alemán** German (language), 2.2

la **alergia** allergy, 8.2

el **álgebra** algebra, 2.2

algo something, 5.2

¿Algo más? Anything else?, 5.2

el **algodón** cotton, **12.1**

alguien someone

algunos(as) some, 4.1

el **alimento** food, 14.2; **2.2**

allá there

allí there

almacenar to store

la **almeja** clam, 14.2; **2.2**

la **almohada** pillow, 6.2

el **almuerzo** lunch, 5.2

tomar el almuerzo to have, eat lunch

alojarse to stay, lodge

la **alpargata** sandal

alquilar to rent, 5.2

alrededor de around, 6.2

los **alrededores** outskirts

alternar to alternate

el **altiplano** high plateau, **7.2**

la **altitud** altitude, **7.2**

altivo arrogant, haughty

alto(a) tall, 1.1; high, 4.2

en voz alta aloud

la nota alta high grade, 4.2

la **altura** height; altitude, **7.2**

el/la **alumno(a)** student, 1.1

amar to love

amarillo(a) yellow, 3.2

amazónico(a) Amazonian

ambicioso(a) hardworking, 1.1

el **ambiente** environment; atmosphere

la **ambulancia** ambulance, **8.1**

ambulante itinerant

la **América Central** Central America

la **América del Norte** North America

la **América del Sur** South America

americano(a) American, 1.1

el/la **amigo(a)** friend, 1.1

el **amor** love

el **análisis** analysis

analítico(a) analytical

analizar to analyze

anaranjado(a) orange, 3.2

el/la **anarquista** anarchist

ancho(a) wide, **4.1**

anciano(a) old, 6.1

el/la **anciano(a)** old person

andaluz(a) Andalusian

andante: el caballero andante knight errant

andar to walk, to go to, 13; **1**

el **andén** railway platform, 13.1; **1.1**

andino(a) Andean

la **anécdota** anecdote

angosto(a) narrow, **9.1**

el **anillo** ring, **4.1**

el **animal** animal

el animal doméstico farm animal, **9.2**

el **aniversario** anniversary

anoche last night, 9.2

el **anorak** parka, 9.2

la **Antártida** Antarctic

anteayer the day before yesterday

antenupcial prenuptial

los **anteojos de sol** sunglasses, 9.1

antes de before, 5.1

el **antibiótico** antibiotic, 8.2

anticipación: de anticipación ahead of time

anticuado(a) antiquated

la **antigüedad** antiquity

antiguo(a) old, ancient, **5.1**

anunciar to announce

el **anuncio** announcement; **7.1**; advertisement, 14.2

dar anuncios to make announcements, **7.1**

añadir to add, 10.2

el **año** year, BV

    cumplir... años to be . . . years old

    el año pasado last year, **9.2**

    este año this year, **9.2**

    tener... años to be . . . years old, **6.1**

el **Año Nuevo** New Year, **13.2**

    ¡Próspero Año Nuevo! Happy New Year!, **13.2**

    apagar to turn off, **3.1**

el **aparato** appliance, device, **3.2**

el **aparcamiento** parking lot

    aparcar to park, **11.2**

    aparecer to appear

la **apariencia** appearance

el **apartamento** apartment, **6.2**

    la casa de apartamentos apartment house, **6.2**

    apasionado(a) passionate

el **apellido** last name

la **apendicitis** appendicitis

la **apertura** opening

    la apertura de clases beginning of the school year

    aplaudir to applaud, **10.2**

el **aplauso** applause, **10.2**

    dar aplausos to applaud, **10.2**

    recibir aplausos to receive applause, **10.2**

    aplicar to apply

el **apóstol** apostle

    aprender to learn, **5.1**

    apropiado(a) appropriate

la **aptitud** aptitude

el **apunte: tomar apuntes** to take notes, **4.2**

    aquel, aquella that

    en aquel entonces at that time

    aquí here

    Aquí tiene (tienes, tienen)... Here is (are) . . .

    por aquí right this way

el/la **árabe** Arab

    aragonés(esa) from Aragon (Spain)

el **árbol** tree

    el árbol de Navidad Christmas tree, **13.2**

el **arco** arc

el **área** (*f.*) area

la **arena** sand, **9.1**

el **arete** earring, **4.1**

    argentino(a) Argentinian, **2.1**

el **argumento** plot

    árido(a) arid

la **aritmética** arithmetic, **2.2**

el **arma** (*f.*) weapon

el **armario** closet, **6.2**

la **arqueología** archeology

    arqueológico(a) archaeological

el/la **arqueólogo(a)** archaeologist

el/la **arquitecto(a)** architect, **14.1**

    arrancar to pull out

    arrogante arrogant

el **arroyo** stream, brook

el **arroz** rice, 5.2

    arrugar to wrinkle

el **arsenal** arsenal

el **arte** (*f.*) art, **2.2**

    las bellas artes fine arts

el **artefacto** artifact

el/la **artista** artist, **10.2**

    artístico(a) artistic

    asado(a) roasted

    asar to roast, **10.1**

la **ascendencia** background

    de ascendencia mexicana (peruana, etc.) of Mexican (Peruvian, etc.) extraction

    ascender to rise

el **ascensor** elevator, **6.2**

    asegurar to assure

el **aseo** restroom, **7.1**

    así so; thus

el **asiento** seat, **11.1**

    el número del asiento seat number, **11.1**

la **asignatura** subject, discipline, **2.1**

el/la **asistente de vuelo** flight attendant, **11.2**

    asistir to attend

el **asno** donkey

el **aspa** sail (of a windmill)

el **aspecto** aspect

el/la **aspirante** candidate, **14.2**

la **aspirina** aspirin, **8.2**

    astuto(a) astute

    asustarse to be frightened

    atacar to attack

el **ataque** attack

la **atención: prestar atención** to pay attention, **4.2**

    atender (ie) to assist, wait on (customer), **4.1**

    atento(a) polite, courteous

el **aterrizaje** landing, **7.2**

    aterrizar to land, **11.2**

el/la **atleta** athlete

    atlético(a) athletic

la **atmósfera** atmosphere

    atrapar to catch, **7.2**

las **atracciones** amusement park rides, **5.2**

    el parque de atracciones amusement park, **5.2**

    atractivo(a) attractive

    atrás behind, in the rear

    atravesar (ie) to cross

el **atún** tuna, 5.2

los **audífonos** earphones, **7.1**

    aumentar to increase

el **aumento** increase

    aun even

    aún yet

    aunque although

el **auricular** telephone receiver, **3.2**; headphone, **7.1**

    austral former Argentine unit of currency

    auténtico(a) authentic

el **autobús** bus, 10.1

    perder el autobús (la guagua, el camión) to miss the bus, 10.1

    automáticamente automatically, **7.1**

el **automóvil** automobile

la **autopista** highway, **11.2**

el/la **autor(a)** author, 10.2

    autorizado(a) authorized

el **autorretrato** self-portrait

la **autovía** highway, **11.2**

    los auxilios: los primeros auxilios first aid

el **avance** advance

el **ave** (*f.*) bird

la **avenida** avenue, **9.1**

la **aventura** adventure

la **avería** breakdown

    averiado(a) broken down

la **aviación** aviation

el **avión** airplane, **11.1**

el **avión de reacción** jet, **7.2**

la **avioneta** small airplane, **7.2**

    ayer yesterday, 9.2

    ayer por la mañana yesterday morning, 9.2

ayer por la tarde
yesterday afternoon, 9.2
la **ayuda** assistance, help
ayudar to help, 13.1; **1.1**
el **azafrán** saffron
el **azúcar** sugar, **10.1**
azul blue, 3.2
azul oscuro dark blue

B

el **bache** pothole
el **bachillerato** bachelor's
degree
la **bacteria** bacteria
la **bahía** bay
bailar to dance, 4.2
el **baile** dance
bajar to lower; to go down,
9.2; to get off, 13.2; **1.2**
bajar(se) del tren to get
off the train, 13.2; **1.2**
bajar las maletas to take
the luggage down, **6.1**
bajo: bajo cero below zero,
9.2
bajo(a) short, 1.1; low, 4.2
la planta baja ground
floor, 6.2
la nota baja low grade, 4.2
el **balneario** beach resort, 9.1
el **balón** ball, 7.1
tirar el balón to throw
(kick) the ball, 7.2
el **baloncesto** basketball, 7.2
la **banana** banana, **10.2**
bancario(a) banking
la **banca** banking
el **banco** bank, **12.2**
la **banda** music band
la **banda elástica** elastic band
la **bandeja** tray, **7.1**
el **bando** team
el **bañador** bathing suit 9.1
bañarse to take a bath, 12.1
la **bañera** bathtub, **6.2**
el **baño** bathroom, 6.2; bath
el cuarto de baño
bathroom, 6.2
el traje de baño bathing
suit, 9.1
barato(a) cheap, inexpensive,
3.2
la **barba** beard
el/la **barbero(a)** barber, **12.1**
la **barra** bar

la **barra de jabón** bar of
soap, 12.2
el **barrio** neighborhood, **9.1**
basado(a) based (on)
basar to base
basarse to be based
la **báscula** scale, 11.1
la **base** base, 7.2; basis
básico(a) basic
el **básquetbol** basketball, 7.2
la cancha de básquetbol
basketball court, 7.2
bastante enough, rather,
quite, 1.1
el **bastón** ski pole, 9.2
la **batalla** battle
el **bate** bat, 7.2
el/la **bateador(a)** batter, 7.2
batear to hit (baseball), 7.2
la **batería** battery
el **batú** Taíno Indian game
el **baúl** trunk, **11.1**
el **bautizo** baptism
el/la **bebé** baby
beber to drink, 5.1
la **bebida** beverage, drink, **7.1**
la **beca** scholarship
el **béisbol** baseball, 7.2
el campo de béisbol
baseball field, 7.2
el juego de béisbol
baseball game, 7.2
el/la jugador(a) de béisbol
baseball player, 7.2
el/la **beisbolista** baseball player
la **belleza** beauty
bello(a) beautiful, pretty, 1.1
las bellas artes fine arts
la **bendición** blessing
el **beneficio** benefit
la **berenjena** eggplant,
14.2; **2.2**
bíblico(a) biblical
la **bicicleta** bicycle
ir en bicicleta to go by
bike, 12.2
bien fine, well, BV
muy bien very well, BV
los **bienes y servicios** goods and
services
la **bienvenida: dar la**
bienvenida to welcome,
11.2
el **bife** beef
el **biftec** steak, 14.2; **2.2**

bilingüe bilingual
el **billete** ticket, 11.1; bill
(currency), **12.2**
el billete de ida y vuelta
round-trip ticket, 13.1;
1.1
el billete sencillo one-way
ticket, 13.1; **1.1**
la **biografía** biography
la **biología** biology, 2.2
biológico(a) biological
el/la **biólogo(a)** biologist
el **bizcocho** cake, **13.1**
blanco(a) white, 3.2
el **blanqueador** bleach
el **bloc** notebook, writing pad,
3.1
bloquear to stop, block, 7.1
el **blue jean** jeans, 3.2
la **blusa** blouse, 3.2
la **boca** mouth, 8.2
boca abajo face down, **3.1**
boca arriba face up, **3.1**
la **boca del metro** subway
entrance, **9.1**
la **bocacalle** intersection, **11.2**
el **bocadillo** sandwich, 5.1
la **bocina** horn, **11.1**
tocar la bocina to honk
the horn
la **boda** wedding, **13.1**
la **bola** ball
la **boletería** ticket window, 9.2
el **boleto** ticket, 9.2
el **bolígrafo** ballpoint pen, 3.1
la **bolsa** bag, 5.2
la bolsa de plástico
plastic bag, 4.2
el **bolsillo** pocket, 4.1
bonito(a) pretty, 1.1
bordear to border
el **borde** border, side, shoulder
(road)
la **bota** boot, 9.2
el **bote** can, 5.2; boat, **5.2**
la **botella: la botella de agua**
mineral bottle of mineral
water, 12.2
el **botón** button (on a machine),
3.1; (on clothing), **4.1**
el **botones** bellman, **6.1**
el **brazo** arm, 7.1; branch (of
candelabra, menorah, etc.),
13.2
breve brief

brillante bright
brillar to shine, 9.1
el **bronce** bronze, 10.2
bronceado(a) tan
**bronceador(a): la loción
 bronceadora** suntan lotion,
 9.1
bucear to dive; to swim
 underwater, 9.1
el **buceo** diving, underwater
 swimming, 9.1
buen good
 estar de buen humor to
 be in a good mood, 8.1
 Hace buen tiempo. The
 weather is nice., 9.1
la **buenaventura** fortune
bueno(a) good, 1.2
 Buenas noches. Good
 evening., BV
 Buenas tardes. Good
 afternoon., BV
 Buenos días. Hello, Good
 morning., BV
 sacar una nota buena to
 get a good grade, 4.2
 tener buena pinta to look
 good (food), **4.2**
la **bufanda** scarf, **4.1**
el **bufete del abogado** lawyer's
 office, **14.1**
el **bulevar** boulevard, **9.1**
el **bus** bus, 4.1
 el bus escolar school bus,
 4.1
 busca: en busca de in search
 of
 buscar to look for, 3.1
la **butaca** seat (theater), 10.1
el **buzón** mailbox, **12.2**

C

el **caballero** knight; gentleman,
 man, **4.1**
 el caballero andante
 knight errant
 **la tienda de ropa para
 caballeros** men's
 clothing shop, **4.1**
el **caballete** easel
el **caballito** carousel horse, **5.2**
el **caballo** horse
 pasear a caballo to go
 horsebook riding
el **cabello** hair, **12.1**

caber to fit, **7.1**
la **cabeza** head, 7.1
la **cabina** cabin, **7.1**
 **la cabina de mando
 (vuelo)** cockpit, **7.1**
el **cacahuete (cacahuate)**
 peanut
la **cacerola** saucepan, **10.2**
 cada each, every, 1.2
la **cadena** chain (necklace), **4.1**
 la cadena de oro gold
 chain, **4.1**
 caerse to fall, drop, **7.1**
el **café** coffee, BV; café, 5.1
 el café al aire libre
 outdoor café
 el café con leche coffee
 with milk, 5.1
 el café solo black coffee,
 5.1
la **cafetería** cafeteria
la **caja** cash register, 3.1; box,
 4.2
el/la **cajero(a)** teller, **12.2**; cashier,
 14.1
el **cajero automático**
 automatic teller
los **calamares** squid, **10.2**
los **calcetines** socks, 3.2
la **calculadora** calculator, 3.1
 calcular to calculate
el **cálculo** calculus, 2.2
 calentarse (ie) to heat
la **calidad** quality
la **calificación** qualification
la **calle** street, 6.2
 la calle de sentido único
 one-way street, **11.2**
 la calle peatonal
 pedestrian street
la **callecita** narrow street, alley,
 9.1
el **calor: Hace calor.** It's hot., 9.1
la **caloría** calorie
 calzar to take, wear (shoe
 size), 3.2
la **cama** bed, 8.1
 guardar cama to stay in
 bed, 8.1
 hacer la cama to make the
 bed, **6.2**
la **camarera** maid, **6.2**
el/la **camarero(a)** waiter, waitress,
 5.1
los **camarones** shrimp, 14.2; **2.2**

cambiar to change;
 exchange, **12.2**
 cambiar de tren to change
 trains (transfer), 13.2; **1.2**
 cambiar las toallas to
 change the towels, **6.2**
el **cambio** change, exchange,
 12.2
 la casa de cambio foreign
 exchange office, **12.2**
 el tipo (la tasa) de cambio
 exchange rate, **12.2**
el/la **cambista** money changer,
 12.2
el **camello** camel, **13.2**
la **camilla** stretcher, **8.1**
 caminar to walk, 5.1
 caminar por la senda to
 walk along the path, **5.2**
la **caminata: dar una caminata**
 to take a hike, **12.2**
el **camino** trail, path
el **camión** bus (Mexico), 10.1,
 truck
la **camisa** shirt, 3.2
 **la camisa de mangas
 cortas** short-sleeved
 shirt, **4.1**
 **la camisa de mangas
 largas** long-sleeved shirt,
 4.1
la **camiseta** T-shirt, undershirt,
 3.2
la **campaña** campaign
el/la **campeón(ona)** champion,
 5.1
el **campeonato** championship
el/la **campesino(a)** farmer,
 peasant **9.2**
el **campo** country; field, **9.2**
 el campo de béisbol
 baseball field, **7.2**
 el campo de fútbol soccer
 field, **7.1**
 la casa de campo country
 home
 canadiense Canadian
el **canal** channel (TV)
la **canasta** basket, **7.2**
la **cancha** court, **7.2**
 la cancha cubierta
 enclosed court, 9.1
 la cancha de básquetbol
 basketball court, **7.2**
 la cancha de tenis tennis

court, 9.1
la **canción** song
el/la **candidato(a)** candidate,
14.2
cansado(a) tired, 8.1
cantar to sing, 4.2
el **cante jondo** traditional
flamenco singing
la **cantidad** amount
el **canto** singing
el **cañón** canyon
el **capacho** cloth shopping
bag
la **capital** capital
el/la **capitán** captain
el **capítulo** chapter
el **capó** hood (automobile),
11.1
la **cara** face, 12.1
el **carácter** character
la **característica**
characteristic
el **carbohidrato** carbohydrate
**cardinal: los puntos
cardinales** cardinal
points
la **cardiología** cardiology
el/la **cardiólogo(a)** cardiologist
el **cardo** thistle
los **cargos** charges
el **Caribe** Caribbean
el mar Caribe
Caribbean Sea
el/la **caricaturista** caricaturist
la **carne** meat, 5.2
la carne de res beef,
14.2; **2.2**
la **carnicería** butcher shop,
meat market, **4.2**
caro(a) expensive, 3.2
la **carpeta** folder, 3.1
el/la **carpintero(a)** carpenter,
14.1
la **carrera** race, career
la **carretera** highway, **11.2**
el **carril** lane (of highway),
11.2
el **carrito** cart (shopping),
4.2; (airplane), **7.1**
empujar el carrito to
push the cart, **4.2**
el **carro** car, 4.1
el carro deportivo
sports car, **11.1**
en carro by car, 4.1

la **carta** letter, **12.2**
**la carta de
recomendación**
letter of
recommendation
la **casa** home, house, 6.2
**la casa de
apartamentos
(departamentos)**
apartment house, 6.2
la casa de campo
country home, **9.2**
**la casa privada
(particular)** private
house, 6.2
en casa at home
la **casa de cambio** foreign
exchange office, **12.2**
**casado(a): estar
casado(a)** to be married
casarse to get married,
13.1
el **casete** cassette, 4.2
casi almost, practically
el **caso** case, **7.1**
castellano(a) Castillian
el **castigo** punishment
el **castillo** castle
el **catarro** cold (illness), 8.1
tener catarro to have a
cold, 8.1
el/la **cátcher** catcher, 7.2
la **catedral** cathedral
la **categoría** category
católico(a) Catholic
catorce fourteen, BV
la **causa** cause
causar to cause
la **cazuela** pot, 10.1
el **CD-ROM** CD-ROM, **3.1**
la **cebolla** onion, 10.1
la **celebración** celebration
celebrar to celebrate, **13.1**
célebre famous
la **célula** cell
**celular: el teléfono
celular** cell phone,
3.2
la **cena** dinner, 5.2
cenar to have dinner
el **centavo** penny
central central
el **centro** downtown, **5.1;**
center
cepillarse to brush one's

hair, 12.1
cepillarse los dientes to
brush one's teeth, 12.1
el **cepillo** brush, 12.2
el cepillo de dientes
toothbrush, 12.2
cerca de near, 6.2
cercano(a) nearby
el **cerdo** pig (pork), 14.2; **2.2**
el **cereal** cereal, 5.2; grain,
9.2
la **ceremonia** ceremony, **13**
cero zero, BV
cerrar (ie) to close, 8.2
cerrar la herida to close
the wound, **8.2**
la **cesta** basket (jai alai)
el **cesto** basket, 7.2
la **chabola** shack
el **chaleco** vest
el chaleco salvavidas life
jacket, **7.1**
el **chalet** chalet
el **champú** shampoo, 12.2
¡Chao! Good-bye!, BV
la **chaqueta** jacket, 3.2
charlar to chat
la **chaucha** string beans
el **cheque de viajero** traveler's
check, **12.2**
la **chequera** checkbook
el/la **chico(a)** boy (girl)
chileno(a) Chilean
la **chimenea** chimney
la **china** orange (fruit)
el **chisme** piece of gossip
¡chist! shh!
el **choclo** corn
el **chocolate: de chocolate**
chocolate *(adj.)*, 5.1
el **chófer** chauffeur
el **chorizo** pork and garlic
sausage, 10.1
la **chuleta** chop, 10.1
la chuleta de cerdo pork
chop, 10.1
el **churro** (type of) doughnut
el **ciclismo** cycling
el **cielo** sky, 9.1
la **ciencia-ficción** science
fiction
las **ciencias** science, 2.2
las ciencias naturales
natural sciences
las ciencias políticas

political science
las ciencias sociales
social sciences, 2.2
el/la **científico(a)** scientist
científico(a) scientific
cien(to) one hundred, 3.2
cierto: Es cierto que… It is
certain that
cierto(a) certain
cinco five, BV
el **cine** movie theater, 10.1
cincuenta fifty, 2.2
la **cinta** ribbon
el **cinturón** belt, **4.1**
el cinturón de seguridad
seat belt, **7.1**
circular to circulate, travel,
drive
el **círculo** circle
el/la **cirujano(a)** surgeon, **8.2**
el/la cirujano(a)
ortopédico(a)
orthopedic surgeon, **8.2**
cítrico(a) citric
la **ciudad** city, **9.1**
la **claridad** clarity
el **clarinete** clarinet
claro(a) clear
¡Claro! Certainly!, Of
course!
¡Claro que no! Of course
not!
la **clase** class (school), 2.1; class
(ticket), 13.1; **1.1**; kind, type
la apertura de clases
beginning of the school
year
la sala de clase classroom,
4.1
el salón de clase
classroom, 4.1
primera clase first-class,
13.1; **1.1**
segunda clase second-
class, 13.1; **1.1**
clásico(a) classic
clasificar to classify
la **clave de área** area code, **3.2**
el **claxon** horn, **11.1**
el **clic** click
el/la **cliente** customer, 5.1; hotel
guest, **6.1**
el **clima** climate
climático(a) climatic
la **clínica** clinic

el **club** club, 4.2
el Club de español
Spanish Club, 4.2
cobrar to charge
cobrar el cheque to cash
the check, **12.2**
la **Coca-Cola** Coca-Cola, 5.1
la **cocción** cooking
el **coche** car, 4.1; train car, 13.2;
1.2
el coche deportivo sports
car, **11.1**
en coche by car, 4.1
el **coche-cafetería** cafeteria
(dining) car, 13.2; **1.2**
el **coche-cama** sleeping car,
13.2; **1.2**
el **coche-comedor** dining car,
13.2; **1.2**
el **coche deportivo** sports car,
11.1
el **cocido** stew
la **cocina** kitchen, 6.2
cocinar to cook, 10.1
el/la **cocinero(a)** cook, 14.1; **2.1**
el **coco** coconut, **10.2**
el **cóctel** cocktail party
el **codo** elbow, **8.1**
la **coincidencia** coincidence
cojo(a) lame
la **cola** line (queue), 10.1
hacer cola to line up, to
stand in line, 10.1
la **colección** collection
coleccionar to collect, 5.1
el/la **coleccionista** collector, 5.1
la **colecta: hacer una colecta**
to take up a collection
el **colector** collector
el **colegio** school, 1.1
el **colesterol** cholesterol
el **colgador** clothes hanger, **6.2**
colgar (ue) to hang, hang up
la **coliflor** cauliflower, **10.1**
el **colmado** grocery store, **4.2**
la **colocación** placement
colocar to put, place
colombiano(a) Colombian,
1.1
la **colonia** suburb, colony
el **color** color, 3.2
de color marrón brown,
3.2
de color colored
¿De qué color es? What

color is it?, 3.2
el **colorido**
el/la **comandante** pilot, captain,
11.2
la **comedia** comedy
el **comedor** dining room, 6.2
comenzar (ie) to begin
comer to eat, 5.1
comercial: la zona
comercial business
district, **9.1**
el/la **comerciante**
businessman(woman), **14.1**
el **comercio** business
el **comestible** food, 14.2; **2.2**
cómico(a) funny, 1.1
la **comida** food, meal, 5.2
la **comisión** commission
el **comité** committee
como like; as; since, 1.2
¿cómo? how?, what?, 1.1
¿Cómo está… ? How
is . . . ?, 8.1
¡Cómo no! Of course!
la **comodidad** comfort
compacto(a): el disco
compacto compact disk,
CD, 4.2
el/la **compañero(a)** friend, 1.2
la **compañía** company
la **comparación** comparison
comparar to compare
el **compartimiento**
compartment, 13.2; **1.2**
el compartimiento sobre
la cabeza overhead
compartment, **7.1**
el compartimiento
superior overhead
compartment, **7.1**
la **competencia** competition
la **competición** competition,
contest
competir (i, i) to compete
completar to complete
completo(a) full (train), 13.2;
1.2
a tiempo completo full-
time *(adj.)*, **14.2**
componer to compose
comportarse to behave
la **composición** composition
la **compra** buying, **4.1**
comprar to buy, 3.1
las **compras** shopping;

purchases, **4.2**

hacer las compras to go shopping, **4.2**

ir de compras to go shopping, to shop, 5.2

comprender to understand, 5.1

comprometerse to get engaged

el **compromiso** engagement

la **computadora** computer, **3.1**

común common

la **comunicación** communication

comunicarse to communicate with each other, **3.1**

la **comunidad** community

con with

con cuidado carefully, cautiously, **11.1**

con frecuencia often, **3.2**

con mucha plata rich

¿con quién? with whom?

con retraso with a delay, 13.2; **1.2**

con una demora with a delay, late, 11.1

el **concierto** concert

conciliar to reconcile

el/la **conde(sa)** count(ess)

la **condición** condition

el **condimento** seasoning

el **condominio** condominium, **9.1**

conducir to drive, **11.1**

el/la **conductor(a)** driver, **11.1**

conectar to connect

la **conexión** connection

la **conferencia** lecture

confirmar to confirm

la **confitería** café, tearoom

Conforme. Agreed, Fine., 14.2; **2.2**

confrontar to confront

congelado(a): los productos congelados frozen food, 5.2

el **congelador** freezer, **10.1**

el **conjunto** set, collection

conocer to know, to be familiar with, 11.1

el/la **conocido(a)** acquaintance

el **conocimiento** knowledge

la **conquista** conquest

el **conquistador** conquerer

conquistar to conquer

el/la **consejero(a) de orientación** guidance counselor

el **consejo** advice

consentir (ie, i) to allow, tolerate

conservar to save

considerar to consider

consiguiente: por consiguiente consequently

consistir (en) to consist of

construir to construct

la **consulta del médico** doctor's office, 8.2

consultar to consult, 13.1; **1.1**

el **consultorio** medical office, 8.2

el/la **consumidor(a)** consumer

el **consumo** consumption

consumir to consume

la **contabilidad** accounting

el/la **contable** accountant, **14.1**

el **contacto** touch

contagioso(a) contagious

la **contaminación** pollution

contaminado(a) polluted

contaminar to pollute

contemporáneo(a) contemporary

contener (ie) to contain

contento(a) happy, 8.1

la **contestación** answer, response

el **contestador automático** answering machine, **3.2**

contestar to answer, **3.2**

el **continente** continent

continuar to continue, 7.2

contra against, 7.1

contrario(a) opposite

lo contrario the opposite

contrastar to contrast

contribuir to contribute

el **control** inspection, 11.1

el control de pasaportes passport inspection, 11.1

el control de

seguridad security check, 11.1

el/la **controlador(a)** air traffic controller

controlar to control

convencer to convince

conveniente convenient

el **convento** convent

la **conversación** conversation

conversar to talk, speak

el **convertible** convertible, **11.1**

convertir (ie, i) to convert, transform

la **coordinación** coordination

la **copa: la Copa mundial** World Cup

la **copia** copy

copiar to copy

el/la **co-piloto** copilot, **11.2**

el **corazón** heart

la **corbata** tie, 3.2

el **cordero** lamb, 14.2; **2.2**

la **cordillera** mountain range, **7.2**

el **cordoncillo** piping (embroidery)

la **coreografía** choreography

coreográfico(a) choreographic

la **córnea** cornea

el **coro** choir, chorus

el **correo** mail; post office, **12.2**

el correo aéreo airmail, **12.2**

el correo electrónico e-mail, electronic mail, **3.1**

el correo ordinario regular mail, **12.2**

correr to run, 7.2

la **correspondencia** correspondence

corriente: el agua corriente running water

cortar to cut, 8.1

cortarse el pelo to get one's hair cut

la **corte** court, **14.1**

el **corte de pelo** haircut, **12.1**

cortés courteous

la **cortesía** courtesy, BV

corto(a) short, 3.2

el pantalón corto shorts, 3.2

las mangas cortas (largas) short (long) sleeves, **4.1**

la **cosa** thing
la **cosecha** crop, harvest, **9.2**
  cosechar to harvest, **9.2**
  coser to sew
la **costa** coast
  costar (ue) to cost, 3.1
  costarricense Costa
    Rican
la **costilla** rib, **10.1**
el **costo**
la **costumbre** custom
la **costura** sewing
el **cráter** crater
la **creación** creation
  crear to create
  crecer to grow, increase
  crédito: la tarjeta de
    crédito credit card,
    14.1; **2.1**
el **crecimiento** growth
  creer to believe, 8.2; to
    think so
la **crema: la crema de**
    afeitar shaving cream,
    12.1
    la crema protectora
      sunblock, 9.1
  criar to raise, **9.2**
  criollo(a) Creole
  cristiano(a) Christian
el **cruce** crossing,
    intersection, **11.2**
    el cruce de peatones
      crosswalk, **9.1**
el **crucigrama** crossword
    puzzle, **5.1**
    llenar un crucigrama
      to do a crossword
      puzzle, **5.1**
  cruel cruel
  cruzar to cross, **9.1**
el **cuaderno** notebook, 3.1
la **cuadra** (city) block, **11.2**
el **cuadro** painting, 10.2
  cuadros: a cuadros
    check, plaid
  ¿cuál? which?, what?, BV
    ¿Cuál es la fecha de
      hoy? What is today's
      date?, BV
  ¿cuáles? which ones?,
    what?
  cualquier any
  cuando when, 4.2
  ¿cuándo? when?, 4.1

  cuanto: en cuanto a in regard
    to
  ¿cuánto? how much?, 3.1
    ¿A cuánto está(n)... ? How
      much is (are) . . . ?, 5.2
    ¿Cuánto es? How much
      does it cost?, 3.1
    ¿Cuánto cuesta(n)... ? How
      much do(es) . . . cost?, 3.1
  ¿cuántos(as)? how many?,
    2.1
    ¿Cuántos años tienes que
      cumplir? How old do you
      have to be?
  cuarenta forty, 2.2
el **cuarto** room, bedroom 6.2;
    quarter, 2.2
    el cuarto de baño
      bathroom, 6.2
    el cuarto de dormir
      bedroom
    el cuarto doble double
      room, **6.1**
    el cuarto sencillo single
      room, **6.1**
    menos cuarto a quarter to
      (the hour), 2.2
    y cuarto a quarter past (the
      hour), 2.2
  cuarto(a) fourth, 6.2
  cuatro four, BV
  cuatrocientos(as) four
    hundred, 3.2
  cubano(a) Cuban
  cubanoamericano(a) Cuban-
    American
  cubrir to cover
la **cuchara** tablespoon, 14.1; **2.1**
la **cucharita** teaspoon, 14.1; **2.1**
el **cuchillo** knife, 14.1; **2.1**
el **cuello** neck, **4.1**
la **cuenca** basin
la **cuenta** bill, check, 5.1
la **cuenta corriente** checking
    account, **12.2**
la **cuenta de ahorros** savings
    account
el/la **cuentista** short-story writer
el **cuento** story
la **cuerda** string (instrument)
el **cuerpo** body, **8.1**
el **Cuerpo de Paz** Peace Corps
el **cuestionario** questionnaire
  ¡cuidado! careful!
    con cuidado carefully

  el cuidado intensivo
    intensive care
  tener cuidado to be
    careful
  cuidar to raise, look after,
    care for
  cultivar to cultivate, to grow,
    9.2
el **cultivo** cultivation, growing,
    9.2
  culto(a) cultured
  cultural cultural
el **cumpleaños** birthday, 6.1
    ¡Feliz cumpleaños! Happy
      birthday!, **13.1**
  cumplir: cumplir... años to
    be . . . years old, 6.1
el **cupé** coupe, **11.1**
la **cura** cure, treatment
el/la **curandero(a)** folk healer
  curar to heal, get well
el **curso** course, class, 2.1
    el curso obligatorio
      required course
    el curso opcional elective
      course

D

la **dama** lady-in-waiting, woman
    la dama de honor maid of
      honor, **13.1**
las **damas** checkers, **5.1**
la **danza** dance
  dañar to hurt
  daño: hacerse daño to hurt
    oneself, **8.1**
  dar to give, 4.2
    dar a to open onto, look
      out on
    dar a entender to imply
      that
    dar auxilio to help
    dar énfasis to emphasize
    dar la mano to shake
      hands
    dar la vuelta to turn
      around
    dar las doce to strike
      twelve, **13.2**
    dar un examen to give a
      test, 4.2
    dar un paseo to take a
      walk, **5.2**
    dar una fiesta to give
      (throw) a party, 4.2

dar una representación to put on a performance, 10.2

datar to date

los **datos** data, information, **3.1**

  entrar los datos to enter, keyboard information, **3.1**

de of, from, for, BV

  de... a... from (time) to (time), 2.2

  de joven as a young person

  De nada. You're welcome., BV

  de ninguna manera by no means, 1.1

  ¿De parte de quién? Who's calling?, **3.2**

  de vez en cuando sometimes

debajo (de) under, below, **7.1**

deber must; should; to owe

la **década** decade

decidir to decide

décimo(a) tenth, 6.2

decir to say, 13

  ¡Diga! Hello! (answering the telephone–Spain), 14.2; **2.2**

declarar to declare

la **decoración** decoration

decorado(a) decorated

decorar to decorate

dedicarse to devote oneself, **14.1**

el **dedo** finger, **4.1**

el **defecto** fault, flaw

defender to defend

la **definición** definition

definir to define

definitivamente once and for all

dejar to leave (something), 14.1; **2.1**; to let, allow

  dejar un mensaje to leave a message, **3.2**

del of the, from the

delante de in front of, 10.1

delantero(a) front (adj.)

delgado(a) thin

delicado(a) delicate

delicioso(a) delicious

demás other, rest

demasiado too (much)

la **demografía** demography

el/la **demógrafo(a)** demographer

la **demora: con una demora** with a delay, 11.1

demostrar (ue) to demonstrate

la **densidad** density

dentífrico(a): la pasta dentífrica toothpaste, 12.2

el/la **dentista** dentist

dentro de within

  dentro de poco soon

el **departamento** apartment, 6.2; department, **14.2**

  la casa de departamentos apartment house, 6.2

  el departamento de personal personnel department, **14.2**

  el departamento de recursos humanos human resources department, **14.2**

depender (ie) (de) to depend (on)

el/la **dependiente(a)** salesperson, 3.1

el **deporte** sport, 7.1

  el deporte de equipo team sport

  el deporte individual individual sport

deportivo(a) (related to) sports, 6.2

  la emisión deportiva sports program (TV), 6.2

el **depósito** deposit

derecho(a) right, 7.1

  a la derecha to the right, **5.2**

derecho straight (ahead), **11.2**

  seguir derecho to go straight, **11.2**

la **dermatología** dermatology

el/la **dermatólogo(a)** dermatologist

derrotar to defeat

desagradable unpleasant

desamparado(a): los niños desamparados homeless children

desaparecer to disappear

el **desarrollo** development

el **desastre** disaster

desastroso(a) disastrous

desayunarse to eat breakfast, 12.1

el **desayuno** breakfast, 5.2

  tomar el desayuno to eat breakfast, 12.1

descansar to rest

el **descapotable** convertible, **11.1**

el/la **descendiente** descendant

descolgar (ue) to pick up (the telephone), **3.2**

describir to describe

descubrir to discover

el **descuento** discount

desde since, from

desear to want, wish, 3.2

  ¿Qué desea Ud.? May I help you? (in a store), 3.2

el **deseo** desire

los **desechos** waste

desembarcar to disembark, 11.2

desembocar to lead, go (one street into another), **9.1**; to empty

el **desenlace** conclusion

el **desierto** desert

despachar to sell, 8.2

despacio slowly

despegar to take off (airplane), 11.2

el **despegue** take-off (airplane), **7.2**

despertarse (ie) to wake up, 12.1

después (de) after, 5.1; later

el **destino** destination, 11.1

  con destino a to

la **desventaja** disadvantage

el **detalle** detail

el **detergente** detergent, **4.2**

determinar to determine

detrás de behind, **5.2**

devolver (ue) to return (something), 7.2

el **día** day, BV

  Buenos días. Good morning., BV

  el Día de los Reyes Epiphany (January 6), **13.2**

  hoy (en) día nowadays, these days

  ¿Qué día es (hoy)? What day is it (today)?, BV

la **diagnosis** diagnosis, 8.2

el **diálogo** dialogue
el **diamante** diamond
diario(a) daily
dibujar to draw
el **dibujo** drawing
diciembre December, BV
diecinueve nineteen, BV
dieciocho eighteen, BV
dieciséis sixteen, BV
diecisiete seventeen, BV
el **diente** tooth
   cepillarse los dientes to
    brush one's teeth, 12.1
   el cepillo de dientes
    toothbrush, 12.2
la **dieta** diet
diez ten
la **diferencia** difference
diferente different
difícil difficult, 2.1
la **dificultad** difficulty
¡Diga! Hello! (telephone),
   14.2; **2.2**
diminuto(a) tiny, minute
la **dinamita** dynamite
el **dinero** money, 14.1; **2.1**
   el dinero en efectivo cash,
    12.2
¡Dios mío! Gosh!
el/la **diplomado(a)** graduate
diplomático(a) diplomatic
la **dirección** direction; address
   en dirección a toward
las **direccionales** turn signals,
   11.1
directo(a) direct
el/la **director(a)** director,
   principal
dirigir to direct
la **disciplina** subject area
   (school), 2.2
el **disco** dial (of telephone), 3.2
el **disco compacto** compact
   disk, CD, 14.2; **3.1**
discutir to discuss
el/la **diseñador(a)** designer
el **diseño** design
disfrutar to enjoy
disponible available
la **disputa** quarrel, argument
el **disquete** disk, diskette, 3.1
la **distancia** distance
distinto(a) different, distinct
distraer to distract
la **distribución** distribution

la **distribuidora** parking
   meter that dispenses
   tickets
distribuir to pass out,
   distribute, **7.1**
la **diversión** amusement
divertido(a) fun, amusing
divertirse (ie, i) to enjoy
   oneself, 12.2
dividir to divide
la **división** division
divorciarse to get divorced
doblado(a) dubbed, 10.1
doblar to turn, **11.2**
doble: el cuarto doble
   double room, **6.1**
dobles doubles, 9.1
doce twelve, BV
la **docena** dozen, **4.2**
el/la **doctor(a)** doctor
la **documentación**
   documentation
el **documento** document, **3.1**
el **dólar** dollar
doler (ue) to hurt, 8.2
   Me duele(n)… My …
    hurt(s) me, 8.2
el **dolor** pain, ache, 8.1
   el dolor de cabeza
    headache, 8.1
   el dolor de estómago
    stomachache, 8.1
   el dolor de garganta sore
    throat, 8.1
   Tengo dolor de… I have a
    pain in my … , 8.2
doméstico(a): los animales
   domésticos farm animals,
   9.2
   la economía doméstica
    home economics, 2.2
el **domingo** Sunday, BV
dominicano(a) Dominican,
   2.1
   la República Dominicana
    Dominican Republic
el **dominio** control, authority
el **dominó** dominos, **5.1**
don courteous way of
   addressing a man
donde where, 1.2
¿dónde? where?, 1.2
doña courteous way of
   addressing a woman
dorado(a) golden

dormido(a) asleep
el/la **dormilón(ona)** sleepy-head
dormir (ue, u) to sleep
   el saco de dormir sleeping
    bag, 12.2
dormirse (ue, u) to fall
   asleep, 12.1
el **dormitorio** bedroom, 6.2
dos two, BV
doscientos(as) two hundred,
   3.2
la **dosis** dose, 8.2
el/la **dramaturgo(a)** playwright
driblar to dribble, 7.2
la **droga** drug
la **drogadicción** drug addiction
la **ducha** shower, 12.1
   tomar una ducha to take
    a shower, 12.1
la **duda** doubt
dudar to doubt
duele(n): Me duele(n)
   mucho. It (They) hurt(s)
   me a lot., **8.2**
dudoso(a) doubtful
dulce sweet
   el pan dulce sweet roll, 5.1
la **duración** duration
durante during
durar to last, **13.2**
duro(a) hard, difficult, 2.1

E

la **ebullición** boiling
echar to throw
   echar la carta (en el
   buzón) to mail the letter,
   12.2
   echar (tomar) una siesta
    to take a nap
   echarle flores to pay
    someone a compliment
la **ecología** ecology
ecológico(a) ecological
la **economía** economics;
   economy
   la economía doméstica
    home economics, 2.2
económico(a) economical,
   12.2
la **ecuación** equation
ecuatoriano(a) Ecuadorean,
   2.1
la **edad** age
el **edificio** building, **9.1**

la **educación** education
    la educación física
        physical education, 2.2
educar to educate
efectivo: el dinero en
    efectivo cash
efectuar to carry out
ejemplo: por ejemplo for
    example
ejercicio: hacer los
    ejercicios to exercise
el **ejote** string beans
el the *(m. sing.),* 1.1
él he, 1.1
la **electricidad** electricity
el/la **electricista** electrician, 14.1
eléctrico(a) electric
electrónico(a): el correo
    electrónico e-mail,
    electronic mail
la **elegancia** elegance
elegante elegant, 13.1
el **elemento** element
la **elevación** elevation
elevado(a) elevated, high
el **elevador** elevator, 6.1
elevar to elevate
eliminar to eliminate
ella she, 1.1
ellos(as) they, 2.1
el **elote** corn (Mex.)
el/la **embajador(a)** ambassador
embarcar to board, 11.2
embarque: la tarjeta de
    embarque boarding pass,
    11.1
    la puerta de embarque
        departure gate
la **emergencia** emergency, 7.1
    la sala de emergencia
        emergency room, 8.1
la **emisión** program (TV), 6.2;
    emission
    la emisión deportiva
        sports program, 6.2
emitir to emit
la **emoción** emotion
emocional emotional
empalmar to connect
empatado(a) tied (score), 7.1
    El tanto queda empatado.
        The score is tied., 7.1
empezar (ie) to begin, 7.1
el/la **empleado(a)** employee, clerk,
    3.1

emplear to employ
el **empleo** employment, job
    una solicitud de
    empleo a job
    application, 14.2
la **empresa** business
el/la **empresario(a)** entrepreneur,
    businessperson
empujar to push, 4.2
    empujar el carrito to push
    the cart, 4.2
en in; on
    en aquel entonces at that
    time
    en caso de in case of
    en punto on the dot,
    sharp, 4.1
    en sí in itself
el/la **enamorado(a)** sweetheart,
    lover
encantador(a) charming
encantar to delight
encargarse to take charge
encender (ie) to light,
    13.2
encestar to put in (make) a
    basket, 7.2
la **enchilada** enchilada, BV
encima (de) above
    por encima de above, 9.1
encontrar (ue) to find
encontrarse (ue) to meet
la **encuesta** survey
endosar to endorse, 12.2
el/la **enemigo(a)** enemy
la **energía** energy
enero January, BV
enfadado(a) angry
el **énfasis: dar énfasis** to
    emphasize
enfatizar to emphasize
la **enfermedad** illness
la **enfermería** nursing
el/la **enfermero(a)** nurse, 8.2
enfermo(a) sick, 8.1
el/la **enfermo(a)** sick person, 8.1
enfrente de in front of
el **enganche** down payment
¡Enhorabuena!
    Congratulations!, 13.1
el **enlace** union
enlatado(a) canned
enlazar to join, connect
enorme enormous
la **ensalada** salad, 5.1

enseguida right away,
    immediately, 5.1
enseñar to teach, 4.1; to
    show, 4.1
entablar to start, begin
entero(a) entire, whole
enterrar (ie) to bury
el **entierro** burial
entonces then
    en aquel entonces at
    that time
la **entrada** inning, 7.2;
    admission ticket, 10.1;
    entrance, 5.2
entrar to enter, 4.1
    entrar en escena to
    come (go) on stage,
    10.2
entre between, 7.1
entregar to deliver
el **entrenamiento** training
entretenido(a)
    entertaining
la **entrevista** interview, 14.2
el/la **entrevistador(a)**
    interviewer, 14.2
entrevistar to interview
entusiasmado(a)
    enthusiastic
el/la **envejeciente** aging person
enviar to send
envuelto(a) wrapped
el **episodio** episode
la **época** period of time,
    epoch
el **equilibrio** equilibrium
el **equipaje** baggage, luggage,
    11.1
    el equipaje de mano
        carry-on luggage, 11.1
el **equipo** team, 7.1;
    equipment
    el deporte de equipo
        team sport, 7.2
el **equivalente** equivalent
erróneo(a) wrong,
    erroneous
la **escala** stopover, 7.2
    hacer escala to stop
    over, make a stop,
    7.2
la **escalera** stairway, 6.2
la **escalera mecánica**
    escalator, 9.1
los **escalofríos** chills, 8.1

escamotear to secretly take

escapar to escape

el **escaparate** shop window, **4.1**

la **escasez** shortage

la **escena** stage

entrar en escena to come (go) on stage, 10.2

el **escenario** scenery, set (theater), 10.2

escoger to choose, **5**

escolar (related to) school, 2.1

el bus escolar school bus, 4.1

el horario escolar school schedule

la vida escolar school life

los materiales escolares school supplies, 3.1

esconder to hide

escribir to write, 5.1

escuchar to listen (to), 4.2

el **escudero** squire, knight's attendant

la **escuela** school, 1.1

la escuela intermedia middle school

la escuela primaria elementary school

la escuela secundaria high school, 1.1

la escuela superior high school

el/la **escultor(a)** sculptor, 10.2

la **escultura** sculpture

esencial essential

ese(a) that

eso that (one)

a eso de at about (time), 4.1

esos(as) those

el **espacio** space

el **espagueti** spaghetti

espantoso(a) frightful

la **España** Spain, 1.2

el **español** Spanish (language), 2.2

español(a) Spanish *(adj.)*

la **espátula** palette knife, spatula

la **especia** spice

especial special

la **especialidad** specialty, specialization

el/la **especialista** specialist, **14.1**

especializar to specialize

especialmente especially

el **espectáculo** show, 10.2

ver un espectáculo to see a show, 10.2

el/la **espectador(a)** spectator, 7.1

el **espejo** mirror, 12.1

espera: la sala de espera waiting room, 13.1; **1.1**

esperar to wait (for), 11.1; to hope

espontáneo(a) spontaneous

la **esposa** wife, spouse, 6.1

el **esposo** husband, spouse, 6.1

el **esquí** skiing, 9.2; ski

el esquí acuático water skiing, 9.1

el/la **esquiador(a)** skier, 9.2

esquiar to ski, 9.2

esquiar en el agua to water-ski, 9.1

la **esquina** corner, **9.1**

establecerse to settle

el **establecimiento** establishment

la **estación** season, BV; station, 10.1

la estación de esquí ski resort, 9.2

la estación de ferrocarril train station, 13.1; **1.1**

la estación del metro subway station, 10.1

la estación de servicio service station, **11.1**

el **estacionamiento** parking

estacionar to park

la **estadía** stay

el **estadio** stadium, 7.1

la **estadística** statistic

el **estado** state

los Estados Unidos United States

el **estado del banco** bank statement

estadounidense from the United States

la **estancia** ranch (Argentina)

estar to be, 4.1

¿Está... ? Is . . . there?, **3.2**

estar cansado(a) to be tired, **8.1**

estar contento(a) (triste, etc.) to be happy (sad, etc.), **8.1**

estar de buen (mal) humor to be in a good (bad) mood, **8.1**

estar enfermo(a) to be sick

estar nervioso(a) (tranquilo[a]) to be nervous (calm), **8.1**

estar resfriado(a) to have a cold, 8.1

estatal pertaining to state *(adj.)*

la **estatua** statue, 10.2

este(a) this

el **este** east

estereofónico(a) stereo

el **estilo** style

estimado(a) esteemed

esto this (one)

el **estómago** stomach, 8.1

estornudar to sneeze, 8.1

estos(as) these

la **estrategia** strategy

estrecho(a) narrow, **4.1**

la **estrella** star

la **estructura** structure

el/la **estudiante** student

el/la estudiante de intercambio exchange student

la residencia para estudiantes student housing, dormitory, **3.2**

estudiantil (relating to) student

estudiar to study, 4.1

el **estudio** study, **14**

la **estufa** stove, **10.1**

estupendo(a) stupendous

eterno(a) eternal

étnico(a) ethnic

la **Europa** Europe

europeo(a) European

exactamente exactly

exacto(a) exact

exagerado(a) exaggerated

exagerar to exaggerate

el **examen** test, exam, 4.2

examinar to examine, 8.2

la **excavación** excavation

excavar to dig, excavate

exceder to exceed

excelente excellent

la **excepción** exception

exclamar to exclaim

exclusivamente exclusively
la **exhibición** exhibition
exigir to demand
la **existencia** existence
existir to exist
el **éxito** success
la **expedición** expedition
la **experiencia** experience
experimentar to experiment
el/la **experto(a)** expert, **9.2**
explicar to explain, **4.2**
el/la **explorador(a)** explorer
la **explosión** explosion
exportar to export
la **exposición (de arte)** (art)
　exhibition, **10.2**
la **expresión** expression
　el modo de expresión
　　means of expression
la **extensión** extension
extranjero(a) foreign
　el país extranjero foreign
　　country, **11.2**
el/la **extranjero(a)** foreigner
　en el extranjero abroad
extraordinario(a)
　extraordinary
extravagante strange
extremo(a) extreme

F

la **fábrica** factory, **9.1**
fabricado(a) manufactured
fabuloso(a) fabulous
fácil easy, **2.1**
facilitar to facilitate
el **facsímil** fax, **3.1**
la **factura** bill, **6.1**; invoice
facturar el equipaje to check
　luggage, **11.1**
la **Facultad** school (of a
　university)
la **faja** sash
la **falda** skirt, **3.2**
falso(a) false
la **fama: tener fama de** to have
　the reputation of
la **familia** family, **6.1**
familiar (related to the)
　family
famoso(a) famous, **1.2**
fantástico(a) fantastic, **1.2**
el/la **farmacéutico(a)** druggist,
　pharmacist, **8.2**
la **farmacia** drugstore, **8.2**

fascinar to fascinate
Favor de (+ infinitive)
　Please (+ verb), **11.1**
favorito(a) favorite, **11**
el **fax** fax, **3.1**
　**mandar (transmitir) un
　fax** to send a fax, to fax,
　3.1
febrero February, BV
la **fecha** date, BV
　¿Cuál es la fecha de hoy?
　　What is today's date?, BV
la **felicidad** happiness
¡Felicitaciones!
　Congratulations!, **13.1**
feliz happy
　¡Feliz cumpleaños! Happy
　　birthday!, **13.1**
　¡Feliz Hanuka! Happy
　　Hanukah!, **13.2**
　¡Feliz Navidad! Merry
　　Christmas!, **13.2**
feo(a) ugly, **1.1**
el **ferrocarril** railroad, 13.1, **11.1**
　la estación de ferrocarril
　　train station, 13.1, **1.1**
festejar to fete
la **ficción** fiction
la **ficha** piece (game), **5.1**;
　registration card, **6.1**
ficticio(a) fictitious
la **fiebre** fever, 8.1
　tener fiebre to have a
　　fever, 8.1
fiel faithful
la **fiesta** party, **13.1**
　dar una fiesta to give
　　(throw) a party, **4.2**
la **Fiesta de las luces** The
　Festival of Lights, **13.2**
la **figura** figure
figurativo(a) figurative
fijar to fix
fijo(a) fixed
la **fila** row (of seats); line
　(queue), **10.1**
el **filete** fillet
el **film** film, **10.1**
el **fin** end
　a fines de at the end of
　el fin de semana weekend,
　　BV
el **final: al final (de)** at the end
　(of)
financiero(a) financial

las **finanzas** finances
la **finca** farm, **9.2**
fino(a) fine
firmar to sign, **12.2**
la **física** physics, **2.1**
físico(a): la educación física
　physical education, **2.2**
flaco(a) thin, **1.2**
flamenco(a) flamenco
la **flauta** flute
flechar to become enamored
　of (to fall for)
la **flor** flower
el **folleto** pamphlet
el **fondo** fund
el/la **fontanero(a)** plumber,
　14.1
la **forma** shape
formar to make up, to form
el **formulario** form, **8.2**
　llenar un formulario to
　　fill out a form, **8.2**
la **fortaleza** strength
la **fortificación** fortification
la **foto** photo
la **fotografía** photograph
el/la **fotógrafo(a)** photographer
la **fractura** fracture, **8.1**
el **fragmento** fragment
el **francés** French, **2.2**
franco(a) frank, candid,
　sincere
el **frasco** jar, **4.2**
la **frase** phrase, sentence
la **frazada** blanket, **6.2**
frecuentemente frequently
freír (i, i) to fry, 14.1; **2.1**
los **frenos** brakes, **11.1**
la **frente** forehead, **8.1**
fresco(a) fresh, **4.2**
el **frijol** bean, **5.2**
　los frijoles negros black
　　beans, **10.2**
el **frío: Hace frío.** It's cold.,
　9.2
frito(a) fried, **5.1**
　las papas fritas French
　　fries, **5.1**
el **frontón** wall (of a jai alai
　court)
la **fruta** fruit, **5.2**
la **frutería** fruit store, **4.2**
el **fuego** fire, **10.2**
　a fuego lento on a low
　　flame, heat

quitar (retirar) del fuego to take (something) off the heat, **10.2**

la **fuente** source

fuerte strong

la **fuerza** strength; force

fumar: la sección de (no) fumar (no) smoking area, **11.1**

la señal de no fumar no smoking sign, **7.1**

la **función** performance, 10.2; function

el **funcionamiento** functioning

el/la **funcionario(a)** city hall employee, **14.1**

la **fundación** foundation

fundado(a) founded, established

fundar to found, establish

la **furia** fury

furioso(a) furious

el **fútbol** soccer, 7.1

el campo de fútbol soccer field, 7.1

el **futbolín** table soccer, **5.1**

el **futuro** future

G

la **gabardina** raincoat, **4.1**

las **gafas de sol** sunglasses, 9.1

el **galán** beau, heartthrob

la **galaxia** galaxy

la **galería comercial** shopping mall

el **galón** gallon

gallardo(a) gallant, fine-looking

la **gallina** hen, **9.2**

las **gambas** shrimp, **10.2**

el **ganado** cattle, **9.2**

ganar to win, 7.1; to earn

ganar la vida to earn one's living

la **ganga** bargain

el **garaje** garage, 6.2

la **garantía** garantee

la **garganta** throat, 8.1

la **garita de peaje** toll booth, **11.2**

la **gasolina** gasoline, **11.1**

la **gasolinera** service station, **11.1**

gastar to spend

el/la **gato(a)** cat, 6.1

el/la **gemelo(a)** twin

general: en general generally

por lo general in general, usually

generalmente usually, generally

el **género** genre

generoso(a) generous, 1.2

la **gente** people

la **geografía** geography, 2.2

la **geometría** geometry, 2.2

geométrico(a) geometric

gerencial managerial

el/la **gerente** manager, **14.1**

el **gesto** gesture

el **gigante** giant

el **gimnasio** gymnasium

la **ginecología** gynecology

el/la **ginecólogo(a)** gynecologist

la **gira** tour, 12.2

el **globo** balloon, **5.2**

el **gobierno** government, **14.1**

el gobierno estatal state government

el gobierno federal federal government

el gobierno municipal municipal government

el **gol: meter un gol** to score a goal, 7.1

el **golfo** gulf

el **golpe** coup (overthrow of a government)

golpear to hit, 9.2

la **goma** tire, **11.1**

la **goma de borrar** eraser, 3.1

gordo(a) fat, 1.2

la **gorra** cap, hat, 3.2

gozar to enjoy

Gracias. Thank you., BV

gracioso(a) funny, 1.1

el **grado** degree (temperature), 9.2; grade

graduarse to graduate

la **gramática** grammar

el **gramo** gram

gran, grande big, large, great

las Grandes Ligas Major Leagues

el **grano** grain

la **grasa** fat

grave serious, grave

el/la **griego(a)** Greek

la **gripe** flu, 8.1

gris gray, 3.2

el **grupo** group

la **guagua** bus (Puerto Rico, Cuba), 10.1

el **guante** glove, 7.2

guapo(a) handsome, 1.1

guardar to guard, 7.1; to keep, save, **3.1**

guardar cama to stay in bed, 8.1

el/la **guardia** police officer

guatemalteco(a) Guatemalan

la **guerra** war

la **guerrilla** band of guerrillas

el/la **guía** tour guide; guide

la **guía telefónica** telephone book, **3.2**

el **guisante** pea, 5.2

la **guitarra** guitar

gustar to like, to be pleasing

el **gusto** pleasure; taste

Mucho gusto. Nice to meet you.

H

haber to have (in compound tenses)

la **habichuela** bean, 5.2

las habichuelas negras black beans, **10.2**

la habichuela tierna string bean

la **habitación** bedroom, room, **6.1**

el/la **habitante** inhabitant

habla: los países de habla española Spanish-speaking countries

hablar to speak, talk, 3.1

hace: Hace... años ... years ago

Hace buen tiempo. The weather is nice., 9.1

Hace calor. It's hot., 9.1

Hace frío. It's cold., 9.2

Hace mal tiempo. The weather is bad., 9.1

Hace sol. It's sunny., 9.1

hacer to do, to make

hacer caso to pay attention

hacer cola to line up, 10.1
hacer la cama to make the bed, **6.2**
hacer la maleta to pack one's suitcase
hacer las compras to shop, **4.2**
hacer las tareas to do homework, **3.1**
hacer preguntas to ask questions, **14.2**
hacer un viaje to take a trip, 11.1
hacer una llamada telefónica to make a telephone call, **3.2**
hacerse daño to hurt oneself, **8.1**
hacia toward
la **hacienda** ranch
hallar to find
la **hamburguesa** hamburger, 5.1
hambre: tener hambre to be hungry, 14.1; **2.1**
Hanuka Hanukah, **13.2**
  ¡Feliz Hanuka! Happy Hanukah!, **13.2**
armonioso(a) harmonious
hasta until, BV
  ¡Hasta luego! See you later!, BV
  ¡Hasta mañana! See you tomorrow!, BV
  ¡Hasta pronto! See you soon!, BV
hay there is, there are, BV
  hay que one must
  Hay sol. It's sunny., 9.1
  No hay de qué. You're welcome., BV
hebreo(a) Hebrew, **13.2**
hecho(a) made
helado(a): el té helado iced tea, 5.1
el **helado** ice cream, 5.1
  el helado de chocolate chocolate ice cream, 5.1
  el helado de vainilla vanilla ice cream, 5.1
el **helicóptero** helicopter, **7.2**
el **hemisferio norte** northern hemisphere
el **hemisferio sur** southern hemisphere
la **herencia** inheritance

la **herida** wound, **8.1**
el/la **herido(a)** injured person
la **hermana** sister, 6.1
el **hermano** brother, 6.1
hermoso(a) beautiful, pretty, 1.1
el/la **héroe** hero
hervir (ie) to boil, **10.1**
el **hidrofoil** hydrofoil
la **higiene** hygiene
  higiénico(a): el papel higiénico toilet paper, 12.2
la **hija** daughter, 6.1
el **hijo** son, 6.1
  los hijos children, 6.1
hinchado(a) swollen, **8.1**
el **hipermercado** hypermarket, **4.2**
la **hipoteca** mortgage
hispano(a) Hispanic
hispanoamericano(a) Spanish-American
hispanohablante Spanish-speaking
el/la **hispanohablante** Spanish speaker
la **historia** history, 2.2; story
el/la **historiador(a)** historian
histórico(a) historical
la **historieta** little story
el **hobby** hobby, **5.1**
la **hoja: la hoja de papel** sheet of paper, 3.1
  ¡Hola! Hello!, BV
el **hombre** man
  ¡hombre! good heavens!, you bet!
el **hombro** shoulder, **8.1**
honesto(a) honest, 1.2
el **honor** honor
la **hora** hour; time
  ¿A qué hora? At what time?, 2.2
  la hora de salida departure hour
  la hora de la cena dinner hour
el **horario** schedule, 13.1; **1.1**
  el horario escolar school schedule
la **horchata** cold drink made from almonds, milk, and sugar
la **hornilla** stove burner, **10.1**

el **hornillo** portable stove, **10.1**
el **horno** oven, **10.1**
el **horno de microondas** microwave oven, **10.1**
horrible horrible
hospedarse to lodge, stay
el **hospital** hospital, **8.1**
la **Hostia** Host (relig.)
el **hostal** inexpensive hotel, 12.2
el **hotel** hotel, **6.1**
hoy today, BV
  hoy (en) día nowadays, these days
el **huarache** sandal
el/la **huerto(a)** vegetable garden, orchard, **9.2**
el **hueso** bone, **8.2**
el/la **huésped** guest, **6.1**
el **huevo** egg, 5.2
  humano(a): el ser humano human being
  húmedo(a) humid
  humilde humble
el **humor** mood, 8.1
  estar de buen humor to be in a good mood, 8.1
  estar de mal humor to be in a bad mood, 8.1
el **huso horario** time zone

I

el **icono** icon
  ida: de ida y vuelta round-trip (ticket), 13.1; **1.1**
la **idea** idea
  ideal ideal, 1.2
el/la **idealista** idealist
  identificar to identify
  idílico(a) idyllic
el **idioma** language
la **iglesia** church
  igual equal, alike
  igual que like, as
la **ilusión** illusion
  ilustre distinguished
la **imagen** image
la **imaginación** imagination
  imaginado(a) imagined, dreamed of
  imaginar to imagine
  imaginario(a) imaginary
  impar: el número impar odd number
el **imperativo** imperative
el **impermeable** raincoat, 4.1

importante important
importar to be important
imposible impossible
impresionar to affect, influence
la impresora printer, **3.1**
inaugurar to inaugurate
el/la inca Inca
incluido(a): ¿Está incluido el servicio? Is the tip included?, 5.1
incluir to include, 5.1
increíble incredible
la independencia independence
el indicador: el tablero indicador scoreboard, 7.1
indicar to indicate, 11.1
indígena native, indigenous
el/la indígena native person
indio(a) Indian
indispensable indispensable
individual individual
el deporte individual individual sport
el individuo individual
industrial: la zona industrial industrial area, **9.1**
la inferencia inference
la influencia influence
la información information
informar to inform, 13.2; **1.2**
la informática computer science, 2.2
el informe report
la ingeniería engineering
el/la ingeniero(a) engineer, **14.1**
el inglés English, 2.2
el ingrediente ingredient
ingresar to make a deposit (bank)
inhospital inhospitable
inhóspito(a) desolate, inhospitable
inmediatamente immediately
inmediato(a) immediate
inmenso(a) immense
la innovación innovation
inocente innocent
el inodoro toilet, **6.2**
insistir to insist
inspeccionar to inspect, 11.1

la instalación installation
instantáneo(a) instantaneous
el instante instant
la instrucción instruction
el instrumento instrument
el instrumento musical musical instrument
íntegro(a) integral
inteligente intelligent, 2.1
el intercambio exchange
el/la estudiante (alumno[a]) de intercambio exchange student
el interés interest
interesante interesting, 2.1
interesar to interest
intergaláctico(a) intergalactic
intermedio(a): la escuela intermedia middle school
internacional international
Internet Internet, **3.1**
la interpretación interpretation
el/la intérprete interpreter
interrumpir to interrupt
la interrupción interruption
intervenir to intervene
íntimo(a) intimate, close
la introducción introduction
introducir to insert, **3.2**
introducir la tarjeta telefónica to insert the phone card, **3.2**
el invento invention
inverso(a) reverse
la investigación investigation
el/la investigador(a) researcher
el invierno winter, BV
la invitación invitation
el/la invitado(a) guest
invitar to invite, 6.1
la inyección injection, shot, 8.2
poner una inyección to give a shot
ir to go, 4.1
ir a + infinitive to be going to (do something)
ir a pie to go on foot, to walk, 4.1
ir de compras to go shopping, 5.2
ir en bicicleta to go by bicycle, 12.2

ir en carro (coche) to go by car, 4.1
ir en tren to go by train
la irrigación irrigation
la isla island
italiano(a) Italian
izquierdo(a) left, 7.1
a la izquierda to the left, **5.2**

J

el jabón soap, 12.2
la barra (pastilla) de jabón bar of soap, 12.2
jamás never
el jamón ham, 5.1
el jardín garden, 6.2
el/la jardinero(a) outfielder, 7.2
la jaula cage, **5.2**
el/la jefe(a) boss
el jet jet
el jonrón home run, 7.2
joven young, 6.1
de joven as a young person
el/la joven youth, young person, 10.1
la joya jewel, **4.1**
la joyería jewelry store, **4.1**
la judía verde green bean, 5.2
el juego game
el juego de béisbol baseball game, 7.2
el juego de tenis tennis game, 9.1
el juego de video video game, 5.1
los Juegos Olímpicos Olympic Games
la sala de juegos game arcade, **5.1**
el jueves Thursday, BV
el/la juez judge, **14.1**
el/la jugador(a) player, 7.1
el/la jugador(a) de béisbol baseball player, 7.2
jugar (ue) to play, 7.1
jugar (al) béisbol (fútbol, baloncesto, etc.) to play baseball (soccer, basketball, etc.), 7.1
el jugo juice
el jugo de naranja orange juice, 12.1
el juguete toy

julio July, BV
la **jungla** jungle
junio June, BV
juntos(as) together
juvenil: el albergue juvenil
   youth hostel, 12.2
la **juventud** youth

K

el **kilo** kilogram, 5.2
el **kilómetro** kilometer

L

la the (f. sing.), 1.1; it, her
   (pron.)
el **labio** lip, 8.1
el **laboratorio** laboratory
el **lado** side
   al lado de beside, next to,
      5.2
el **lago** lake, 5.2
   remar por el lago to go
      rowing on the lake, 5.2
el **lamento** lament
la **lana** wool, 12.1
la **langosta** lobster, 14.2; 2.2
la **lanza** lance
el/la **lanzador(a)** pitcher, 7.2
   lanzar to throw, 7.1; to
      launch
el **lápiz** pencil, 3.1
   largo(a) long, 3.2
   de largo recorrido long-
      distance (trip)
   las them (f. pl. pron.)
la **lástima: ser una lástima** to
      be a pity (a shame)
   lastimarse to get hurt, 8.1
la **lata** can, 5.2
   lateral side (adj.), 13.2; 1.2
el **latín** Latin, 2.2
   latino(a) Latin (adj.)
   Latinoamérica Latin
      America, 1.1
   latinoamericano(a) Latin
      American
el **lavabo** washbasin, 6.2;
      restroom, 7.1
el **lavado** laundry, 12.1
la **lavandería** laundromat
   lavar: la máquina de lavar
      washing machine, 12.1
   lavarse to wash oneself, 12.1
   lavarse los dientes to
      brush one's teeth, 12.1

le to him, to her; to you
   (formal) (pron.)
la **lección** lesson, 4.2
la **leche** milk
   el café con leche coffee
      with milk, 5.1
el **lechón** suckling pig
la **lechuga** lettuce, 5.2
la **lectura** reading
   leer to read, 5.1
la **legumbre** vegetable, 14; 2
   lejos far, 12.2
la **lengua** language, 2.2
el **lenguaje** language
la **lenteja** lentil
   lento(a) slow, 10.2
el **león** lion
   les to them; to you (formal
      pl.) (pron.)
el/la **lesionado(a)** injured person
la **letra** letter (of alphabet)
   levantar to lift, to raise
   levantarse to get up, 12.1;
      to rise up (against)
   levantarse el sol the sun
      rises
el/la **libertador(a)** liberator
la **libra** pound
   libre free, 5.1
   al aire libre outdoor
      (adj.)
el **libro** book, 3.1
la **licencia** driver's license, 11.1
el **liceo** high school
el **lienzo** canvas (painting)
la **liga** league
   las Grandes Ligas Major
      Leagues
   ligero(a) light (cheerful)
la **lima** lime, 10.1
   limeño(a) from Lima (Peru)
el **límite de velocidad** speed
      limit
el **limón** lemon, 10.1
la **limonada** lemonade, BV
   limpiar to clean, 6.2
   limpiar el cuarto to clean
      the room, 6.2
   limpiar en seco to dry
      clean, 12.1
   limpio(a) clean
la **limusina** limousine
   lindo(a) pretty, 1.1
la **línea** line
   la línea aérea airline

la **línea ecuatorial**
      equator
   la línea paralela parallel
      line
   la línea telefónica
      telephone line
el **lípido** lipide, fat
   líquido(a) liquid
   lírico(a) lyric
la **lista** list
   listo(a) ready; clever, 5.1
la **litera** berth, 13.2; 1.2
   literal literal
   literario(a) literary
la **literatura** literature, 2.1
el **litro** liter
la **llamada larga** long-distance
      call, 3.2
la **llamada telefónica**
      telephone call, 3.2
   **hacer una llamada
      telefónica** to make a
      (telephone) call, 3.2
   poner la llamada to put
      the call through
   llamado(a) called
   llamar to call; to telephone,
      3.2
   llamarse to be named, to call
      oneself, 12.1
la **llanta** tire, 11.1
   **la llanta de recambio
      (repuesto)** spare tire,
      11.1
la **llanura** plain, 7.2
la **llave** key, 6.1
la **llegada** arrival, arriving, 11.1
   llegar to arrive, 4.1
   llenar to fill, fill out
   llenar un crucigrama to
      do a crossword puzzle,
      5.1
   llenar el formulario to fill
      out the form, 8.2
   lleno(a) full
   llevar to carry, 3.1; to wear,
      3.2; to bring, 6.1; to bear; to
      have (subtitles, ingredients,
      etc.); to take, 8.1
   llover (ue) to rain
   Llueve. It's raining., 9.1
la **lluvia** rain
   lo it; him (m. sing.) (pron.)
   lo que what, that which
   local local, 13.2; 1.2

la **loción: la loción**
    bronceadora suntan
    lotion, 9.1
loco(a) insane
el **lodo** mud
lógico(a) logical
los them *(m. pl.) (pron.)*
el **loto** lotto
las **luces** headlights, **11.1**
luchar to fight
luego later; then, BV
    ¡Hasta luego! See you
    later!, BV
el **lugar** place
    tener lugar to take place, **8.1**
lujo: de lujo deluxe
lujoso(a) luxurious
la **luna** moon
la **luna de miel** honeymoon
lunares: con lunares with
    polka dots
el **lunes** Monday, BV
la **luz** light
    la luz roja red light, **11.2**

M

la **madera** wood
la **madre** mother, 6.1
madrileño(a) native of
    Madrid
la **madrina** godmother
el/la **maestro(a)** teacher; master
magnífico(a) magnificent
el **maíz** corn, 14.2; **2.2**
mal bad, 14.2; **2.2**
    estar de mal humor to be
    in a bad mood, 8.1
    Hace mal tiempo. The
    weather's bad., 9.1
la **maleta** suitcase, 11.1
el/la **maletero(a)** trunk (of a car),
    11.1; porter, 13.1; **1.1**
malhumorado(a) bad-
    tempered
malo(a) bad, 2.1
    sacar una nota mala to
    get a bad grade, 4.2
la **mamá** mom
el **mambo** mambo
mandar to send, **3.1;** to
    order
manejar to drive, **11.1**
la **manera** way, manner, 1.1
    de ninguna manera by no
    means, 1.1

la **manga** sleeve, **4.1**
    a mangas cortas (largas)
    short- (long-) sleeved, **4.1**
el **maní** peanut
la **mano** hand, 7.1
    dar la mano to shake
    hands
la **mano de obra** workforce
la **manta** blanket, **6.2**
el **mantel** tablecloth, 14.1; **2.1**
mantener to maintain
    mantenerse en forma to
    keep in shape
la **mantequilla** butter, **10.2**
la **manzana** apple, 5.2
el **manzano** apple tree, **9.2**
mañana tomorrow, BV
    ¡Hasta mañana! See you
    tomorrow!, BV
la **mañana** morning
    de la mañana A.M. (time),
    2.2
    por la mañana in the
    morning
el **mapa** map
el **maquillaje** makeup, 12.1
    poner el maquillaje to
    put one's makeup on,
    12.1
maquillarse to put one's
    makeup on, 12.1
la **máquina** machine, device
    la máquina de lavar
    washing machine, **12.1**
    prender la máquina
    to turn (a device)
    on, **3.1**
el **mar** sea, 9.1
    el mar Caribe Caribbean
    Sea
maravilloso(a) marvelous
el **marcador** marker, 3.1
marcar to dial, **3.2**
    marcar el número to dial
    the number, **3.2**
    marcar un tanto to score
    a point, 7.1
marchar to march
el **marfil** ivory
el **marido** husband, 6.1
el/la **marino(a)** sailor
los **mariscos** shellfish, 5.2
    marrón: de color marrón
    brown, 3.2
el **martes** Tuesday, BV

marzo March, BV
más more, 2.2
    más tarde later
    más o menos more or
    less
la **masa** mass
la **máscara de oxígeno** oxygen
    mask, **7.1**
matar to kill
las **matemáticas** mathematics,
    2.1
la **materia** matter, subject;
    material
    la materia prima raw
    material
el **material** supply, 3.1;
    material
    los materiales escolares
    school supplies, 3.1
el **matrimonio** marriage
máximo(a) maximum, **11.2**
    la velocidad máxima
    speed limit, **11.2**
el/la **maya** Maya
mayo May, BV
la **mayonesa** mayonnaise, **4.2**
mayor greater, greatest;
    elderly, older
    la mayor parte the greater
    part, the most
la **mayoría** majority
me me *(pron.)*
el/la **mecánico(a)** mechanic
la **medalla** medal
media average
    y media half-past
    (time)
mediano(a) medium, **4.1**
la **medianoche** midnight
las **medias** stockings,
    pantihose
el **medicamento** medicine
    (drugs), 8.2
la **medicina** medicine
    (discipline), 8.2; medicine
el/la **médico(a)** doctor, 8.2
la **medida** measurement
el **medio** medium, means
    el medio de transporte
    means of transportation
medio(a) half, 5.2; average
    media hora half an hour
el **medio ambiente**
    environment
el **mediodía** noon

medir (i, i) to measure
la **mejilla** cheek, **8.1**
los **mejillones** mussels, **10.2**
mejor better
 el/la **mejor** the best
melancólico(a) melancholic
el **melocotón** peach, **10.1**
la **memoria** memory
mencionar to mention
menor lesser, least
la **menora** menorah, **13.2**
menos less, fewer
 a menos que unless
 menos cuarto a quarter to (the hour)
el **mensaje** message, **3.2**
 dejar un mensaje to leave a message, **3.2**
la **mensualidad** monthly installment
mentiroso(a) lying
el **menú** menu, 5.1
el **mercadeo** marketing
el **mercado** market, 5.2
la **mercancía** merchandise, **14.1**
el **merengue** merengue
la **merienda** snack, 4.2
 tomar una merienda to have a snack, 4.2
la **mermelada** jam, marmalade
el **mes** month, BV
la **mesa** table, 5.1; plateau
la **mesera** waitress, 5.1
el **mesero** waiter, 5.1
la **meseta** plateau, **7.2**
la **mesita** tray table, **7.1**
el/la **mestizo(a)** mestizo
el **metabolismo** metabolism
el **metal: instrumentos de metal** brass (instruments in orchestra)
meter to put, place, 7.1; to put in, insert, **3.1**
 meter un gol to score a goal, 7.1
el **método** method
la **métrica** metrics
el **metro** subway, 10.1; meter, **7.2**

mexicano(a) Mexican, 1.1
mexicanoamericano(a) Mexican American
la **mezcla** mixture
mi my
mí me
el **microbio** microbe
microscópico(a) microscopic
el **microscopio** microscope
el **miedo** fear
 tener miedo to be afraid
el **miembro** member, 4.2
mientras while
el **miércoles** Wednesday, BV
la **migración** migration
mil (one) thousand, 3.2
el **militar** soldier
la **milla** mile
el **millón** million
el/la **millonario(a)** millionaire
el/la **mimo** mime, 5.2
la **miniatura** miniature
la **miniaturización** miniaturization
el **ministerio** ministry
el **minuto** minute
mirar to look at, watch, 3.1
 mirarse to look at oneself, 12.1
 ¡Mira! Look!
el/la **mirón(ona)** spectator
la **miseria** poverty
mismo(a) same, 2.1; myself, yourself, him/her/itself, ourselves, yourselves, themselves
el **misterio** mystery
misterioso(a) mysterious
la **mitad** half
la **mitología** mythology
mixto(a) co-ed (school)
la **mochila** backpack, 3.1; knapsack, 12.2
la **moción** motion
la **moda** style
 de moda in style
la **modalidad** mode, type

el/la **modelo** model
el **módem** modem
la **moderación** moderation
moderno(a) modern
el **modo** manner, way
 el modo de expresión means of expression
el **molino de viento** windmill
el **momento** moment
el **monasterio** monastery
la **moneda** coin, currency, **3.2**
el **monitor** monitor, computer screen, **3.1**
el **mono** monkey, **5.2**
monocelular single-celled
el **monstruo** monster
la **montaña** mountain, 9.2
la **montaña rusa** roller coaster, **5.2**
montañoso(a) mountainous
montar (caballo) to mount, get on (horse)
el **monumento** monument
moreno(a) dark, brunette, 1.1
morir (ue, u) to die
el/la **moro(a)** Moor
 morrón: el pimiento morrón sweet pepper
la **mortalidad** mortality
el **mostrador** counter, 11.1
mostrar (ue) to show
el **motivo** reason, motive; theme
el **motor** motor
mover (ue) to move
el **movimiento** movement
el/la **mozo(a)** porter (train station) 13.1; **1.1**; bellman (hotel), **6.1**
la **muchacha** girl, 1.1
el **muchacho** boy, 1.1
mucho(a) a lot; many, 2.1
 Mucho gusto. Nice to meet you.
mudarse to move
los **muebles** furniture
la **muerte** death
la **mujer** wife, 6.1
el/la **mulato(a)** mulatto

la **muleta** crutch, **8.2**
la **multa** fine
multinacional multinational
la **multiplicación** multiplication
multiplicar to multiply
mundial worldwide, (related to the) world
   la Copa mundial World Cup
   la Serie mundial World Series
el **mundo** world
   todo el mundo everyone
la **muñeca** wrist, **4.1**
el **mural** mural, 10.2
el/la **muralista** muralist
la **muralla** wall
muscular muscular
el **museo** museum, 10.2
la **música** music, 2.2
el/la **músico(a)** musician
muy very, BV
   muy bien very well, BV

N

nacer to be born, **13.1**
nacido(a) born
nacional national
la **nacionalidad** nationality, 1.2
   ¿de qué nacionalidad? what nationality?
nada nothing, 5.2
   De nada. You're welcome., BV
   Nada más. Nothing else., 5.2
   Por nada. You're welcome., BV
nadar to swim, 9.1
nadie no one
la **naranja** orange, 5.2
el **narcótico** narcotic
la **nariz** nose, **8.1**
la **narración** narration
narrar to narrate
la **natación** swimming, 9.1
natural: los recursos naturales natural resources, 2.1
   las ciencias naturales natural sciences
la **naturaleza** nature
la **navaja** razor, 12.1

navegar to navigate
   navegar por la red to surf the Net
la **Navidad** Christmas, **13.2**
   el árbol de Navidad Christmas tree, **13.2**
   ¡Feliz Navidad! Merry Christmas!, **13.2**
necesario(a) necessary
la **necesidad** necessity
necesitar to need, 3.1
negativo(a) negative
negro(a) black, 3.2
nervioso(a) nervous, 8.1
el **neumático** tire, **11.1**
   nevar (ie) to snow, 9.2
la **nevera** refrigerator, **10.1**
la **nieta** granddaughter, 6.1
el **nieto** grandson, 6.1
la **nieve** snow, 9.2
ninguno(a) not any, none, no
   de ninguna manera by no means, 1.1
el/la **niño(a)** child
   los niños desamparados homeless children
el **nivel** level
   el nivel del mar sea level
no no, BV
   No hay de qué. You're welcome., BV
   no hay más remedio there's no other alternative
noble noble
la **noche** night, evening
   Buenas noches. Good night., BV
   esta noche tonight, 9.2
   de la noche P.M. (time), 2.2
   por la noche in the evening, at night
la **Nochebuena** Christmas Eve, **13.2**
la **Nochevieja** New Year's Eve, **13.2**
nombrar to mention
el **nombre** name
   ¿a nombre de quién? in whose name?, 14.2; **2.2**
la **noria** Ferris Wheel, **5.2**
normal regular (gas), **11.1**
el **noroeste** northwest
el **norte** north

norteamericano(a) North American
nos (to) us *(pl. pron.)*
nosotros(as) we, 2.2
la **nota** grade, 4.2
   la nota buena (alta) good (high) grade, 4.2
   la nota mala (baja) bad (low) grade, 4.2
   sacar una nota buena (mala) to get a good (bad) grade, 4.2
notable notable
notar to note
las **noticias** news, 6.2
novecientos(as) nine hundred, 3.2
la **novela** novel
el/la **novelista** novelist
noveno(a) ninth, 6.2
noventa ninety, 2.2
noviembre November, BV
la **novia** bride, **13.1**; fiancée, girlfriend
el **novio** groom, **13.1**; fiancé, boyfriend
los **novios** bride and groom, newlyweds, **13.1**
la **nube** cloud, 9.1
   Hay nubes. It's cloudy, 9.1
nublado(a) cloudy, 9.1
nuestro(a) our
nueve nine, BV
nuevo(a) new
   de nuevo again
el **número** number, 1.2; size (shoes), 3.2
   el número de teléfono telephone number, **3.2**
   el número del asiento seat number, 11.1
   el número del vuelo flight number, 11.1
   el número equivocado wrong number
numeroso(a) numerous
nunca never
nupcial nuptial, wedding
la **nutrición** nutrition

O

o or
   o sea in other words
el **objetivo** objective

el **objeto** object
la **obligación** obligation
obligatorio(a): el curso obligatorio required course
la **obra** work
la obra de arte work of art
la obra dramática play
la obra teatral play, 10.2
el/la **obrero(a)** worker, **9.1**
la **observación** observation
el/la **observador(a)** observer
observar to observe
el **obstáculo** obstacle
obtener to obtain
obvio(a) obvious
la **ocasión** occasion
occidental western
el **océano** ocean
ochenta eighty, 2.2
ocho eight, BV
ochocientos(as) eight hundred, 3.2
octavo(a) eighth, 6.2
octubre October, BV
ocupado(a) taken, 5.1; busy (phone); occupied, **7.1**
ocurrir to happen
el **oeste** west
oficial official
la **oficina** office, **9.1**
el **oficio** trade, **14.1**
ofrecer to offer, **14.2**
la **oftalmología** ophthalmology
el/la **oftalmólogo(a)** ophthalmologist
el **oído** ear, **4.1**
oír to hear
oír el tono to hear the dial tone, **3.2**
ojalá I hope, **14.1**
el **ojo** eye, 8.2
la **ola** wave, 9.1
el **óleo** oil
la **oliva: el aceite de oliva** olive oil
la **olla** pot, **10.1**
once eleven, BV
la **oncología** oncology
el/la **oncólogo(a)** oncologist
la **onza** ounce
opcional: el curso opcional elective course
la **ópera** opera
el/la **operador(a)** operator

operar to operate
la **opereta** operetta
opinar to think, to express an opinion, **10.2**
la **opinión** opinion
la **oportunidad** opportunity
oprimir to push
opuesto(a) opposite
oralmente orally
la **orden** order (restaurant), 5.1
el **ordenador** computer, **3.1**
la **oreja** ear, **4.1**
el **orfanato** orphanage
el **organillo** barrel organ
el **organismo** organism
organizar to organize
el **órgano** organ
oriental eastern
el **origen** origin
original: en versión original in its original (language) version, 10.1
la **orilla** bank (of a river, lake, etc.)
a orillas de on the shores of
el **oro** gold
de oro (made of) gold, 4.1
la **orquesta** orchestra, 13.1
la orquesta sinfónica symphonic orchestra
la **ortiga** nettle
la **ortopedia** orthopedics
oscuro(a) dark
la **ostra** oyster, **10.2**
otavaleño(a) of or from Otavalo, Ecuador
el **otoño** autumn, BV
otro(a) other, another
el **oxígeno** oxygen
¡oye! listen!

P

la **paciencia** patience
el/la **paciente** patient
el **padre** father, 6.1
el padre (religioso) father (relig.)
los padres parents, 6.1
el **padrino** godfather; best man, **13.1**
los padrinos godparents
pagar to pay, 3.1
pagar en la caja to pay at the cashier, **4.2**

pagar la factura to pay the bill, **6.1**
la **página** page
la página Web Web page
el **pago** payment
el pago mensual monthly payment
el **país** country, 11.2
el país extranjero foreign country
el **paisaje** landscape
la **paja** straw, **13.2**
el **pájaro** bird
el **paje** page (wedding)
la **palabra** word
el **palacio** palace
la **palma** palm tree
el **pan** bread, **4.2**
el pan dulce sweet roll, 5.1
el pan tostado toast, 5.2
la **panadería** bakery, **4.2**
panameño(a) Panamanian, 2.1
panamericano(a) Panamerican
el **panqueque** pancake
la **pantalla** screen (movies), 10.1; computer monitor, **3.1**
la pantalla de salidas y llegadas arrival and departure screen, 11.1
el **pantalón** pants, trousers, 3.2
el pantalón corto shorts, 3.2
el **pañuelo** handkerchief, **4.1**
la **papa** potato, 5.1
las papas fritas French fries, 5.1
el **papá** dad
la **papaya** papaya, **10.2**
el **papel** paper, 3.1; role, part, **5.1**
el papel higiénico toilet paper, 12.2
la hoja de papel sheet of paper, 3.1
la **papelería** stationery store, 3.1
el **paquete** package, 5.2
par: número par even number
el **par** pair, **4.1**
el par de tenis pair of tennis shoes, 3.2
para for
¿para cuándo? for when?, 14.2; **2.2**

el **parabrisas** windshield, **11.1**

la **parada** stop, 13.2; **1.2**

    la parada de bus bus stop, **9.1**

el **parador** inn

el **paraíso** paradise

    parar to stop, to block, 7.1

    parcial: a tiempo parcial part-time (adj.), **14.2**

    pardo(a) brown

    parear to pair, match

    parecer to look like; to seem, **8.1**

    parecido(a) similar

la **pared** wall

la **pareja** couple

el/la **pariente** relative, 6.1

el **parque** park, **5.2**

    el parque de atracciones amusement park, **5.2**

el **parquímetro** parking meter, **11.2**

el **párrafo** paragraph

la **parrilla** grill, **10.1**

la **parte** part, **8.1**

    ¿De parte de quién? Who's calling?, **3.2**

    la mayor parte the greatest part, the most

    la parte superior upper part

    por todas partes everywhere

    particular private, 6.2

    la casa particular private house, 6.2

    particularmente especially

la **partida** departure

el **partido** game, match, 7.1

el **pasado** the past

    pasado(a) past; last

    el (año) pasado last (year)

el/la **pasajero(a)** passenger, 11.1

el **pasaporte** passport, 11.1

    pasar to pass, 7.2; to spend; to happen

    Lo están pasando muy bien. They're having a good time., 12.2

    pasar por to go through, 11.1

    pasar el tiempo to spend time, 5.1

    ¿Qué te pasa? What's the matter (with you)?, 8.1

el **pasatiempo** hobby, **5.1**

el **pase** pass (permission)

    pasear a caballo to go horseback riding

el **pasillo** aisle, 13.2; **1.2**

el **paso** step

la **pasta dentrífica** toothpaste, 12.2

el **pastel** pastry, 4.2; cake, **13.1**

la **pastelería** bakery, **4.2**

la **pastilla** pill, 8.2

    la pastilla de jabón bar of soap, 12.2

la **patata** potato, **10.1**

el **patinaje lineal** roller blading

el **patrón** pattern

    pavimentado(a) paved

el **pavimento** pavement

el **payaso** clown, **5.2**

el **peaje** toll, **11.2**

    la garita de peaje tollbooth, **11.2**

el **peatón** pedestrian, **9.1**

el **pecho** chest, **8.1**

el **pedacito** little piece, **10.2**

el **pedazo** piece

la **pediatría** pediatrics

el/la **pediatra** pediatrician

    pedir (i, i) to ask for, 14.1; **2.1**

    pedir la cuenta to ask for the bill, 6.1

    pedir prestado to borrow

el **peinado** hairdo

    peinarse to comb one's hair, 12.1

el **peine** comb, 12.1

    pelar to peel, **10.2**

la **película** film, movie, 6.2

    ver una película to see a film, 10.1

el **peligro** danger

    peligroso(a) dangerous

el **pelo** hair, 12.1

la **pelota** ball (tennis, baseball, etc.), 7.2

    la pelota vasca jai alai

el/la **pelotari** jai alai player

la **peluca** wig

la **peluquería** hair salon, **12.1**

el/la **peluquero(a)** hair stylist, **12.1**

el **pendiente** earring, **4.1**

la **península** peninsula

el **pensamiento** thought

    pensar (ie) to think

la **pensión** boarding house, 12.2

    peor worse, worst

    el/la peor the worst

el **pepino** cucumber, **10.1**

    pequeño(a) small, 2.1

la **pera** pear, 9.2

el **peral** pear tree, 9.2

la **percha** clothes hanger, **6.2**

la **percusión** percussion

    perder (ie) to lose, 7.1; to miss, 10.2

    perder el autobús (la guagua, el camión) to miss the bus, 10.2

    perdón excuse me

el/la **peregrino(a)** pilgrim

    perezoso(a) lazy, 1.1

    perfeccionar to perfect

el **período** period

el **periódico** newspaper, 6.2

el **permiso de conducir** driver's license, **11.1**

    permitir to permit, 11.1

    pero but

el **perrito** puppy

el **perro** dog, 6.1

la **persona** person, 1.2

el **personaje** character

la **personalidad** personality

el **personal** personnel, **14.2**

    el departamento de personal personnel department, **14.2**

    personalmente personally

    pertenecer to belong

    peruano(a) Peruvian

la **pesa** weight

    pesado(a) heavy

    pesar to weigh, **12.2**

la **pescadería** fish market, **4.2**

el **pescado** fish (food), 5.2

la **peseta** Spanish unit of currency

el **peso** peso (monetary unit of several Latin American countries), BV; weight

la **petición** petition

el **petróleo** petroleum, oil

    petrolero(a) oil

el **piano** piano

la **picadura** sting, **8.1**

    picar to sting, 8.1; to dice, **10.2**

el/la **pícher** pitcher, 7.2

el **pico** peak, **7.2**
    y pico just after (time)
el **pie** foot, **7.1**; down payment
    a pie on foot, **4.1**
    al pie de at the foot of
    de pie standing
la **piedra** stone
la **pierna** leg, **7.1**
la **pieza** room
la **píldora** pill, **8.2**
el/la **piloto** pilot, **11.2**
la **pimienta** pepper, **14.1**; **2.1**
el **pimiento** bell pepper, **10.2**
el **pimiento morrón** sweet
    pepper
    pinchado(a) flat
el **pincel** brush, paintbrush
la **pinta** pint
    pinta: tener buena pinta
        to look good (food), **4.2**
    pintar to paint, **14.1**
el/la **pintor(a)** painter
    pintoresco(a) picturesque,
        9.1
la **pintura** painting
la **piragua** ice with syrup over
    it, **5.2**
los **pirineos** Pyrenees
la **pirueta** pirouette, maneuver
la **piscina** swimming pool, **9.1**
el **piso** floor, **6.2**, apartment
la **pista** (ski) slope, **9.2**; runway,
    7.2
la **pizarra** chalkboard, **4.2**
el **pizarrón** chalkboard, **4.2**
la **pizca** pinch
la **pizza** pizza, BV
la **placa** license plate
la **plaga** plague, menace
la **plancha de vela** sailboard,
    9.1
    practicar la plancha de
        vela to go windsurfing,
        9.1
    planchar to iron, **12.1**
    planear to plan
el **plano** plan, map, **9.1**
la **planta** floor, **6.2**; plant
    la planta baja ground
        floor, **6.2**
    plástico(a) plastic, **4.2**
    la bolsa de plástico
        plastic bag, **4.2**
la **plata** money (income)
el **plátano** banana, plantain, **5.2**

el **platillo** base, **7.2**; saucer, **14.1**;
    2.1
el **plato** plate, dish, **14.1**; **2.1**
la **playa** beach, **9.1**
    playera: la toalla playera
        beach towel, **9.1**
la **plaza** seat, **13.2**; **1.2**; town
    square, **9.1**
    plazo: a corto (largo) plazo
        short- (long-)term
    pleno: en pleno + *noun* in
        the middle of *(noun)*
el/la **plomero(a)** plumber, **14.1**
    plomo: con plomo leaded
        (gasoline), **11.1**
    sin plomo unleaded, **11.1**
la **pluma** pen, **3.1**
la **población** population, people
    pobre poor
el/la **pobre** the poor boy (girl)
el/la **pobretón(ona)** poor man
    (woman)
    poco(a) little, few, **2.1**
    un poco (de) a little
    poder (ue) to be able, **7.1**
el **poema** poem
la **poesía** poetry
el/la **poeta** poet
el/la **policía** police officer
    policíaco(a): novela
        policíaca detective fiction,
        mystery
    político(a) political
el **pollo** chicken, **5.2**
el **poncho** poncho, shawl, wrap
    poner to put, **11.1**
    poner en un yeso to put a
        cast on, **8.2**
    poner la mesa to set the
        table, **14.1**; **2.1**
    ponerse to put on, **12.1**
    ponerse el maquillaje to
        put on makeup, **12.1**
    ponerse la ropa to dress
        oneself, to put on clothes,
        12.1
    popular popular, **2.1**
la **popularidad** popularity
    por for
    por aquí over here
    por ciento percent
    por ejemplo for example
    por eso therefore, for this
        reason, that's why
    por favor please, BV

    por fin finally
    por hora per hour
    por la noche in the
        evening
    por lo general in general
    Por nada. You're welcome.,
        BV
    ¿por qué? why?
    por tierra overland
el **porche** porch
el **pordiosero** beggar
el **poroto** string bean
    porque because
    portátil portable
el/la **porteño(a)** inhabitant of
    Buenos Aires
la **portería** goal line, **7.1**
el/la **portero(a)** goalkeeper, goalie,
    7.1
    poseer to possess
la **posibilidad** possibility
    posible possible
la **posición** position
la **postal** postcard, **12.2**
el **postre** dessert, **5.1**
el/la **practicante** nurse
    practitioner
    practicar to practice
    practicar el surfing (la
        plancha de vela, etc.) to
        go surfing (windsurfing,
        etc.), **9.1**
el **precio** price
    precioso(a) precious,
        beautiful
    preciso(a) precise
    precolombino(a) pre-
        Columbian
la **predicción** prediction
    predominar to predominate
el **predominio** predominance
    preferir (ie, i) to prefer
el **prefijo de país** country code,
    3.2
la **pregunta** question
    preguntar to ask (a
        question)
el **premio: el Premio Nóbel**
    Nobel Prize
    prender to turn on, **3.1**
    prender la máquina to
        turn (a device) on,
        3.1
la **preparación** preparation
    preparar to prepare

la **presencia** presence
la **presentación** presentation
presentar to show (movie); to present
presente present *(adj.)*
el/la **presidente** president
la **presión** pressure, **11.1**
    la **presión arterial** blood pressure, **8.2**
    prestado: pedir prestado to borrow
el **préstamo** loan
prestar: prestar atención to pay attention, **4.2**
el **prestigio** prestige
prevalecer to prevail
primario(a): la escuela primaria elementary school
la **primavera** spring, BV
primero(a) first, BV
    en primera (clase) first-class, 13.1; **1.1**
    los primeros auxilios first aid
el/la **primo(a)** cousin, 6.1
primordial fundamental
la **princesa** princess
principal main, principal
principalmente mainly
el/la **principiante** beginner, 9.2
    prisa: a toda prisa as fast as possible
privado(a) private
    la casa privada private house, 6.2
probable probable
probarse (ue) to try on, **4.1**
el **problema** problem
procesar to process
la **procesión** procession
el **proceso** process
proclamar to proclaim
pródigo prodigal
la **producción** production
producido(a) produced
producir to produce
el **producto** product, 5.2
    los productos congelados frozen food, 5.2
la **profesión** profession, **14.1**
el/la **profesor(a)** teacher, professor, 2.1
profundo(a) deep
el **programa** program

el/la **programador(a) de informática** computer programmer, **14.1**
el **progreso** progress
prohibido(a) forbidden, **11.2**
la **promesa** promise
la **promiscuidad** promiscuity
la **promoción** promotion
promover (ue) to promote
el **pronombre** pronoun
el **pronóstico** forecast
pronto: ¡Hasta pronto! See you soon!, BV
la **propaganda** publicity, advertising
la **propina** tip, 14.1; **2.1**
propio(a) (one's) own
la **prosa** prose
próspero(a): ¡Próspero Año Nuevo! Happy New Year, **13.2**
el/la **protagonista** protagonist
la **protección** protection
protector(a): la crema protectora sunblock, 9.1
la **proteína** protein
protestar to protest
el **protoplasma** protoplasm
el/la **proveedor(a)** provider
proveer to provide
la **provisión** provision
próximo(a) next, 13.2; **1.2**
    en la próxima parada at the next stop, 13.2; **1.2**
proyectar to project, 10.1
el **proyecto** project
la **psiquiatría** psychiatry
el/la **psiquiatra** psychiatrist
publicar to publish
el **público** audience, 10.2
el **pueblo** town, 9.2
    los pueblos jóvenes shantytowns (Peru)
el **puerco** pork
la **puerta** gate, 11.1; door, **6.1**
    la puerta de salida departure gate, 11.1
puertorriqueño(a) Puerto Rican
pues well
el **puesto** market stall, **4.2**; position, **14.2**
la **pulgada** inch
pulsar: pulsar el botón to push the button, **3.1**

la **pulsera** bracelet, **4.1**
el **pulso: tomar el pulso** to take one's pulse, 8.2
puntual punctual
el **punto** stitch, **8.1**; dot, point
    en punto on the dot, sharp, 4.1
    los puntos cardinales cardinal points
    poner puntos to give (someone) stitches
el **puré de papas** mashed potatoes
puro(a) pure

Q

qué what; how, BV
    ¡Qué absurdo! How absurd!
    ¡Qué enfermo(a) estoy! I'm so sick!
    ¿Qué tal? How are you?, BV
    ¿Qué te pasa? What's the matter (with you)?, 8.2
quechua Quechuan
quedar to remain, 7.1
    quedar: No me queda(n) bien. It (They) doesn't (don't) look good on (fit) me., **4.1**
los **quehaceres** chores
querer (ie) to want, wish; to love
el **queso** cheese, 5.1
el **quetzal** quetzal (Guatemalan money)
¿quién? who?, 1.1
    ¿De parte de quién? Who is calling?, **3.2**
¿quiénes? who? *(pl.)*, 2.1
la **química** chemistry, 2.2
químico(a) chemical
quince fifteen, BV
la **quinceañera** fifteen-year-old (girl)
quinientos(as) five hundred, 3.2
quinto(a) fifth, 6.2
el **quiosco** newsstand, 13.1; **1.1**
el **quirófano** operating room
Quisiera... I would like . . . , 14.2; **2.2**
quitar to take off, remove, **10.2**
quizás perhaps, **14.2**

R

el **radiador** radiator, **11.1**
la **radiografía** X-ray, **8.2**
la **raíz** root
rallar to grate, **10.2**
la **rama** branch
la **ranura** disk drive, **3.1**; slot, **3.2**
rápidamente quickly
rápido quickly
la **raqueta** racket (sports), 9.1
raro(a) rare
el **rascacielos** skyscraper, **9.1**
el **rato** while
el **ratón** mouse (computer), **3.1**
la **raya** part (in hair), **12.1**
rayas: a rayas striped
los **rayos equis** X-rays
la **razón** reason
razonable reasonable
la **reacción** reaction
real royal
realista realistic
el/la **realista** realist
realmente really
la **rebanada** slice, **4.2**
rebanar to slice, **10.2**
rebotar to rebound
la **recámara** bedroom, 6.2
la **recepción** front desk (hotel), **6.1**; admissions (hospital), **8.2**; reception (party)
el/la **recepcionista** hotel clerk, **6.1**
el/la **receptor(a)** catcher, 7.2
la **receta** prescription, 8.2; recipe, **10.2**
recetar to prescribe, 8.2
recibir to receive, 5.1
el **reciclaje** recycling
recién recently
reciente recent
recitar to recite
reclamar to claim (luggage), 11.2
el **reclamo de equipaje** baggage claim, 11.2
reclutar to recruit
recoger to pick up
recoger el equipaje to claim one's luggage, 11.2
la **recomendación** recommendation
recomendar (ie) to recommend
reconocer to recognize

recordar (ue) to remember
recorrer to travel through
el **recorrido** trip, distance traveled
de largo recorrido long-distance
el **recreo** recreation
el **rectángulo** rectangle
el **recuerdo** memory, recollection
la **recuperación: la sala de recuperación** recovery room
el **recurso: los recursos naturales** natural resources
el **departamento de recursos humanos** human resources department, **14.2**
la **red** net, 9.1
navegar por la red to surf the Net
reducido(a) reduced (price)
reducir to set (bone), **8.2**
reemplazar to replace
referir (ie, i) to refer
reflejar to reflect
el **reflejo** reflection
reflexionar to reflect
la **reforestación** reforestation
el **refresco** drink, beverage, 5.1
el **refrigerador** refrigerator, **10.1**
el **refugio** refuge
regalar to give
el **regalo** gift, 6.1
la **región** region
regional regional
el **regionalismo** regionalism
registrar to register
la **regla** rule
regresar to return
el **regreso** return
el viaje de regreso return trip, trip back
regular regular, average, 2.2
la **reina** queen
reír to laugh
la **relación** relation
relacionado(a) related
relativamente relatively
religioso(a) religious
rellenar to fill
el **reloj** watch, **4.1**; clock, **13.2**

remar to row, 5.2
el **remedio** solution
renombrado(a) well-known
rentar to rent
renunciar to renounce, give up
reparar to repair
repentinamente suddenly
repetir (i, i) to repeat; to take seconds (meal)
el **reportaje** report
la **representación** performance (theater), 10.2
dar una representación to put on a performance, 10.2
el/la **representante** representative
representar to represent
representativo(a) representative
la **república** republic
la **República Dominicana** Dominican Republic
requerir (ie, i) to require, **14.1**
el **requisito** requirement
la **reservación** reservation, **6.1**
reservado(a) reserved, 13.2; **1.2**
reservar to reserve, 14.2; **2.2**
resfriado(a): estar resfriado(a) to have a cold, 8.1
la **residencia: la residencia para estudiantes** student housing, dormitory, **3.2**
el/la **residente** resident
resolver (ue) to solve
el **respaldo** back (of seat), **7.1**
la **respiración** breathing
respirar to breathe
responder to respond
la **responsabilidad** responsibility
responsabilizarse to make oneself responsible
la **respuesta** answer
restar to subtract
el **restaurante** restaurant, 14.1; **2.1**
restaurar to restore
el **resto** rest, remainder
los **restos** remains
el **resultado** result
la **retina** retina

el **retintín** jingle
retirar del fuego to remove from the heat (stove), **10.1**
el **retrato** portrait
el **retraso: con retraso** with a delay, late, 13.2; **1.2**
la **reunión** gathering
reunirse to get together
revisar to inspect, 11.1; to check
  revisar el boleto to check the ticket, 11.1
  revisar el aceite to check the oil (car), **11.1**
el/la **revisor(a)** (train) conductor, 13.2; **1.2**
la **revista** magazine, 6.2
la **revolución** revolution
revolver (ue) to turn around; to stir, **10.1**
el **rey** king
los **Reyes Magos** Three Wise Men, **13.2**
  el Día de los Reyes Epiphany (January 6), **13.2**
rico(a) rich; delicious, 14.2; **2.2**
el/la **rico(a)** rich person
riguroso(a) rigorous
el **río** river, **7.2**
el **ritmo** rhythm
el **rito** ritual
el **rival** rival
la **roca** rock
rodar (ue) to roll
la **rodilla** knee, 7.1
rogar (ue) to beg, to plead
rojo(a) red, 3.2
el **rol** role
el **rollo de papel higiénico** roll of toilet paper, 12.2
el/la **romano(a)** Roman
romántico(a) romantic
romperse to break, **8.1**
la **ropa** clothing, 3.2
  la ropa interior underwear, **4.1**
  la ropa para caballeros (señoras) men's (women's) clothing, **4.1**
  la ropa sucia dirty laundry, **12.1**
  la tienda de ropa clothing store, 3.2
la **rosa** rose
rosado(a) pink, 3.2

el **rótulo** sign, **11.2**
rubio(a) blond(e), 1.1
las **ruedas: la silla de ruedas** wheelchair, **8.2**
la **ruina** ruin
el **rumor** rumor
la **ruta** route
la **rutina** routine, 12.1
rutinario(a) routine *(adj.)*

S

el **sábado** Saturday, BV
la **sábana** sheet, **6.2**
el/la **sabelotodo** know-it-all
saber to know (how), 11.2
sabio(a) wise
sabroso(a) delicious
sacar to get, 4.2; to take out, **3.1**
  sacar un billete to buy a ticket
  sacar una nota buena (mala) to get a good (bad) grade, 4.2
el **sacerdote** priest
el **saco** jacket, **4.1**
  el saco de dormir sleeping bag, 12.2
el **sacrificio** sacrifice
sacrificar to sacrifice
la **sal** salt, 14.1; **2.1**
la **sala** room; living room, 6.2
  la sala de clase classroom, 4.1
  la sala de consulta doctor's office, **14**
  la sala de emergencia emergency room, **8.1**
  la sala de espera waiting room, 13.1; **1.1**
  la sala de juegos game arcade, **5.1**
  la sala de recuperación recovery room
  la sala de salida departure area,11.1
  la sala de urgencias emergency room
el **salario** salary
la **salchicha** sausage, **10.1**
el **saldo** balance (bank)
la **salida** departure, leaving, 11.1; exit, **11.2**
  la hora de salida departure hour, 13.1; **1.1**

la **pantalla de llegadas y salidas** arrival and departure screen, 11.1
la **sala de salida** departure area, 11.1
la **salida de emergencia** emergency exit, **7.1**
salir to leave, 10.1; to go out; to turn out
  salir a tiempo to leave on time, 11.1
  salir bien (en un examen) to do well (on an exam), 10.1
  salir tarde to leave late, 11.1
el **salón** hall, **13.1**; room
  el salón de clase classroom, 4.1
saltar to jump
la **salud** health
saludar to greet
el **saludo** greeting, BV
salvaje wild
salvar to save
salvo(a) safe
la **sandalia** sandal, **4.1**
la **sandía** watermelon, **10.2**
el **sándwich** sandwich, BV
la **sangre** blood
sano(a) healthy
el **santo** saint
el/la **sartén** frying pan, **10.1**
satisfacer to satisfy
satisfecho(a) satisfied, **14.1**
el **saxofono** saxophone
sazonar to season
el **secador** hair dryer, **12.1**
secar to dry, **12.2**
la **sección de (no) fumar** (no) smoking section, 11.1
seco(a) dry
el/la **secretario(a)** secretary, **14.1**
el **secreto** secret
secundario(a) secondary
  la escuela secundaria high school, 1.1
sed: tener sed to be thirsty, 14.1; **2.1**
el **sedán** sedan, 11.1
la **sede** seat (of government)
seguir (i, i) to follow, 14; **2**; to continue, **11.2**
  Sigue derecho. Go straight.
según according to

segundo(a) second, 6.2
> **el segundo tiempo** second half (soccer), 7.1
> **en segunda (clase)** second-class, 13.1; **1.1**

la **seguridad** security, 7.1
> **el control de seguridad** security (airport), 11.1

el **seguro** insurance
> **seguro(a): estar seguro(a)** to be sure

seis six, BV
seiscientos(as) six hundred, 3.2
la **selección** selection
seleccionar to select
el **sello** stamp, **5.1**
la **selva** jungle
el **semáforo** traffic light, **9.1**
la **semana** week, BV
> **el fin de semana** weekend, BV
> **el fin de semana pasado** last weekend
> **la semana pasada** last week, 9.2

sembrar to sow, plant, **9.2**
el **semestre** semester
el/la **senador(a)** senator
sencillo(a) easy, simple
> **el billete sencillo** one-way ticket, 13.1; **1.1**
> **el cuarto sencillo** single room, **6.1**

la **senda** path, **5.2**
> **caminar por la senda** to walk along the path, **5.2**

sentarse (ie) to sit down, 12.1
el **sentido** meaning, significance; direction, **11.2**
> **el sentido contrario** opposite way, **11.2**
> **en cada sentido** in either direction, **11.2**
> **una calle de sentido único** one-way street, **11.2**

sentir (ie, i) to be sorry
sentirse (ie, i) bien (mal) to feel well (ill), **8.1**
la **señal de no fumar** no smoking sign, **7.1**
la **señal de tránsito** traffic sign
el **señor** sir, Mr., gentleman, BV

la **señora** Ms., Mrs., madam, BV
la **señorita** Miss, Ms., BV
separado(a) separated
septiembre September, BV
séptimo(a) seventh, 6.2
ser to be
> **ser una lástima** to be a pity

el **ser: el ser humano** human being
> **el ser viviente** living creature, being

la **serie** series, **7**
> **la Serie mundial** World Series

serio(a) serious, 1.1
> **en serio** seriously

el **servicio** service, tip, 5.1
> **¿Está incluido el servicio?** Is the tip included?, 5.1

el **servicio de primeros auxilios** first aid service, paramedics, **8.1**
la **servilleta** napkin, 14.1; **2.1**
servir (i, i) to serve, 14.1; **2.1**
> **¿En qué puedo servirle?** How may I help you?, **4.1**

sesenta sixty, 2.2
la **sesión** show (movies), 10.1
setecientos(as) seven hundred, 3.2
setenta seventy, 2.2
el **sexo** sex
sexto(a) sixth, 6.2
el **show** show
si if
sí yes
el **SIDA** AIDS
la **siembra** sowing
siempre always, 7.1
> **de siempre y para siempre** eternally, forever

la **sierra** sierra, mountain range
siete seven, BV
el **siglo** century
el **significado** meaning
significante meaningful
significar to mean
significativo(a) significant
siguiente following
la **silla** chair
la **silla de ruedas** wheelchair, **8.2**
el **sillón** armchair, **6.2**

similar similar
simpático(a) nice, 1.2
simple simple
sin without
> **sin escala** nonstop

sincero(a) sincere, 1.2
singles singles, 9.1
el **síntoma** symptom, 8.2
el **sirope** syrup
el/la **sirviente** servant
el **sistema** system
> **el sistema métrico** metric system

el **sitio** place
la **situación** situation
situar to situate
sobre on top of; over; on, about
> **sobre todo** especially

el **sobre** envelope, **12.2**
sobresaltar to jump up
sobrevolar to fly over, **7.2**
la **sobrina** niece, 6.1
el **sobrino** nephew, 6.1
social: las ciencias sociales social sciences
la **sociedad** society
la **sociología** sociology
socorrer to help
el/la **socorrista** paramedic, **8.1**
el **socorro** help
el **sofá** sofa, **6.2**
el **sol** Peruvian coin; sun, 9.1
> **Hace (Hay) sol.** It's sunny., 9.1
> **tomar el sol** to sunbathe, 9.1

solamente only
el/la **soldado** soldier
> **soler (ue)** to be accustomed to, tend to

la **solicitud de empleo** job application, **14.2**
solitario(a) solitary, lone
sólo only
> **solo(a)** alone
> **a solas** alone
> **el café solo** black coffee, 5.1

soltero(a) single, bachelor
la **solución** solution
el **sombrero** hat
sonar (ue) to ring, **3.2**
el **sonido** sound
la **sonrisita** little smile
la **sopa** soup, 5.1

el **sorbete** sherbet, sorbet

el/la **sordo(a)** deaf person

sorprender to surprise

sostener to support

su his, her, their, your

subir to go up, 6.2; to board, to get on; to take up

  subir al tren to get on, to board the train, 13.1; **1.1**

subterráneo(a) underground

el **subtítulo** subtitle, 10.1

  con subtítulos with subtitles, 10.1

el **suburbio** suburb

suceder to happen

suceso: el buen suceso great event

sucio(a) dirty

  la ropa sucia dirty laundry, 12.1

la **sucursal** branch (office)

sudamericano(a) South American

el **sudoeste** southwest

el **suegro** father-in-law

el **suelo** ground

el **suelto** small change, 12.2

el **sueño** dream

la **suerte** luck

  ¡Buena suerte! Good luck!

el **suéter** sweater, **4.1**

suficiente enough

sufrir to suffer

la **sugerencia** suggestion

sugerir (ie, i) to suggest

la **Suiza** Switzerland

sumar to add

súper super (gas), **11.1**

la **superficie** surface

superior: la escuela superior high school

el **supermercado** supermarket, 5.2

la **superstición** superstition

supuesto: por supuesto of course

el **sur** south

sureste southeast

el **surf de nieve** snowboarding

el **surfing** surfing, 9.1

  practicar el surfing to surf, 9.1

el **suroeste** southwest

el **surtido** assortment

sus their, your (pl.), 6.1

suspirar to sigh

la **sustancia: la sustancia controlada** controlled substance

la **sutura** stitch

T

el **T-shirt** T-shirt, 3.2

la **tabla: la tabla hawaiana** surfboard, 9.1

el **tablero** board, 7.1; gameboard, **5.1**

  el tablero de llegadas arrival board, 13.1; **1.1**

  el tablero de salidas departure board, 13.1; **1.1**

  el tablero indicador scoreboard, 7.1

la **tableta** pill, 8.2

el **taco** taco, BV

el **tacón** heel, **4.1**

taíno(a) Taino

la **tajada** slice, **4.2**

tal: ¿Qué tal? How are you?, BV

el **talento** talent, **14.1**

la **talla** size, 3.2

el **talón** luggage claim ticket, 11.1

el **talonario** check book

el **tamal** tamale, BV

el **tamaño** size, 3.2

también also

tampoco either

tan so

tan... como as . . . as, **8.2**

el **tango** tango

el **tanque** gas tank, **11.1**

  llenar el tanque de gasolina to fill the tank with gas, **11.1**

el **tanto** point, 7.1

  marcar un tanto to score a point

tanto(a) so much

  tanto(a)... como as much . . . as

  tantos(as)... como as many . . . as, **8.2**

tapar to cover, 10.2

la **taquilla** box office, 10.1

tardar to take time

  tarda el viaje the trip takes (+ time)

tarde late

la **tarde** afternoon

  Buenas tardes. Good afternoon., BV

  esta tarde this afternoon, 9.2

  por la tarde in the afternoon

la **tarea** task

  hacer las tareas to do one's homework, **3.1**

la **tarifa** fare, rate

la **tarjeta** card, 11.1; registration card (hotel), **6.1**

  la tarjeta de crédito credit card, 14.1; **2.1**

  la tarjeta de embarque boarding pass, 11.1

  la tarjeta de identidad estudiantil student I.D. card

  la tarjeta postal postcard, **12.2**

  la tarjeta telefónica telephone card, 3.2

la **tasa** rate

  la tasa de cambio exchange rate, 12.2

  la tasa de desempleo unemployment rate

el **taxi** taxi, 11.1

la **taza** cup, 14.1; **2.1**

te you (fam. pron.)

el **té** tea, 5.1

  el té helado iced tea, 5.1

teatral theatrical, 10.2

el **teatro** theater, 10.2

  salir del teatro to leave the theater, 10.2

la **tecla** key (on keyboard), **3.2**

el **teclado** keyboard, **3.1**; telephone keypad, **3.2**

el/la **técnico(a)** technician, 8.2

la **tecnología** technology

la **telecomunicación** telecommunication, **3.1**

telefonear to telephone

telefónico(a) (related to the) telephone

  la línea telefónica telephone line

  la llamada telefónica telephone call, 3.2

el **teléfono** telephone

  el teléfono celular cellular telephone, 3.2

el teléfono de botones
push-button telephone,
3.2

el teléfono público public
(pay) telephone, **3.2**

hablar por teléfono to
talk on the phone

el **telesilla** chairlift, 9.2

el **telesquí** ski lift, 9.2

la **televisión** television, 6.2

el **televisor** television set, **6.2**

el **telón** curtain (stage), 10.2

el **tema** theme, subject

temer to fear

la **temperatura** temperature, 9.2

templado(a) temperate

temprano early, 12.1

el **tenedor** fork, 14.1; **2.1**

tener (ie) to have, 6.1

tener un accidente to
have an accident, **8.1**

tener... años to be . . .
years old, 6.1

tener buena pinta to look
good, **4.2**

tener cuidado to be careful

tener hambre to be
hungry, 14.1; **2.1**

tener lugar to take place,
occur, **8.1**

tener miedo to be afraid

tener que to have to

tener sed to be thirsty,
14.1; **2.1**

el **tenis** tennis, 9.1

los **tenis** tennis shoes, 3.2

el par de tenis pair of
tennis shoes, 3.2

el/la **tenista** tennis player

la **tensión arterial** blood
pressure, **8.2**

tercer(o)(a) third, 6.2

la **terminal: la terminal de
pasajeros** passenger
terminal, **7.2**

terminar to end, finish, **3.1**

el **término** term

la **ternera** veal, 14.2; **2.2**

la **terraza** terrace (sidewalk
café)

terrible terrible

el **terror** terror, fear

el **tétano** tetanus

la **tía** aunt, 6.1

el **ticket** ticket, 9.2

el **tiempo** time; weather, 9.1;
half (game)

a tiempo on time, 11.1

**a tiempo completo
(parcial)** full- (part-)
time *(adj.),* **14.2**

el segundo tiempo second
half (game), 7.1

pasar el tiempo to spend,
pass time, **5.1**

la **tienda** store, 3.2

la tienda de abarrotes
grocery store, **4.2**

**la tienda de
departamentos**
department store

la tienda de ropa clothing
store, 3.2

**la tienda de ropa para
caballeros** men's
clothing store, **4.1**

**la tienda de ropa para
señoras** women's
clothing store, **4.1**

la tienda de ultramarinos
grocery store, **4.2**

la tienda de videos video
store

tierno(a) tender

la **tierra** land

por tierra by land,
overland

el **tigre** tiger

las **tijeras** scissors, **12.1**

el **tilde** accent

tímido(a) timid, shy, 1.2

la **tintorería** dry cleaner, **12.1**

el/la **tintorero(a)** dry cleaner, **12.1**

el **tío** uncle, 6.1

los tíos aunt and uncle, 6.1

el **tiovivo** merry-go-round, **5.2**

típicamente typically

típico(a) typical

el **tipo** type

el tipo de cambio exchange
rate, **12.2**

el **tique** ticket, 9.1

tirar to kick, 7.1; to throw

tirar el balón to kick
(throw) the ball, 7.2

el **título universitario**
university degree, **14.1**

la **toalla** towel, 6.2

la toalla playera beach
towel, 9.1

el **tobillo** ankle, **8.1**

tocar to touch; to play
(music)

tocar la bocina to honk
the horn

todavía yet, still

todo: todo el mundo
everyone

todos(as) everybody, 2.2;
everything, all

por todas partes
everywhere

tomar to take, 4.1

tomar agua (leche, café)
to drink water (milk,
coffee)

tomar apuntes to take
notes, 4.2

tomar el bus (escolar) to
take the (school) bus, 4.1

tomar el desayuno to eat
breakfast, 12.1

tomar el pulso to take
one's pulse, 8.2

tomar el sol to sunbathe,
9.1

tomar fotos to take photos

**tomar la tensión (presión)
arterial** to take one's
blood pressure, **8.2**

tomar un jugo to drink
some juice

tomar un refresco to have
(drink) a beverage

tomar un vuelo to take a
flight, 11.1

tomar una ducha to take
a shower, 12.1

tomar una merienda to
have a snack, 4.2

el **tomate** tomato

el **tomo** volume

la **tonelada** ton

el **tono** dial tone, 3.2; hue

tonto(a) foolish

torcerse (ue) to twist, 8.1

el **torniquete** turnstile, **9.1**

la **toronja** grapefruit, **10.1**

torpe stupid

la **torre: la torre de control**
control tower, **7.2**

la **torta** cake, **13.1**

la **tortilla** tortilla, 5.1

la **tos: tener tos** to have a
cough, 8.1

toser to cough, 8.1

la **tostada** toast

tostadito(a) sunburned,
tanned

tostado(a): el pan tostado
toast, 5.2

tostar to toast

el **tostón** fried plantain slice

totalmente totally,
completely

tóxico(a) toxic

el/la **trabajador(a)** worker

trabajar to work, 3.2

**trabajar a tiempo
completo** to work full
time, 14.2

trabajar a tiempo parcial
to work part time, 14.2

el **trabajo** work; job, 14.2

**el trabajo a tiempo
completo (parcial)** full-
time (part-time) job, 14.2

la **tradición** tradition

tradicional traditional

traer to bring, 14.1; **2.1**

el **tráfico** traffic

la **tragedia** tragedy

el **traje** suit, 3.2

el traje de baño bathing
suit, 9.1

el traje de gala evening
gown, dress

el **tramo** stretch

tranquilo(a) peaceful; calm;
quiet

transbordar to transfer, 13.2;
1.2

transformar to transform

transmitir to send, to
transmit, **3.1**

el **transporte** transportation

tras after

trasladar to transfer, move

el **tratamiento** treatment

tratar to treat; to try

el **trayecto** stretch (of road)

trece thirteen, BV

treinta thirty, BV

treinta y uno thirty-one,
2.2

el **tren** train, 13.2; **1.2**

el tren directo nonstop
train, 13.2; **1.2**

el tren local local train,
13.2; **1.2**

la **trenza** braid

tres three, BV

trescientos(as) three
hundred, 3.2

la **tribu** tribe

el **tribunal** court, 14.1

el **trigo** wheat, **9.2**

la **tripulación** crew, 11.2

triste sad, 8.1

triunfante triumphant

el **trocito** piece, 10.2

el **trombón** trombone

la **trompeta** trumpet

tropical tropical

tu your (sing. fam.)

tú you (sing. fam.)

el **tubo de escape** exhaust pipe

el **tubo de pasta dentífrica**
tube of toothpaste,
12.2

la **turbulencia** turbulence, **7.2**

el/la **turista** tourist, 10.2

U

u or (used instead of **o** before
words beginning with **o** or
ho)

Ud., usted you (sing. form.)
3.2

Uds., ustedes you (pl. form.),
2.2

último(a) last

**ultramarinos: la tienda de
ultramarinos** grocery
store, **4.2**

un(a) a, an, 1.1

la **una** one o'clock, 2.2

único(a) only; unique

la **unidad: la unidad de
cuidado intensivo**
intensive care unit

el **uniforme** uniform

la **universidad** university

universitario(a) (related to)
university

uno one, BV

unos(as) some

urbano(a) urban

**urgencias: la sala de
urgencias** emergency
room

la **urología** urology

el/la **urólogo(a)** urologist

usado(a) used

usar to wear (size), 3.2; to use

utilizar to use

las **uvas** grapes, **10.1**

V

la **vaca** cow, **9.2**

la **vacación** vacation, **6.2**

el/la **vago(a)** loafer, idler

el **vagón** train car, 13.1; **1.1**

la **vainilla: de vainilla** vanilla
(adj.), 5.1

la **vainita** string bean

¡vale! OK!

valer to be worth

valeroso(a) brave

valiente brave

el **valle** valley, 7.2

el **valor** value, worth

el valor real true value

vamos a let's go

la **variación** variation

variado(a) varied

variar to vary, change

la **variedad** variety

vario(a) various

el **varón** male

vasco(a) Basque

la pelota vasca jai alai

el **vaso** (drinking) glass, 12.1

el **váter** toilet, **6.2**

el/la **vecino(a)** neighbor

el **vegetal** vegetable, 5.2

el/la **vegetariano(a)** vegetarian

veinte twenty, BV

veinticinco twenty-five,
BV

veinticuatro twenty-four,
BV

veintidós twenty-two, BV

veintinueve twenty-nine,
BV

veintiocho twenty-eight,
BV

veintiséis twenty-six, BV

veintisiete twenty-seven,
BV

veintitrés twenty-three, BV

veintiuno twenty-one, BV

la **vela** candle, **13.1**

la **velocidad** speed, 11.2

la velocidad máxima
speed limit, **11.2**

vencer to conquer

el **vendaje** bandage, **8.2**

poner un vendaje to put a bandage on, **8.2**

el/la **vendedor(a)** salesperson, **11.1**

vender to sell, 5.2

el **veneno** poison

venenoso(a) poisonous

venezolano(a) Venezuelan

venir to come, 11.1

el viernes (sábado, etc.) que viene next Friday (Saturday, etc.)

la **venta** sale, **14.1**

la **ventaja** advantage

la **ventanilla** ticket window, 9.2; window (airplane), **7.1**; teller's window, **12.2**

ver to see; to watch, 5.1

el **verano** summer, BV

el **verbo** verb

la **verdad** truth

¡verdad! that's right (true)!

verdadero(a) true, real

verde green, 3.2

la judía verde green bean, 5.2

la **verdulería** greengrocer store, **4.2**

la **verdura** vegetable

verificar to check, 13.1; **1.1**

la **versión: en versión original** in (its) original version, 10.1

el **verso** verse

vertical vertical

vestido(a) dressed

el **vestido** dress, **4.1**

los vestidos clothes *(pl.)*

vestirse (i, i) to get dressed

el/la **veterinario(a)** veterinarian

la **vez** time

a veces at times, sometimes, 7.1

de vez en cuando now and then

en vez de instead of

una vez más one more time, again

la **vía** track, 13.1; **1.1**

viajar to travel

viajar en avión to travel by air, 11.1

el **viaje** trip

el viaje de novios honeymoon

el viaje de regreso return trip

hacer un viaje to take a trip, 11.1

el/la **viajero(a)** traveler

viceversa vice versa

víctima victim, **8.1**

victorioso(a) victorious

la **vida** life

la vida escolar school life

el **video** video

viejo(a) old, 6.1

el/la **viejo(a)** old person

el **viento** wind

el **viernes** Friday, BV

villa: villa miseria shantytown (Arg.)

el **vinagre** vinegar

la **viola** viola

el **violín** violin

visible visible

visitar to visit

la **Víspera de Año Nuevo** New Year's Eve, **13.2**

la **vista** view

vital vital

la **vitamina** vitamin

la **vitrina** shop window, **4.1**

la **vivienda** housing

viviente: el ser viviente living creature, being

vivir to live, 5.2

vivo(a) living, alive

la **vocal** vowel

volar (ue) to fly, **7.2**

el **voleibol** volleyball

el/la **voluntario(a)** volunteer

volver (ue) to return, 7.1

volver a casa to return home, 10.2

la **voz** voice

en voz alta aloud

el **vuelo** flight, 11.1

el número del vuelo flight number, 11.1

el vuelo directo direct flight, **7.2**

el vuelo nacional domestic flight

tomar un vuelo to take a flight, 11.1

la **vuelta: dar la vuelta** to turn around

Y

y and, BV

y cuarto a quarter past (the hour)

y media half past (the hour)

y pico just after (the hour)

ya now; already

la **yarda** yard

el **yeso** cast, **8.2**

yo I, 1.1

el **yogur** yogurt

Z

la **zanahoria** carrot, 5.2

la **zapatería** shoe store, **4.1**

el **zapato** shoe, 3.2

la **zona** zone, area, neighborhood

la zona comercial business zone, **9.1**

la zona industrial industrial area, **9.1**

la zona residencial residential area, **9.1**

el **zumo de naranja** orange juice

Vocabulario inglés–español

The **Vocabulario inglés–español** contains all productive and receptive vocabulary from the text. The reference numbers following each productive entry indicate the chapter and vocabulary section in which the word is introduced. For example, **3.2** means that the word was taught in **Capítulo 3, Palabras 2**. **BV** refers to the preliminary **Bienvenidos** lessons in Level 1. Words without a chapter reference indicate receptive vocabulary (not taught in the **Palabras** sections). Words taught in Level 1 appear in regular type and those taught in Level 2 are in bold type. Note that **Capítulos 1** and **2** of Level 2 repeat **Capítulos 13** and **14** of Level 1 (e.g., 13.1; **1.1**).

A

a, an un(a), 1.1
aboard, on board a bordo de
about sobre; acerca de; (time) a eso de, **4.1**
above encima; por encima de, 9.1
abroad en el extranjero
abstract abstracto(a)
abuse el abuso
academic académico(a)
academy la academia
accent el tilde
to **accept** aceptar
access el acceso
accident el accidente, 8.1
to **accommodate** acomodar
accompaniment el acompañamiento
to **accompany** acompañar
according to según
account (bank) la cuenta
checking account la cuenta corriente, **12.2**
savings account la cuenta de ahorros
accountant el/la contable, **14.1**
ache el dolor, 8.1
to **ache: My . . . ache(s).** Me duele(n)... , **8.2**
acrylic el acrílico
action la acción

active activo(a)
activity la actividad
actor el actor, 10.2
actress la actriz, 10.2
to **adapt** adaptar
to **add** sumar; agregar, añadir, **10.2**
addition: in addition to además de
addiction la adicción
address la dirección
adequate adecuado(a)
to **adjust** ajustar
to **admire** admirar
admission ticket la entrada, 10.1
to **admit** admitir, **8.2**
adolescence la adolescencia
adolescent el/la adolescente
adorable adorable
adoration la adoración
to **adore** adorar
to **adorn** adornar
advance el avance
advantage la ventaja
adventure la aventura
advertisement el anuncio, **14.2**
advertising la propaganda
advice el consejo
to **advise** aconsejar
aerobic aeróbico(a)
to **affect** impresionar
African africano(a)

African American afroamericano(a)
after después (de), 5.1; tras
afternoon la tarde
Good afternoon. Buenas tardes., BV
in the afternoon por la tarde
this afternoon esta tarde, 9.2
again de nuevo
against contra, 7.1
age la edad
How old do you have to be? ¿Cuántos años tienes que cumplir?
agency la agencia
employment agency la agencia de empleos
agent el/la agente, 11.1
customs agent el/la agente de aduana, 11.2
aging person el/la envejeciente
Agreed, Fine. Conforme. 14.2; **2.2**
agricultural agrícola
ahead adelante
AIDS el SIDA
air el aire, **11.1**
air conditioning el aire acondicionado, **6.2**
air traffic controller el/la controlador(a), **7.2**

airline la línea aérea
airmail el correo aéreo, **12.2**
airplane el avión, 11.1
   small airplane la avioneta, **7.2**
airport el aeropuerto, 11.1
aisle el pasillo, 13.2; **1.2**
album el álbum
alcohol el alcohol
alcoholism el alcoholismo
algebra el álgebra, 2.2
alive vivo(a)
all todos(as)
allergy la alergia, 8.2
to **allow** consentir (ie, i); dejar
almost casi
alone solo(a); a solas
aloud en voz alta
already ya
also también
to **alternate** alternar
although aunque
altitude la altitud, la altura, **7.2**
always siempre, 7.1
ambassador el/la embajador(a)
ambulance la ambulancia, **8.1**
American americano(a), 1.1
amount la cantidad
amusement la diversión
amusement park el parque de atracciones, **5.2**
   amusement park ride la atracción, **5.2**
amusing divertido(a)
analysis el análisis
analytical analítico(a)
to **analyze** analizar
ancient antiguo(a), 5.1
and y, BV
Andalusian andaluz(a)
Andean andino(a)
anecdote la anécdota
angry enfadado(a)
animal el animal·
   farm animal el animal doméstico, **9.2**
ankle el tobillo, **8.1**
anniversary el aniversario
to **announce** anunciar
announcement el anuncio, **7.1**
another otro(a)

to **answer** contestar, **3.2**
answer la respuesta
answering machine el contestador automático, **3.2**
Antarctic la Antártida
antibiotic el antibiótico, 8.2
antiquated anticuado(a)
antiquity la antigüedad
any cualquier
apartment el apartamento, el departamento, 6.2; el piso
   apartment house la casa de apartamentos (departamentos), 6.2
apostle el apóstol
to **appear** aparecer
appearance la apariencia
appendicitis la apendicitis
to **applaud** aplaudir, 10.2
applause el aplauso, 10.2
   to receive applause recibir aplausos, 10.2
apple la manzana, 5.2
apple tree el manzano, **9.2**
application (job) la solicitud (de empleo)
to **apply (for a job)** solicitar trabajo
to **approach** acercarse (de)
appropriate apropiado(a)
April abril, BV
aptitude la aptitud
Arab el/la árabe
archaeological arqueológico(a)
archaeologist el/la arqueólogo(a)
archeology la arqueología
architect el/la arquitecto(a), **14.1**
area el área (f.); la zona
area code la clave de área, **3.2**
Argentinian argentino(a), 2.1
argument la disputa
arid árido(a)
arithmetic la aritmética, 2.2
arm el brazo, 7.1
armchair el sillón, **6.2**
around alrededor de, 6.2
arrival la llegada, 11.1
   arrival and departure screen la pantalla de llegadas y salidas, 11.1

to **arrive** llegar, 4.1
arrogant altivo(a), arrogante
art el arte (f.), 2.2
   fine arts las bellas artes
artichoke la alcachofa, 14.2; **2.2**
artifact el artefacto
artist el/la artista, 10.2
artistic artístico(a)
as como, 1.2
   as . . . as tan... como, **8.2**
   as many . . . as tantos(as)... como, **8.2**
   as much . . . as tanto(a) . . . como
to **ask (a question)** preguntar; **(questions)** hacer preguntas, **14.2**
to **ask for** pedir (i, i), 14.1; **2.1**
   to ask for the bill pedir la cuenta, **6.1**
   to ask questions hacer preguntas, **14.2**
asleep dormido(a)
aspect el aspecto
aspirin la aspirina, 8.2
to **assist** atender (ie), **4.1**
assortment el surtido
to **assure** asegurar
astute astuto(a)
at a
   at that time en aquel entonces
athlete el/la atleta
athletic atlético(a)
atmosphere el ambiente; la atmósfera
to **attack** atacar
attack el ataque
to **attend** asistir
   attention: to pay attention prestar atención, 4.2
attractive atractivo(a)
audience el público, 10.2
August agosto, BV
aunt la tía, 6.1
   aunt and uncle los tíos, 6.1
authentic auténtico(a)
author el/la autor(a), 10.2
automatic teller el cajero automático
automatically automáticamente

automobile el automóvil
autumn el otoño, BV
available disponible
avenue la avenida, **9.1**
average medio(a); regular, **2.2**
aviation la aviación
avocado el aguacate, **10.2**

B

baby el/la bebé
bachelor's degree el bachillerato
back (of seat) el respaldo, **7.1**
background la ascendencia
backpack la mochila, **3.1**
bacteria la bacteria
bad malo(a), **2.1**; mal, **14.2**; **2.2**
   to be in a good (bad) mood estar de buen (mal) humor, **8.1**
bad-tempered malhumorado(a)
bag la bolsa, **5.2**
   cloth shopping bag el capacho
   plastic bag la bolsa de plástico, **4.2**
baggage el equipaje, **11.1**
   baggage claim el reclamo de equipaje, **11.2**
   carry-on baggage el equipaje de mano
bakery la panadería, la pastelería, **4.2**
balance (bank) el saldo
ball (soccer, basketball) el balón **7.1**; **(baseball, tennis)** la pelota , **7.2**
balloon el globo, **5.2**
ballpoint pen el bolígrafo, **3.1**
banana el plátano, **5.2**; la banana, **10.2**
band (music) la banda
bandage el vendaje, **8.2**
   to put a bandage on poner un vendaje, **8.2**
bank (of a river) la orilla
bank el banco, **12.2**
   bank statement el estado del banco
banking bancario(a)
baptism el bautizo

bar: bar of soap la barra de jabón, la pastilla de jabón, **12.2**
barber el barbero, **12.1**
bargain la ganga
to **base** basar
base la base, **7.2**
baseball el béisbol, **7.2**
   baseball field el campo de béisbol, **7.2**
   baseball game el juego de béisbol, **7.2**
   baseball player el/la beisbolista; el/la jugador(a) de béisbol, **7.2**
based (on) basado(a)
basic básico(a)
basket (basketball) el canasto, la canasta, el cesto, **7.2**; **(jai alai)** la cesta
basketball el baloncesto, el básquetbol, **7.2**
   basketball court la cancha de básquetbol, **7.2**
   to put in (make) a basket encestar, **7.2**
Basque vasco(a)
bat el bate, **7.2**
bath el baño
   to take a bath bañarse, **12.1**
bathing suit el bañador, el traje de baño, **9.1**
bathroom el baño, el cuarto de baño, **6.2**
bathtub la bañera, **6.2**
batter el/la bateador(a), **7.2**
battery la batería
battle la batalla
bay la bahía
to **be** ser, **1.1**; estar, **4.1**
   to be afraid tener miedo
   to be in a good (bad) mood estar de buen (mal) humor
   to be happy (sad) estar contento(a) (triste)
   to be hungry tener hambre, **14.1**; **2.1**

   to be married estar casado(a)
   to be sick estar enfermo(a)
   to be thirsty tener sed, **14.1**; **2.1**
   to be tired estar cansado(a)
   to be . . . years old tener . . . años, **6.1**
to **be able** poder (ue), **7.1**
to **be accustomed to, tend to** soler (ue)
to **be alarmed** alarmarse
to **be based** basarse
to **be born** nacer, **13.1**
to **be called** llamarse, **12.1**
to **be familiar with** conocer, **11.1**
to **be frightened** asustarse
to **be glad about** alegrarse de, **13.1**
to **be going to (do something)** ir a + *infinitive*
to **be important** importar
to **be named** llamarse, **12.1**
to **be sorry** sentir (i, i)
to **be worth** valer
   beach la playa, **9.1**
   beach resort el balneario, **9.1**
   beach towel la toalla playera, **9.1**
   bean el frijol, la habichuela, **5.2**
      black bean la habichuela negra, el frijol negro, **10.2**
      string (green) bean la habichuela tierna
to **bear** llevar
   beard la barba
   beau, heartthrob el galán
   beautiful bello(a), hermoso(a), **1.1**; precioso(a)
   beauty la belleza
   because porque
to **become enamored of (to fall for)** flechar
   bed la cama, **8.1**
   to go to bed acostarse (ue), **12.1**
   to make the bed hacer la cama, **6.2**
   to stay in bed guardar cama, **8.1**

bedroom el cuarto de
dormir; el cuarto, el
dormitorio, la recámara, 6.2;
la habitación, **6.1**
bee la abeja, 8.1
beef la carne de res, 14.2; **2.2**
before antes de, 5.1
to **beg** rogar (ue)
to **begin** comenzar (ie);
empezar (ie), 7.1
beginner el/la principiante,
9.2
beginning: at the beginning
al principio
**beginning of the school
year** la apertura de
clases
to **behave** comportarse
behavior la actuación
behind atrás; detrás de, **5.2**
to **believe** creer, 8.2
bell pepper el pimiento, 10.2
bellman el botones, **6.1**
to **belong** pertenecer
below debajo (de), **7**
below zero bajo cero, 9.2
belt el cinturón, **4.1**
seat belt el cinturón de
seguridad, **7.1**
benefit el beneficio
berth la litera, 13.2; **1.2**
beside al lado de, **5.2**
besides además
best man el padrino, 13.1
better, best mejor
between entre, 7.1
beverage el refresco, 5.1; la
bebida, **7.1**
biblical bíblico(a)
to **bicycle** ir en bicicleta, 12.2
bicycle la bicicleta
big gran, grande
bilingual bilingüe
bill la factura, **6.1**; **(money)**
el billete, **12.2**; **(check)** la
cuenta, 5.1
biography la biografía
biological biológico(a)
biologist el/la biólogo(a)
biology la biología, 2.2
bird el ave (*f.*); el pájaro
birthday el cumpleaños, 6.1
black negro(a), 3.2
blanket la frazada, la manta,
6.2

bleach el blanqueador
blessing la bendición
block (city) la cuadra,
11.2
to **block** bloquear, parar, 7.1
blond(e) rubio(a), 1.1
blood la sangre
blood pressure la
presión arterial, la
tensión arterial, **8.2**
blouse la blusa, 3.2
blue azul , 3.2
dark blue azul oscuro
blue jeans el blue jean,
3.2
to **board** embarcar, 11.2;
subir, 13.1; **1.1**; abordar
to board the train
subir al tren, 13.1; **1.1**
board el tablero, 7.1
arrival board el
tablero de llegadas,
13.1; **1.1**
departure board el
tablero de salidas,
13.1; **1.1**
scoreboard el tablero
indicador, 7.1
boarding house la
pensión, 12.2
boarding pass la tarjeta
de embarque, 11.1
boat el bote, 5.2
body el cuerpo, 8.1
to **boil** hervir (ie, i), **10.1**
boiling la ebullición
bone el hueso, 8.2
to set the bone
reducir el hueso, **8.2**
book el libro, 3.1
boot la bota, 9.2
to **border** bordear
border el borde
to **bore** aburrir
boring aburrido(a), 2.1
born nacido(a)
to **borrow** pedir prestado
boss el/la jefe(a)
bottle la botella, 4.2
**bottle of mineral
water** la botella de
agua mineral, 12.2
boulevard el bulevar, 9.1
box office la taquilla,
10.1

boy el muchacho, 1.1; el chico
boyfriend el novio
bracelet la pulsera, **4.1**
braid la trenza
to **brake** poner los frenos
brakes los frenos, **11.1**
branch (office) la sucursal; la
filial
branch (of menora) el brazo,
13.2
branch (tree) la rama
**brass (instruments in
orchestra)** instrumentos
de metal
brave valeroso(a); valiente
bread el pan, **4.2**
to **break** romperse, **8.1**
breakdown la avería
breakfast el desayuno, 5.2
to **breathe** respirar
breathing la respiración
bricklayer el/la albañil, **14.1**
bride la novia, **13.1**
brief breve
bright brillante
to **bring** llevar, 6.1; traer, 14.1; **2.1**
broken down averiado(a)
bronze el bronce, 10.2
brook el arroyo
brother el hermano, 6.1
brown de color marrón, 3.2;
pardo(a)
brunette moreno(a), 1.1
brush el cepillo, 12.2; **(paint)**
el pincel
to **brush one's hair** cepillarse,
12.1
to **brush one's teeth** cepillarse
los dientes, lavarse los
dientes, 12.1
building el edificio, **9.1**
burner (stove) la hornilla,
10.1
burial el entierro
to **bury** enterrar (ie)
bus el bus, 4.1; el autobús,
10.1; **(Mexico)** el camión,
10.1; **(Puerto Rico, Cuba)**
la guagua, 10.1
school bus el bus escolar,
4.1
bus stop la parada de bus,
9.1
business el comercio; la
empresa, **14.1**

business district la zona comercial, **9.1**

businessman(woman) el/la comerciante, **14.1**; el/la empresario(a)

busy (phone) ocupado

but pero

butcher shop la carnicería, **4.2**

butter la mantequilla, **10.2**

button el botón, **3.1**

to **buy** comprar, 3.1

buying la compra, **14.1**

by no means de ninguna manera, 1.1

by the way a propósito

C

cabin la cabina, **7.1**

café el café, 5.1; la confitería

  outdoor café el café al aire libre

cafeteria la cafetería

cage la jaula, **5.2**

cake el bizcocho, la torta, el pastel, **13.1**

to **calculate** calcular

calculator la calculadora, 3.1

calculus el cálculo, 2.2

to **call oneself, be named,** llamarse, 12.1

to **call; to telephone** llamar, **3.2**

  Who is calling? ¿De parte de quién?, **3.2**

call la llamada (telefónica), **3.2**

  long distance call la llamada larga, **3.2**

called llamado(a)

calm tranquilo(a)

calorie la caloría

camel el camello, **13.2**

campaign la campaña

can el bote, la lata, 5.2

Canadian canadiense

candid franco(a)

candidate el/la aspirante, el/la candidato(a), **14.2**

candle la vela, **13.1**

canned enlatado(a)

canvas (painting) el lienzo

canyon el cañón

cap la gorra, 3.2

capital la capital

captain (airplane) el/la comandante, 11.2

car el carro, el coche, 4.1

  by car en carro, 4.1

  dining car el coche-comedor, el coche-cafetería, 13.2; **1.1**

  sleeping car el coche-cama, 13.2; **1.1**

  sports car el carro deportivo, **11.1**

  train car el coche, 13.2; **1.1**

carbohydrate el carbohidrato

card la tarjeta, 11.1

  credit card la tarjeta de crédito, 14.1; **2.1**

  registration card (hotel) la tarjeta, la ficha, **6.1**

  student I.D. card la tarjeta de identidad estudiantil

  telephone card la tarjeta telefónica, **3.2**

cardinal points los punto cardinales

cardiologist el/la cardiólogo(a)

cardiology la cardiología

care: intensive care el cuidado intensivo

career la carrera

careful! ¡cuidado!

  to be careful tener cuidado

carefully con cuidado

to **caress** acariciar

Caribbean el Caribe

  Caribbean Sea el mar Caribe

caricaturist el/la caricaturista

carousel horse el caballito, **5.2**

carpenter el/la carpintero(a), **14.1**

carrot la zanahoria, 5.2

to **carry** llevar, 3.1

to **carry out** efectuar

cart el carrito, 4.2

case el caso, 7.1

cash el dinero en efectivo, **12.2**

cash register la caja, 3.1

to **cash the check** cobrar el cheque, **12.2**

cashier el/la cajero(a), **14.1**

cassette el casete, 4.2

cast el yeso, **8.2**

Castillian castellano(a)

castle el castillo

cat el/la gato(a), 6.1

to **catch** atrapar, 7.2

catcher el/la cátcher, el/la receptor(a), 7.2

category la categoría

cathedral la catedral

Catholic católico(a)

cattle el ganado, 9.2

cauliflower la coliflor, 10.1

to **cause** causar

cause la causa

CD-ROM el CD-ROM, 3.1

to **celebrate** celebrar, 13.1

celebration la celebración

cell phone el teléfono celular, **3.2**

cellular celular

center el centro

central central

Central America la América Central

century el siglo

cereal el cereal, 5.2

ceremony la ceremonia

certain cierto(a)

Certainly!, Of course! ¡Claro!

chain (necklace) la cadena, **4.1**

  gold chain la cadena de oro, **4.1**

chair la silla

  armchair el sillón, **6.2**

chairlift el telesilla, 9.2

chalkboard la pizarra, el pizarrón, 4.2

champion el/la campeón(ona), **5.1**

championship el campeonato

change el cambio, 12.2

to **change** variar; cambiar, 12.2

  to change the towels cambiar las toallas, **6.2**

  to change trains (transfer) transbordar, 13.2; **1.2**

channel (TV) el canal

chapter el capítulo

character el carácter; el personaje

characteristic la característica

to **charge** cobrar

charges los cargos

charming encantador(a)

to **chat** charlar
chauffeur el chófer
cheap barato(a), 3.2
check (plaid) a cuadros
to **check luggage** facturar el equipaje, 11.1
to **check out** abandonar el cuarto, **6.1**
to **check the oil** revisar el aceite, **11.2**
to **check the ticket** revisar el boleto, 11.1
checkbook la chequera; el talonario
checkers las damas, **5.1**
checking account la cuenta corriente, **12.2**
cheek la mejilla, **8.1**
cheese el queso, 5.1
chemical químico(a)
chemistry la química, 2.2
chess el ajedrez, **5.1**
chest el pecho, **8.1**
chicken el pollo, 5.2
child el/la niño(a)
children los hijos, 6.1
Chilean chileno(a)
chili pepper el ají
chills los escalofríos, 8.1
chimney la chimenea
chocolate (*adj.*) de chocolate, 5.1
choir el coro
cholesterol el colesterol
to **choose** escoger
chop la chuleta, **10.1**
chores los quehaceres
chorus el coro
Christian cristiano(a)
Christmas la Navidad, **13.2**
Christmas Eve la Nochebuena, **13.2**
Christmas tree el árbol de Navidad, **13.2**
Merry Christmas! ¡Feliz Navidad!, **13.2**
church la iglesia
circle el círculo
to **circulate** circular
citric cítrico(a)
city hall la alcaldía, **14.1**
city hall employee el/la funcionario(a), **14.1**
city la ciudad, **9.1**
to **claim (luggage)** reclamar, 11.2

to **claim one's luggage** recoger el equipaje, 11.2
clam la almeja, 14.2; **2.2**
clarinet el clarinete
clarity la claridad
class la clase, el curso, 2.1
first-class primera clase, 13.1; **1.1**
second-class segunda clase, 13.1; **1.1**
classic clásico(a)
to **classify** clasificar
classroom la sala de clase, el salón de clase, 4.1
clean limpio(a)
to **clean** limpiar, **6.2**
to **clean the room** limpiar el cuarto, **6.2**
clear claro(a)
clerk el/la dependiente(a); el/la empleado(a), 3.1
clever listo(a), **5.1**
click el clic
climate el clima
clinic la clínica
close cercano(a)
to **close** cerrar (ie)
to **close the wound** cerrar la herida, **8.2**
closet el armario, **6.2**
clothes (*pl.*) la ropa, los vestidos
to **put on (one's) clothes** ponerse la ropa, **12.1**; vestirse (i, i)
clothes hanger el colgador, la percha, **6.2**
clothing la ropa, 3.2
clothing store la tienda de ropa, 3.2
men's clothing store la tienda de ropa para caballeros, **4.1**
women's clothing store la tienda de ropa para señoras, **4.1**
cloud la nube, 9.1
cloudy nublado(a), 9.1
It's cloudy. Hay nubes., 9.1
clove (of garlic) el diente (de ajo)
clown el payaso, **5.2**
club el club, 4.2
Spanish Club el Club de español, 4.2

co-ed (school) mixto(a)
coast la costa
coat el abrigo, 4.1
Coca-Cola la Coca-Cola, 5.1
cockpit la cabina de mando (vuelo), **7.1**
coconut el coco, **10.2**
code: country code el prefijo de país, **3.2**
area code la clave de área, **3.2**
coffee el café, BV
black coffee el café solo, 5.1
coffee with milk el café con leche, 5.1
coin, currency la moneda, **3.2**
coincidence la coincidencia
cold (illness) el catarro, 8.1
It's cold. Hace frío., 9.2
to have a cold tener catarro, estar resfriado(a), 8.1
to **collect** coleccionar, **5.1**
collection el conjunto; la colección; la colecta
collector el/la coleccionista, **5.1**
Colombian colombiano(a), 1.1
colonial colonial
colony la colonia
color el color, 3.2
What color is it? ¿De qué color es?, 3.2
colored de color
comb el peine, 12.1
to **comb one's hair** peinarse, 12.1
to **come** venir, 11.1
to come (go) on stage entrar en escena, 10.2
comedy la comedia
comfort la comodidad
commission la comisión
committee el comité
common común
to **communicate with each other** comunicarse, **3.1**
communication la comunicación
community la comunidad
compact disk, CD el disco compacto, 4.2
company la compañía

to **compare** comparar
comparison la comparación
compartment el compartimento, 13.2; **1.2**
overhead compartment el compartimiento superior, el compartimiento sobre la cabeza, 7.1
to **compete** competir (i, i)
competition la competencia; la competición
to **complete** completar
completely totalmente
compliment: to pay someone a compliment echarle flores
to **compose** componer
composition la composición
computer el ordenador, la computadora, **3.1**
computer programmer el/la programador(a) de informática, **14.1**
computer science la informática, 2.2
concert el concierto, 2.1
conclusion el desenlace
condition la condición
condominium el condominio, **9.1**
conductor (train) el/la revisor(a), 13.2; **1.2**
to **confirm** confirmar
to **confront** confrontar
Congratulations! ¡Enhorabuena!, ¡Felicitaciones!, **13.1**
to **connect** conectar; enlazar
connection la conexión
to **conquer** conquistar; vencer
conqueror el conquistador
conquest la conquista
consequently por consiguiente
to **consider** considerar
to **consist of** consistir (en)
to **construct** construir
to **consult** consultar, 13.1; **1.1**
to **consume** consumir
consumer el/la consumidor(a)
consumption el consumo
contagious contagioso(a)
to **contain** contener (ie)

contemporary contemporáneo(a)
contest la competición
continent el continente
to **continue** continuar, 7.2; seguir (i, i), **11.2**
contrary: on the contrary al contrario
to **contrast** contrastar
to **control** controlar
control tower la torre de control, **7.2**
convenient conveniente
convent el convento
conversation la conversación
to **convert** convertir (ie, i)
convertible el convertible, el descapotable, **11.1**
to **convince** convencer
to **cook** cocinar, **10.1**
cook el/la cocinero(a), 14.1; **2.1**
cooking la cocción
coordination la coordinación
copilot el/la co-piloto, 11.2
to **copy** copiar
copy la copia
corn (Mex.) el elote; el choclo; el maíz, 14.2; **2.2**
cornea la córnea
corner la esquina, 9.1
correspondence la correspondencia
corridor el pasillo, 13.2; **1.2**
to **cost** costar (ue), 3.1
How much do(es) it (they) cost? ¿Cuánto cuesta(n)?
Costa Rican costarricense
cotton el algodón, **12.1**
cough la tos, 8.1
to have a cough tener tos, 8.1
to **cough** toser, 8.1
counter el mostrador, 11.1
country el país, 11.2; el campo, **9.2**
foreign country el país extranjero
coup (overthrow of a government) el golpe
coupe el cupé, **11.1**
couple la pareja

course el curso, 2.1
elective course el curso opcional
required course el curso obligatorio
court la corte, el tribunal, **14.1**
court la cancha, 7.2
basketball court la cancha de básquetbol, 7.2
enclosed court la cancha cubierta, 9.1
outdoor court la cancha al aire libre, 9.1
tennis court la cancha de tenis, 9.1
courteous atento(a); cortés
courtesy la cortesía, BV
cousin el/la primo(a), 6.1
to **cover** cubrir; tapar, **10.2**
cow la vaca, **9.2**
to **create** crear
credit card la tarjeta de crédito, 14.1; **2.1**
Creole criollo(a)
crew la tripulación, 11.2
crop la cosecha, **9.2**
to **cross** atravesar (ie); cruzar, **9.1**
crossing el cruce, **11.2**
crosswalk el cruce de peatones, 9.1
crossword puzzle el crucigrama, **5.1**
to do a crossword puzzle llenar un crucigrama, **5.1**
crutch la muleta, 8.2
Cuban cubano(a)
Cuban American cubanoamericano(a)
cucumber el pepino, 10.1
to **cultivate** cultivar, **9.2**
cultivation el cultivo
cultural cultural
cultured culto(a)
cup la taza, 14.1; **2.1**
cure la cura
curtain (stage) el telón, 10.2
custom la costumbre
customer el/la cliente, 5.1
customs la aduana, 11.2
customs agent el/la agente de aduana, **11.2**
to **cut** cortar, 8.1
cycling el ciclismo

D

dad el papá
daily diario(a)
to **dance** bailar, 4.2
dance el baile
dance la danza
danger el peligro
dangerous peligroso(a)
dark oscuro(a)
dark-haired moreno(a), 1.1
data los datos, **3.1**
to **date** datar
date la fecha, BV
  What is today's date?
    ¿Cuál es la fecha de hoy?,
    BV
daughter la hija, 6.1
day el día, BV
  What day is it (today)?
    ¿Qué día es (hoy)?,
    BV
death la muerte
decade la década
December diciembre,
  BV
to **decide** decidir
to **declare** declarar
to **decorate** decorar
decorated decorado(a)
decoration la
  decoración
to **dedicate** dedicar, **14.1**
deep profundo(a)
to **defeat** derrotar
to **defend** defender
to **define** definir
definition la definición
degree (temperature) el
  grado, 9.2
delay: with a delay con una
  demora, 11.1; con retraso,
  13.2; **1.2**
delicate delicado(a)
delicious rico(a), 14.2; **2.2**;
  delicioso(a), sabroso(a)
to **delight** encantar
to **deliver** entregar
deluxe de lujo
to **demand** exigir
demography la demografíá
to **demonstrate** demostrar (ue)
density la densidad
dentist el/la dentista
department el
  departamento, **14.2**

**department of human
  resources** el
  departamento de
  recursos humanos, **14.2**
department store la
  tienda de departamentos
personnel department el
  departamento de
  personal, **14.2**
departure la salida, 11.1; la
  partida
  departure area la sala de
    salida, 11.1
  departure gate la puerta
    de salida, 11.1; la puerta
    de embarque
  departure hour la hora de
    salida, 13.1; **1.1**
to **depend (on)** depender (ie)
  (de)
deposit el depósito
  to make a deposit
    ingresar
dermatologist el/la
  dermatólogo(a)
dermatology la dermatología
descendant el/la
  descendiente
to **describe** describir
desert el desierto
design el diseño
designer el/la diseñador(a)
dessert el postre, 5.1
destination el destino, 11.1
detail el detalle
detective policíaco(a)
detergent el detergente, 4.2
to **determine** determinar
development el desarrollo
device el aparato, **3.1**
to **devote oneself to** dedicarse,
  14.1
diagnosis la diagnosis, 8.2
dial (of telephone) el disco,
  3.2
to **dial** marcar (el número), **3.2**
dial tone el tono, **3.2**
dialogue el diálogo
diamond el diamante
to **dice** picar, **10.2**
to **die** morir (ue, u)
diet la dieta
difference la diferencia
different diferente
difficult difícil, duro(a), 2.1

difficulty la dificultad
to **dig** excavar
to **dine, have dinner** cenar
  dining car el coche-
    comedor, el coche-
    cafetería, 13.2; **1.2**
  dining room el comedor,
    6.2
dinner la cena, 5.2
diplomatic diplomático(a)
direct directo(a)
to **direct** dirigir
direction la dirección; el
  sentido, **11.2**
  in each direction en cada
    sentido, **11.2**
  in the opposite direction
    en el sentido contrario,
    11.2
director el/la director(a)
dirty sucio(a), **11.1**
  dirty laundry la ropa
    sucia, **12.1**
disadvantage la desventaja
to **disappear** desaparecer
disaster el desastre
disastrous desastroso(a)
discount el descuento
to **discover** descubrir
to **discuss** discutir
to **disembark** desembarcar,
  11.2
dish el plato, 14.1; **2.1**
disk, diskette el disquete,
  3.1
  disk drive la ranura, **3.1**
distance la distancia
distinct distinto(a)
distinguished ilustre
to **distract** distraer
to **distribute** distribuir, **7.1**
distribution la distribución
to **dive** bucear, 9.1
to **divide** dividir
diving el buceo, 9.1
division la división
divorce: to get divorced
  divorciarse
to **do** hacer
  to do homework hacer las
    tareas, **3.1**
  to do well (on an exam)
    salir bien (en un examen)
doctor el/la doctor(a); el/la
  médico(a), 8.2

doctor's office la consulta (el consultorio) del médico, 8.2; la sala de consulta

document el documento, **3.1**

documentation la documentación

dog el perro, 6.1

dollar el dólar, 11

Dominican dominicano(a), 2.1

Dominican Republic la República Dominicana

dominos el dominó, **5.1**

donkey el asno

door la puerta, **6.1**

dose la dosis, 8.2

dot el punto

  on the dot, sharp en punto, 4.1

doubles dobles, 9.1

to **doubt** dudar

doubt la duda

doubtful dudoso(a)

down payment el enganche

downtown el centro; en el centro (de la ciudad)

dozen la docena, **4.2**

to **draw** dibujar

drawing el dibujo

dream el sueño

dress el vestido, 4.1

to **dress oneself, to put on clothes** ponerse la ropa, 12.1

  to get dressed vestirse (i, i)

dressed (in) vestido(a) (de)

to **dribble** driblar, 7.2

to **drink** beber, 5.1

  to drink a beverage tomar un refresco

  to drink water (milk, coffee) tomar agua (leche, café)

drink el refresco, 5.1; la bebida, **7.1**

to **drive** conducir, manejar

driver el/la conductor(a), **11.1**

driver's license la licencia, el permiso de conducir, **11.1**

drug la droga

drug addiction la drogadicción

druggist el/la farmacéutico(a), 8.2

drugstore la farmacia, 8.2

to **dry** secar, **12.2**

dry seco(a)

to **dry clean** limpiar en seco, **12.1**

dry cleaner el/la tintorero(a), **12.1**

dry cleaners la tintorería, **12.1**

dubbed doblado(a), 10.1

during durante

E

e-mail, electronic mail el correo electrónico, **3.1**

each cada, 1.2

  in each direction en cada sentido, **11.2**

eagle el águila (f.)

ear la oreja, **4.1**; el oído, **8.1**

early temprano, 12.1

to **earn** ganar

  to earn one's living ganar la vida

earphones los audífonos, los auriculares, **7.1**

earring el arete, el pendiente, **4.1**

easel el caballete

east el este

eastern oriental

easy fácil, 2.1; sencillo(a)

to **eat** comer, 5.1

  to eat breakfast desayunarse, tomar el desayuno, 12.1

  to eat dinner cenar

ecological ecológico(a)

ecology la ecología

economical económico(a), 12.2

economics la economía

  home economics la economía doméstica, 2.2

economy la economía

Ecuadorean ecuatoriano(a), 2.1

to **educate** educar

education la educación

  physical education la educación física, 2.2

egg el huevo, 5.2

eggplant la berenjena, 14.2; **2.2**

eight ocho, BV

eight hundred ochocientos(as), 3.2

eighteen dieciocho, BV

eighth octavo(a), 6.2

eighty ochenta, 2.2

either tampoco

elbow el codo, 8.1

elective course el curso opcional

electric eléctrico(a)

electrician el/la electricista, **14.1**

electricity la electricidad

electronic electrónico(a)

  electronic mail el correo electrónico, **3.1**

elegance la elegancia

elegant elegante, **13.1**

element el elemento

elementary school la escuela primaria

to **elevate** elevar

elevated elevado(a)

elevation la elevación

elevator el ascensor, 6.2; el elevador, **6.1**

eleven once, BV

to **eliminate** eliminar

emergency la emergencia, **7.1**

  emergency exit la salida de emergencia, **7.1**

  emergency room la sala de emergencia, la sala de urgencias, **8.1**

emission la emisión

to **emit** emitir

emotion la emoción

emotional emocional

to **emphasize** dar énfasis; enfatizar

to **employ** emplear

employee el/la dependiente(a), el/la empleado(a), 3.1

enchilada la enchilada, BV

end el fin

  at the end (of) al final (de); a fines de

to **end** terminar, 3.1

to **endorse** endosar, 12.2

enemy el/la enemigo(a)

energy la energía
engagement el compromiso
engine el motor
engineer el/la ingeniero(a), **14.1**
engineering la ingeniería
English el inglés, 2.2
to **enjoy** disfrutar; gozar
to **enjoy oneself** divertirse (ie, i), 12.2
enormous enorme
enough bastante, 1.1; suficiente
to **enter** entrar, 4.1
entertaining entretenido(a)
enthusiastic entusiasmado(a)
entire entero(a)
entrance la entrada, **5.2**
entrepreneur el/la empresario(a)
envelope el sobre, **12.2**
environment el ambiente; el medio ambiente
episode el episodio
epoch la época
equal igual; par
equation la ecuación
equator la línea ecuatorial
equilibrium el equilibrio
equipment el equipo
equivalent el equivalente
eraser la goma de borrar, 3.1
erroneous erróneo(a)
escalator la escalera mecánica, **9.1**
to **escape** escapar
especially especialmente; particularmente; sobre todo
essential esencial
to **establish** establecer, fundar
establishment el establecimiento
eternal eterno(a)
eternally de siempre y para siempre
ethnic étnico(a)
Europe la Europa
European europeo(a)
even aun
evening la noche
in the evening por la noche
evening gown el traje de gala

event: great event el buen suceso
every cada, 1.2
everybody todos(as), 2.2
everyone todo el mundo
everything todos(as)
everywhere por todas partes
exact exacto(a)
exactly exactamente
to **exaggerate** exagerar
exaggerated exagerado(a)
exam el examen, 4.2
to **examine** examinar, 8.2
example: for example por ejemplo
to **excavate** excavar
excavation la excavación
to **exceed** exceder
excellent excelente
exception la excepción
to **exchange** cambiar, **12.2**
exchange: exchange rate el tipo (la tasa) de cambio, **12.2**
exchange student el/la estudiante de intercambio
to **exclaim** exclamar
exclusively exclusivamente
excuse me perdón
to **exercise** hacer los ejercicios
exhaust pipe el tubo de escape
exhibition (art) la exposición (de arte), 10.2; la exhibición
to **exist** existir
existence la existencia
exit la salida, **11.2**
expedition la expedición
expensive caro(a), 3.2
experience la experiencia, **12**
to **experiment** experimentar
expert el/la experto(a), 9.2
to **explain** explicar, 4.2
explorer el/la explorador(a)
explosion la explosión
to **export** exportar
to **express an opinion** opinar, **10.2**
expression la expresión
means of expression el modo de expresión
expressway la autopista, **11.2**

extension la extensión
extraction: of Mexican (Peruvian, etc.) extraction de ascendencia mexicana (peruana, etc.)
extraordinary extraordinario(a)
extreme extremo(a)
eye el ojo, 8.2

F

fabulous fabuloso(a)
face la cara, 12.1
face down boca abajo, 3.1
face up boca arriba, 3.1
to **facilitate** facilitar
factory la fábrica, **9.1**
factory worker el/la obrero(a), **9.1**
faithful fiel
to **fall** caerse
to **fall asleep** dormirse, 12.1
false falso(a)
fame la fama
family la familia, 6.1
family (related to the) familiar
famous famoso(a), 1.2; célebre
fan (sports) el/la aficionado(a)
fantastic fantástico(a), 1.2
far lejos, **12.2**
fare la tarifa
farm la finca, **9.2**
farm animals los animales domésticos, **9.2**
farmer el/la agricultor(a)
to **fascinate** fascinar
fast: as fast as possible a toda prisa
to **fasten** abrocharse, **7.1**
fat gordo(a), 1.2
fat la grasa
father el padre, 6.1
father-in-law el suegro
fault el defecto
favorite favorito(a), **11**
fax el facsímil, el fax, **3.1**
fear el miedo; el terror
to **fear** temer
February febrero, BV
to **feel** sentirse (ie), **8.1**
Ferris Wheel la noria, **5.2**
to **fete** festejar

fever la fiebre, 8.1
  to have a fever tener
    fiebre, 8.1
few poco(a), 2.1
fewer menos
fiancé(e) el/la novio(a)
fiction la ficción
fictitious ficticio(a)
field el campo, **9.2**
  baseball field el campo de
    béisbol, 7.2
  soccer field el campo de
    fútbol, 7.1
fifteen quince, BV
fifteen-year-old (girl) la
  quinceañera
fifth quinto(a), 6.2
fifty cincuenta, 2.2
to **fight** luchar
figurative figurativo(a)
figure la figura
to **fill** rellenar
to **fill out** llenar, **5.1**
  to fill out the form llenar
    el formulario, **8.2**
fillet el filete
film la película, 6.2; el film,
  10.1
  to see a film ver una
    película, 10.1
finally por fin
finances las finanzas
financial financiero(a)
to **find** encontrar (ue); hallar
fine bien, BV
fine la multa
finger el dedo, **4.1**
to **finish** terminar, **3.1**
fire el fuego, 10.2
first primero(a), BV
  first aid service el servicio
    de primeros auxilios, **8.1**
  first-class en primera
    (clase), 13.1; **1.1**
fish (food) el pescado, 5.2
fish market la pescadería,
  4.2
to **fit** caber, **7.1**
  It (They) do(es)n't fit me.
    No me queda(n) bien., **4.1**
five cinco, BV
five hundred quinientos(as),
  3.2
to **fix** fijar
  fixed fijo(a)

flamenco flamenco(a)
  traditional flamenco
    singing el cante jondo
flat (tire) pinchado(a)
flaw el defecto
flight el vuelo, 11.1
  direct flight el vuelo
    directo
  domestic flight el vuelo
    nacional
  flight number el número
    del vuelo, 11.1
  to take a flight tomar un
    vuelo, 11.1
flight attendant el/la
  asistente de vuelo, 11.2
floor el piso, la planta, 6.2
  ground floor la planta
    baja, 6.2
flower la flor
flu la gripe, 8.1
flute la flauta
to **fly** volar (ue), 7.2
to **fly over** sobrevolar, 7.2
  folder la carpeta, 3.1
  folk healer el/la curandero(a)
to **follow** seguir (i, i), 14; **2**
following siguiente
fond of aficionado(a) a, 10.1
food la comida, 5.2; el
  alimento, el comestible,
  14.2; **2.2**
foolish tonto(a)
foot el pie, 7.1
  on foot a pie, 4.1
for de, BV; para; por
  for example por ejemplo
  for when? ¿para cuándo?,
    14.2; **2.2**
forbidden prohibido(a), 11.2
forecast el pronóstico
forehead la frente, 8.1
foreign extranjero(a)
  foreign country el país
    extranjero, 11.2
  foreign exchange office la
    casa de cambio, **12.2**
foreigner el/la extranjero(a)
forever de siempre y para
  siempre
fork el tenedor, 14.1; **2.1**
form el formulario, 8.2
to **form** formar
fortification la fortificación
fortunate afortunado(a)

fortune la buenaventura
forty cuarenta, 2.2
to **found** fundar
foundation la fundación
four cuatro, BV
four hundred
  cuatrocientos(as), 3.2
fourteen catorce, BV
fourth cuarto(a), 6.2
fracture la fractura, **8.1**
fragment el fragmento
frank franco(a)
free libre, 5.1
freezer el congelador, **10.1**
French el francés, 2.2
French fries las papas fritas,
  5.1
frequently frecuentemente,
  con frecuencia, **3.2**
fresh fresco(a), **4.2**
Friday el viernes, BV
fried frito(a), 5.1
friend el/la amigo(a), 1.1;
  el/la compañero(a), 1.2
frightful espantoso(a)
from de, BV; desde
  from (time) to (time) de...
    a... , 2.2
front delantero(a)
  in front of delante de, 10.1
frozen congelado(a), **4.2**
  frozen food los productos
    congelados, 5.2
fruit la fruta, 5.2
fruit store la frutería,
  4.2
to **fry** freír (i, i), 14.1; **2.1**
frying pan el/la sartén, **10.1**
full lleno(a)
  full (train) completo(a),
    13.2; **1.2**
  full-time job un trabajo a
    tiempo completo, **14.2**
fun divertido(a)
function la función, 10.2
functioning el
  funcionamiento
fund el fondo
fundamental primordial
funny cómico(a), gracioso(a),
  1.1
furious furioso(a)
furniture los muebles
fury la furia
future el futuro

G

galaxy la galaxia
gallant gallardo(a)
gallon el galón
game arcade la sala de juegos, **5.1**
game el juego; **(match)** el partido, 7.1; **(of dominos, etc.)** la partida
  baseball game el juego de béisbol, 7.2
  Olympic Games los Juegos Olímpicos
  tennis game el juego de tenis, 9.1
  video game el juego de video, **5.1**
game board el tablero, **5.1**
game piece la ficha, **5.1**
garage el garaje, 6.2
garantee la garantía
garden el jardín, 6.2
garlic el ajo, 14.2; **2.2**
gas station la gasolinera, **11.1**
gas tank el tanque, **11.1**
gasoline la gasolina, **11.1**
  regular (super) gasoline normal (súper), **11.2**
  (un)leaded con (sin) plomo, **11.1**
gate la puerta, 11.1
gathering la reunión
generally en general; generalmente
  in general, usually por lo general
generous generoso(a), 1.2
genre el género
gentleman el caballero, **4.1**
geography la geografía, 2.2
geometric geométrico(a)
geometry la geometría, 2.2
German (language) el alemán, 2.2
gesture el gesto
to **get** sacar, 4.2
  to get a good (bad) grade sacar una nota buena (mala), 4.2
  to get, buy a ticket sacar un billete
to **get engaged** comprometerse
to **get off** bajar, 13.2; **1.2**

to get off the train bajar(se) del tren, 13.2; **1.2**
to **get on** subir, 13.2; **1.1;** abordar
  to get on the train subir al tren, 13.1; **1.1**
to **get together** reunirse
to **get up** levantarse, 12.1
  giant el gigante
  gift el regalo, 6.1
  girl la muchacha, 1.1; la chica
  girlfriend la novia
to **give** dar, 4.2
  to give back devolver
  to give (throw) a party dar una fiesta, 4.2
  to give (someone) a present regalar
  to give (someone) a shot (an injection) poner una inyección
  to give a test dar un examen, 4.2
to **give up** renunciar
  glass (drinking) el vaso, 12.1
  glove el guante, 7.2
to **go** ir, 4.1
  let's go vamos a
  to go back volver, 7.1
  to go back home volver a casa, 10.2
  to go by bicycle ir en bicicleta, 12.2
  to go by car ir en carro (coche), 4.1
  to go by train ir en tren
  to go on a trip viajar, 11.1
  to go on foot ir a pie, 4.1
  to go shopping ir de compras, 5.2
  to go through pasar por, 11.1
to **go down** bajar, 9.2
to **go surfing (windsurfing, etc.)** practicar el surfing (la plancha de vela, etc.), 9.1
to **go swimming** nadar, 9.1
to **go to bed** acostarse (ue), 12.1
to **go up** subir, 6.2
  goal line la portería, 7.1
  goalkeeper, goalie el/la portero(a), 7.1
  godfather el padrino, **13.1**
  godmother la madrina

godparents los padrinos
gold el oro
  gold chain una cadena de oro, **4.1**
golden dorado(a)
good buen; bueno(a), 1.2
  Good afternoon. Buenas tardes., BV
  Good evening. Buenas noches., BV
  Good heavens!, You bet! ¡hombre!
  Good morning. Hello. Buenos días., BV
  to be in a good mood estar de buen humor, 8.1
good-bye adiós, ¡Chao!, BV
goods and services los bienes y servicios
Gosh! ¡Dios mío!
gossip item el chisme
government el gobierno, 14.1
  federal government el gobierno federal
  municipal government el gobierno municipal, **14.1**
  state government el gobierno estatal
grade el grado; la nota, 4.2
  high grade la nota alta, 4.2
  low grade la nota baja, 4.2
  to get a good (bad) grade sacar una nota buena (mala), 4.2
graduate el/la diplomado(a)
to **graduate** graduarse
grain el cereal, **9.2**
grain el grano
gram el gramo
grammar la gramática
granddaughter la nieta, 6.1
grandfather el abuelo, 6.1
grandmother la abuela, 6.1
grandparents los abuelos, 6.1
grandson el nieto, 6.1
grapes las uvas, **10.1**
grapefruit la toronja, **10.1**
to **grate** rallar, **10.2**
grave (serious) grave
gray gris, 3.2
great gran, grande
greater, greatest mayor
  greater part, the most la mayor parte
Greek el/la griego(a)

green verde, 3.2

green bean la judía verde, 5.2

greengrocer store la verdulería, **4.2**

to **greet** saludar

greeting el saludo, BV

grill la parrilla, 10.1

grocery store el colmado, la tienda de abarrotes, la tienda de ultramarinos, **4.2**

groom el novio, 13.1

ground el suelo

group el grupo

to **grow** cultivar, 9.2

growth el crecimiento

to **guard** guardar, 7.1

Guatemalan guatemalteco(a)

guerrilla band la guerrilla

to **guess** adivinar

to **guess right** acertar (ie)

guest el/la invitado(a); el/la huésped, **6.1**

guidance counselor el/la consejero(a) de orientación

guide el/la guía

guitar la guitarra

gulf el golfo

gymnasium el gimnasio

gynecologist el/la ginecólogo(a)

gynecology la ginecología

H

hair el pelo, 12.1; el cabello, **12.1**

hair dryer el secador, **12.1**

hair salon la peluquería, **12.1**

hair stylist el/la peluquero(a), **12.1**

haircut el corte de pelo, **12.1**

hairdo el peinado

half la mitad

half medio(a), 5.2

half an hour media hora

half-past (time) y media

half (game) el tiempo

second half (game) el segundo tiempo, 7.1

hall el salón, **13.1**

ham el jamón, 5.1

hamburger la hamburguesa, 5.1

hand la mano, 7.1

to hand out distribuir, **7.1**

to shake hands dar la mano

handkerchief el pañuelo, **4.1**

handsome guapo(a), 1.1

to **hang, hang up** colgar (ue)

Hanukah Hanuka, **13.2**

Happy Hanukah! ¡Feliz Hanuka!, **13.2**

to **happen** ocurrir, suceder; pasar

happiness la alegría; la felicidad

happy contento(a), 8.1; alegre

Happy birthday! ¡Feliz cumpleaños!, **13.1**

hard duro(a), 2.1

hardworking ambicioso(a), 1.1

harmonious armonioso(a)

to **harvest** cosechar, **9.2**

harvest la cosecha, **9.2**

hat el sombrero; la gorra, 3.2

to **have** tener (ie), 6.1

to have (subtitles, ingredients, etc.) llevar

to have a cold tener catarro, estar resfriado(a), 8.1

to have a cough tener tos, 8.1

to have a headache tener dolor de cabeza, 8.1

to have a snack tomar una merienda, 4.2

to have a sore throat tener dolor de garganta, 8.1

to have to tener que

to **have just (done something)** acabar de, **8.1**

he él, 1.1

head la cabeza, 7.1

headache el dolor de cabeza, 8.1

health la salud

healthy sano(a)

to **hear** oír

to hear the dial tone oír el tono, **3.2**

heart el corazón

heat: on low heat a fuego lento

heavy pesado(a)

heel el tacón, **4.1**

height la altura, 7.2

helicopter el helicóptero, 7.2

Hello! ¡Hola!, BV

Hello! (answering the telephone–Spain) ¡Diga!, 14.2; **2.2**

to **help** ayudar, 13.1; **1.1**; dar auxilio; socorrer

help el socorro, la ayuda

hemisphere: northern hemisphere el hemisferio norte

southern hemisphere el hemisferio sur

hen la gallina, 9.2

her *(f. sing.) (pron.)* la

her su

here aquí

Here is (are) . . . Aquí tiene (tienes, tienen)...

hero el/la héroe

to **hide** esconder

high alto(a), 4.2; elevado

high school el liceo; la escuela secundaria, 1.1; la escuela superior

highway la carretera, **11**; la autovía, la autopista, **11.2**

hike: to take a hike dar una caminata, 12.2

him *(m. sing.) (pron.)* lo

to him, to her; to you *(formal) (pron.)* le

his su

Hispanic hispano(a)

historian el/la historiador(a)

historical histórico(a)

history la historia, 2.2

to **hit** golpear, 9.2

to **hit (baseball)** batear, 7.2

hobby el pasatiempo, el hobby, **5.1**

hole el agujero

home la casa, 6.2

at home en casa

country home la casa de campo, **9.2**

home economics la economía doméstica, 2.2

home run el jonrón, 7.2

homeplate el platillo, 7.2

honest honesto(a), 1.2

honeymoon la luna de miel

to **honk the horn** tocar la
bocina
honor el honor
maid of honor la dama de
honor, **13.1**
hood (automobile) el capó,
11.1
to **hope** esperar
I hope ojalá, **14.1**
horn el claxon, la bocina, **11.1**
horrible horrible
horse el caballo
**horseback: to go horseback
riding** pasear a caballo
hospital el hospital, **8.1**
hot: It's hot. Hace calor., 9.1
hotel el hotel, **6.1**
inexpensive hotel el
hostal, 12.2
hour la hora
departure hour la hora de
salida
house la casa, 6.2
apartment house la casa
de apartamentos
(departamentos), 6.2
private house la casa
privada (particular), 6.2
housing la vivienda
how? qué, BV; ¿cómo?, 1.1
How absurd! ¡Qué
absurdo!
How are you? ¿Qué tal?,
BV
How is . . . ? ¿Cómo está . . . ?,
8.1
How may I help you? ¿En
qué puedo servirle?, **4.1**
**How much do(es) . . .
cost?** ¿Cuánto
cuesta(n)... ?, 3.1
How much is (are) . . . ? ¿A
cuánto está(n) . . . ?, 5.2
how many? ¿cuántos(as)?, 2.1
how much? ¿cuánto?, 3.1
human being el ser humano
humble humilde
humid húmedo(a)
hungry: to be hungry tener
hambre, 14.1; **2.1**
to **hurt** doler (ue), 8.2
My . . . hurt(s) me Me
duele(n) . . ., 8.2
to **hurt oneself** hacerse daño,
lastimarse, **8.1**

husband el marido, el esposo,
6.1
hydrofoil el aerodeslizador;
el hidrofoil
hygiene la higiene
hypermarket el
hipermercado, **4.2**

I

I yo, 1.1
ice cream el helado, 5.1
chocolate ice cream el
helado de chocolate, 5.1
vanilla ice cream el
helado de vainilla, 5.1
icon el icono
idea la idea
ideal ideal, 1.2
idealist el/la idealista
to **identify** identificar
if si
illness la enfermedad
illusion la ilusión
image la imagen
imaginary imaginario(a)
imagination la imaginación
to **imagine** imaginar
imagined, dreamed of
imaginado(a)
immediate inmediato(a)
immediately enseguida, 5.1;
inmediatamente
immense inmenso(a)
imperative el imperativo
to **imply that** dar a entender
important importante
impossible imposible
in en
in case of en caso de, **7.1**
in general por lo general
in itself en sí
in regard to en cuanto a
to **inaugurate** inaugurar
Inca el/la inca
inch la pulgada
to **include** incluir, 5.1
to **increase** aumentar
incredible increíble
independence la
independencia
Indian indio(a)
to **indicate** indicar, 11.1
indigenous indígena
indispensable indispensable
individual el individuo

**individual: individual
sport** el deporte
individual
industrial industrial
inexpensive barato(a), 3.2
to **influence** impresionar
influence la influencia
to **inform** informar, 13.2; **1.2**
information la información;
los datos, **3.1**
ingredient el ingrediente
inhabitant el/la habitante
inheritance la herencia
inhospitable inhospital
injection la inyección, 8.2
**to give (someone) an
injection** poner una
inyección
inn el parador; el albergue
inning la entrada, 7.2
innocent inocente
innovation la innovación
insane loco(a)
to **insert** meter, **3.1**; introducir,
3.2
to **inspect** inspeccionar, 11.1
inspection el control, 11.1
installation la instalación
**installments: in
installments** a plazos
instant el instante
instantaneous
instantáneo(a)
instead of en vez de
instruction la instrucción
instrument el instrumento
insurance el seguro
integral íntegro(a)
intelligent inteligente, 2.1
interest el interés
to **interest** interesar
interesting interesante, 2.1
international internacional
Internet Internet, 3.1
interpretation la
interpretación
interpreter el/la intérprete
to **interrupt** interrumpir
interruption la interrupción
intersection el cruce, la
bocacalle, **11.2**
to **intervene** intervenir
to **interview** entrevistar
interview la entrevista,
14.2

interviewer el/la entrevistador(a), **14.2**
introduction la introducción
invention el invento
investigation la investigación
invitation la invitación
to **invite** invitar, **6.1**
invoice la factura, **6.1**
to **iron** planchar, **12.1**
irrigation la irrigación
island la isla
it la, lo
Italian italiano(a)
itinerant ambulante
ivory el marfil

J
jacket la chaqueta, **3.2**; el saco, **4.1**
jai alai la pelota vasca
jai alai player el/la pelotari
jam la mermelada
January enero, BV
jar el frasco, **4.2**
jeans el blue jean, **3.2**
jet el avión de reacción, el jet, **7.2**
jewel la joya, **4.1**
jewelry store la joyería, **4.1**
Jewish hebreo(a), **13.2**
job el trabajo
　job application la solicitud de empleo, **14.2**
　full- (part-) time job el trabajo a tiemp completo (parcial), **14.2**
to **join** enlazar
judge el/la juez, **14.1**
juice el jugo
　orange juice el jugo de naranja, 12.1
July julio, BV
to **jump** saltar
June junio, BV
jungle la jungla; la selva
just: just after (time) y pico
　to have just (done something) acabar de (+ infinitive), **8.1**

K
to **keep** guardar, **3.1**
to **keep in shape** mantenerse en forma

key la tecla, **3.2**; la llave, **6.1**
keyboard el teclado, **3.1**
to **keyboard** entrar los datos, **3.1**
to **kick** tirar, 7.1
　to kick (throw) the ball tirar el balón, 7.2
to **kill** matar
kilogram el kilo, 5.2
kilometer el kilómetro
kind la clase
king el rey
　The Three Kings (Wise Men) Los Reyes Magos, **13.2**
kitchen la cocina, 6.2
knapsack la mochila, 12.2
knee la rodilla, 7.1
knife el cuchillo, 14.1; **2.1**
knight el caballero
　knight errant el caballero andante
to **know** conocer, 11.1
to **know (how)** saber, 11.2
knowledge el conocimiento

L
laboratory el laboratorio
lady-in-waiting la dama
lake el lago, 5.2
lamb el cordero, 14.2; **2.2**
lame cojo(a)
lament el lamento
lance la lanza
to **land** aterrizar, 11.2
land la tierra
　by land, overland por tierra
landing el aterrizaje, 7.2
landscape el paisaje
lane (of highway) el carril, **11.2**
language la lengua, 2.2; el lenguaje; el idioma
large gran, grande
to **last** durar, 13.2
last pasado(a); último(a)
　last (year) el (año) pasado
late tarde; con una demora, 11.1; con retraso, 13.2; **1.2**
later luego, BV; después; más tarde
　See you later! ¡Hasta luego! , BV

Latin el latín, 2.2
Latin (adj.) latino(a)
Latin America Latinoamérica, 1.1
Latin American latinoamericano(a)
to **laugh** reír
to **launch** lanzar
laundromat la lavandería
laundry el lavado, **12.1**
　dirty laundry la ropa sucia, **12.1**
lavatory el aseo, el lavabo, **7.1**
lawyer el/la abogado(a), **14.1**
lawyer's office el bufete del abogado, **14.1**
lazy perezoso(a), 1.1
to **lead, go (one street into another)** desembocar, **9.1**
leaded (gasoline) con plomo, **11.1**
league la liga
　Major Leagues las Grandes Ligas
to **learn** aprender, 5.1
to **leave (something)** dejar, 14.1; **2.1**
　to leave a tip dejar una propina, 14.1; **2.1**
to **leave** salir, 10.1
　to leave late salir tarde, 11.1
　to leave on time salir a tiempo, 11.1
　to leave the theater salir del teatro, 10.2
lecture la conferencia
left izquierdo(a), 7.1
　to the left a la izquierda, **5.2**
leg la pierna, 7.1
lemon el limón, **10.1**
lemonade la limonada, BV
lentil la lenteja
less menos
lesser, least menor
lesson la lección, 4.2
to **let** dejar
　letter (of alphabet) la letra
letter la carta, **12.2**
　letter of recommendation la carta de recomendación
lettuce la lechuga, 5.2
level el nivel

liberator el/la libertador(a)
license plate la placa
life jacket el chaleco
  salvavidas, **7.1**
life la vida
  school life la vida escolar
to **lift** levantar
light (cheerful) ligero(a)
to **light** encender (ie), **13.2**
light la luz, **11.1**
  red light la luz roja,
  11.2
like como, 1.2
to **like, to be pleasing** gustar
lime la lima, **10.1**
limousine la limusina
line (queue) la cola, 10.1; la
  fila, **5.2**
  to stand (wait) in line
  hacer cola, **10.1**
line la línea
  parallel line la línea
  paralela
  telephone line la línea
  telefónica
to **line up** hacer cola, 10.1
lion el león
lip el labio, **8.1**
liquid líquido(a)
list la lista
to **listen (to)** escuchar, 4.2
  Listen! ¡Oye!
liter el litro
literal literal
literary literario(a)
literature la literatura, 2.1
little poco(a), 2.1
  a little un poco (de)
to **live** vivir, 5.2
  living: to earn one's living
  ganar la vida
  living room la sala, 6.2
loan el préstamo
lobster la langosta, 14.2; **2.2**
local local, 13.2; **1.2**
to **lodge** alojarse; hospedarse
logical lógico(a)
long largo(a), 3.2
to **look at** mirar, 3.1
  Look! ¡Mira!
  to look at oneself mirarse,
  12.1
to **look for** buscar, 3.1
to **look good (food)** tener
  buena pinta, **4.2**

to **look like** parecer, 8.1
to **lose** perder (ie), 7.1
  lotto el loto
  love el amor
to **love** querer; amar; encantar
  low bajo(a), 4.2
to **lower** bajar, 9.2
  luck la suerte
  Good luck! ¡Buena suerte!
luggage el equipaje, 11.1
  carry-on luggage el
  equipaje de mano, 11.1
  to check luggage facturar
  el equipaje, 11.1
  to claim luggage reclamar
lunch el almuerzo, 5.2
  to have, eat lunch tomar
  el almuerzo
luxurious lujoso(a)
lying mentiroso(a)
lyric lírico(a)

M

made hecho(a)
magazine la revista, 6.2
magnificent magnífico(a)
maid la camarera, **6.2**
maid of honor la dama de
  honor, 13.1
mail el correo, 12.2
  air mail el correo aéreo,
  12.2
  e-mail el correo
  electrónico, 3.1
  regular mail el correo
  ordinario, 12.2
to **mail the letter** echar la carta
  (en el buzón), 12.2
mailbox el buzón, **12.2**
main principal
mainly principalmente
to **maintain** mantener
majority la mayoría
to **make** hacer
  to make a telephone call
  hacer una llamada
  telefónica, 3.2
  to make the bed hacer la
  cama, **6.2**
to **make up** formar
makeup el maquillaje, 12.1
  to put one's makeup on
  maquillarse, poner el
  maquillaje, 12.1
male el varón

man el hombre; el caballero,
  4.1
manager el/la gerente, 14.1
manner el modo; la manera,
  1.1
manufactured fabricado(a)
many; a lot muchos(as), 2.1
map el mapa; el plano, **9.1**
March marzo, BV
to **march** marchar
marker el marcador, 3.1
market el mercado, 5.2
  meat market la carnicería,
  4.2
marketing el mercadeo
marmalade la mermelada
marriage el matrimonio
  to get married casarse,
  13.1
marvelous maravilloso(a)
mass la masa
master el/la maestro(a)
to **match** parear
material el material
  raw material la material
  prima
mathematics las
  matemáticas, 2.1
matter la materia
maximum máximo(a),
  11.2
May mayo, BV
Maya el/la maya
mayonnaise la mayonesa
mayor el alcalde, **14.1**; la
  alcaldesa
me (pron.) me
  to me a mí
meal la comida, 5.2
  to prepare the meal
  preparar la comida
to **mean** significar
meaning el significado; el
  sentido
meaningful significante
means el medio
  means of expression el
  modo de expresión
  means of transportation
  el medio de transporte
to **measure** medir (i, i)
measurement la medida
meat la carne, 5.2
mechanic el/la mecánico
medal la medalla

medical office el consultorio, 8.2

medicine (discipline) la medicina, 8.2

medicine (drugs) el medicamento, 8.2

medium mediano(a), **4.1**

medium el medio

to **meet** encontrarse (ue)

melancholic melancólico(a)

member el miembro, 4.2

memory la memoria; el recuerdo

men: men's clothing store la tienda de ropa para caballeros, **4.1**

menace la plaga

menorah la menora, **13.2**

to **mention** mencionar

menu el menú, 5.1

merchandise la mercancía, **14.1**

merengue el merengue

merry-go-round el tiovivo, **5.2**

message el mensaje, **3.2**

mestizo el/la mestizo(a)

metabolism el metabolismo

meter el metro

method el método

metrics la métrica

metro entrance la boca del metro, **9.1**

Mexican mexicano(a), 1.1

Mexican-American mexicanoamericano(a)

microbe el microbio

microscope el microscopio

microscopic microscópico(a)

microwave oven el horno de microondas, **10.1**

middle: in the middle of (noun) en pleno + *noun*

middle school la escuela intermedia

midnight la medianoche

migration la migración

mile la milla

milk la leche

million el millón

millionaire el/la millonario(a)

mime el/la mimo, **5.2**

miniature la miniatura

miniaturization la miniaturización

ministry el ministerio

to **mint** acuñar

minute diminuto(a)

minute el minuto

mirror el espejo, 12.1

to **miss** perder (ie), 10.2

to miss the bus perder el autobús (la guagua, el camión), 10.1

Miss, Ms. la señorita, BV

mixture la mezcla

mode la modalidad

model el/la modelo

modem el módem

moderation la moderación

modern moderno(a)

mom la mamá

moment el momento

monastery el monasterio

Monday el lunes, BV

money el dinero, 14.1; **2.1**

money (income) la plata

money changer el/la cambista, **12.2**

monitor el monitor, **3.1**

monkey el mono, **5.2**

monster el monstruo

month el mes, BV

monthly installment la mensualidad

monument el monumento

mood el humor, 8.1

to be in a bad (good) mood estar de mal (buen) humor, 8.1

moon la luna

Moor el/la moro(a)

more más, 2.2

more or less más o menos

moreover además

morning la mañana

A.M. (time) de la mañana

in the morning por la mañana

mortality la mortalidad

mortgage la hipoteca

mother la madre, 6.1

motion la moción

motive el motivo

motor el motor

to **mount, get on (horse)** montar (caballo)

mountain la montaña, 9.2

mountain range la sierra; la cordillera, **7.2**

mountainous montañoso(a)

mouse el ratón, **3.1**

mouth la boca, 8.2

to **move** mover (ue), mudarse

movement el movimiento

movie la película, 6.2

movie theater el cine, 10.1

Ms., Mrs., madam la señora, BV

much; a lot mucho(a), 2.1

mud el lodo

mulatto el/la mulato(a)

multinational multinacional

multiplication la multiplicación

to **multiply** multiplicar

mural el mural, 10.2

muralist el/la muralista

muscular muscular

museum el museo, 10.2

music la música, 2.2

musical instrument el instrumento musical

musician el/la músico(a)

mussels los mejillones, **10.2**

must deber

mute mudo(a)

my mi

mysterious misterioso(a)

mystery el misterio

mythology la mitología

N

name el nombre

in whose name? ¿a nombre de quién?, 14.2; **2.2**

last name el apellido

nap: to take a nap echar (tomar) una siesta

napkin la servilleta, 14.1; **2.1**

narcotic el narcótico

to **narrate** narrar

narration la narración

narrow estrecho(a), **4.1**; angosto(a), **9.1**

narrow street la callecita, **9.1**

national nacional

nationality la nacionalidad, 1.2

what nationality? ¿de qué nacionalidad?

native indígena
native person el/la
   indígena
natural resources los
   recursos naturales, 2.1
natural sciences las ciencias
   naturales
nature la naturaleza
navegable navegable
to **navigate** navegar
near cerca de, 6.2
nearby cercano(a)
necessary necesario(a)
necessity la necesidad
neck el cuello, **4.1**
to **need** necesitar, 3.1
negative negativo(a)
neighbor el/la vecino(a)
neighborhood el barrio, **9.1;**
   la zona
nephew el sobrino, 6.1
nervous nervioso(a), 8.1
Net la red, 9.1
nettle la ortiga
never jamás; nunca
new nuevo(a)
newlyweds los novios, **13.1**
New Year el Año Nuevo, **13.2**
   Happy New Year!
      ¡Próspero Año Nuevo!,
      13.2
   New Year's Eve la
      Nochevieja, la Víspera de
      Año Nuevo, **13.2**
news las noticias, 6.2
newspaper el periódico, 6.2
newsstand el quiosco,
   13.1; **1.1**
next próximo(a),13.2; **1.2**
   at the next stop en la
      próxima parada, 13.2; **1.2**
nice simpático(a), 1.2
niece la sobrina, 6.1
night la noche
   Good night. Buenas
      noches., BV
   in the evening, at night
      por la noche
   last night anoche, 9.2
   P.M. (time) de la noche
nine nueve, BV
nine hundred
   novecientos(as), 3.2
nineteen diecinueve, BV
ninety noventa, 2.2

ninth noveno(a), 6.2
no no, BV
no one nadie
no smoking sign la señal de
   no fumar, **7.1**
Nobel Prize el Premio Nóbel
noble noble
none, not any ninguno(a)
   by no means de ninguna
      manera, 1.1
nonstop sin escala
noon el mediodía
north el norte
North America la América
   del Norte
North American
   norteamericano(a)
northwest el noroeste
nose la nariz, **8.1**
notable notable
to **note** notar
notebook el cuaderno, 3.1
notes: to take notes tomar
   apuntes, 4.2
nothing nada, 5.2
   Nothing else. Nada más.,
      5.2
novel la novela
novelist el/la novelista
November noviembre, BV
now ahora, 4.2; ya
   now and then de vez en
      cuando
nowadays, these days hoy
   (en) día
number el número, 1.2
   flight number el número
      del vuelo, 11.1
   local number el número
      local
   seat number el número
      del asiento, 11.1
   telephone number el
      número de teléfono
   wrong number el número
      equivocado
numerous numeroso(a)
nuptial, wedding nupcial
nurse el/la enfermero(a), **8.2;**
   el/la practicante
nutrition la nutrición

O

object el objeto
objective el objetivo

obligation la obligación
observation la observación
to **observe** observar
observer el/la observador(a)
obstacle el obstáculo
to **obtain** obtener
obvious obvio(a)
occasion la ocasión
occupied, taken ocupado(a),
   5.1
ocean el océano
October octubre, BV
odd: odd number el número
   impar
of de, BV
   Of course! ¡Cómo no!; por
      supuesto
   of the, from the del
to **offer** ofrecer, 14.2
office la oficina, 9.1
official oficial
often con frecuencia, a
   menudo, **3.2**
oil el aceite, 14.2; **2.2;** el óleo
oil petrolero(a)
OK, all right; in agreement
   de acuerdo; ¡vale!
old viejo(a), anciano(a), 6.1;
   antiguo(a), **5.1**
old person el/la anciano(a);
   el/la viejo(a)
olive oil el aceite de oliva
on en; sobre
   on foot a pie, 4.1
   on the dot, sharp en
      punto, 4.1
once and for all
   definitivamente
oncologist el/la oncólogo(a)
oncology la oncología
one uno, BV
   one o'clock la una
   one-way street la calle de
      sentido único, **11.2**
   one-way ticket el billete
      sencillo, 13.1; **1.1**
one hundred cien(to),
   3.2
onion la cebolla, **10.1**
only único(a); sólo; solamente
to **open** abrir, 8.2
opening la apertura
opera la ópera
to **operate** operar
operating room el quirófano

operator el/la operador(a)

operetta la opereta

ophthalmologist el/la oftalmólogo(a)

ophthalmology la oftalmología

opinion la opinión

opportunity la oportunidad

opposite opuesto(a); contrario(a)

the opposite lo contrario

the opposite direction el sentido contrario, **11.2**

or o; u (used instead of **o** before words beginning with **o** or **ho**)

orally oralmente

orange (fruit) la china; la naranja, 5.2

orange anaranjado(a), 3.2

orange juice el jugo de naranja, 12.1; el zumo de naranja

orchard el/la huerto(a), **9.2**

orchestra la orquesta, **13.1**

symphonic orchestra la orquesta sinfónica

order (restaurant) la orden, 5.1

to **order** mandar; **(restaurant)** pedir (i, i)

organ el órgano

organism el organismo

to **organize** organizar

origin el origen

ornament el adorno

orthopedic surgeon el/la cirujano(a) ortopédico(a), **8.2**

orthopedics la ortopedia

other otro(a)

ounce la onza

our nuestro(a)

outdoor *(adj.)* al aire libre

outdoor café (market, etc.) el café (mercado, etc.) al aire libre

outfielder el/la jardinero(a), 7.2

outskirts los alrededores; las afueras, **9.1**

oven el horno, **10.1**

over sobre

overcoat el abrigo, **4.1**

overland por tierra

to **overtake** adelantar, **11.2**

to **owe** deber

own: one's own propio(a)

oxygen el oxígeno

oxygen mask la máscara de oxígeno, **7.1**

oyster la ostra, **10.2**

P

to **pack one's suitcase** hacer la maleta

package el paquete, 5.2

page la página

pain el dolor, 8.1

I have a pain in my . . . Tengo dolor de..., 8.2

to **paint** pintar, **14.1**

paintbrush el pincel

painter el/la pintor(a)

painting el cuadro, 10.2; la pintura

pair el par, **4.1**

pair of tennis shoes el par de tenis, 3.2

palace el palacio

palette knife la espátula

palm tree la palma

pamphlet el folleto

Panamanian panameño(a), 2.1

Panamerican panamericano(a)

pancake el panqueque

pants el pantalón, 3.2

papaya la papaya, **10.2**

paper el papel, 3.1

sheet of paper la hoja de papel, 3.1

toilet paper el papel higiénico, 12.2

paradise el paraíso

paramedics el servicio de primeros auxilios, los socorristas, **8.1**

paragraph el párrafo

parents los padres, 6.1

to **park** aparcar, estacionar

park el parque, 5.2

parka el anorak, 9.2

parking el estacionamiento

parking lot el aparcamiento

parking meter el parquímetro

part (in hair) la raya

part la parte

the greatest part, the most la mayor parte

upper part la parte superior, **7**

party la fiesta, **13.1**

to give (throw) a party dar una fiesta, 4.2

pass (permission) el pase

to **pass** pasar, 7.2; **(car)** adelantar, **11.2**

passenger el/la pasajero(a), 11.1

passionate apasionado(a)

passport el pasaporte, 11.1

passport inspection el control de pasaportes, 11.1

past pasado(a)

pastry el pastel, **4.2**

path el camino; la senda, **5.2**

to walk along the path caminar por la senda, **5.2**

patience la paciencia

patient el/la paciente

pattern el patrón

paved pavimentado(a)

pavement el pavimento

to **pay** pagar, 3.1

to pay at the cashier pagar en la caja, **4.2**

to pay attention hacer caso; prestar atención, 4.2

to pay the bill pagar la factura, **6.1**

payment el pago

monthly payment el pago mensual

pea el guisante, 5.2

Peace Corps el Cuerpo de Paz

peaceful tranquilo(a)

peak el pico, **7.2**

peanut el cacahuete (cacahuate); el maní

pear la pera, 9.2

pear tree el peral, 9.2

pedestrian el peatón, 9.1

pedestrian street la calle peatonal, **9.1**

pediatrician el/la pediatra

pediatrics la pediatría

to **peel** pelar, **10.2**

pen la pluma, 3.1

pencil el lápiz, 3.1

peninsula la península
penny el centavo
people la gente
pepper la pimienta, 14.1; **2.1**
  bell pepper el pimiento, **10.2**
percent por ciento
percussion la percusión
to **perfect** perfeccionar
performance la función, (theater) la representación, 10.2
perhaps quizás, **14.2**
period el período
period of time la época
to **permit** permitir, 11.1
person la persona, 1.2
personality la personalidad
personally personalmente
personnel department el departamento de personal, **14.2**
Peruvian peruano(a)
petition la petición
petroleum el petróleo
pharmacist el/la farmacéutico(a), 8.2
phone el teléfono
  cell phone el teléfono celular, 3.2
  pay phone el teléfono público, 3.2
  phone book la guía telefónica, 3.2
  phone call la llamada telefónica, 3.2
  push-button phone el teléfono de botones, **3.2**
photo la foto
photograph la fotografía
photographer el/la fotógrafo(a)
phrase la frase
physics la física, 2.2
piano el piano
to **pick up** recoger
to **pick up (the telephone)** descolgar (ue), **3.2**
picturesque pintoresco(a), **9.1**
piece el pedazo, **10**; el trocito, **10.2**
  little piece el pedacito, **10.2**
pig (pork) el cerdo, 14.2; **2.2**

pilgrim el/la peregrino(a)
pill la pastilla, la píldora, la tableta, 8.2
pillow la almohada, **6.2**
pilot el/la piloto, 11.2
pinch la pizca
pink rosado(a), 3.2
pint la pinta
piping (embroidery) el cordoncillo
pirouette la pirueta
pitcher el/la lanzador(a), el/la pícher, 7.2
pity la lástima
pizza la pizza, BV
to **place** colocar; meter, 7.1
place el lugar; el sitio
placement la colocación
plague la plaga
plaid a cuadros
plain la llanura, **7.2**
plan el plano, **9.1**
to **plan** planear
plant la planta
to **plant** sembrar, **9.2**
plantain el plátano, 5.2
  fried plantain slice el tostón
plastic plástico(a), **4.2**
plate el plato, 14.1; **2.1**
plateau la mesa; la meseta, **7.2**
  high plateau el altiplano, **7.2**
to **play (music)** tocar
to **play** jugar (ue), 7.1
  to play baseball (soccer, basketball, etc.) jugar (al) béisbol (fútbol, baloncesto, etc.), 7.1
play la obra teatral, 10.2; la obra dramática
player el/la jugador(a), 7.1
playwright el/la dramaturgo(a)
to **plead** rogar (ue)
pleasant agradable
please por favor, BV; favor de, **11.2**
pleasure el gusto
plentiful abundante
plot el argumento
plumber el/la fontanero(a), el/la plomero(a), **14.1**
pocket el bolsillo, 4.1

poem el poema
poet el poeta
poetry la poesía
point el tanto, 7.1; el punto
poisonous venenoso(a)
police officer el/la guardia; el/la agente de policía; el/la policía
polite atento(a)
political político(a)
  political science las ciencias políticas
polka dots: with polka dots con lunares
to **pollute** contaminar
polluted contaminado(a)
pollution la contaminación
poncho el poncho
poor pobre
  poor boy (girl) el/la pobre
  poor man (woman) el/la pobretón(ona)
popular popular, 2.1
popularity la popularidad
population, people la población
porch el porche
pork el puerco
portable portátil
porter el/la maletero(a), el/la mozo(a), 13.1; **1.1**
portrait el retrato
position la posición; el puesto, 14.2
to **possess** poseer
possibility la posibilidad
possible posible
post office el correo, 12.2
postcard la postal, la tarjeta postal, 12.2
pot la cazuela, la olla, **10.1**
potato la papa, 5.1; la patata
  mashed potatoes el puré de papas
pothole el bache
pound la libra
practically casi
to **practice** practicar
pre-Columbian precolombino(a)
precious precioso(a)
precise preciso(a)
prediction la predicción
predominance el predominio
to **predominate** predominar

to **prefer** preferir (ie, i)
prenuptial antenupcial
preparation la preparación
to **prepare** preparar
to **prescribe** recetar, 8.2
prescription la receta, 8.2
presence la presencia
to **present** presentar
present (adj.) presente
at the present time
actualmente
presentation la presentación
president el/la presidente
pressure la presión, **11.1**
prestige el prestigio
pretty bello(a), bonito(a),
hermoso(a), lindo(a),
1.1
to **prevail** prevalecer
price el precio
to **prick** picar, 8.1
priest el sacerdote
princess la princesa
principal el/la director(a)
principal principal
printer la impresora, **3.1**
private particular, 6.2;
privado(a)
private house la casa
particular, la casa
privada, 6.2
probable probable
problem el problema
process el proceso
to **process** procesar
procession la procesión
to **proclaim** proclamar
produced producido(a)
product el producto, 5.2
production la producción
profession la profesión,
14.1
professor el/la profesor(a),
2.1
program (TV) la emisión,
6.2; el programa
sports program la emisión
deportiva, 6.2
progress el progreso
project el proyecto
to **project** proyectar, 10.1
promiscuity la promiscuidad
promise la promesa
to **promote** promover (ue)
promotion la promoción

pronoun el pronombre
prose la prosa
prosperous próspero(a)
protagonist el/la
protagonista
protection la protección
protein la proteína
to **protest** protestar
protoplasm el protoplasma
to **provide** proveer
provider el/la proveedor(a)
provision la provisión
psychiatrist el/la psiquiatra
psychiatry la psiquiatría
public público(a)
publicity la propaganda
to **publish** publicar
Puerto Rican
puertorriqueño(a)
to **pull out** arrancar
pulse el pulso, **8.2**
punctual puntual
punishment el castigo
puppy el perrito
pure puro(a)
to **push** oprimir; pulsar, **3.1**;
empujar, **4.2**
to **put** poner, 11.1; colocar
to put a cast on poner en
un yeso, **8.2**
to **put in** meter, 3.1
to **put on** ponerse, 12.1
to put on a performance
dar una representación,
10.2
to put on makeup ponerse
el maquillaje, 12.1
Pyrenees los pirineos

Q

qualification la calificación
quality la calidad
quarrel la disputa
quarter el cuarto, 2.2
quarter after (the hour) y
cuarto
quarter to (the hour)
menos cuarto
queen la reina
question la pregunta
questionnaire el
cuestionario
quickly rápidamente; rápido
quiet tranquilo(a)
quite bastante, 1.1

R

race la carrera
racket (sports) la raqueta,
9.1
radiator el radiador, **11.1**
railroad el ferrocarril,
14.1
railway platform el andén,
13.1; **1.1**
rain la lluvia
to **rain** llover (ue)
It's raining. Llueve., 9.1
raincoat el impermeable, la
gabardina, **4.1**
to **raise** criar, **9.2**
ranch la hacienda;
(Argentina) la estancia
rare raro(a)
rate la tarifa; la tasa
exchange rate el tipo de
cambio, la tasa de
cambio, **12.2**
unemployment rate la
tasa de desempleo
rather bastante, 1.1
razor la navaja, 12.1
reaction la reacción
to **read** leer, 5.1
reading la lectura
ready listo(a)
realist el/la realista
realistic realista
really realmente
reason el motivo; la razón
reasonable razonable
to **rebound** rebotar
to **receive** recibir, 5.1
recent reciente
recently recién
reception la recepción,
6.1
receptionist el/la
recepcionista, **6.1**
recipe la receta
to **recite** recitar
to **recognize** reconocer
recollection el recuerdo
to **recommend** recomendar (ie)
recommendation la
recomendación
to **reconcile** conciliar
recreation el recreo
to **recruit** reclutar
rectangle el rectángulo
recycling el reciclaje

red rojo(a), 3.2

to **reduce (dislocated bone)** reducir, **8.2**

reduced (price) reducido(a)

to **refer** referir (ie, i)

to **reflect** reflejar; reflexionar

reflection; reflex el reflejo

reforestation la reforestación

refrigerator el refrigerador, la nevera, **10.1**

refuge el refugio

region la región

regional regional

regionalism el regionalismo

to **register** registrar

registration card la ficha, **6.1**

regular (gasoline) normal, **11.1**

related relacionado(a)

relation la relación

relative el/la pariente, 6.1

relatively relativamente

religious religioso(a)

to **remain** quedar, 7.1

remainder el resto

remains los restos

to **remember** recordar (ue)

to **renounce** renunciar

to **rent** alquilar, **5.2**; rentar

to **repair** reparar

to **repeat; to take seconds (meal)** repetir (i, i)

to **replace** reemplazar

report el informe; el reportaje

to **represent** representar

representative el/la representante

representative representativo(a)

republic la república

to **require** requerir (ie, i)

requirement el requisito

researcher el/la investigador(a)

reservation la reservación, **6.1**

to **reserve** reservar, 14.2; **2.2**

reserved reservado(a), 13.2; **1.2**

residence la residencia

resident el/la residente

resort la estación, 10.1

to **respond** responder

responsibility la responsabilidad

to make oneself responsible responsabilizarse

rest demás; el resto

to **rest** descansar

restaurant el restaurante, 14.1; **2.1**

to **restore** restaurar

result el resultado

retina la retina

to **return** regresar; volver (ue), 7.1

to return home volver a casa, 10.2

to **return (something)** devolver (ue), 7.2

return el regreso

return trip, trip back el viaje de regreso

reverse inverso(a)

revolution la revolución

rhythm el ritmo

rib la costilla, **10.1**

ribbon la cinta

rice el arroz, 5.2

rich rico(a), 14.2; **2.2**; con mucha plata

rich person el/la rico(a)

ride la atracción, **5.2**

right derecho(a), 7.1

to the right a la derecha, **5.2**

right: that's right (true)! ¡verdad!

right away enseguida, 5.1

rigorous riguroso(a)

ring el anillo, **4.1**

to **ring** sonar (ue), **3.2**

to **rise** ascender

ritual el rito

rival el rival

river el río, **7.2**

to **roast** asar, **10.1**

roasted asado(a)

rock la roca

role el rol; el papel

roll of toilet paper el rollo de papel higiénico, 12.2

to **roll** rodar (ue)

roller blading el patinaje lineal

roller coaster la montaña rusa, **5.2**

Roman el/la romano(a)

romantic romántico(a)

room el cuarto, la sala, 6.2; la pieza

double room el cuarto doble, **6.1**

recovery room la sala de recuperación

single room el cuarto sencillo, **6.1**

waiting room la sala de espera, 13.1; **1.1**

root la raíz

rose la rosa

round-trip (ticket) de ida y vuelta, 13.1; **1.1**

route la ruta

routine (*adj.*) la rutina, 12.1

routine rutinario(a)

row (of seats) la fila, 10.1

to **row** remar, **5.2**

royal real

ruin la ruina

rule la regla

rumor el rumor

to **run** correr, 7.2

runway la pista

rural rural

S

sacrifice el sacrificio

to **sacrifice** sacrificar

sad triste, 8.1

safe salvo(a)

saffron el azafrán

sail (of a windmill) el aspa

sailboard la plancha de vela, 9.1

sailor el/la marino(a)

saint el santo

salad la ensalada, 5.1

salary el salario

sale la venta, 14.1

salesperson el/la dependiente(a), **4.1**; el/la vendedor(a), **11.1**

salt la sal, 14.1; **2.1**

same mismo(a), 2.1

sand la arena, 9.1

sandal el huarache; la alpargata; la sandalia, **4.1**

sandwich el sándwich, BV; el bocadillo, 5.1

sash la faja

satisfied satisfecho(a), 14.1

to **satisfy** satisfacer
Saturday el sábado, BV
saucepan la cacerola, **10.2**
saucer el platillo, 14.1; **2.1**
sausage (pork and garlic) el chorizo, la salchicha, **10.1**
to **save** ahorrar; conservar; salvar; guardar, **3.1**
savings account la cuenta de ahorros
saxophone el saxofono
to **say** decir
scales la báscula, 11.1
scarf la bufanda, **4.1**
scene la escena
scenery, set (theater) el escenario, 10.2
schedule el horario, 13.1; **1.1**
　school schedule el horario escolar
scholarship la beca
school (of a university) la Facultad
school (related to) escolar, 2.1
　school bus el bus escolar, 4.1
　school life la vida escolar
　school schedule el horario escolar
　school supplies los materiales escolares, 3.1
school el colegio, la escuela, 1.1; la academia
　elementary school la escuela primaria
　high school la escuela secundaria, 1.1; la escuela superior
　middle school la escuela intermedia
science las ciencias, 2.2
science fiction la ciencia-ficción
scientific científico(a)
scientist el/la científico(a)
scissors las tijeras, **12.1**
to **score a goal** meter un gol, 7.1
to **score a point** marcar un tanto, 7.1
scoreboard el tablero indicador, 7.1
screen la pantalla, 10.1

arrival and departure screen la pantalla de salidas y llegadas, 11.1
sculptor el/la escultor(a), 10.2
sculpture la escultura
sea el mar, 9.1
　sea level el nivel del mar
search: in search of en busca de
season la estación, BV
to **season** sazonar
seasoning el condimento
seat el asiento, 11.1; la plaza, 13.2; **1.2**
　seat (of government) la sede
　seat (theater) la butaca, 10.1
　seat number el número del asiento, 11.1
seat belt el cinturón de seguridad, **7.1**
second segundo(a), 6.2
　second-class en segunda (clase), 13.1; **1.1**
　second half (soccer) el segundo tiempo, 7.1
secondary secundario(a)
secret el secreto
secretary el/la secretario(a), **14.1**
to **secretly take** escamotear
security la seguridad, **7.1**
　security check el control de seguridad, 11.1
sedan el sedán, **11.1**
see: See you later! ¡Hasta luego!, BV
　See you soon! ¡Hasta pronto!, BV
　See you tomorrow! ¡Hasta mañana!, BV
to **see** ver, 5.1
　to see a show ver un espectáculo, 10.2
to **seem** parecer, **8.1**
to **select** seleccionar
　selection la selección
　self-portrait el autorretrato
to **sell** vender, 5.2; despachar, 8.2
semester el semestre
senator el/la senador(a)
to **send** enviar; mandar, transmitir, **3.1**

sentence la frase
separated separado(a)
September septiembre, BV
series la serie
　World Series la Serie mundial
serious serio(a), 1.1; grave
servant el/la sirviente
to **serve** servir (i, i), 14.1; **2.1**
　How may I help you? ¿En qué puedo servirle?, **4.1**
service el servicio, 5.1
service station la estación de servicio, la gasolinera, **11.1**
set el conjunto
to **set the bone** reducir el hueso, **8.2**
to **set the table** poner la mesa, 14.1; **2.1**
seven siete, BV
seven hundred setecientos(as), 3.2
seventeen diecisiete, BV
seventh séptimo(a), 6.2
seventy setenta, 2.2
to **sew** coser
sewing la costura
sex el sexo
shack la chabola
to **shake hands** dar la mano
shampoo el champú, 12.2
shantytown la villa miseria (Arg.); el pueblo jóven (Peru)
shape la forma
shawl el poncho
to **shave** afeitarse, 12.1
shaving cream la crema de afeitar, 12.1
she ella, 1.1
sheet la sábana, **6.2**
sheet of paper la hoja de papel, 3.1
shellfish los mariscos, 5.2
sherbet, sorbet el sorbete
shh! ¡chist!
to **shine** brillar, 9.1
shirt la camisa, 3.2
　long-sleeved shirt la camisa de mangas largas, **4.1**
　short-sleeved shirt la camisa de mangas cortas, **4.1**

shoe el zapato, 3.2
shoe store la zapatería, **4.1**
to **shop** ir de compras, 5.2; hacer las compras, **4.2**
shop window el escaparate, la vitrina, 4.1
shopping: to go shopping hacer las compras, **4.2;** ir de compras, **5.2**
shopping mall la galería comercial
short bajo(a), 1.1; corto(a), 3.2
short- (long-) term a corto (largo) plazo
shortage la escasez
shorts el pantalón corto, 3.2
shot: to give (someone) a shot poner una inyección
should deber
shoulder el hombro, **8.1**
to **show (movie)** presentar; mostrar
show (movies) la sesión, 10.1
show el espectáculo, 10.2; el show
shower la ducha, 12.1
to take a shower tomar una ducha, 12.1
shrimp los camarones, 14.2; **2.2;** las gambas, **10.2**
shy tímido(a), 1.2
sick enfermo(a), 8.1
sick person el/la enfermo(a), 8.1
side *(adj.)* lateral, 13.2; **1.2**
side el borde; el lado, **12**
sidewalk la acera, **9.1**
to **sigh** suspirar
sign el rótulo, **11.2**
traffic sign la señal de tránsito
to **sign** firmar, **12.2**
significance el sentido, **11.2**
significant significativo(a)
similar parecido(a); similar
simple sencillo(a); simple
since como, 1.2; desde
sincere franco(a); sincero(a), 1.2
to **sing** cantar, 4.2
singing el canto
single soltero(a)
singles singles, 9.1
sir, Mr., gentleman el señor, BV

sister la hermana, 6.1
to **sit down** sentarse (ie), 12.1
to **situate** situar
situation la situación
six seis, BV
six hundred seiscientos(as), 3.2
sixteen dieciséis, BV
sixth sexto(a), 6.2
sixty sesenta, 2.2
size (shoes) número, 3.2
size el tamaño, la talla, 3.2
What size (shoe) do you wear (take)? ¿Qué número calza Ud.?, **3.2**
What size (clothing) do you wear (take)? ¿Qué tamaño (talla) usa Ud.?, **3.2**
ski el esquí
to **ski** esquiar, 9.2
ski lift el telesquí, 9.2
ski pole el bastón, 9.2
ski resort la estación de esquí, 9.2
ski slope la pista, 9.2
skier el/la esquiador(a), 9.2
skiing el esquí, 9.2
skirt la falda, 3.2
sky el cielo, 9.1
skyscraper el rascacielos, **9.1**
to **sleep** dormir (ue, u)
to fall asleep dormirse (ue, u), 12.1
sleeping bag el saco de dormir, 12.2
sleeve la manga, 4.1
long- (short-) sleeved a mangas largas (cortas), **4.1**
slice la rebanada, la tajada, **4.2**
to **slice** rebanar, **10.2**
slot la ranura, **3.1**
slow lento(a), **10.2**
slowly despacio
small pequeño(a), 2.1
smile: little smile la sonrisita
smoking: (no) smoking area la sección de (no) fumar, 11.1
snack la merienda, 4.2
to have a snack tomar una merienda, 4.2
to **sneeze** estornudar, 8.1

snow la nieve, 9.2
to **snow** nevar (ie), 9.2
snowboarding el surf de nieve
so así
so, so much tan, tanto(a)
soap el jabón, 12.2
bar of soap la barra (pastilla) de jabón, 12.2
soccer el fútbol, 7.1
soccer field el campo de fútbol, 7.1
social sciences las ciencias sociales, 2.2
society la sociedad
sociology la sociología
socks los calcetines, 3.2
sofa el sofá, **6.2**
soldier el militar; el/la soldado
solitary, lone solitario(a)
solution el remedio; la solución
to **solve** resolver (ue)
some algunos(as), 4.1; unos(as)
someone alguien
something algo, 5.2
sometimes de vez en cuando; a veces, 7.1
son el hijo, 6.1
song la canción
soon dentro de poco
sore throat el dolor de garganta, 8.1
sorry: to be sorry sentir (ie, i)
sound el sonido
soup la sopa, 5.1
source la fuente
South America la América del Sur
South American sudamericano(a)
south el sur
southeast el sureste
southwest el sudoeste; el suroeste
to **sow** sembrar, **9.2**
sowing la siembra
space el espacio
spaghetti el espagueti
Spain la España, 1.2
Spanish *(adj.)* español(a)
Spanish (language) el español, 2.2

Spanish speaker el/la hispanohablante
Spanish-American hispanoamericano(a)
Spanish-speaking hispanohablante
  Spanish-speaking countries los países de habla española
  Spanish-style a la española
spare tire la llanta de recambia (repuesto), **11.1**
to **speak** hablar, 3.1; conversar
special especial
specialist el/la especialista, **14.1**
to **specialize** especializar
specialty la especialidad
spectator el/la espectador(a), 7.1; el/la mirón(ona)
speed la velocidad, **11.2**
  speed limit el límite de velocidad
to **spend** pasar; gastar
  to spend time pasar el tiempo, **5.1**
spice la especia
spontaneous espontáneo(a)
sport el deporte, 7.1
  individual sport el deporte individual
  (related to) sports deportivo(a), 6.2
  sports program (TV) la emisión deportiva, 6.2
  team sport el deporte de equipo
spring la primavera, BV
squid los calamares, **10.2**
squire, knight's attendant el escudero
stadium el estadio, 7.1
stage: to come (go) on stage entrar en escena, 10.2
stairway la escalera, 6.2
stall el puesto, **4.2**
stamp el sello, la estampilla **5.1**
to **stand on line** hacer cola
standing de pie
star la estrella
to **start** entablar
state el estado
station la estación, 10.1

subway station la estación del metro, **10.1**
train station la estación de ferrocarril, 13.1; **1.1**
stationery store la papelería, 3.1
statistic la estadística
statue la estatua, 10.2
to **stay** alojarse
  to stay in bed guardar cama, 8.1
stay la estadía
steak el biftec, 14.2; **2.2**
step el paso
stereo estereofónico(a)
still todavía
sting la picadura, **8.1**
to **stir** revolver (ue), **10.1**
stitch el punto, la sutura, **8.1**
stomach el estómago, 8.1
stomachache el dolor de estómago, 8.1
stone la piedra
to **stop** bloquear, parar, 7.1
stop la parada, 13.2; **1.2**
stopover la escala, **7.2**
to **store** almacenar
store la tienda, 3.2
story el cuento; la historia
  little story la historieta
stove la estufa, 10.1
stove burner la hornilla, **10.1**
straight derecho, **11.2**
  to go straight seguir derecho, **11.2**
strange extravagante
strategy la estrategia
straw la paja, **13.2**
stream el arroyo
street la calle, 6.2
  one-way street la calle de sentido único, **11.2**
  pedestrian street la calle peatonal
strength la fortaleza
stretch (of road) el trayecto; el tramo
stretcher la camilla, **8.1**
to **strike twelve** dar las doce, **13.2**
string (instrument) la cuerda

string bean la judía verde; el poroto; la vainita; el ejote; la chaucha
striped a rayas
strong fuerte
structure la estructura
student (relating to) estudiantil
student el/la alumno(a), 1.1; el/la estudiante
  student housing la residencia para estudiantes, **3.2**
study el estudio
to **study** estudiar, 4.1
stupendous estupendo(a)
stupid torpe
style el estilo; la moda
  in style de moda
subject la asignatura, 2.1; la materia; el tema
  subject area (school) la disciplina, 2.2
substance: controlled substance la sustancia controlada
subterranean subterráneo(a)
subtitle el subtítulo, 10.1
  with subtitles con subtítulos, 10.1
to **subtract** restar
suburb el suburbio; la colonia
subway el metro, 10.1
  subway station la estación de metro, 10.1
success el éxito
suckling pig el lechón; el cochinillo
suddenly repentinamente
to **suffer** sufrir
sugar el azúcar, **10.1**
to **suggest** sugerir (ie, i)
suggestion la sugerencia
suit el traje, 3.2
suitcase la maleta, 11.1
summer el verano, BV
sunny: It's sunny. Hace (Hay) sol., 9.1
to **sunbathe** tomar el sol, 9.1
sunblock la crema protectora, 9.1
sunburned, tanned tostadito(a)
Sunday el domingo, BV

sunglasses las gafas de sol, los anteojos de sol, 9.1

suntan lotion la loción bronceadora, 9.1

supermarket el supermercado, 5.2

  supermarket cart el carrito, **4.2**

superstition la superstición

to **support** sostener

sure seguro(a)

to **surf** practicar el surfing (la tabla hawaiana), 9.1

  to surf the Net navegar por la red

surface la superficie

surfboard la tabla hawaiana, 9.1

surfing el surfing, 9.1

surgeon el/la cirujano(a), **8.2**

to **surprise** sorprender

survey la encuesta

sweater el suéter, **4.1**

sweet dulce

  sweet roll el pan dulce, 5.1

sweetheart, lover el/la enamorado(a)

to **swim** nadar, 9.1

to **swim underwater** bucear, 9.1

swimming la natación, 9.1

swimming pool la alberca, la piscina, 9.1

swollen hinchado(a), **8.1**

symptom el síntoma, 8.2

syrup el sirope

system el sistema

  metric system el sistema métrico

T

T-shirt la camiseta, el T-shirt, 3.2

table la mesa, 5.1

table soccer el futbolín, **5.1**

tablecloth el mantel, 14.1; **2.1**

tablespoon la cuchara, 14.1; **2.1**

taco el taco, BV

to **take** tomar, 4.1

  to take notes tomar apuntes, 4.2

to take out sacar, 3.1

to take one's blood pressure tomar la tensión (presión) arterial, **8.2**

to take one's pulse tomar el pulso, **8.2**

to take photos tomar fotos

to take place tener lugar, **8.1**

to take the luggage down bajar las maletas, **6.1**

to take the (school) bus tomar el bus (escolar), 4.1

to **take charge** encargarse

  takeoff (of an airplane) el despegue, **7.2**

to **take off** quitar, **10.2**

  to take off (airplane) despegar, 11.2

  to take off the fire retirar del fuego, **10.1**

to **take time** tardar

talent el talento

to **talk** hablar, 3.1; conversar

tall alto(a), 1.1

tamale el tamal, BV

tan bronceado(a)

tank el tanque, **11.1**

task la tarea

taxi el taxi, 11.1

tea el té, 5.1

  iced tea el té helado, 5.1

to **teach** enseñar, 4.1

teacher el/la maestro(a); el/la **profesor(a)**, 2.1

team el bando; el equipo, 7.1

  team sport el deporte de equipo, 7.2

tearoom la confitería

teaspoon la cucharita, 14.1; **2.1**

technician el/la técnico(a), **8.2**

technology la tecnología

teenager el/la adolescente

telecommunication la telecomunicación

to **telephone** telefonear

  to talk on the phone hablar por teléfono

telephone el teléfono

  cell phone el teléfono celular, **3.2**

public (pay) telephone el teléfono público, **3.2**

push-button telephone el teléfono de botones, **3.2**

(related to the) telephone telefónico(a)

telephone book la guía telefónica, **3.2**

telephone call la llamada telefónica, **3.2**

telephone keypad el teclado, **3.2**

telephone line la línea telefónica

telephone receiver el auricular, **3.2**

television la televisión, 6.2

television set el televisor, **6.2**

teller el/la cajero(a), **12.2**

  teller's window la ventanilla, **12.2**

temperate templado(a)

temperature la temperatura, 9.2

ten diez

tender tierno(a)

tennis el tenis, 9.1

  pair of tennis shoes el par de tenis, 3.2

tennis player el/la tenista

tennis shoes los tenis, 3.2

tenth décimo(a), 6.2

term el término

terminal el terminal

  passenger terminal el terminal de pasajeros, **7.2**

terrace (sidewalk café) la terraza

terrible terrible

terror el terror

test el examen, 4.2

tetanus el tétano

Thank you. Gracias., BV

that (one) eso

that aquel, aquella; ese(a)

the la, el, 1.1

theater el teatro, 10.2

theatrical teatral, 10.2

their su, sus, 6.1

them las, los

  to them; to you *(formal pl.)* *(pron.)* les

theme el motivo; el tema

then luego, BV; entonces

there allí, allá

there is, there are hay, BV

therefore, for this reason, that's why por eso

these estos(as)

they ellos(as), 2.1

thin delgado(a); flaco(a), 1.2

thing la cosa

to **think** pensar (ie); opinar, **10.2**

third tercer(o)(a), 6.2

thirsty: to be thirsty tener sed, 14.1; **2.1**

thirteen trece, BV

thirty treinta, BV

thirty-one treinta y uno, 2.2

this (one) esto

this este(a)

thistle el cardo

those aquellos(as), esos(as)

thought el pensamiento

thousand mil, 3.2

three tres, BV

three hundred trescientos(as), 3.2

Three Wise Men los Reyes Magos, **13.2**

throat la garganta, 8.1

to **throw** echar; lanzar, 7.1; tirar

    to throw (kick) the ball tirar el balón, 7.2

Thursday el jueves, BV

thus así

ticket el boleto, el ticket, 9.2; el billete, 11.1; el tique, **9.1**

    luggage claim ticket el talón, 11.1

    one-way ticket el billete sencillo, 13.1; **1.1**

    round-trip ticket el billete de ida y vuelta, 13.1; **1.1**

ticket window la boletería, la ventanilla, 9.2

tie la corbata, 3.2

tied (score) empatado(a), 7.1

    The score is tied. El tanto queda empatado., 7.1

tiger el tigre

time la hora; el tiempo, **9.1**

    At what time? ¿A qué hora?

    on time a tiempo, 11.1

    What time is it? ¿Qué hora es?

time la vez

at times, sometimes a veces, 7.1

one more time, again una vez más

at that time en aquel entonces

time zone el huso horario

timid tímido(a), 1.2

tiny diminuto(a)

tip el servicio, 5.1; la propina, 14.1; **2.1**

    Is the tip included? ¿Está incluido el servicio?, 5.1

tire el neumático, la goma, la llanta, **11.1**

    flat tire la llanta pinchada

    spare tire la llanta de recambio (repuesto), **11.1**

tired cansado(a), 8.1

to a

    to the al

toast la tostada; el pan tostado, 5.2

to **toast** tostar

today hoy, BV

together juntos(as)

toilet el inodoro, el váter, **6.2**

toilet paper el papel higiénico, 12.2

to **tolerate** consentir (ie, i)

toll el peaje, 11.2

toll booth la garita de peaje, **11.2**

tomato el tomate

tomorrow mañana, BV

ton la tonelada

tonight esta noche, 9.2

too much demasiado

tooth el diente

toothbrush el cepillo de dientes, 12.2

toothpaste la pasta dentífrica, 12.2

tortilla la tortilla, 5.1

totally totalmente

touch el contacto

to **touch** tocar

tour la gira, 12.2

tour guide el/la guía

tourist el/la turista, 10.2

toward en dirección a; hacia

towel la toalla, **6.2**

    beach towel la toalla playera, 9.1

tower la torre

control tower la torre de control, **7.2**

town el pueblo, 9.2

town square la plaza, **9.1**

toxic tóxico(a)

toy el juguete

track la vía, 13.1; **1.1**

trade el oficio, **14.1**

tradition la tradición

traditional tradicional

traffic el tráfico

traffic light el semáforo, **9.1**

traffic sign la señal de tránsito

tragedy la tragedia

trail el camino

train el tren, 13.2; **1.2**

    local train el tren local, 13.2; **1.2**

    nonstop train el tren directo, 13.2; **1.2**

train car el coche, el vagón, 13.1; **1.1**

    cafeteria (dining) car el coche-cafetería, el coche-comedor, 13.2; **1.2**

    sleeping car el coche-cama, 13.2; **1.2**

train conductor el/la revisor(a), 13.2; **1.2**

train station la estación de ferrocarril, 13.1; **1.1**

training el entrenamiento

to **transfer** transbordar, 13.2; **1.2**; trasladar

to **transform** convertir (ie, i); transformar

to **transmit** transmitir, 3.1

transportation el transporte

to **travel** circular; recorrer; viajar

    to travel by air viajar en avión, 11.1

traveler el/la viajero(a)

traveler's check el cheque de viajero, **12.2**

tray la bandeja, **7.1**

tray table la mesita, **7.1**

treat tratar

treatment el tratamiento; la cura

tree el árbol

triangle el triángulo

tribe la tribu

trip el viaje

return trip el viaje de regreso

to take a trip hacer un viaje, 11.1

trip, distance traveled el recorrido

triumphant triunfante

trombone el trombón

trousers el pantalón, 3.2

trousseau el ajuar de novia

true verdadero(a)

trumpet la trompeta

trunk (of a car) el/la maletero(a), 11.1; la maletera, 13.1; **1.1** el baúl, **11.1**

to **try** tratar

to **try on** probarse (ue), **4.1**

tube of toothpaste el tubo de pasta dentífrica, 12.2

Tuesday el martes, BV

tuna el atún, 5.2

turbulance la turbulencia, **7.2**

to **turn** doblar, **11.2**

to **turn around** revolver (ue), **10.1**

to **turn off** apagar (gu), **3.1**

to **turn on** prender, 3.1

turning signal la direccional, **11.1**

turnstile el torniquete, **9.1**

twelve doce, BV

twenty veinte, BV

twenty-eight veintiocho, BV

twenty-five veinticinco, BV

twenty-four veinticuatro, BV

twenty-nine veintinueve, BV

twenty-one veintiuno, BV

twenty-seven veintisiete, BV

twenty-six veintiséis, BV

twenty-three veintitrés, BV

twenty-two veintidós, BV

twin el/la gemelo(a)

twist torcer (ue), **8.1**

two dos, BV

two hundred doscientos(as), 3.2

type el tipo; la modalidad

typical típico(a)

U

ugly feo(a), 1.1

uncle el tío, 6.1

under debajo (de)

undershirt la camiseta, 3.2

to **understand** comprender, 5.1

underwater swimming el buceo, 9.1

underwear la ropa interior, **4.1**

uniform el uniforme

union el enlace

unique único(a)

unit la unidad

United States los Estados Unidos

from the United States estadounidense

university la universidad

related to university universitario(a)

university degree el título universitario, **14.1**

unleaded sin plomo, **11.1**

unless a menos que

unpleasant desagradable

until hasta, BV

urban urbano(a)

urologist el/la urólogo(a)

urology la urología

us (to) *(pl. pron.)* nos

to **use** utilizar

used usado(a)

usually generalmente

V

vacation la vacación, **6.2**

valley el valle, **7.2**

value el valor

vanilla *(adj.)* de vainilla, 5.1

variation la variación

varied variado(a)

variety la variedad

various varios(as)

to **vary** variar

veal la ternera, 14.2; **2.2**

vegetable el vegetal, 5.2; la legumbre, 14; **2**

vegetable garden el/la huerto(a), **9.2**

vegetarian el/la vegetariano(a)

Venezuelan venezolano(a)

verse el verso

version: in its original (language) version en versión original, 10.1

very muy, BV

vest el chaleco

veterinarian el/la veterinario(a)

vice versa viceversa

victim la víctima, **8.1**

victorious victorioso(a)

video el video

video store la tienda de videos

view la vista

vinegar el vinagre

violin el violín, 2.1

to **visit** visitar

vitamin la vitamina

voice la voz

volleyball el voleibol

volume el tomo

volunteer el/la voluntario(a)

vowel la vocal

W

to **wait (for)** esperar, 11.1

waiter, waitress el/la camarero(a), el/la mesero(a), 5.1

waiting room la sala de espera, 13.1; **1.1**

to **wake up** despertarse (ie), 12.1

to **walk** ir a pie, 4.1; andar; caminar, 9.1

to take a walk dar un paseo, 5.2

wall la muralla; la pared

to **want** desear, 3.2; querer (ie)

I would like . . . Quisiera... , 14.2; **2.2**

war la guerra

to **warn** advertir (ie,i)

to **wash oneself** lavarse, 12.1

washbasin el lavabo, **6.2**

washing machine la máquina de lavar

waste los desechos

watch el reloj, **4.1**

to **watch** mirar, 3.1

water el agua *(f.)*, 9.1

mineral water el agua mineral, 12.2

running water el agua corriente

to **water-ski** esquiar en el agua, 9.1

water-skiing el esquí acuático, 9.1

watercolor la acuarela
watermelon la sandía, **10.2**
wave la ola, 9.1
way el modo; la manera, 1.1
we nosotros(as), 2.2
weapon el arma (*f.*)
to **wear** llevar, 3.2
to **wear (size)** usar, 3.2; **(shoe size)** calzar, 3.2
weather el tiempo, 9.1
  It's cold. Hace frío., 9.2
  It's hot. Hace calor., 9.1
  It's sunny. Hace sol., 9.1
  The weather is bad. Hace mal tiempo., 9.1
  The weather is nice. Hace buen tiempo., 9.1
Web page la página Web
wedding la boda, **13.1**
Wednesday el miércoles, BV
week la semana, BV
  last week la semana pasada, 9.2
weekend el fin de semana, BV
  last weekend el fin de semana pasado
to **weigh** pesar
weight la pesa; el peso
welcome dar la bienvenida, 11.2
  You're welcome. De nada., Por nada., No hay de qué., BV
well bien, BV; pues
  very well muy bien, BV
well-known renombrado(a)
west el oeste
western occidental
what? ¿qué?, BV
  What's the matter (with you)? ¿Qué te pasa?, 8.2
what, that which lo que
wheat el trigo, **9.2**
wheelchair la silla de ruedas, **8.2**
when cuando, 4.2
when? ¿cuándo?, 4.1
where donde, 1.2
where? ¿adónde?, 1.1; ¿dónde?, 1.2
which?, what? ¿cuál?, BV
while el rato; mientras
white blanco(a), 3.2

who? ¿quién?, 1.1; *(pl.)* ¿quiénes?, 2.1
  Who is calling? ¿De parte de quién?, **3.2**
whole entero(a)
why? ¿por qué?
wide ancho(a)
wife la mujer, la esposa, 6.1
wig la peluca
wild salvaje
to **win** ganar, 7.1
wind el viento
windmill el molino de viento
window (post office, etc.) la ventanilla; **(shop)** el escaparate, la vitrina, **4.1**
windshield el parabrisas, **11.1**
winter el invierno, BV
wise sabio(a)
  The Three Wise Men Los Reyes Magos, **13.2**
to **wish** desear, 3.2
with con
within dentro de
without sin
woman la dama
wood la madera
wool la lana, **12.1**
word la palabra
work el trabajo
to **work** trabajar, 3.2
  to work full time trabajar a tiempo completo, **14.2**
  to work part time trabajar a tiempo parcial, **14.2**
work la obra
  work of art la obra de arte
worker el/la trabajador(a); el/la obrero(a), **9.1**
workforce la mano de obra
world el mundo
World Cup la Copa mundial
World Series la Serie mundial
worldwide, (related to the) world mundial
worse, worst peor, el/la peor
wound la herida, **8.1**
wounded person el/la herido(a)
wrapped envuelto(a)
to **wrinkle** arrugar
wrist la muñeca, **4.1**
to **write** escribir, 5.1

writing pad el bloc, 3.1
wrong erróneo(a)

X

X-ray la radiografía, los rayos equis, **8.2**

Y

yard la yarda
year el año, BV
  to be . . . years old tener... años, 6.1; cumplir... años
  last year el año pasado, 9.2
  this year este año, 9.2
yellow amarillo(a), 3.2
yes sí
yesterday ayer, 9.2
  day before yesterday anteayer
  yesterday afternoon ayer por la tarde, 9.2
  yesterday morning ayer por la mañana , 9.2
yet aún; todavía
yogurt el yogur
you *(sing. fam.)* tú; *(sing. form.)* Ud., usted, 3.2; *(pl. form.)* Uds., ustedes, 2.2
You're welcome. De nada., No hay de qué., BV
young joven, 6.1
  as a young person de joven
your *(sing. fam.)* tu; *(form.)* su, sus, 6.1
youth la juventud
youth hostel el albergue juvenil, el albergue para jóvenes (juvenil), 12.2
youth, young person el/la joven, 10.1

Z

zero cero, BV
zone la zona
  commerical zone la zona comercial, **9.1**
  industrial zone la zona industrial, **9.1**
  residential zone la zona residencial, **9.1**
zoo el parque zoológico, **5.2**

Índice gramatical

Credits

Photography

Abshier, Andrew: 184BL, 184BR. Allison, Glen/Tony Stone Images: 200TR. Antman, M./The Image Works: 248, 406. Arakaki, Roberto/International Stock: 246L, 307T. Artists Rights Society (ARS), New York/SPADEM, Paris: 346. Aubry, Daniel/Odyssey: 273. Augustin, Byron/DDB Stock: 319B. Bachmann, Bill/Tony Stone Images: 140B. Baker, Jeff/FPG: 126. Balaguer, Alejandro/Tony Stone Images: 292L. Bognar, Tibor/The Stock Market: 331. Booher, Andrea/Tony Stone Images: 263C. Bryant, D. Donne/DDB Stock: 249T, 268, 318, 443. Burckhalter, David: 217. Burgess, Michele/The Stock Market: 211, 234B. Byers, Bruce/FPG: 240. Bzdak, Zbigniew/The Image Works: 250C. Carr, Melanie/The Viesti Collection: 69B. Carrasco, Demetrio/Tony Stone Images: R51. Carton, J.C./Bruce Coleman, Inc.: R40. Cassidy, Anthony/Tony Stone Images: 433. Castro, Haroldo/FPG: 265B, 267. Chaplow, Michelle: R07, R20R, R52L, R52R, 2TR, 3, 6, 23BR, 24, 39B, 46R, 49, 60C, 61BR, 61CR, 63L, 63TR, 69TR, 72, 73BR, 75T, 79L, 79R, 89, 102, 133, 138, 143T, 145, 154B, 169B, 170R, 189R, 221T, 228T, 229, 231, 238L, 247B, 249B, 260, 276C, 283T, 285, 294T, 301, 307B, 308, 310, 311, 316, 320R, 321C, 330B, 350, 352, 354, 356T, 360, 373B, 379, 384, 415, 432B, 435. Cody, Dennie/FPG: 287. Cohen, Stuart/Comstock: R31, 254, 259T, 359BL. Coleman, Bruce/Bruce Coleman, Inc.: 198R, 320L. Collins, C.J./Photo Researchers: 234T. Contreras Chacel, Jorge/International Stock: 53B. Corbis-Bettman: 444 center, 447. Courau, J.P./DDB: 207. Cover/The Image Works: 144T, 373TL, 373TR, 386T. Crandall, Rob/The Image Works: 134C. Daemmrich, Bob: R44BL, R44BR, R44TC, R44TL, R44TR, R46, R49L, 152CL, 421. Dawes, Sonda/The Image Works: 220L. Delgado, Luis: R03, R15B, 1, 2, 4B, 4T, 8B, 8T, 10, 16, 18BL, 18T, 23Ba, 23Bb, 23C, 23CR, 23TR, 29, 32, 33T, 36BL, 36BR, 46T, 47T. Donadoni, Danilo/Bruce Coleman, Inc.: 299. Doyle, David: 56, 60TL, 256, 290, 295B, 295T. During, Richard/Tony Stone Images: 161. Edmondson, Paul/Tony Stone Images: 107B. Edwards, Gregory/International Stock: 147. Egan, Shaun/Tony Stone Images: 202R. Ehlers, Chad/International Stock: 129. Elmer, Carlos/FPG International: R26. Englebert, Victor: 179, 220R, 293BR, 353, 390L. Englebert, Victor/Photo Researchers: 235. Faris, R./Westlight: 261B. Fenton, Cheryl: R58, 28B. Freeman, M./Bruce Coleman Inc.: 21. Fischer, Curt: R01, R56L, R56R, 23TL, 30, 34, 44B, 46C, 48, 227, 236. Fisher, Ken/Tony Stone Images: R15T. FoodPix: 289B. Franklin, Stuart/Magnum Photos: 263B. Frazier, David R.: R25, R47, 132, 184T, 194B, 286, 361, 407T, 419. Frerck, Robert/Odyssey: R12, R14B, R21, R22, R23R, R39, 20BL, 55, 58T, 67, 85, 101B, 105, 106B, 106T, 107TR, 123, 141T, 146, 165, 195, 198L, 199, 200BR, 200L, 203B, 221B, 243, 253L, 253R, 261T, 262B, 264B, 266L, 271, 277T, 296, 309R, 312, 313, 317, 319T, 321BR, 323T, 327, 342TL, 355C, 355T, 357, 359TL, 365, 367, 370, 377, 381, 388L, 399T, 401L, 408, 413, 414L, 417, 418, 422, 445. Frerck, Robert/The Stock Market: 101T, 103, 252B. Frerck, Robert/Tony Stone Images: 77B, 185B, 448. Frerck, Robert/Woodfin Camp & Assoc.: R05, R13, R17. Fried, Robert: 9R, 14T, 19B, 19T, 20CR, 20TL, 47B, 100T, 154T, 186B, 210, 247C, 250L, 251L, 252T, 262T, 293L, 337, 386B, 440B. Fried, Robert/DDB Stock: 264T. Fried, Robert/Stock Boston: 20CL. Fuller, Tim: R6, R19, R20L, R34, R38, R43, R50, R54TL, 35BL, 35BR, 35T, 44T, 56, 58B, 62, 65BL, 68, 80B, 91, 92B, 94, 104B, 122, 125R, 139B, 142B, 142T, 152BR, 152T, 153, 155, 157L, 157R, 159, 162L, 162R, 164, 166, 180R, 181, 183, 185TL, 185TR, 188B, 188T, 189L, 192, 196, 197, 208T, 209, 224, 228B, 233, 238R, 259B, 266R, 280, 283B, 289C, 300, 303, 306, 315T, 323B, 340L, 340R, 341B, 341T, 344T, 348T, 369, 373CR, 378, 380, 382, 385B, 385T, 388R, 392L, 392R, 396, 397, 398, 404, 407B, 410, 411B, 411TL, 411TR, 414R, 418, 423, 424. Gainer, Gordon R./The Stock Market: 246R. Goldberg, Beryl: 130B, 130T, 345L. Graham, Ken/Tony Stone Images: xiv. Grant, Spencer/FPG: 276B. Greenberg, Jeff/David R. Frazier Photolibrary: 437. Greenberg, Jeff/Photo Edit: 322B. Grehan, Farrell/FPG: 329. Griffin, John/The Image Works: 375. Harris, Paul/Tony Stone Images: 137. Heaton, Dallas & John/Westlight: 114. Heilman, Grant Photography: 251R. Hollenbeck, Cliff: R37, 194T. Ikeda, Miwako/International Stock: 9L. In Focus Int'l/Image Bank: R54CR. Inman, Nick: 170L, 288, 312T, 315C, 321TR, 347, 425. Johnston, Greg/International Stock: R48, 139T. Jongen, Antoinette/FPG International: 117, 345R. Kahl, M.P./Bruce Coleman, Inc.: 107TL. Karp, Ken: R04T, R11T, R14T, R30, 9T, 11L, 15T, 39T, 41T, 42. Kittle, Kit/The Viesti Collection: 359R. Komer, Daniel/DDB Stock: 187. Lansner, Erica/Tony Stone Images: 141B. Leah, David/Allsport: R27. Little, Blake/SYGMA: 144B. Mangino, Larry/The Image Works: 180L. Manske, Thaine/The Stock Market: R08. Marco/ASK Images/The Viesti Collection: 322T. Martson, Sven/The Image Works: 395. Maruka/International Stock: 328. Mays, Buddy/International Stock: R53B. McGee, E. Alan/FPG: 277B. Menzel, Peter: R09. Mitchell, Robert & Linda: 444T. Miyazaki, Yoichiro/FPG: 13. Moffett, Mark/Minden Pictures: 440C. Morgan Cain & Associates: R06. Morgan, Francis: 104T, 305, 321BL, 321CL, 321TC, 321TL. Murphy-Larronde, Suzanne/FPG International: R11M. Murphy-Larronde, Suzanne L./DDB Stock: 77T, 441. National Gallery of Art, Washington: 284, 391R. National Palace, Mexico City: 45. North Wind Picture Archives: 440T. O'Roarke, Randy/The Stock Market: 376. Oldershaw, Dominic: 86B, 86T, 342TR, 343, 368, 374, 399B, 402L, 402R, 403B. Pape, Maria/FPG: 276T. Pcholkin, Vladimir/FPG: 297, 387. Peace Corps: 412B. Peacock, Barbara/FPG: 436T. Pefley, Chuck/Tony Stone Images: 436B. PhotoDisc: 336. Pokempner, Marc/Tony Stone Images: 435. Preston, Louisa: R35. Raga, José Fuste/The Stock Market: 432T. Raurich, Miguel/Tony Stone Images: 291. Reiff, Robert/FPG: 265T. Resnick, Lorne/Tony Stone Images: 304. Ries, Stan/International Stock: 274. Rivadamar, Daniel/Odyssey: 247T, 358L, 363. Rosendo, Luis/FPG: R53T, 190, 309L. Rumack, Gary: 371. Sauer, Jennifer: R48R, 70, 403T. Scala/Art Resource, NY: 100, 391L. Schafer, Kevin/Tony Stone Images: R16, 200CR. Schermeister, Phil: 115. Sharp, Chris/Photo Researchers: 263T. Shumway, Gail/FPG: 151. Sipa Press: 328T. Smestad, Mark: 72, 135, 225, 289T, 330T, 348B, 383. Smetzer, Don/Tony Stone Images: 92T. Smith, Jeff/FOTOSMITH: R42, 54, 80TR, 84, 87L, 124, 125R, 150, 178, 216, 218, 219, 222, 232, 244, 272, 275BR, 275L, 275TR, 279B, 279C, 279TL, 279TR, 338, 339, 366. Smith, Phillip & Karen/Tony Stone Images: 204. Spence,

Inga/DDB Stock: 293TR. Stephenson, Mark/Westlight: 75B. Stock Montage: 390. Stoddard, Bruce/FPG: 140T. Superstock: 93B, 116, 208B, 294B, 412T, 416. Szymanski, Chuck/International Stock: 27B. Telegraph Colour Library/FPG: 19C, 202L. The Stock Market: 93, 356B. Torregrossa, Steve: 74, 80TL, 87R, 99, 134T, 136, 250R, 278L, 278R, 302, 372. Tourist Office of Spain: 168T, 169T. Underwood & Underwood/Corbis-Bettman: 201L. UPI/Corbis-Bettman: 78R, 201R. Valenti, Don & Pat/Tony Stone Images: 203T. Viesti, Joe/The Viesti Collection: R41B, 64, 168B, 355B, 401R. Wheeler, Nik/Westlight: 113. Yamashita, Mike/West Light: R41T. Zoo-Aquarium of Madrid: 149. Section Objects—Conversación, Lecturas, Vocabulary: Francis Morgan. Culminación: Tim Fuller.

Illustration

Broad, David: 17, 43, 67, 127, 173. Brown, Dan: 125, 126, 219B. Castro, Antonio: 430-431, 434, 438-439, 442. Garcia, Anna: 11. Henderson, Meryl: 128-129, 131, 133, 223, 398-399, 400B. Jaekel, Susan: 36, 38, 88, 90, 247, 339, 368, 369B, 403, R36, R41. Lacamara, Carlos: 18, 369T, R52. LeMonnier, Joe: 5. Magovern, Peg: 30-31. McCreary, Jane: 41, 51, 56, 60-61, 95, 98, 110, 156-157, 167, 189, 218, 219T, 221, 231, 269, 313, 338, 342-343, 381, 382. Miller, Lyle: 86B, 87, 180-181, 182TR, 183, 197, 246, 275C, 302-304, 306-307, 372, 374, R49. Morgan-Cain: 152-154, 124BR, 248, 275B, 340CL, 360L. Pond & Giles: 158, 182L, C, BR, 184, 124L, TR, 220, 250-251, 274, 278-280, 320, 340, 360R, 400T. Schofield, Den: 6-7, 25. Strebel, Carol: 2-3. Treatner, Meryl: 86T

Vista credits

Chile - Now
1 - View of Santiago: ©Wolfgang Kaehler. 2 - Tourists viewing iceberg, southern Chile: ©Wolfgang Kaehler. 3 - Water sports at Lake Villarica: Chris Sharp/DDB Stock Photo. 4 - Cerro Tololo Observatory: Loren McIntyre. 5 - Downtown Santiago: James Stanfield. 6 - Stock exchange, Santiago: Chris Sharp/DDB Stock Photo. 7 - Wine harvest, Central Valley: ©Victor Englebert.
Chile - Then
1 - Pehoe Lake, Torres del Paine National Park: ©Daniel Rivademar/Odyssey Productions. 2 - Fuente Neptuno Park, Santiago: ©Daniel Rivademar/Odyssey Productions. 3 - Fishing boats near Chiloé Island: Pablo Corral. 4 - Riding home from the horse race, Chiloé: Pablo Corral. 5 - Gigantic statues of unknown origin, Easter Island: ©Wolfgang Kaehler. 6 - Memorial to José San Martín: ©Wolfgang Kaehler. 7 - Young people in traditional dress near Punta Arenas: ©Wolfgang Kaehler.
Costa Rica - Now
1 - Horseback on the beach, Tamarindo: Alan Cave/DDB Stock Photo. 6 - Resort, San José: ©Dave G. Houser. 3 - Ruby-eyed tree frog on Haleconia: Kennan Ward/Wildlight Press. 4 - Selling oranges, San José: Chip & Jill Isenhart/Tom Stack & Associates. 5 - Students outside class: Owen Franken/Stock, Boston/PNI.

2 - Housing development, San José: Gary Braasch/Woodfin Camp & Associates. 7 - Sharing a bicycle, Tamarindo: David J. Sams/Stock, Boston/PNI.
Costa Rica - Then
1 - Keel-billed Toucan tropical bird: Kennan Ward/Wildlight Press. 2 - Bri Bri Indian girls, Amistad Reserve: Chip & Jill Isenhart/Tom Stack & Associates. 3 - Tortuguero Park: Collins/Monkmeyer. 4 - Folk dancers, San Jose: Joan Brown/Tony Stone Images. 5 - Statue of Coronado, San Jose: Nick Gunderson/Tony Stone Images. 6 - Church of Zararo, San Jose: Gary Braasch/Tony Stone Images. 7 - Parque Nacional Volcan Arena: Kevin O. Mooney/Odyssey Productions.
Guatemala - Now
1 - School girls, Antigua Guatemala: Robert Fried/DDB Stock Photo. 2 - Guatemala City: James D. Nations/DDB Stock Photo. 3 - Giant kites above Sumpango: Kenneth Garrett. 4 - National theater, Guatemala City: Robert Frerck/Woodfin Camp & Associates. 5 - Lake Atitlán and San Pedro Volcano: D. Donne Bryant/DDB Stock Photo. 6 - Antigua, Santa Catalina Arch with Volcán de Agua seen through arch: David Hiser/Tony Stone Images. 7 - Early morning mist near Nebaj: Sarah Stone/Tony Stone Images.
Guatemala - Then
1 - Maya ruins, Seibal: Patricio Robles Gil. 2 - All Saints day celebration, village of Todos Santos; Jesús López. 3 - Women at aster Week procession, Chichicastenango: Robert Frerck/Woodfin Camp & Associates. 4 - Market, Chichicastenango: Robert Frerck/Woodfin Camp & Associates. 5 - San Francisco Church, Antigua Guatemala: Robert Frerck/Woodfin Camp & Associates. 6- Keel-billed toucan, Tikal National Park: Robert Fried/DDB Stock Photo.
Perú - Now
1 - Overlooking Cuzco: ©Wolfgang Kaehler. 2 - Soccer player: Galen Rowell/Mountain Light. 3 - Woman at market, Pisac: Robert Frerck/Odyssey Productions. 4 - Brown monkey, Paracus National Park: ©M. Doolittle; A. Doolittle/Rainbow/PNI. 5 - Fishermen sorting catch: Mireille Vautier/Woodfin Camp & Associates. 6 - Parque Central, Lima: Robert Frerck/Odyssey Productions. 7 - Modern highrise, Lima: Robert Frerck/Odyssey Productions.
Perú - Then
1 - Manu River, Amazon Basin: Frans Lanting/Tony Stone Images. 2 - Machu Picchu: ©Wolfgang Kaehler. 3 - Iglesia de San Francisco: Paul Grebliunas/Tony Stone Images. 4 - Farmland near Cuzco: Robert Frerck/Woodfin Camp & Associates. 5 - Boy with llama, Cuzco: Robert Frerck/Woodfin Camp & Associates. 6 - Herb vendor at marketplace, Lake Titicaca: Loren McIntyre. 7 - Man in a reed boat, Lake Titicaca: Robert Frerck/Woodfin Camp & Associates.

Maps

Eureka Cartography, Berkeley, CA.